司法警察官必携 罰則大全
〔第一分冊〕

清浦奎吾題辭
田邊輝實題辭
福田正已編述

明治廿七年發行

司法警察官必携罰則大全〔第一分冊〕

日本立法資料全集 別巻 1177

信山社

注記

一　清浦奎吾題辭＝田邊輝實題辭＝福田正已編述『司法警察官必携 罰則大全』（岡島眞七、一八九四（明治二七）年）は、その紙幅が多いため、「第一類」から「第十類」までを第一分冊とし、「第十一類」以降を第二分冊として、復刻することとした。

一　本書では、各類の始まりにあたって改頁等の処理がされていないため、「第十類」の末尾及び「第十一類」の冒頭に当たる三九九頁については、第一分冊と第二分冊の両方に収録することとした。

一　目録等については、第二分冊においても、第一分冊所載のものをご参照いただきたい。

〔信山社編集部〕

司法次官清浦奎吾君題辭

山林局長田邊輝實君題辭

檢事代理
司法官試補
福田正已君編述

司法警察官必携

罰則大全

大阪
東京
岡島書店

○司法大臣清浦奎吾君題辭

○前次官話清葉若槻辭

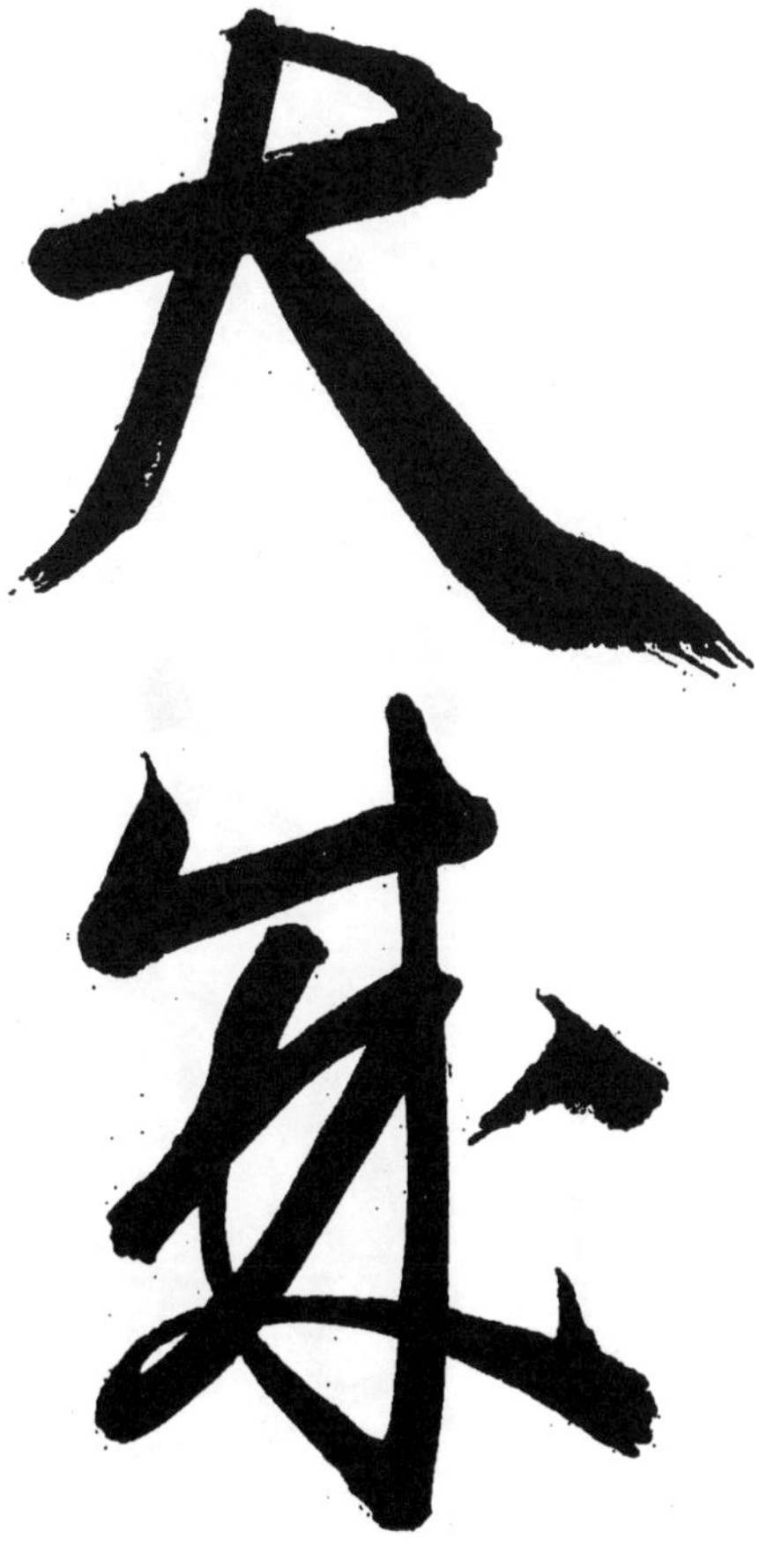

奎堂題

清浦奎吾

奎堂

○司法次官清浦奎吾君題字

○山林局長岡部長職君題詞

小大

由之

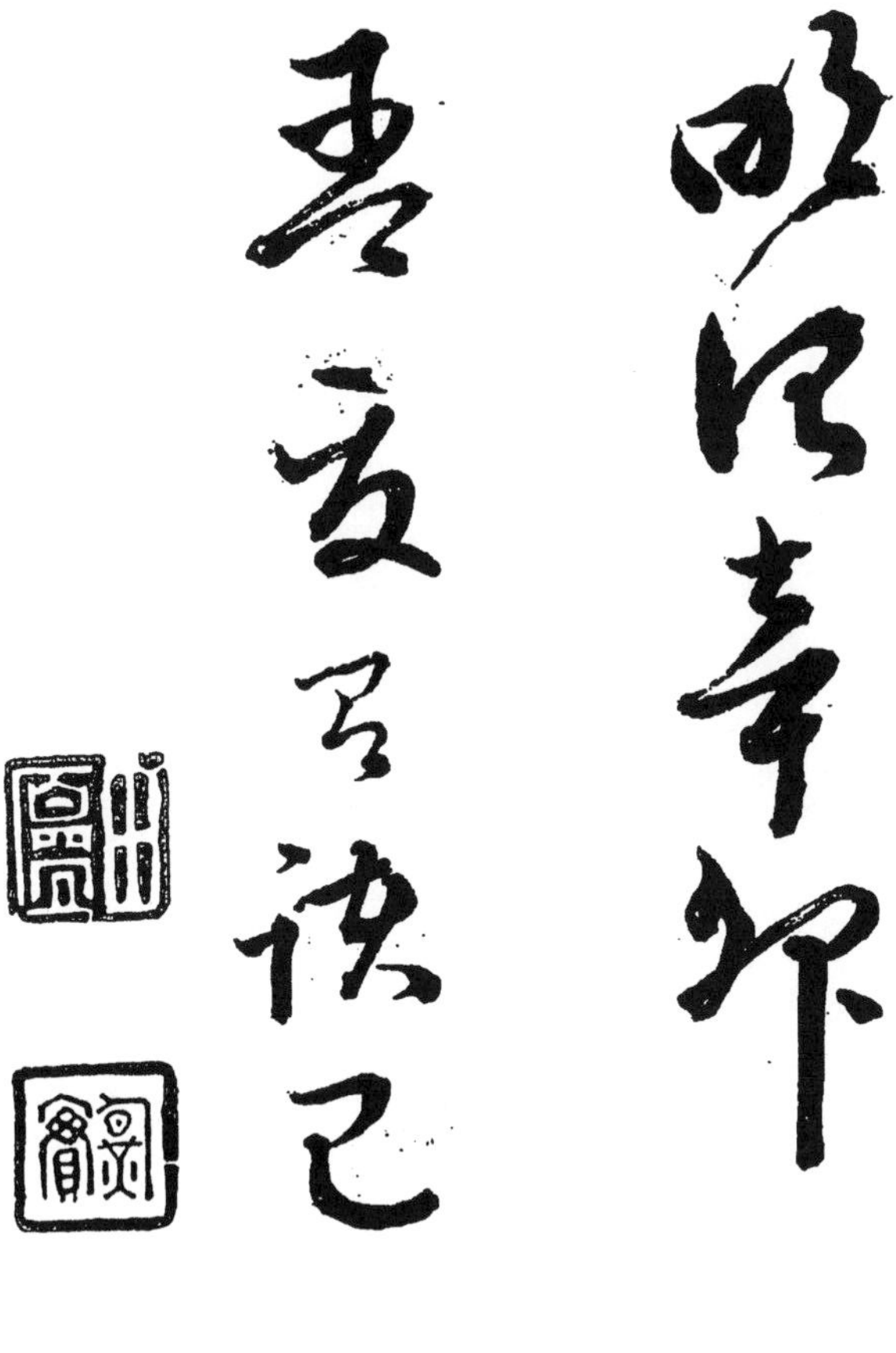

○山林局長山[illegible]題字

○此係原校旧稿據以參校

罰則大全目錄

○第一類　刑法、治罪

○刑　法　一丁
○刑法附則　六十五丁
○刑事訴訟法　七十六丁
○違警罪即決例　百三十丁
○監獄則　百三十二丁
○決鬪罪　百四十丁
○竊盜罪　同
○省令廳令府縣令及警察令ニ罰則ヲ附ス　百四十一丁
○公署公吏公署ノ印、文書及免狀鑑札ニ關スル件　同
○重罪控訴豫納金規則　同
○輕罪ニ係ル控訴豫納金規則　百四十二丁
○罰金追徵ニ係ル上告豫納金ノ件　百四十三丁
○商船內犯罪取扱規則　同

○第二類　公文式

○法　例　同
○公文式　百四十五丁
○官報到達日數　百四十七丁
○奈良縣香川縣官報到達日數　百四十八丁

○北海道ニ施行セサル法律　百四十九丁
○第三類　集會、政社、出版
○集會及政社法　同　丁
○出版法　百五十四丁
○版權法　百五十九丁
○脚本樂譜條例　百六十四丁
○寫眞版權條例　同　丁
○第四類　警保
○銃砲取締規則　百六十六丁
○銃砲取締規則違背者ノ處分方　百六十八丁
○火藥取締規則　百六十九丁
○爆發物取締罰則　百七十三丁
○石油取締規則　百七十五丁
○古物商取締條例　百七十六丁
○質屋取締條例　百七十九丁
○溷入製造取締規則　百八十一丁
○第五類　衞生
○傳染病豫防規則　同　丁
○種痘規則　百八十五丁
○檢疫停船規則　百八十六丁

○虎列剌病流行地方ヨリ來ル船舶檢査規則　百九十二丁
○獸類傳染病豫防規則　同　丁
○賣藥規則　百九十五丁
○藥品營業並藥品取扱規則　百九十九丁
○繪具染料賣買取締方　二百四丁
○毒藥劇藥ノ品目　同　丁
○藥用阿片賣買並ニ製造規則　二百九丁

第六類　公債

○大藏省證券條例　二百十一丁
○新舊公債證書發行條例　二百十二丁
○金祿公債證書發行條例　二百十七丁
○金札引換公債條例　二百二十丁
○金札引換無記名公債證書條例　二百二十三丁
○起業公債證書發行條例　二百二十四丁
○中山道鐵道公債證書條例　二百二十八丁
○海軍公債證書條例　二百三十丁
○整理公債條例　二百三十一丁
○鐵道費補充公債條例　二百三十六丁

第七類　銀行　會社

○日本銀行條例　同　丁

○横濱正金銀行條例　二百三十九丁
○兌換銀行券條例　二百四十三丁
○國立銀行條例　二百四十五丁
○銀行條例　二百七十一丁
○貯蓄銀行條例　二百七十二丁
○取引所法　二百七十三丁
○取引所税法　二百七十九丁
○第八類　特許意匠商標
○特許條例　二百八十丁
○特許條例施行細則　二百八十七丁
○意匠條例　三百九丁
○意匠條例施行細則　三百十三丁
○商標條例　三百二十八丁
○商標條例施行細則　三百三十二丁
○第九類　郵便、電信
○郵便條例　三百四十八丁
○第三種郵便物認可規則　三百七十一丁
○小包郵便法　三百七十三丁
○小包郵便法施行細則　三百七十五丁
○電信條例　三百八十四丁

○海底電信線保護萬國聯合條約罰則　三百九十二丁

○第十類　鐵道

○鐵道略則　三百九十三丁
○鐵道犯罪罰則　三百九十七丁

○第十一類　各種稅

○地租條例　三百九十九丁
○地租條例施行細則　四百三丁
○所得稅法　四百五丁
○所得稅法施行細則　四百九丁
○酒造稅則　四百十四丁
○酒造稅則附則　四百二十丁
○酒造稅則施行細則　四百二十一丁
○酒精營業稅法　四百二十七丁
○酒精營業稅法施行細則　四百二十九丁
○自家用料酒類製造者心得　四百三十二丁
○沖繩縣酒類出港稅則　同
○沖繩縣酒類出港稅則施行細則　四百三十三丁
○醬麴營業稅則　四百三十四丁
○酢造營業者酢元ニ供スル酒類製造罰則　四百三十六丁
○醬油稅則　同

○醤油稅則施行細則　四百四十丁
○煙草稅則　四百四十四丁
○煙草稅則施行細則　四百四十九丁
○菓子稅則　四百五十四丁
○賣藥印紙稅規則　四百五十八丁
○無印紙賣藥所持者罰則　四百六十丁
○船稅規則　四百六十一丁
○車稅規則　四百六十三丁
○牛馬賣買免許稅規則　四百六十四丁
○北海道牛馬賣買規則　四百六十六丁
○北海道水産稅則　四百六十七丁
○北海道水産稅則施行細則　四百六十九丁
○北海道有稅水産物無免許取獵及製造罰則　四百七十一丁
○證劵印紙稅規則　四百七十一丁
○國稅滯納處分法　四百七十七丁
○地方稅及備荒儲蓄金滯納處分方　四百八十七丁
○間接國稅犯則者處分法　四百八十七丁
○間接國稅犯則者處分法施行細則　四百九十丁
○第十二類　度量衡
○度量衡法　四百九十三丁

○度量衡法施行規則　五百丁
○第十三類　税關、船舶、輸出入、燈標、港津
○税關法　五百十三丁
○税關規則　五百十六丁
○特別輸出港規則　五百二十四丁
○横須賀海軍港規則　五百二十五丁
○船籍規則　五百二十七丁
○船籍規則施行細則　五百三十一丁
○西洋形船舶檢査規則　五百三十四丁
○危害品船積法則　五百三十七丁
○西洋形船海員雇入雇止規則　五百三十八丁
○船燈信號器製造販賣規則　五百四十丁
○陸地測量標條例　五百四十一丁
○水路測量標條例　五百四十三丁
○海上衝突豫防法　五百四十四丁
○檣燈舷燈無免許製造罰則　五百五十七丁
○船舶信號器無免許製造罰則　五百五十八丁
○航路標識條例　同丁
○商船規則　同丁
○外國船乘込規則　五百五十九丁

○第十四類　登記、公證
○登　記　法　五百六十丁
○登記印紙規則　五百六十八丁
○民事訴訟用印紙法　五百六十九丁
○公證人規則　五百七十一丁
○第十五類　產業
○鑛業條例　五百八十五丁
○鑛業條例施行細則　六百初ノ一丁
○砂鑛採取法　六百初ノ六丁
○砂鑛採取法施行細則　六　百　三　丁
○狩獵規則　六　百　六　丁
○北海道鹿獵規則　六百十三丁
○蠶種檢查規則　六百十四丁
○茶業組合規則　六百十五丁
○第十六類　戶籍
○戶籍法第五則出產死亡出入及寄留者屆出方　六百二十一丁
○第十七類　兵備
○徵　發　令　六百二十二丁
○陸軍歸休兵條例　六百二十九丁
○陸軍豫備後備軍將校服役條例　六百三十一丁

○陸軍豫備後備下士兵卒服役條例　六百三十四丁
○徵兵令　六百三十七丁
○徵兵事務條例　六百四十三丁
○軍港要港規則違犯者處分方　六百五十六丁

○第十八類　服務及懲罰

○判事懲戒法　六百五十六丁
○官吏懲戒例　六百六十二丁
○官吏服務規律　六百六十三丁
○官吏商業區分　六百六十五丁

○第十九類　民事訴訟法

○民事訴訟法　六百六十六丁
○民事訴訟法施行條例　八百三十二丁
○民事訴訟費用法　八百三十三丁

○第二十類　雜錄

○重罪控訴豫納金規則　八百三十五丁
○輕罪控訴規則　八百三十六丁
○罰金及追徵ニ係ル上告豫納金ノ件　同丁
○既決囚ノ逃走者ニ對スル逮捕狀發付手續　八百三十七丁
○既決囚ノ逃走者ニ對スル令狀發付方　同丁
○豫審判事ノ請求ニ因ル逮捕狀發付手續　八百三十八丁

○在本邦外國公使館傭内國人ニ對スル令狀發付方　同　丁
○勅奏任官華族帶勳有位者禁錮以上ノ刑ヲ犯シタル時處分方　同　丁
○勅奏任官華族帶勳有位者罰金科料拘留等ニ該ルヘキ時處分方
心得　八百三十九丁
○軍人軍屬ノ犯罪未決中逃走シタル者捕縛手續　八百四十丁
○神職犯罪上奏方　同　丁
○帶勳者犯罪ニ付勳章ヲ褫奪シタル時犯人本籍ヘ通知方　同　丁
○刑事裁判言渡ヲ犯人ノ本籍ヘ通知方　同　丁
○醫師犯罪内務省ヘ通知方　八百四十一丁
○帶勳者罪ヲ犯シ公權剝奪又ハ停止言渡後屆出方　同　丁
○恩給扶助料ヲ有スル元軍人及寡婦孤兒罪ヲ犯シ處分ヲ受ケタ
ル時大藏省ヘ通知方　八百四十二丁
○獸醫免許規則及獸類傳染病豫防規則違犯者處斷後農商務省ヘ
通知方　同　丁
○西洋形船船長運轉手機關手免狀ヲ有スル者罪ヲ犯シ輕罪以上
ノ刑ニ處シタル節農商務省ヘ通知方　八百四十三丁
○檢證ノ爲メ四人召連出張ニ關スル護送及費用支辨手續　同　丁
○司法官吏ヨリ巡査及兵員要求使用手續　同　丁
○裁判言渡ノ謄本又ハ拔書ヲ求ムル費用上納方　同　丁
○裁判言渡ノ謄本又ハ拔書ヲ下付スル費用ハ違警罪ニ限リ徵收

セサル件　八百四十四丁
○無資力ノ者ハ無代價ニシテ裁判言渡ノ謄本又ハ拔書ヲ下渡ス
ヿヲ許スノ件　同　丁
○違警罪裁判言渡ノ謄本又ハ拔書ト雖モ正式裁判ニ係ルモノヽ
費用徵收ノ件　同　丁
○公訴裁判費用官ニテ擔當スヘキ場合金額支出方　八百四十五丁
○檢察官ニ於テ裁判所ノ命令及言渡ヲ執行スルニ當リ其謄本ヲ
要スルトキ交付方　同　丁
○刑事ニ付警察官ノ處分ニ屬スル費用ハ裁判費用ニ立タサルノ
件　同　丁
○法律上ノ減輕ニ因リ輕罪以下ニ處スヘキ重罪事件ノ裁判管轄　同　丁
○死刑者犯由牌掲示方　八百四十六丁
○治罪法中犯人證人等ニ拇印セシムル件　同　丁
○巡査ヲシテ令狀ヲ他管ニ帶行セシメ又ハ人相書ヲ發シ捜査及
逮捕ヲ請求スル心得方　同　丁
○大審院裁判所公廷取締ノ爲メ巡査ヲ詰サセ又ハ被告人護送ノ
巡査押丁ヲシテ公廷ニ入リ看護セシム　三百四十七丁
○無資力者追徵金處分方　同　丁
○税則違犯脱税追徵地方廳ヘ通知ノ件　八百四十八丁
○裁判官政事演說禁止ノ件　同　丁

十二

○僞造證書沒收處分內訓　同　丁

○參照

○徵兵令中改正法律　八百五十一丁
○煙草稅則施行細則中改正　同　丁
○度量衡法追加法律　同　丁
○度量衡法施行規則追加　同　丁
○度量衡法施行規則中改正　八百五十二丁
○特許條例施行細則中改正　同　丁
○意匠條例施行細則中改正　同　丁
○商標條例施行細則中改正　同　丁

目錄畢

司法警察官必携

罰則大全

福田正已編述

○第一類　刑法治罪

○刑法　明治十三年七月第三十六號布告

刑法目錄

第一編　總則
第一章　法例
第二章　刑例
第一節　刑名
第二節　主刑處分
第三節　附加刑處分
第四節　徵償處分
第五節　刑期計算
第六節　假出獄
第七節　期滿免除
第八節　復權
第三章　加減例
第四章　不論罪及ヒ減輕
第一節　不論罪及ヒ宥恕減輕

第二節　自首減輕
第三節　酌量減輕
第五章　再犯加重
第六章　加減順序
第七章　數罪俱發
第八章　數人共犯
第一節　正犯
第二節　從犯
第九章　未遂犯罪
第十章　親屬例
第二編　公益ニ關スル重罪輕罪
第一章　皇室ニ對スル罪
第二章　國事ニ關スル罪
第一節　內亂ニ關スル罪
第二節　外患ニ關スル罪
第三章　靜謐ヲ害スル罪
第一節　兇徒聚衆ノ罪
第二節　官吏ノ職務ヲ行フヲ妨害スル罪
第三節　囚徒逃走ノ罪及ヒ罪人ヲ藏匿スル罪
第四節　附加刑ノ執行ヲ逭ルヽ罪

第五節　私ニ軍用ノ銃礮彈藥ヲ製造シ及ヒ所有スル罪
第六節　往來通信ヲ妨害スル罪
第七節　人ノ住所ヲ侵ス罪
第八節　官ノ封印ヲ破棄スル罪
第九節　公務ヲ行フヲ拒ム罪
第四章　信用ヲ害スル罪
第一節　貨幣ヲ僞造スル罪
第二節　官印ヲ僞造スル罪
第三節　官ノ文書ヲ僞造スル罪
第四節　私印私書ヲ僞造スル罪
第五節　免狀鑑札及ヒ疾病證書ヲ僞造スル罪
第六節　僞證ノ罪
第七節　度量衡ヲ僞造スル罪
第八節　身分ヲ詐稱スル罪
第九節　公選ノ投票ヲ僞造スル罪
第五章　健康ヲ害スル罪
第一節　阿片烟ニ關スル罪
第二節　飲料ノ淨水ヲ汚穢スル罪
第三節　傳染病豫防規則ニ關スル罪
第四節　危害品及ヒ健康ヲ害ス可キ物品製造ノ規則ニ關スル罪

第五節　健康ヲ害ス可キ飮食物及ヒ藥劑ヲ販賣スル罪
第六節　私ニ醫業ヲ爲ス罪
第六章　風俗ヲ害スル罪
第七章　死屍ヲ毀棄シ及ヒ墳墓ヲ發掘スル罪
第八章　商業及ヒ農工ノ業ヲ妨害スル罪
第九章　官吏瀆職ノ罪
第一節　官吏公益ヲ害スル罪
第二節　官吏人民ニ對スル罪
第三節　官吏財產ニ對スル罪
第三編　身體財產ニ對スル重罪輕罪
第一章　身體ニ對スル罪
第一節　謀殺故殺ノ罪
第二節　毆打創傷ノ罪
第三節　殺傷ニ關スル宥恕及ヒ不論罪
第四節　過失殺傷ノ罪
第五節　自殺ニ關スル罪
第六節　擅ニ人ヲ逮捕監禁スル罪
第七節　脅迫ノ罪
第八節　墮胎ノ罪
第九節　幼者又ハ老疾者ヲ遺棄スル罪

第十節　幼者ヲ略取誘拐スル罪
第十一節　猥褻姦淫重婚ノ罪
第十二節　誣告及ヒ誹毀ノ罪
第十三節　祖父母父母ニ對スル罪
第二章　財産ニ對スル罪
第一節　竊盜ノ罪
第二節　强盜ノ罪
第三節　遺失物埋藏物ニ關スル罪
第四節　家資分散ニ關スル罪
第五節　詐欺取財ノ罪及ヒ受寄財物ニ關スル罪
第六節　贓物ニ關スル罪
第七節　放火失火ノ罪
第八節　決水ノ罪
第九節　船舶ヲ覆沒スル罪
第十節　家屋物品ヲ毀壞シ及ヒ動植物ヲ害スル罪
第四編　違警罪
刑法附則目錄
第一章　主刑執行
第二章　監視
第三章　假出獄及ヒ特別監視

第四章　刑事裁判費用
第五章　賠償處分

刑法

第一編　總則

第一章　法例

第一條　凡法律ニ於テ罰ス可キ罪別テ三種ト爲ス
一重罪
二輕罪
三違警罪
第二條　法律ニ正條ナキ者ハ何等ノ所爲ト雖モ之ヲ罰スルヿヲ得ス
第三條　法律ハ頒布以前ニ係ル犯罪ニ及ホスヿヲ得ス
若シ所犯頒布以前ニ在テ未タ犯決ヲ經サル者ハ新舊ノ法ヲ比照シ輕キニ從テ處斷ス
第四條　此刑法ハ陸海軍ニ關スル法律ヲ以テ論ス可キ者ニ適用スルヿヲ得ス
第五條　此刑法ニ正條ナクシテ他ノ法律規則ニ刑名アル者ハ各其法律規則ニ從フ
若シ他ノ法律規則ニ於テ別ニ總則ヲ掲ケサル者ハ此刑法ノ總則ニ從フ

第二章　刑例

第一節　刑名

第六條　刑ハ主刑及ヒ附加刑ト爲ス
主刑ハ之ヲ宣告ス
附加刑ハ法律ニ於テ其宣告スル者ト宣告セサル者トヲ定ム

第七條　左ニ記載シタル者ヲ以テ重罪ノ主刑ト爲ス
一死刑
二無期徒刑
三有期徒刑
四無期流刑
五有期流刑
六重懲役
七輕懲役
八重禁獄
九輕禁獄
第八條　左ニ記載シタル者ヲ以テ輕罪ノ主刑ト爲ス
一重禁錮
二輕禁錮
三罰金
第九條　左ニ記載シタル者ヲ以テ違警罪ノ主刑ト爲ス
一拘留
二科料
第十條　左ニ記載シタル者ヲ以テ附加刑ト爲ス
一剝奪公權
二停止公權

三禁治産
四監視
五罰金
六没收
第十一條　刑ヲ執行シ及ヒ犯人ヲ檢束スル方法細目ハ別ニ規則ヲ以テ之ヲ定ム

第二節　主刑處分

第十二條　死刑ハ絞首ス但規則ニ定ムル所ノ官吏臨檢シ獄内ニ於テ之ヲ行フ
第十三條　死刑ハ司法卿ノ命令アルニ非サレハ之ヲ行フヿヲ得ス
第十四條　大祀令節國祭ノ日ハ死刑ヲ行フヿヲ禁ス
第十五條　死刑ノ宣告ヲ受ケタル婦女懷胎ナル時ハ其執行ヲ停メ分娩後一百日ヲ經ルニ非サレハ刑ヲ行ハス
第十六條　死刑ノ遺骸ハ親屬故舊請フ者アレハ之ヲ下付ス但式ヲ用ヒテ葬ルヿヲ許サス
第十七條　徒刑ハ無期有期ヲ分タス島地ニ發遣シ定役ニ服ス
有期徒刑ハ十二年以上十五年以下ト爲ス
第十八條　徒刑ノ婦女ハ島地ニ發遣セス内地ノ懲役場ニ於テ定役ニ服ス
第十九條　徒刑ノ囚六十歳ニ滿ル者ハ通常ノ定役ヲ免シ其體力相當ノ定役ニ服ス
第二十條　流刑ハ無期有期ヲ分タス島地ノ獄ニ幽閉シ定役ニ服セス
有期流刑ハ十二年以上十五年以下ト爲ス
第二十一條　無期流刑ノ囚五年ヲ經過スレハ行政ノ處分ヲ以テ幽閉ヲ免シ島地ニ於テ地ヲ限リ居住セシムルヿヲ得

有期流刑ノ四三年ヲ經過スル者亦同シ

第二十二條　懲役ハ內地ノ懲役場ニ入レ定役ニ服ス但六十歲ニ滿ル者ハ第十九條ノ例ニ從フ

重懲役ハ九年以上十一年以下輕懲役ハ六年以上八年以下ト爲ス

第二十三條　禁獄ハ內地ノ獄ニ入レ定役ニ服セス

重禁獄ハ九年以上十一年以下輕禁獄ハ六年以上八年以下ト爲ス

第二十四條　禁錮ハ禁錮場ニ留置シ重禁錮ハ定役ニ服シ輕禁錮ハ定役ニ服セス

禁錮ハ重輕ヲ分タス十一日以上五年以下ト爲シ仍ホ各本條ニ於テ其長短ヲ區別ス

第二十五條　定役ニ服スル囚人ノ工錢ハ監獄ノ規則ニ從ヒ其幾分ヲ獄舍ノ費用ニ供シ其幾分ヲ囚人ニ給與ス但現役百日以內ハ給與ノ限ニ在ラス

第二十六條　罰金ハ二圓以上ト爲シ仍ホ各本條ニ於テ其多寡ヲ區別ス

第二十七條　罰金ハ裁判確定ノ日ヨリ一月內ニ納完セシム若シ納完セサル者ハ一圓ヲ一日ニ折算シ之ヲ輕禁錮ニ換フ其一圓ニ滿サル者ト雖モ仍ホ一日ニ計算ス

罰金ヲ禁錮ニ換フル者ハ更ニ裁判ヲ用ヒス檢察官ノ求ニ因リ裁判官之ヲ命ス但禁錮ノ期限ハ二年ニ過クルコトヲ得ス

若シ禁錮限內罰金ヲ納メタル時ハ其經過シタル日數ヲ扣除シテ禁錮ヲ免ス親屬其他ノ者代テ罰金ヲ納メタル者亦同シ

第二十八條　拘留ハ拘留所ニ留置シ定役ニ服セス其刑期ハ一日以上十日以下ト爲シ仍ホ各本條ニ於テ其長短ヲ區別ス

第二十九條　科料ハ五錢以上一圓九十五錢以下ト爲シ仍ホ各本條ニ於テ其多寡ヲ區別ス

第三十條　科料ハ裁判確定ノ日ヨリ十日內ニ納完セシム若シ限內納完セサル者ハ第二十七條ノ例ニ照シ之ヲ拘留ニ換フ

第三節　附加刑處分

第三十一條　剝奪公權ハ左ノ權ヲ剝奪ス
一國民ノ特權
二官吏ト爲ルノ權
三勳章年金位記貴號恩給ヲ有スルノ權
四外國ノ勳章ヲ佩用スルノ權
五兵籍ニ入ルノ權
六裁判所ニ於テ證人ト爲ルノ權但單ニ事實ヲ陳述スルハ此限ニ在ラス
七後見人ト爲ルノ權但親屬ノ許可ヲ得テ子孫ノ爲メニスルハ此限ニ在ラス
八分散者ノ管財人ト爲リ又ハ會社及ヒ共有財產ヲ管理スルノ權
九學校長及ヒ敎師學監ト爲ルノ權

第三十二條　重罪ノ刑ニ處セラレタル者ハ別ニ宣告ヲ用ヒス終身公權ヲ剝奪ス

第三十三條　禁錮ニ處セラレタル者ハ別ニ宣告ヲ用ヒス現任ノ官職ヲ失ヒ及ヒ其刑期間公益ヲ行フヿヲ停止ス

第三十四條　輕罪ノ刑ニ於テ監視ニ付シタル者ハ別ニ宣告ヲ用ヒス監視ノ期限間公權ヲ行フヿヲ停止ス
主刑ヲ免シテ止タ監視ニ付シタル者亦同シ

第三十五條　重罪ノ刑ニ處セラレタル者ハ別ニ宣告ヲ用ヒス其主刑ノ終ルマテ自ラ財產ヲ

治ムルコヲ禁ス
第三十六條　流刑ノ囚幽閉ヲ免セラレタル時ハ行政ノ處分ヲ以テ治産ノ禁ノ幾分ヲ免スルコヲ得
第三十七條　重罪ノ刑ニ處セラレタル者ハ別ニ宣告ヲ用ヒス各本刑ノ短期三分ノ一ニ等シキ時間監視ニ付ス
第三十八條　輕罪ノ刑ニ附加スル監視ハ之ヲ宣告ス但各本條ニ記載スルノ外監視ニ付スルコヲ得ス
第三十九條　死刑及ヒ無期刑ノ期滿免除ヲ得タル者ハ別ニ宣告ヲ用ヒス五年間監視ニ付ス
第四十條　監視ノ期限ハ主刑ノ終リタル日ヨリ起算ス主刑ノ期滿免除ヲ得タル時ハ其捕ニ就キタル日ヨリ起算ス
若シ主刑ヲ免シテ止タ監視ニ付シタル時ハ其裁判確定ノ日ヨリ起算ス
第四十一條　監視ニ付セラレタル者其情狀ニ因リ行政ノ處分ヲ以テ假ニ監視ヲ免スルコヲ得
第四十二條　附加ノ罰金ハ之ヲ宣告ス若シ一月內ニ納完セサル時ハ第二十七條ノ例ニ照シ輕禁錮ニ換ヘ主刑滿限ノ後之ヲ執行ス
第四十三條　左ニ記載シタル物件ハ宣告シテ官ニ沒收ス但法律規則ニ於テ別ニ沒收ノ例ヲ定メタル者ハ各其法律規則ニ從フ
一法律ニ於テ禁制シタル物件
二犯罪ノ用ニ供シタル物件
三犯罪ニ因テ得タル物件

第四十四條　法律ニ於テ禁制シタル物件ハ何人ノ所有ヲ問ハス之ヲ沒收ス犯罪ノ用ニ供シ及ヒ犯罪ニ因テ得タル物件ハ犯人ノ所有ニ係リ又所有主ナキ時ノ外之ヲ沒收スルコトヲ得ス

第四節　徵償處分

第四十五條　刑事ノ裁判費用ハ其全部又ハ幾分ヲ犯人ニ科ス但其費用ノ額ハ別ニ規則ヲ以テ之ヲ定ム

第四十六條　犯人刑ニ處セラレ又ハ放免セラルヽト雖モ被害者ノ請求ニ對シ贓物ノ還給損害ノ賠償ヲ免ルヽヿヲ得ス

第四十七條　數人共犯ニ係ル裁判費用贓物ノ還給損害ノ賠償ハ共犯人ヲシテ之ヲ連帶セシム

第四十八條　裁判費用贓物ノ還給損害ノ賠償ハ被害者ノ請求ニ因リ刑事裁判所ニ於テ之ヲ審判スルヿヲ得若シ贓物犯人ノ手ニアル時ハ請求ナシト雖モ直チニ之ヲ被害者ニ還付ス

第五節　刑期計算

第四十九條　刑期ヲ計算スルニ一日ト稱スルハ二十四時ヲ以テシ一月ト稱スルハ三十日ヲ以テシ一年ト稱スルハ暦ニ從フ

受刑ノ初日ハ時間ヲ論セス一日ニ算入シ放免ノ日ハ刑期ニ算入セス

第五十條　刑ハ裁判確定ノ後ニ非サレハ之ヲ執行スルヿヲ得ス

第五十一條　刑期ハ刑名宣告ノ日ヨリ起算ス若シ上訴ヲ爲シタル者ハ左ノ例ニ從フ

一　犯人自ラ上訴シテ其上訴正當ナル時ハ前判宣告ノ日ヨリ起算ス若シ其上訴不當ナル時ハ後判宣告ノ日ヨリ起算ス

二檢察官ノ上訴ニ係ル者ハ其上訴正當ナルト否トヲ分タス前判宣告ノ日ヨリ起算ス
三上訴中保釋ヲ得又ハ責付セラレタル者ハ其日數ノ刑期ニ算入スルコヲ得ス
第五十二條　刑期限內逃走シ再ヒ捕ニ就キタル者ハ其逃走ノ日數ヲ除キ前後受刑ノ日ヲ計算ス

第六節　假出獄

第五十三條　重罪輕罪ノ刑ニ處セラレタル者獄則ヲ謹守シ悛改ノ狀アル時ハ其刑期四分ノ三ヲ經過スルノ後行政ノ處分ヲ以テ假ニ出獄ヲ許スコヲ得
無期徒刑ノ囚ハ十五年ヲ經過スルノ後亦同シ
流刑ノ囚ハ第二十一條ニ照シ幽閉ヲ免スルノ外假出獄ノ例ヲ用ヒス
第五十四條　徒刑ノ囚ハ假出獄ヲ許サヽルト雖モ仍ホ島地ニ居住セシム
第五十五條　假出獄ヲ許サレタル者ハ行政ノ處分ヲ以テ治產ノ禁ノ幾分ヲ免スルコヲ得但本刑期限內特別ニ定メタル監視ニ付ス
第五十六條　假出獄中更ニ重罪輕罪ヲ犯シタル者ハ直チニ出獄ヲ停止シ出獄中ノ日數ハ刑期ニ算入スルコヲ得ス
第五十七條　刑期限內更ニ重罪輕罪ヲ犯シタル者ハ假出獄ヲ許サス

第七節　期滿免除

第五十八條　刑ノ執行ヲ遁レタル者法律ニ定メタル期限ヲ經過スルニ因テ期滿免除ヲ得
第五十九條　主刑ハ左ノ年限ニ從テ期滿免除ヲ得
一死刑ハ三十年
二無期徒流刑ハ二十五年

三有期徒流刑ハ二十年
四重懲役重禁獄ハ十五年
五輕懲役輕禁獄ハ十年
六禁錮罰金ハ七年
七拘留科料ハ一年
第六十條　剝奪公權停止公權及ヒ監視ハ期滿免除ヲ得ス
附加ノ罰金ハ主刑ト共ニ期滿免除ヲ得
沒收ハ五年ヲ經テ期滿免除ヲ得但禁制物ハ期滿免除ノ限ニ在ラス
第六十一條　期滿免除ハ刑ノ執行ヲ遁レタル日ヨリ起算ス若シ捕ニ就キ再ヒ逃走シタル時ハ其逃走ノ日ヨリ起算シ闕席裁判ニ係ル時ハ其宣告ノ日ヨリ起算ス
第六十二條　刑ノ執行ヲ遁レタル者ニ對シ逮捕ヲ命シタル時ハ最終ノ令狀ヲ出シタル日ヨリ期滿免除ヲ起算ス

第八節　復權

第六十三條　公權ヲ剝奪セラレタル者ハ主刑ノ終リタル日ヨリ五年ヲ經過スルノ後其情狀ニ因リ將來ノ公權ヲ復スルコヲ得
主刑ノ期滿免除ヲ得タル者ハ監視ニ付シタル日ヨリ五年ヲ經過スルノ後亦同シ
第六十四條　大赦ニ因テ免罪ヲ得タル者ハ直チニ復權ヲ得特赦ニ因テ免罪ヲ得タル者ハ赦狀中記載スルニ非サレハ復權ヲ得ス
赦ニ因テ復權ヲ得タル者ハ自ラ監視ヲ免シタル者トス
第六十五條　復權ハ勅裁ニ非サレハ之ヲ得可カラス

第三章　加減例

第六十六條　法律ニ於テ刑ヲ加重減輕ス可キ時ハ後ノ數條ニ記載シタル例ニ照シテ加減ス
但加ヘテ死刑ニ入ルヿヲ得ス

第六十七條　重罪ノ刑ハ左ノ等級ニ照シテ加減ス
一死刑
二無期徒刑
三有期徒刑
四重懲役
五輕懲役

第六十八條　國事ニ關スル重罪ノ刑ハ左ノ等級ニ照シテ加減ス
一死刑
二無期流刑
三有期流刑
四重禁獄
五輕禁獄

第六十九條　輕懲役ニ該ル者減輕ス可キ時ハ二年以上五年以下ノ重禁錮ニ處スルヲ以テ一等ト爲ス
輕禁獄ニ該ル者減輕ス可キ時ハ二年以上五年以下ノ輕禁錮ニ處スルヲ以テ一等ト爲ス

第七十條　禁錮罰金ニ該ル者減輕ス可キ時ハ各本條ニ記載シタル刑期金額ノ四分ノ一ヲ減スヲ以テ一等ト爲シ其加重ス可キ時ハ亦四分ノ一ヲ加フルヲ以テ一等ト爲ス

輕罪ノ刑ハ加ヘテ重罪ニ入ルヿヲ得ス但禁錮ハ加ヘテ七年ニ至ルヿヲ得

第七十一條　禁錮ヲ減盡シタル時ハ拘留ニ處シ罰金ヲ減盡シタル時ハ科料ニ處ス禁錮罰金ヲ減シテ其短期十日以下寡數一圓九十五錢以下ニ及フ時ハ亦拘留科料ニ處スルヿヲ得

第七十二條　拘留科料ニ該ル者加減ス可キ時ハ禁錮罰金ノ例ニ照シ其四分ノ一ヲ加減スルヲ以テ一等ト爲ス

違警罪ノ刑ハ加ヘテ輕罪ニ入ルヿヲ得ス但拘留ハ加ヘテ十二日ニ至ルヿヲ得減シテ一日以下ニ降スヿヲ得ス科料ハ加ヘテ二圓四十錢ニ至ルヿヲ得減シテ五錢以下ニ降スヿヲ得ス

第七十三條　禁錮拘留ヲ加減スルニ因テ其期限ニ零數ヲ生シ一日ニ滿サル時ハ之ヲ除棄ス

第七十四條　附加ノ罰金ハ主刑ニ從テ其金額ノ四分ノ一ヲ加減スルヲ以テ一等ト爲ス若シ減盡シタル時ハ止タ主刑ヲ科ス

第四章　不論罪及ヒ減輕

第一節　不論罪及ヒ宥恕減輕

第七十五條　抗拒ス可カラサル强制ニ遇ヒ其意ニ非サルノ所爲ハ其罪ヲ論セス

天災又ハ意外ノ變ニ因リ避ク可カラサル危難ニ遇ヒ自己若クハ親屬ノ身體ヲ防衞スルニ出タル所爲亦同シ

第七十六條　本屬長官ノ命令ニ從ヒ其職務ヲ以テ爲シタル者ハ其罪ヲ論セス

第七十七條　罪ヲ犯ス意ナキノ所爲ハ其罪ヲ論セス但法律規則ニ於テ別ニ罪ヲ定メタル者ハ此限ニ在ラス

罪ト爲ル可キ事實ヲ知ラスシテ犯シタル者ハ其罪ヲ論セス

罪本重カル可クシテ犯ス時知ラサル者ハ其重キニ從テ論スルヿヲ得ス

法律規則ヲ知ラサルヲ以テ犯スノ意ナシト爲スヿヲ得ス
第七十八條　罪ヲ犯ス時知覺精神ノ喪失ニ因テ是非ヲ辨別セサル者ハ其罪ヲ論セス
第七十九條　罪ヲ犯ス時十二歲ニ滿タサル者ハ其罪ヲ論セス但滿八歲以上ノ者ハ情狀ニ因リ滿十六歲ニ過キサル時間之ヲ懲治場ニ留置スルヿヲ得
第八十條　罪ヲ犯ス時滿十二歲以上十六歲ニ滿サル者ハ其所爲是非ヲ辨別シタルト否トヲ審案シ辨別ナクシテ犯シタル時ハ其罪ヲ論セス但情狀ニ因リ滿二十歲ニ過キサル時間之ヲ懲治場ニ留置スルヿヲ得
若シ辨別アリテ犯シタル時ハ其罪ヲ宥恕シテ本刑ニ二等ヲ減ス
第八十一條　罪ヲ犯ス時滿十六歲以上二十歲ニ滿サル者ハ其罪ヲ宥恕シテ本刑ニ一等ヲ減ス
第八十二條　瘖啞者罪ヲ犯シタル時ハ其罪ヲ論セス但情狀ニ因リ五年ニ過キサル時間之ヲ懲治場ニ留置スルヿヲ得
第八十三條　違警罪ハ滿十六歲以上二十歲ニ滿サル者ト雖モ其罪ヲ宥恕スルヿヲ得ス
滿十二歲以上十六歲ニ滿サル者ハ其罪ヲ宥恕シテ本刑ニ一等ヲ減ス十二歲ニ滿サル者及ヒ瘖啞者ハ其罪ヲ論セス
第八十四條　此節ニ記載スルノ外特別ノ不論罪宥恕減輕ハ各其本條ニ於テ之ヲ記載ス

第二節　自首減輕

第八十五條　罪ヲ犯シ事未タ發覺セサル前ニ於テ官ニ自首シタル者ハ本刑ニ一等ヲ減ス但謀殺故殺ニ係ル者ハ自首減輕ノ限ニ在ラス
第八十六條　財產ニ對スル罪ヲ犯シタル者自首シテ其贓物ヲ還給シ損害ヲ賠償シタル時ハ

自首減等ノ外仍ホ本刑ニ二等ヲ減ス其全部ヲ還償セスト雖モ半數以上ヲ還償シタル時ハ一等ヲ減ス
第八十七條　財產ニ對スル罪ヲ犯シ被害者ニ首服シタル者ハ官ニ自首スルト同ク前二條ノ例ニ照シテ處斷ス
第八十八條　此節ニ記載スルノ外本條別ニ自首ノ例ヲ揭ケタル者ハ各其本條ニ從フ

第三節　酌量減輕

第八十九條　重罪輕罪違警罪ヲ分タス所犯情狀原諒ス可キ者ハ酌量シテ本刑ヲ減輕スルヿヲ得
法律ニ於テ本刑ヲ加重シ又ハ減輕ス可キ者ト雖モ其酌量ス可キ時ハ仍ホ之ヲ減輕スルヿヲ得
第九十條　酌量減輕ス可キ者ハ本刑ニ一等又ハ二等ヲ減ス

第五章　再犯加重

第九十一條　先ニ重罪ノ刑ニ處セラレタル者再犯重罪ニ該ル時ハ本刑ニ一等ヲ加フ
第九十二條　先ニ重罪輕罪ノ刑ニ處セラレタル者再犯輕罪ニ該ル時ハ本刑ニ一等ヲ加フ
第九十三條　先ニ違警罪ノ刑ニ處セラレタル者再犯違警罪ニ該ル時ハ本刑ニ一等ヲ加フ但一年內再ヒ其違警罪裁判所ノ管轄地內ニ於テ犯シタル時ニ非サレハ再犯ヲ以テ論スルヿヲ得ス
第九十四條　再犯加重ハ初犯ノ裁判確定ノ後ニ非サレハ之ヲ論スルヿヲ得ス
第九十五條　刑期限內再ヒ罪ヲ犯スニ因リ刑ヲ宣告シタル時ハ先ツ其定役ニ服ス可キ者ヲ執行シ定役ニ服セサル者ヲ後ニス若シ初犯再犯共ニ定役ニ服スル刑ニ該ル時又ハ共ニ定

役ニ服セサル刑ニ該ル時ハ先ツ其重キ者ヲ執行ス
罰金科料ニ該ル者ハ順序ニ拘ハラス各之ヲ徵收ス
第九十六條　陸海軍裁判所ニ於テ判決ヲ經タル者再ヒ重罪輕罪ヲ犯シタル時ハ初犯ノ罪常律ニ從ヒ處斷シタル者ニ非サレハ再犯ヲ以テ論スルヿヲ得ス
第九十七條　大赦ニ因テ免罪ヲ得タル者ハ再ヒ罪ヲ犯スト雖モ再犯ヲ以テ論スルヿヲ得ス
第九十八條　三犯以上ノ者ト雖モ其加重ノ法ハ再犯ノ例ニ同シ

第六章　加減順序

第九十九條　犯罪ノ情狀ニ因リ總則ニ照シ同時ニ本刑ヲ加重減輕ス可キ時ハ左ノ順序ニ從テ其刑名ヲ定ム但從犯及ヒ未遂犯罪ノ減等其他各本條ニ記載スル特別ノ加重減輕ハ其加減シタル者ヲ以テ本刑ト爲ス
一再犯加重
二宥恕減輕
三自首減輕
四酌量減輕

第七章　數罪俱發

第百條　重罪輕罪ヲ犯シ未タ判決ヲ經ス二罪以上俱ニ發シタル時ハ一ノ重キニ從テ處斷ス
重罪ノ刑ハ刑期ノ長キ者ヲ以テ重ト爲シ刑期ノ等シキ者ハ定役アル者ヲ以テ重ト爲ス
輕罪ノ刑ハ其所犯情狀最重キ者ニ從テ處斷ス
第百一條　違警罪二罪以上俱ニ發シタル時ハ各其刑ヲ科ス若シ重罪又ハ輕罪ト俱ニ發シタル時ハ一ノ重キニ從フ

第百二條　一罪前ニ發シ巳ニ判決ヲ經テ餘罪後ニ發シ其輕ク若クハ等シキ者ハ之ヲ論セス其重キ者ハ更ニ之ヲ論シ前發ノ刑ヲ以テ後發ノ刑ニ通算ス但前發ノ刑罰金科料ニ該リ巳ニ納完シタル者ハ第二十七條ノ例ニ照シ折算シテ後發ノ刑期ニ通算ス
若シ前發ノ罪ヲ判決スル時未タ發セサル罪再犯ノ罪ト倶ニ發シタル者ハ其再犯ト比較シ一ノ重キニ從ヒ前發ノ刑ヲ通算セス
第百三條　數罪倶ニ發シ一ノ重キニ從フ時ト雖モ其沒收及ヒ徵償ノ處分ハ各本法ニ從フ

第八章　數人共犯

第一節　正犯

第百四條　二人以上現ニ罪ヲ犯シタル者ハ皆正犯ト爲シ各自ニ其刑ヲ科ス
第百五條　人ヲ敎唆シテ重罪輕罪ヲ犯サシメタル者ハ亦正犯ト爲ス
第百六條　正犯ノ身分ニ因リ別ニ刑ヲ加重ス可キ時ハ他ノ正犯從犯及ヒ敎唆者ニ及ホスヿヲ得ス
第百七條　犯人ノ多數ニ因リ刑ヲ加重ス可キ時ハ敎唆者ヲ算入シテ多數ト爲スヿヲ得ス
第百八條　事ヲ指定シテ犯罪ヲ敎唆スルニ當リ犯人敎唆ニ乘シ其指定シタル以外ノ罪ヲ犯シ又ハ其現ニ行フ所ノ方法敎唆者ノ指示シタル所ト殊ナル時ハ左ノ例ニ照シテ敎唆者ヲ處斷ス
一　所犯敎唆シタル罪ヨリ重キ時ハ止タ其指定シタル罪ニ從テ刑ヲ科ス
二　所犯敎唆シタル罪ヨリ輕キ時ハ現ニ行フ所ノ罪ニ從テ刑ヲ科ス

第二節　從犯

第百九條　重罪輕罪ヲ犯スヿヲ知テ器具ヲ給與シ又ハ誘導指示シ其他豫備ノ所爲ヲ以テ正

犯ヲ幇助シ犯罪ヲ容易ナラシメタル者ハ從犯ト爲シ正犯ノ刑ニ一等ヲ減ス但正犯現ニ行フ所ノ罪從犯ノ知ル所ヨリ重キ時ハ止タ其知ル所ノ罪ニ照シ一等ヲ減ス
第百十條　身分ニ因リ刑ヲ加重ス可キ者從犯ト爲ル時ハ其重キニ從テ一等ヲ減ス
正犯ノ身分ニ因リ刑ヲ減免ス可キ時ト雖モ從犯ノ刑ハ其輕キニ從テ減免スルヿヲ得ス

第九章　未遂犯罪

第百十一條　罪ヲ犯サンヿヲ謀リ又ハ其豫備ヲ爲スト雖モ未タ其事ヲ行ハサル者ハ本條別ニ刑名ヲ記載スルニ非サレハ其刑ヲ科セス
第百十二條　罪ヲ犯サントシテ已ニ其事ヲ行フト雖モ犯人意外ノ障礙若クハ舛錯ニ因リ未タ遂ケサル時ハ已ニ遂ケタル者ノ刑ニ一等又ハ二等ヲ減ス
第百十三條　重罪ヲ犯サントシテ未タ遂ケサル者ハ前條ノ例ニ照シテ處斷ス
輕罪ヲ犯サントシテ未タ遂ケサル者ハ本條別ニ記載スルニ非サレハ前條ノ例ニ照シテ處斷スルヿヲ得ス
違警罪ヲ犯サントシテ未タ遂ケサル者ハ其罪ヲ論セス

第十章　親屬例

第百十四條　此刑法ニ於テ親屬ト稱スルハ左ニ記載シタル者ヲ云フ
一祖父母父母夫妻
二子孫及ヒ其配偶者
三兄弟姉妹及ヒ其配偶者
四兄弟姉妹ノ子及ヒ其配偶者
五父母ノ兄弟姉妹及ヒ其配偶者

六父母ノ兄弟姉妹ノ子
七配偶者ノ祖父母父母
八配偶者ノ兄弟姉妹及ヒ其配偶者
九配偶者ノ兄弟姉妹ノ子
十配偶者ノ父母ノ兄弟姉妹
第百十五條　祖父母ト稱スルハ高曾祖父母外祖父母同シ父母ト稱スルハ繼父母嫡母同シ子孫ト稱スルハ庶子曾玄孫外孫同シ兄弟姉妹ト稱スルハ異父異母ノ兄弟姉妹同シ養子其養家ニ於ル親屬ノ例ハ實子ニ同シ
第二編　公益ニ關スル重罪輕罪
第一章　皇室ニ對スル罪
第百十六條　天皇三后皇太子ニ對シ危害ヲ加ヘントシタル者ハ死刑ニ處ス
第百十七條　天皇三后皇太子ニ對シ不敬ノ所爲アル者ハ三月以上五年以下ノ重禁錮ニ處シ二十圓以上二百圓以下ノ罰金ヲ附加ス
皇陵ニ對シ不敬ノ所爲アル者亦同シ
第百十八條　皇族ニ對シ危害ヲ加ヘタル者ハ死刑ニ處ス其危害ヲ加ヘントシタル者ハ無期徒刑ニ處ス
第百十九條　皇族ニ對シ不敬ノ所爲アル者ハ二月以上四年以下ノ重禁錮ニ處シ十圓以上百圓以下ノ罰金ヲ附加ス
第百二十條　此章ニ記載シタル罪ヲ犯シ輕罪ノ刑ニ處スル者ハ六月以上二年以下ノ監視ニ付ス

第二章　國事ニ關スル罪

第一節　內亂ニ關スル罪

第百二十一條　政府ヲ顚覆シ又ハ邦土ヲ僭竊シ其他朝憲ヲ紊亂スルコトヲ目的ト爲シ內亂ヲ起シタル者ハ左ノ區別ニ從テ處斷ス

一首魁及ヒ敎唆者ハ死刑ニ處ス

二群集ノ指揮ヲ爲シ其他樞要ノ職務ヲ爲シタル者ハ無期流刑ニ處シ其情輕キ者ハ有期流刑ニ處ス

三兵器金穀ヲ資給シ又ハ諸般ノ職務ヲ爲シタル者ハ重禁獄ニ處シ其情輕キ者ハ輕禁獄ニ處ス

四敎唆ニ乘シテ附和隨行シ又ハ指揮ヲ受ケテ雜役ニ供シタル者ハ二年以上五年以下ノ輕禁錮ニ處ス

第百二十二條　內亂ヲ起スノ目的ヲ以テ兵器彈藥船舶金穀其他軍備ノ物品ヲ刧掠シタル者ハ已ニ內亂ヲ起シタル者ノ刑ニ同シ

第百二十三條　政府ヲ變亂スルノ目的ヲ以テ人ヲ謀殺シタル者ハ兵ヲ擧ルニ至ラスト雖モ內亂ト同ク論シ其敎唆者及ヒ下手者ヲ死刑ニ處ス

第百二十四條　前三條ノ罪ハ未遂犯罪ノ時ニ於テ乃チ本刑ヲ科ス

第百二十五條　兵隊ヲ招集シ又ハ兵器金穀ヲ準備シ其他內亂ノ豫備ヲ爲シタル者ハ第百二十一條ノ例ニ照シ各一等ヲ減ス

內亂ノ陰謀ヲ爲シ未タ豫備ニ至ラサル者ハ各二等ヲ減ス

第百二十六條　內亂ノ豫備又ハ陰謀ヲ爲スト雖モ未タ其事ヲ行ハサル前ニ於テ官ニ自首シ

タル者ハ本刑ヲ免シ六月以上三年以下ノ監視ニ付ス

第百二十七條　內亂ノ情ヲ知テ犯人ニ集會所ヲ給與シタル者ハ二年以上五年以下ノ輕禁錮ニ處ス

第百二十八條　內亂ニ乘シテ人ノ身體財產ニ對シ內亂ノ目的ニ關セサル重罪輕罪ヲ犯シタル者ハ通常ノ刑ニ照シ重キニ從テ處斷ス

第二節　外患ニ關スル罪

第百二十九條　外國ニ與シテ本國ニ抗敵シ又ハ外國ト交戰中同盟國ニ抗敵シ其他本國ニ背叛シテ敵兵ニ附屬シタル者ハ死刑ニ處ス

第百三十條　交戰中敵兵ヲ誘導シテ本國管內ニ入ラシメ若クハ本國及ヒ同盟國ノ都府城塞又ハ兵器彈藥船艦其他軍事ニ關スル土地家屋物件ヲ敵國ニ交付シタル者ハ死刑ニ處ス

第百三十一條　本國及ヒ同盟國ノ軍情機密ヲ敵國ニ漏泄シ若クハ兵隊屯集ノ要地又ハ道路ノ險夷ヲ敵國ニ通知シタル者ハ無期流刑ニ處ス

敵國ノ間諜ヲ誘導シテ本國管內ニ入ラシメ若クハ之ヲ藏匿シタル者亦同シ

第百三十二條　陸海軍ヨリ委任ヲ受ケ物品ヲ供給シ及ヒ工作ヲ爲ス者交戰ノ際敵國ニ通謀シ又ハ其賂遺ヲ收受シテ命令ニ違背シ軍備ノ缺乏ヲ致シタル時ハ有期流刑ニ處ス

第百三十三條　外國ニ對シ私ニ戰端ヲ開キタル者ハ有期流刑ニ處ス其豫備ニ止ル者ハ一等又ハ二等ヲ減ス

第百三十四條　外國交戰ノ際本國ニ於テ局外中立ヲ布告シタル時其布告ニ違背シタル者ハ六月以上三年以下ノ輕禁錮ニ處シ十圓以上百圓以下ノ罰金ヲ附加ス

第百三十五條　此章ニ記載シタル罪ヲ犯シ輕罪ノ刑ニ處スル者ハ六月以上二年以下ノ監視

ニ付ス

第三章　靜謐ヲ害スル罪

第一節　兇徒聚衆ノ罪

第百三十六條　兇徒多衆ヲ嘯聚シテ暴動ヲ謀リ官吏ノ說諭ヲ受クルト雖モ仍ホ解散セサル者首魁及ヒ敎唆者ハ三月以上三年以下ノ重禁錮ニ處ス附和隨行シタル者ハ二圓以上五圓以下ノ罰金ニ處ス

第百三十七條　兇徒多衆ヲ嘯聚シテ官廳ニ喧閙シ官吏ニ強逼シ又ハ村市ヲ騷擾シ其他暴動ヲ爲シタル者首魁及ヒ敎唆者ハ重懲役ニ處ス其嘯聚ニ應シ煽動シテ勢ヲ助ケタル者ハ輕懲役ニ處シ其情輕キ者ハ一等ヲ減ス附和隨行シタル者ハ二圓以上二十圓以下ノ罰金ニ處ス

第百三十八條　暴動ノ際人ヲ殺死シ若クハ家屋船舶倉庫等ヲ燒燬シタル時ハ現ニ手ヲ下シ及ヒ火ヲ放ツ者ヲ死刑ニ處ス

首魁及ヒ敎唆者情ヲ知テ制セサル者亦同シ

第二節　官吏ノ職務ヲ行フヲ妨害スル罪

第百三十九條　官吏其職務ヲ以テ法律規則ヲ執行シ又ハ行政司法官署ノ命令ヲ執行スルニ當リ暴行脅迫ヲ以テ其官吏ニ抗拒シタル者ハ四月以上四年以下ノ重禁錮ニ處シ五圓以上五十圓以下ノ罰金ヲ附加ス

暴行脅迫ヲ以テ其官吏ノ爲ス可カラサル事件ヲ行ハシメタル者亦同シ

第百四十條　前條ノ罪ヲ犯シ因テ官吏ヲ毆傷シタル者ハ毆打創傷ノ各本條ニ照シ一等ヲ加ヘ重キニ從テ處斷ス

第百四十一條　官吏ノ職務ニ對シ其目前ニ於テ形容若クハ言語ヲ以テ侮辱シタル者ハ一月以上一年以下ノ重禁錮ニ處シ五圓以上五十圓以下ノ罰金ヲ附加ス
其目前ニ非スト雖モ刊行ノ文書圖畫又ハ公然ノ演說ヲ以テ侮辱シタル者亦同シ

第三節　囚徒逃走ノ罪及ヒ罪人ヲ藏匿スル罪

第百四十二條　已決ノ囚徒逃走シタル者ハ一月以上六月以下ノ重禁錮ニ處ス
若シ獄舍獄具ヲ毀壞シ又ハ暴行脅迫ヲ爲シテ逃走シタル者ハ三月以上三年以下ノ重禁錮ニ處ス

第百四十三條　已決ノ囚徒逃走ノ罪ヲ犯スト雖モ再犯ヲ以テ論セス其刑期內再ヒ逃走シタル者ハ再犯ヲ以テ論ス

第百四十四條　未決ノ囚徒入監中逃走シタル者ハ第百四十二條ノ例ニ同シ但原犯ノ罪ヲ判決スル時ニ於テ數罪俱發ノ例ニ照シテ處斷ス

第百四十五條　囚徒三人以上通謀シテ逃走シタル時ハ第百四十二條ノ例ニ照シ各一等ヲ加フ

第百四十六條　囚徒ヲ逃走セシムル爲メ兇器其他ノ器具ヲ給與シ又ハ逃走ノ方法ヲ指示シタル者ハ三月以上三年以下ノ重禁錮ニ處シ二圓以上二十圓以下ノ罰金ヲ附加ス因テ囚徒ノ逃走ヲ致シタル時ハ一等ヲ加フ

第百四十七條　囚徒ヲ劫奪シ又ハ暴行脅迫ヲ以テ囚徒ノ逃走ヲ助ケタル者ハ一年以上五年以下ノ重禁錮ニ處シ五圓以上五十圓以下ノ罰金ヲ附加ス
若シ重罪ノ刑ニ處セラレタル囚徒ニ係ル時ハ輕懲役ニ處ス

第百四十八條　囚徒ヲ看守シ又ハ護送スル者囚徒ヲ逃走セシメタル時ハ亦前條ノ例ニ同シ

第百四十九條　前數條ニ記載シタル輕罪ヲ犯サントシテ未タ遂ケサル者ハ未遂犯罪ノ例ニ照シテ處斷ス

第百五十條　看守又ハ護送者其懈怠ニ因リ囚徒ノ逃走ヲ覺ラサル時ハ二圓以上二十圓以下ノ罰金ニ處ス

若シ重罪ノ刑ニ處セラレタル囚徒ニ係ル時ハ三圓以上三十圓以下ノ罰金ニ處ス

第百五十一條　犯罪人又ハ逃走ノ囚徒及ヒ監視ニ付セラレタル者ナルヿヲ知テ之ヲ藏匿シ若クハ隱避セシメタル者ハ十一日以上一年以下ノ輕禁錮ニ處シ二圓以上二十圓以下ノ罰金ヲ附加ス

若シ重罪ノ刑ニ處セラレタル囚徒ニ係ル時ハ一等ヲ加フ

第百五十二條　他人ノ罪ヲ免カレシメンヿヲ圖リ其罪證ト爲ル可キ物件ヲ隱蔽シタル者ハ十一日以上六月以下ノ輕禁錮ニ處シ二圓以上二十圓以下ノ罰金ヲ附加ス

第百五十三條　前二條ノ罪ヲ犯シタル者犯人ノ親屬ニ係ル時ハ其罪ヲ論セス

第四節　附加刑ノ執行ヲ遁ルヽ罪

第百五十四條　公權ヲ剝奪セラレ又ハ公權ヲ停止セラレタル者私ニ其權ヲ行ヒタル時ハ一月以上一年以下ノ重禁錮ニ處シ二圓以上十圓以下ノ罰金ヲ附加ス

第百五十五條　監視ニ付セラレタル者其規則ニ違背シタル時ハ十五日以上六月以下ノ重禁錮ニ處ス

第百五十六條　前二條ノ罪ハ其刑期限內再ヒ犯シタル時ニ非サレハ再犯ヲ以テ論スルヿヲ得ス

第五節　私ニ軍用ノ銃礮彈藥ヲ製造シ及ヒ所有スル罪

第百五十七條　官命ヲ受ケス又ハ官許ヲ得スシテ陸海軍ノ用ニ供スル銃礮彈藥其他破裂質ノ物品ヲ製造シタル者ハ二月以上二年以下ノ重禁錮ニ處シ二十圓以上二百圓以下ノ罰金ヲ附加ス其之ヲ輸入シタル者亦同シ

前項ノ物品ヲ私ニ販賣シタル者ハ一月以上一年以下ノ重禁錮ニ處シ十圓以上百圓以下ノ罰金ヲ附加ス

第百五十八條　前條ノ罪ヲ犯スト雖モ職工又ハ雇人ニシテ止タ正犯ノ使令ニ供シタル者ハ各本刑ニ照シ二等ヲ減ス

第百五十九條　前二條ノ罪ヲ犯サントシテ未タ遂ケサル者ハ未遂犯罪ノ例ニ照シテ處斷ス

第百六十條　第百五十七條ニ記載シタル物品ヲ私ニ所有シタル者ハ二圓以上二十圓以下ノ罰金ニ處ス

第百六十一條　第百五十七條ニ記載シタル物品ノ製造ニ供シタル器械ニシテ單ニ其用ニ供ス可キ者ハ何人ノ所有ヲ問ハス之ヲ沒收ス

第六節　往來通信ヲ妨害スル罪

第百六十二條　道路橋梁河溝港埠ヲ損壞シテ往來ヲ妨害シタル者ハ二月以上二年以下ノ重禁錮ニ處シ二圓以上二十圓以下ノ罰金ヲ附加ス

第百六十三條　僞計又ハ威力ヲ以テ郵便ヲ妨害シ若クハ之ヲ阻止シタル者ハ亦前條ニ同シ

第百六十四條　電信ノ器械柱木ヲ損壞シ又ハ條線ヲ切斷シテ電氣ヲ不通ニ致シタル者ハ三月以上三年以下ノ重禁錮ニ處シ五圓以上五十圓以下ノ罰金ヲ附加ス

若シ器械柱木條線ヲ損壞シテ電信ノ妨害ヲ爲スト雖モ不通ニ至ラサル時ハ一等ヲ減ス

第百六十五條　滊車ノ往來ヲ妨害スル爲メ鐵道及ヒ其標識ヲ損壞シ其他危險ナル障礙ヲ爲

シタル者ハ重懲役ニ處ス

第百六十六條　船舶ノ往來ヲ妨害スル爲メ燈臺浮標其他航海ノ安寧ヲ保護スル標識ヲ損壞シ又ハ詐僞ノ標識ヲ點示シタル者ハ亦前條ニ同シ

第百六十七條　前數條ニ記載シタル罪其事務ニ關スル官吏及ヒ雇人職工自ラ犯シタル時ハ各本刑ニ照シ一等ヲ加フ

第百六十八條　第百六十二條ノ罪ヲ犯シ因テ人ヲ殺傷シタル者ハ毆打創傷ノ各本條ニ照シ重キニ從テ處斷ス

第百六十九條　第百六十五條第百六十六條ノ罪ヲ犯シ因テ滊車ヲ顚覆シ又ハ船舶ヲ覆沒シタル時ハ無期徒刑ニ處シ人ヲ死ニ致シタル時ハ死刑ニ處ス

第百七十條　此節ニ記載シタル輕罪ヲ犯サントシテ未タ遂ケサル者ハ未遂犯罪ノ例ニ照シテ處斷ス

第七節　人ノ住所ヲ侵ス罪

第百七十一條　晝間故ナク人ノ住居シタル邸宅又ハ人ノ看守シタル建造物ニ入リタル者ハ十一日以上六月以下ノ重禁錮ニ處ス

若シ左ニ記載シタル所爲アル時ハ一等ヲ加フ

一　門戸牆壁ヲ踰越損壞シ又ハ鎖鑰ヲ開キテ入リタル時

二　兇器其他犯罪ノ用ニ供ス可キ物品ヲ携帶シテ入リタル時

三　暴行ヲ爲シテ入リタル時

四　二人以上ニテ入リタル時

第百七十二條　夜間故ナク人ノ住居シタル邸宅又ハ人ノ看守シタル建造物ニ入リタル者ハ

一月以上一年以下ノ重禁錮ニ處ス
若シ前條ニ記載シタル加重ス可キ所爲アル時ハ一等ヲ加フ
第百七十三條　故ナク皇居禁苑離宮行在所及ヒ皇陵內ニ入リタル者ハ前二條ノ例ニ照シ各一等ヲ加フ

第八節　官ノ封印ヲ破棄スル罪

第百七十四條　官署ノ處分ニ因リ特別ニ家屋倉庫其他ノ物件ニ施シタル封印ヲ破棄シタル者ハ二月以上二年以下ノ重禁錮ニ處ス
若シ看守者自ラ犯シタル時ハ一等ヲ加フ
第百七十五條　官ノ封印ヲ破棄シテ其物件ヲ盜取シ又ハ毀壞シタル者ハ盜罪及ヒ毀壞ノ各本條ニ照シ重キニ從テ處斷ス
第百七十六條　看守者其懈怠ニ因リ封印ヲ破棄シ又ハ其物件ヲ盜取毀壞スル犯人アルコヲ覺ラサル時ハ二圓以上二十圓以下ノ罰金ニ處ス

第九節　公務ヲ行フヲ拒ム罪

第百七十七條　陸海軍ノ將校タル者出兵ヲ要求スル權アル官署ヨリ其要求ヲ受ケ故ナクシテ之ヲ肯セサル時ハ二月以上二年以下ノ輕禁錮ニ處シ五圓以上五十圓以下ノ罰金ヲ附加ス
第百七十八條　陸海軍ノ徵兵ニ編入セラル可キ者身体ヲ毀傷シテ疾病ヲ作爲シ其他詐僞ノ所爲ヲ以テ免役ヲ圖リタル時ハ一月以上一年以下ノ重禁錮ニ處シ三圓以上三十圓以下ノ罰金ヲ附加ス
若シ他人ニ囑托シ其氏名ヲ詐稱シ代テ徵募ニ應セシメタル者亦同シ其囑托ヲ受ケテ徵募

ニ應シタル者ハ第二百三十一條ノ例ニ照シテ處斷ス

第百七十九條　醫師化學家其他職業ニ因リ官署ヨリ解剖分拆又ハ鑑定ヲ命セラレタル者故ナクシテ之ヲ肯セサル時ハ四圓以上四十圓以下ノ罰金ニ處ス

第百八十條　裁判所ヨリ證人トシテ證據ヲ陳述スルコヲ命セラレタル者故ナクシテ之ヲ肯セサル時ハ亦前條ニ同シ

第百八十一條　傳染病流行ノ際又ハ傳染病ノ疑アル船舶入港スルニ當リ醫師其病患ヲ檢査シ又ハ消滅ノ方法ヲ陳述スルコヲ命セラレタル者故ナクシテ之ヲ肯セサル時ハ五圓以上五十圓以下ノ罰金ニ處ス

獸類傳染病流行ノ際獸醫此條ノ罪ヲ犯シタル時ハ一等ヲ減ス

第四章　信用ヲ害スル罪

第一節　貨幣ヲ僞造スル罪

第百八十二條　內國通用ノ金銀貨及ヒ紙幣ヲ僞造シテ行使シタル者ハ無期徒刑ニ處ス

若シ變造シテ行使シタル者ハ輕懲役ニ處ス

第百八十三條　內國ニ於テ通用スル外國ノ金銀貨ヲ僞造シテ行使シタル者ハ有期徒刑ニ處ス

若シ變造シテ行使シタル者ハ二年以上五年以下ノ重禁錮ニ處ス

第百八十四條　官許ヲ得テ發行スル銀行ノ紙幣ヲ僞造シ若クハ變造シテ行使シタル者ハ內外國ノ區別ニ從ヒ前二條ノ例ニ照シテ處斷ス

第百八十五條　內國通用ノ銅貨ヲ僞造シテ行使シタル者ハ輕懲役ニ處ス

若シ變造シテ行使シタル者ハ一年以上三年以下ノ重禁錮ニ處ス

第百八十六條　前數條ニ記載シタル貨幣ノ僞造變造已ニ成テ未タ行使セサル者ハ各本刑ニ

照シ一等ヲ減シ其未タ成ラサル者ハ二等ヲ減ス
若シ偽造ノ器械ヲ豫備シテ未タ着手セサル者ハ各三等ヲ減ス
第百八十七條　貨幣ヲ偽造變造スルノ情ヲ知テ雇ヲ受ケタル職工ハ前數條ニ記載シタル犯人ノ受ク可キ刑ニ照シ各一等ヲ減ス
若シ職工ノ補助ヲ爲シテ雜役ニ供シタル者ハ職工ノ刑ニ照シ一等又ハ二等ヲ減ス
第百八十八條　貨幣ヲ偽造變造スルノ情ヲ知テ房屋ヲ給與シタル者ハ偽造變造ノ各本刑ニ照シ二等ヲ減ス
第百八十九條　偽造變造ノ貨幣ヲ內國ニ輸入シタル者ハ偽造變造ノ刑ニ同シ
第百九十條　偽造變造ノ情ヲ知テ其貨幣ヲ取受シ之ヲ行使シタル者ハ偽造變造シテ行使シタル者ノ刑ニ照シ各二等ヲ減ス
其未タ行使セサル者ハ各三等ヲ減ス
第百九十一條　前數條ニ記載シタル罪ヲ犯シ輕罪ノ刑ニ處スル者ハ六月以上二年以下ノ監視ニ付ス
第百九十二條　貨幣ヲ偽造變造シ及ヒ輸入取受シタル者未タ行使セサル前ニ於テ官ニ自首シタル時ハ本刑ヲ免シ六月以上三年以下ノ監視ニ付ス
若シ職工雜役及ヒ房屋ヲ給與シタル者未タ行使セサル前ニ於テ自首シタル時ハ本刑ヲ免ス
第百九十三條　貨幣ヲ取受スルノ後ニ於テ偽造又ハ變造ナルコトヲ知リ之ヲ行使シタル者ハ其價額二倍ノ罰金ニ處ス但其罰金ハ二圓以下ニ降スコトヲ得ス

第二節　官印ヲ偽造スル罪

第百九十四條　御璽國璽ヲ僞造シ又ハ其僞璽ヲ使用シタル者ハ無期徒刑ニ處ス
第百九十五條　各官署ノ印ヲ僞造シ又ハ其僞印ヲ使用シタル者ハ重懲役ニ處ス
第百九十六條　産物商品等ニ押用スル官ノ記号印章ヲ僞造シ又ハ其僞印ヲ使用シタル者ハ輕懲役ニ處ス
書籍什物等ニ押用スル官ノ記号印章ヲ僞造シ又ハ其僞印ヲ使用シタル者ハ一年以上三年以下ノ重禁錮ニ處ス
第百九十七條　御璽國璽官印記号印章ノ影蹟ヲ盜用シタル者ハ前數條ニ記載シタル僞造ノ刑ニ照シ各一等ヲ減ス
若シ監守者自ラ犯シタル時ハ僞造ノ刑ニ同シ
第百九十八條　官ヨリ發行スル各種ノ印紙界紙及ヒ郵便切手ヲ僞造變造シ又ハ其情ヲ知テ之ヲ使用シタル者ハ一年以上五年以下ノ重禁錮ニ處シ五圓以上五十圓以下ノ罰金ヲ附加ス
第百九十九條　已ニ貼用シタル各種ノ印紙及ヒ郵便切手ヲ再ヒ貼用シタル者ハ二圓以上二十圓以下ノ罰金ニ處ス
第二百條　此節ニ記載シタル輕罪ヲ犯サントシテ未タ遂ケサル者ハ未遂犯罪ノ例ニ照シテ處斷ス
第二百一條　此節ニ記載シタル罪ヲ犯シ輕罪ノ刑ニ處スル者ハ六月以上二年以下ノ監視ニ付ス

第三節　官ノ文書ヲ僞造スル罪

第二百二條　詔書ヲ僞造シ又ハ增減變換シタル者ハ無期徒刑ニ處ス

其詔書ヲ毀棄シタル者亦同シ
第二百三條　官ノ文書ヲ僞造シ又ハ增減變換シテ行使シタル者ハ輕懲役ニ處ス
其官ノ文書ヲ拋棄シタル者亦同シ
第二百四條　公債證書地券其他官吏ノ公證シタル文書ヲ僞造シ又ハ增減變換シテ行使シタル者ハ輕懲役ニ處ス
若シ無記名ノ公債證書ニ係ル時ハ一等ヲ加フ
第二百五條　官吏其管掌ニ係ル文書ヲ僞造シ又ハ增減變換シテ行使シタル者ハ前二條ノ例ニ照シ各一等ヲ加フ
其文書ヲ毀棄シタル者亦同シ
第二百六條　官ノ文書ヲ僞造スルニ因テ官印ヲ僞造シ又ハ盜用シタル者ハ僞造官印ノ各本條ニ照シ重キニ從テ處斷ス
第二百七條　此節ニ記載シタル罪ヲ犯シ減輕ニ因テ輕罪ノ刑ニ處スル者ハ六月以上二年以下ノ監視ニ附ス

第四節　私印私書ヲ僞造スル罪

第二百八條　他人ノ私印ヲ僞造シテ使用シタル者ハ六月以上五年以下ノ重禁錮ニ處シ五圓以上五十圓以下ノ罰金ヲ附加ス
若シ他人ノ印影ヲ盜用シタル者ハ一等ヲ減ス
第二百九條　爲替手形其他裏書ヲ以テ賣買ス可キ證書若クハ金額ト交換ス可キ約定手形ヲ僞造シ又ハ增減變換シテ行使シタル者ハ輕懲役ニ處ス
其手形證書ニ詐僞ノ裏書ヲ爲シテ行使シタル者亦同シ

第二百十條 賣買貸借贈遺交換其他權利義務ニ關スル證書ヲ僞造シ又ハ增減變換シテ行使シタル者ハ四月以上四年以下ノ重禁錮ニ處シ四圓以上四十圓以下ノ罰金ヲ附加ス其餘ノ私書ヲ僞造シ又ハ增減變換シテ行使シタル者ハ一月以上一年以下ノ重禁錮ニ處シ二圓以上二十圓以下ノ罰金ヲ附加ス

第二百十一條 此節ニ記載シタル輕罪ヲ犯サントシテ未タ遂ケサル者ハ未遂犯罪ノ例ニ照シテ處斷ス

第二百十二條 此節ニ記載シタル罪ヲ犯シ輕罪ノ刑ニ處スル者ハ六月以上二年以下ノ監視ニ付ス

第五節 免狀鑑札及ヒ疾病證書ヲ僞造スル罪

第二百十三條 官ノ免狀又ハ鑑札ヲ僞造シテ行使シタル者ハ一月以上一年以下ノ重禁錮ニ處シ四圓以上四十圓以下ノ罰金ヲ附加ス但官印ヲ僞造シ又ハ盜用シタル時ハ僞造官印ノ各本條ニ照シテ處斷ス

第二百十四條 屬籍身分氏名ヲ詐稱シ其他詐僞ノ所爲ヲ以テ免狀鑑札ヲ受ケタル者ハ十五日以上六月以下ノ重禁錮ニ處シ二圓以上二十圓以下ノ罰金ヲ附加ス
官吏情ヲ知テ其免狀鑑札ヲ下付シタル者ハ一等ヲ加フ

第二百十五條 公務ヲ免カル可キ爲メ醫師ノ氏名ヲ用ヒ疾病ノ證書ヲ僞造シテ行使シタル者ハ自已ノ爲メニシ他人ノ爲メニスルヲ分タス一月以上一年以下ノ重禁錮ニ處シ三圓以上三十圓以下ノ罰金ヲ附加ス
醫師囑託ヲ受ケテ其詐僞ノ證書ヲ造リタル者ハ一等ヲ加フ

第二百十六條 陸海軍ノ徵兵ヲ免カル可キ爲メ疾病ノ證書ヲ僞造シテ行使シタル者及ヒ囑

託ヲ受ケテ其詐僞ノ證書ヲ造リタル醫師ハ前條ノ例ニ照シ各一等ヲ加フ

第二百十七條 免狀鑑札及ヒ疾病ノ證書ヲ增減變換シテ行使シタル者ハ亦僞造ノ刑ニ同シ

第六節 僞證ノ罪

第二百十八條 刑事ニ關スル證人トシテ裁判所ニ呼出サレタル者被告人ヲ曲庇スル爲メ事實ヲ掩蔽シテ僞證ヲ爲シタル時ハ左ノ例ニ照シテ處斷ス

一 重罪ヲ曲庇スル爲メ僞證シタル者ハ二月以上二年以下ノ重禁錮ニ處シ四圓以上四十圓以下ノ罰金ヲ附加ス

二 輕罪ヲ曲庇スル爲メ僞證シタル者ハ一月以上一年以下ノ重禁錮ニ處シ二圓以上二十圓以下ノ罰金ヲ附加ス

三 違警罪ヲ曲庇スル爲メ僞證シタル者ハ違警罪ノ本條ニ依テ處斷ス

第二百十九條 僞證ノ爲メ被告人正當ノ刑ヲ免カレタル時ハ僞證者ノ刑前條ノ例ニ照シ各一等ヲ加フ

第二百二十條 被告人ヲ陷害スル爲メ僞證ヲ爲シタル者ハ左ノ例ニ照シテ處斷ス

一 重罪ニ陷ラシムル爲メ僞證シタル者ハ二年以上五年以下ノ重禁錮ニ處シ十圓以上五十圓以下ノ罰金ヲ附加ス

二 輕罪ニ陷ラシムル爲メ僞證シタル者ハ六月以上二年以下ノ重禁錮ニ處シ四圓以上四十圓以下ノ罰金ヲ附加ス

三 違警罪ニ陷ラシムル爲メ僞證シタル者ハ一月以上三月以下ノ重禁錮ニ處シ二圓以上十圓以下ノ罰金ヲ附加ス

第二百二十一條 僞證ノ爲メ被告人刑ニ處セラレタル後ニ於テ僞證ノ罪發覺シタル時ハ僞

證者ヲ其刑ニ坐反ス若シ反坐ノ刑前條ニ記載シタル僞證ノ刑ヨリ輕キ時ハ前條ノ例ニ照シテ處斷ス

其刑期限內ニ於テ僞證ノ罪發覺シタル時ハ現ニ經過シタル日數ニ照シテ反坐ノ刑期ヲ減スルヿヲ得但減シテ前條僞證ノ刑ヨリ降スヿヲ得ス

第二百二十二條　僞證ノ爲メ被告人死刑ニ處セラレタル時ハ反坐ノ刑一等ヲ減ス其未タ刑ヲ執行セサル前ニ於テ發覺シタル時ハ二等ヲ減ス

若シ被告人ヲ死ニ陷ルヽノ目的ヲ以テ僞證ヲ爲シタル時ハ死刑ニ反坐ス其未タ刑ヲ執行セサル前ニ於テ發覺シタル時ハ一等ヲ減ス

第二百二十三條　民事商事又ハ行政裁判ニ關シテ僞證ヲ爲シタル者ハ一月以上一年以下ノ重禁錮ニ處シ五圓以上五十圓以下ノ罰金ヲ附加ス

第二百二十四條　鑑定又ハ通事ノ爲メ裁判所ニ呼出サレタル者詐僞ノ陳述ヲ爲シタル時ハ前數條ニ記載シタル僞證ノ例ニ照シテ處斷ス

第二百二十五條　賄賂其他ノ方法ヲ以テ人ニ囑託シテ僞證又ハ詐僞ノ鑑定通事ヲ爲サシメタル者ハ亦僞證ノ例ニ同シ

第二百二十六條　此節ニ記載シタル罪ヲ犯シタル者其事件ノ裁判宣告ニ至ラサル前ニ於テ自首シタル時ハ本刑ヲ免ス

第七節　度量衡ヲ僞造スル罪

第二百二十七條　度量衡ヲ僞造シ又ハ變造シテ販賣シタル者ハ二年以上五年以下ノ重禁錮ニ處シ十圓以上五十圓以下ノ罰金ヲ附加ス但官ノ記號印章ヲ僞造シ又ハ盜用シタル時ハ僞造官印ノ各本條ニ照シ重キニ從テ處斷ス

第二百二十八條　僞造變造ノ情ヲ知テ其度量衡ヲ販賣シタル者ハ前條ノ刑ニ一等ヲ減ス

第二百二十九條　商賈農工定規ヲ增減シタル度量衡ヲ所有シタル者ハ一月以上三月以下ノ重禁錮ニ處シ二圓以上二十圓以下ノ罰金ヲ附加ス

若シ其度量衡ヲ使用シテ利ヲ得タル者ハ詐僞取財ヲ以テ論ス

第二百三十條　人ノ囑託ヲ受ケテ度量衡ヲ僞造シ又ハ變造シタル者ハ其囑託シタル犯人ノ刑ニ照シ各一等ヲ減ス

第八節　身分ヲ詐稱スル罪

第二百三十一條　官署ニ對シ文書又ハ言語ヲ以テ其屬籍身分氏名年齡職業ヲ詐稱シタル者ハ二圓以上二十圓以下ノ罰金ニ處ス

第二百三十二條　官職位階ヲ詐稱シ又ハ官ノ服飾徽章若クハ內外國ノ勳章ヲ僭用シタル者ハ十五日以上二月以下ノ輕禁錮ニ處シ二圓以上二十圓以下ノ罰金ヲ附加ス

第九節　公選ノ投票ヲ僞造スル罪

第二百三十三條　公選ノ投票ヲ僞造シ又ハ其數ヲ增減シタル者ハ一月以上一年以下ノ輕禁錮ニ處シ二圓以上二十圓以下ノ罰金ヲ附加ス

第二百三十四條　賄賂ヲ以テ投票ヲ爲サシメ又ハ賄賂ヲ受ケテ投票ヲ爲シタル者ハ二月以上二年以下ノ輕禁錮ニ處シ三圓以上三十圓以下ノ罰金ヲ附加ス

第二百三十五條　投票ヲ檢査シ及ヒ其數ヲ計算スル者其投票ヲ僞造シ又ハ增減シタル時ハ六月以上三年以下ノ輕禁錮ニ處シ四圓以上四十圓以下ノ罰金ヲ附加ス

第二百三十六條　調書ヲ造リ投票ノ結局ヲ報告スル者其數ヲ增減シ其他詐僞ノ所爲アル時ハ一年以上五年以下ノ輕禁錮ニ處シ五圓以上五十圓以下ノ罰金ヲ附加ス

第五章　健康ヲ害スル罪

第一節　阿片烟ニ關スル罪

第二百三十七條　阿片烟ヲ輸入シ及ヒ製造シ又ハ之ヲ販賣シタル者ハ有期徒刑ニ處ス

第二百三十八條　阿片烟ヲ吸食スルノ器具ヲ輸入シ及ヒ製造シ又ハ之ヲ販賣シタル者ハ輕懲役ニ處ス

第二百三十九條　税關官吏情ヲ知テ阿片烟及ヒ其器具ヲ輸入セシメタル者ハ前二條ノ刑ニ照シ各一等ヲ加フ

第二百四十條　阿片烟ヲ吸食スル爲メ房屋ヲ給與シテ利ヲ圖ル者ハ輕懲役ニ處ス人ヲ引誘シテ阿片烟ヲ吸食セシメタル者亦同シ

第二百四十一條　阿片烟ヲ吸食シタル者ハ二年以上三年以下ノ重禁錮ニ處ス

第二百四十二條　阿片烟及ヒ吸食ノ器具ヲ所有シ又ハ受寄シタル者ハ一月以上一年以下ノ重禁錮ニ處ス

第二節　飲料ノ淨水ヲ汚穢スル罪

第二百四十三條　人ノ飲料ニ供スル淨水ヲ汚穢シ因テ之ヲ用フルヿ能ハサルニ至ラシメタル者ハ十一日以上一月以下ノ重禁錮ニ處シ二圓以上五圓以下ノ罰金ヲ附加ス

第二百四十四條　人ノ健康ヲ害ス可キ物品ヲ用ヒテ水質ヲ變シ又ハ腐敗セシメタル者ハ一月以上一年以下ノ重禁錮ニ處シ三圓以上三十圓以下ノ罰金ヲ附加ス

第二百四十五條　前條ノ罪ヲ犯シ因テ人ヲ疾病又ハ死ニ致シタル者ハ毆打創傷ノ各本條ニ照シ重キニ從テ處斷ス

第三節　傳染病豫防規則ニ關スル罪

第二百四十六條　傳染病豫防ノ爲メ設ケタル規則ニ違背シテ入港ノ船舶ヨリ上陸シ又ハ物品ヲ陸地ニ運搬シタル者ハ一月以上一年以下ノ輕禁錮ニ處シ又ハ二十圓以上二百圓以下ノ罰金ニ處ス

第二百四十七條　船長自ラ前條ノ罪ヲ犯シ又ハ人ノ犯スコトヲ知テ制セサル者ハ前條ノ刑ニ一等ヲ加フ

第二百四十八條　傳染病流行ノ際豫防規則ニ違背シテ流行地方ヨリ他處ニ出テタル者ハ十五日以上六月以下ノ輕禁錮ニ處シ又ハ十圓以上百圓以下ノ罰金ニ處ス

第二百四十九條　獸類ノ傳染病流行ノ際豫防規則ニ違背シテ獸類ヲ他處ニ出シタル者ハ十一日以上二月以下ノ輕禁錮ニ處シ又ハ五圓以上五十圓以下ノ罰金ニ處ス

第四節　危害品及ヒ健康ヲ害ス可キ物品製造ノ規則ニ關スル罪

第二百五十條　官許ヲ得スシテ危害ヲ生ス可キ物品ノ製造所ヲ創設シタル者ハ二十圓以上二百圓以下ノ罰金ニ處ス

若シ健康ヲ害ス可キ物品ノ製造所ヲ創設シタル者ハ十圓以上百圓以下ノ罰金ニ處ス

第二百五十一條　官許ヲ得テ前條ニ記載シタル製造所ヲ創設スト雖モ危害ヲ豫防シ健康ヲ保護スル規則ニ違背シタル者ハ前條ノ例ニ照シ各一等ヲ減ス

第二百五十二條　前二條ノ罪ヲ犯シ因テ人ヲ疾病死傷ニ致シタル時ハ過失殺傷ノ各本條ニ照シ重キニ從テ處斷ス

第五節　健康ヲ害ス可キ飲食物及ヒ藥劑ヲ販賣スル罪

第二百五十三條　人ノ健康ヲ害ス可キ物品ヲ飲食物ニ混和シテ販賣シタル者ハ三圓以上三十圓以下ノ罰金ニ處ス

第二百五十四條　規則ニ違背シテ毒藥劇藥ヲ販賣シタル者ハ十圓以上百圓以下ノ罰金ニ處ス

第二百五十五條　前二條ノ罪ヲ犯シ因テ人ヲ疾病又ハ死ニ致シタル者ハ過失殺傷ノ各本條ニ照シ重キニ從テ處斷ス

第六節　私ニ醫業ヲ爲ス罪

第二百五十六條　官許ヲ得スシテ醫業ヲ爲シタル者ハ十圓以上百圓以下ノ罰金ニ處ス

第二百五十七條　前條ノ犯人治療ノ方法ヲ誤リ因テ人ヲ死傷ニ致シタル時ハ過失殺傷ノ各本條ニ照シ重キニ從テ處斷ス

第六章　風俗ヲ害スル罪

第二百五十八條　公然猥褻ノ所行ヲ爲シタル者ハ三圓以上三十圓以下ノ罰金ニ處ス

第二百五十九條　風俗ヲ害スル冊子圖畫其他猥褻ノ物品ヲ公然陳列シ又ハ販賣シタル者ハ四圓以上四十圓以下ノ罰金ニ處ス

第二百六十條　賭場ヲ開張シテ利ヲ圖リ又ハ博徒ヲ招結シタル者ハ三月以上一年以下ノ重禁錮ニ處シ十圓以上百圓以下ノ罰金ヲ附加ス

第二百六十一條　財物ヲ賭シテ現ニ博奕ヲ爲シタル者ハ一月以上六月以下ノ重禁錮ニ處シ五圓以上五十圓以下ノ罰金ヲ附加ス其情ヲ知テ房屋ヲ給與シタル者亦同シ但飲食物ヲ賭スル者ハ此限ニ在ラス

賭博ノ器具財物其現場ニ在ル者ハ之ヲ沒收ス

第二百六十二條　賭物ヲ醵集シ富籤ヲ以テ利益ヲ僥倖スルノ業ヲ興行シタル者ハ一月以上六月以下ノ重禁錮ニ處シ五圓以上五十圓以下ノ罰金ヲ附加ス

第二百六十三條　神祠佛堂墓所其他禮拜所ニ對シ公然不敬ノ所爲アル者ハ二圓以上二十圓以下ノ罰金ニ處ス

若シ說教又ハ禮拜ヲ妨害シタル者ハ四圓以上四十圓以下ノ罰金ニ處ス

第七章　死屍ヲ毀棄シ及ヒ墳墓ヲ發掘スル罪

第二百六十四條　埋葬ス可キ死屍ヲ毀棄シタル者ハ一月以上一年以下ノ重禁錮ニ處シ二圓以上二十圓以下ノ罰金ヲ附加ス

第二百六十五條　墳墓ヲ發掘シテ棺槨又ハ死屍ヲ見ハシタル者ハ二月以上二年以下ノ重禁錮ニ處シ三圓以上三十圓以下ノ罰金ヲ附加ス

因テ死屍ヲ毀棄シタル者ハ三月以上三年以下ノ重禁錮ニ處シ五圓以上五十圓以下ノ罰金ヲ附加ス

第二百六十六條　此章ニ記載シタル罪ヲ犯サントシテ未タ遂ケサル者ハ未遂犯罪ノ例ニ照シテ處斷ス

第八章　商業及ヒ農工ノ業ヲ妨害スル罪

第二百六十七條　僞計又ハ威力ヲ以テ穀類其他衆人ノ需用ニ缺ク可カラサル食用物ノ賣買ヲ妨害シタル者ハ一月以上六月以下ノ重禁錮ニ處シ三圓以上三十圓以下ノ罰金ヲ附加ス

前項ニ記載シタル以外ノ物品ノ賣買ヲ妨害シタル者ハ一等ヲ減ス

第二百六十八條　僞計又ハ威力ヲ以テ糶賣又ハ入札ヲ妨害シタル者ハ十五日以上三月以下ノ重禁錮ニ處シ二圓以上二十圓以下ノ罰金ヲ附加ス

第二百六十九條　僞計又ハ威力ヲ以テ農工ノ業ヲ妨害シタル者ハ亦前條ニ同シ

第二百七十條　農工ノ雇人其雇賃ヲ增サシメ又ハ農工業ノ景況ヲ變セシムル爲メ雇主及ヒ

他ノ雇人ニ對シ僞計威力ヲ以テ妨害ヲ爲シタル者ハ一月以上六月以下ノ重禁錮ニ處シ三圓以上三十圓以下ノ罰金ヲ附加ス

第二百七十一條　雇主其雇賃ヲ減シ又ハ農工業ノ景況ヲ變スル爲メ雇人及ヒ他ノ雇主ニ對シ僞計威力ヲ以テ妨害ヲ爲シタル者ハ亦前條ニ同シ

第二百七十二條　虚僞ノ風説ヲ流布シテ穀類其他衆人需用物品ノ價値ヲ昂低セシメタル者ハ十圓以上百圓以下ノ罰金ニ處ス

第九章　官吏瀆職ノ罪

第一節　官吏公益ヲ害スル罪

第二百七十三條　官吏其管掌ニ係ル法律規則ヲ公布施行セス又ハ他ノ官吏ノ公布施行ヲ妨害シタル者ハ二月以上六月以下ノ輕禁錮ニ處シ十圓以上五十圓以下ノ罰金ヲ附加ス

第二百七十四條　兵隊ヲ要求シ及ヒ之ヲ使用スル權アル官吏地方ノ騷擾其他兵權ヲ以テ鎭撫ス可キ時ニ當リ其處分ヲ爲サヽル者ハ三月以上三年以下ノ輕禁錮ニ處シ二十圓以上百圓以下ノ罰金ヲ附加ス

第二百七十五條　官吏規則ニ違背シテ商業ヲ爲シタル者ハ二十圓以上五百圓以下ノ罰金ニ處ス

第二節　官吏人民ニ對スル罪

第二百七十六條　官吏擅ニ威權ヲ用ヒ人ヲシテ其權利ナキ事ヲ行ハシメ又ハ其爲ス可キ權利ヲ妨害シタル者ハ十一日以上二月以下ノ輕禁錮ニ處シ二圓以上二十圓以下ノ罰金ヲ附加ス

第二百七十七條　人ノ身體財産ヲ妨害スルノ犯人アルニ當リ豫審判事檢事警察官吏其報告

ヲ受ケテ速ニ保護ノ處分ヲ爲サヽル者ハ十五日以上三月以下ノ輕禁錮ニ處シ二圓以上二十圓以下ノ罰金ヲ附加ス

第二百七十八條　逮捕官吏法律ニ定メタル程式規則ヲ遵守セスシテ人ヲ逮捕シ又ハ不正ニ人ヲ監禁シタル者ハ十五日以上三月以下ノ重禁錮ニ處シ二圓以上二十圓以下ノ罰金ヲ附加ス但監禁日數十日ヲ過クル毎ニ一等ヲ加フ

第二百七十九條　司獄官吏程式規則ヲ遵守セスシテ囚人ヲ監禁シ若クハ囚人ヲ出獄セシム可キ時ニ至リ之ヲ放免セサル者ハ亦前條ノ例ニ同シ

第二百八十條　前二條ニ記載シタル官吏又ハ護送者囚人ニ對シ飮食衣服ヲ屏去シ其他苛刻ノ所爲ヲ施シタル者ハ三月以上三年以下ノ重禁錮ニ處シ四圓以上四十圓以下ノ罰金ヲ附加ス

因テ囚人ヲ死傷ニ致シタル時ハ毆打創傷ノ各本條ニ照シ一等ヲ加ヘ重キニ從テ處斷ス

第二百八十一條　水火震災ノ際官吏囚人ノ監禁ヲ解クコトヲ怠リ因テ死傷ニ致シタル者ハ毆打創傷ノ各本條ニ照シ一等ヲ加フ

第二百八十二條　裁判官檢事及ヒ警察官吏被告人ニ對シ罪狀ヲ陳述セシムル爲メ暴行ヲ加ヘ又ハ陵虐ノ所爲アル者ハ四月以上四年以下ノ重禁錮ニ處シ五圓以上五十圓以下ノ罰金ヲ附加ス

因テ被告人ヲ死傷ニ致シタル時ハ毆打創傷ノ各本條ニ照シ一等ヲ加ヘ重キニ從テ處斷ス

第二百八十三條　裁判官檢察官故ナクシテ刑事ノ訴ヲ受理セス又ハ遷延シテ審理セサル者ハ十五日以上三月以下ノ輕禁錮ニ處シ五圓以上五十圓以下ノ罰金ヲ附加ス

其民事ノ訴ニ係ル者亦同シ

第二百八十四條　官吏人ノ囑託ヲ受ケ賄賂ヲ收受シ又ハ之ヲ聽許シタル者ハ一月以上一年以下ノ重禁錮ニ處シ四圓以上四十圓以下ノ罰金ヲ附加ス
因テ不正ノ處分ヲ爲シタル時ハ一等ヲ加フ
第二百八十五條　裁判官民事ノ裁判ニ關シテ賄賂ヲ收受シ又ハ之ヲ聽許シタル者ハ二月以上二年以下ノ重禁錮ニ處シ五圓以上五十圓以下ノ罰金ヲ附加ス
因テ不正ノ裁判ヲ爲シタル時ハ一等ヲ加フ
第二百八十六條　裁判官檢事警察官吏刑事ノ裁判ニ關シテ賄賂ヲ收受シ又ハ之ヲ聽許シタル者ハ二月以上二年以下ノ重禁錮ニ處シ五圓以上五十圓以下ノ罰金ヲ附加ス
因テ被告人ヲ曲庇シタル者ハ三月以上三年以下ノ重禁錮ニ處シ十圓以上百圓以下ノ罰金ヲ附加ス
其被告人ヲ陷害シタル者ハ二年以上五年以下ノ重禁錮ニ處シ二十圓以上二百圓以下ノ罰金ヲ附加ス若シ枉斷シタル所ノ刑此刑ヨリ重キ時ハ第二百二十一條第二百二十二條ノ例ニ照シテ反坐ス
第二百八十七條　裁判官檢事警察官吏賄賂ヲ收受聽許セスト雖モ情ニ徇カヒ又ハ怨ヲ挾サミ被告人ヲ曲庇陷害シタル者ハ亦前條ノ例ニ同シ
第二百八十八條　前數條ニ記載シタル賄賂已ニ收受シタル者ハ之ヲ沒收シ費用シタル者ハ其價ヲ追徵ス

第三節　官吏財產ニ對スル罪

第二百八十九條　官吏自ラ監守スル所ノ金穀物件ヲ竊取シタル者ハ輕懲役ニ處ス
因テ官ノ文書簿冊ヲ增減變換シ又ハ毀棄シタル時ハ第二百五條ノ例ニ照シテ處斷ス

第二百九十條　租税其他諸般ノ入額ヲ徴收スル官吏正數外ノ金穀ヲ徴收シタル者ハ二月以上四年以下ノ重禁錮ニ處シ五圓以上五十圓以下ノ罰金ヲ附加ス
第二百九十一條　此節ニ記載シタル罪ヲ犯シ輕罪ノ刑ニ處スル者ハ六月以上二年以下ノ監視ニ付ス

第三編　身體財產ニ對スル重罪輕罪

第一章　身體ニ對スル罪

第一節　謀殺故殺ノ罪

第二百九十二條　豫メ謀テ人ヲ殺シタル者ハ謀殺ノ罪ト爲シ死刑ニ處ス
第二百九十三條　毒物ヲ施用シテ人ヲ殺シタル者ハ謀殺ヲ以テ論シ死刑ニ處ス
第二百九十四條　故意ヲ以テ人ヲ殺シタル者ハ故殺ノ罪ト爲シ無期徒刑ニ處ス
第二百九十五條　支解折割其他慘刻ノ所爲ヲ以テ人ヲ故殺シタル者ハ死刑ニ處ス
第二百九十六條　重罪輕罪ヲ犯スニ便利ナル爲メ又ハ已ニ犯シテ其罪ヲ免カルヽ爲メ人ヲ故殺シタル者ハ死刑ニ處ス
第二百九十七條　人ヲ殺スノ意ニ出テ詐稱誘導シテ危害ニ陷レ死ニ致シタル者ハ故殺ヲ以テ論シ其豫メ謀ル者ハ謀殺ヲ以テ論ス
第二百九十八條　謀殺故殺ヲ行ヒ誤テ他人ヲ殺シタル者ハ仍ホ謀故殺ヲ以テ論ス

第二節　毆打創傷ノ罪

第二百九十九條　人ヲ毆打創傷シ因テ死ニ致シタル者ハ重懲役ニ處ス
第三百條　人ヲ毆打創傷シ其兩目ヲ瞎シ兩耳ヲ聾シ又ハ兩肢ヲ折リ及ヒ舌ヲ斷チ陰陽ヲ毀敗シ若クハ知覺精神ヲ喪失セシメ篤疾ニ致シタル者ハ輕懲役ニ處ス

其一目ヲ瞎シ一耳ヲ聾シ又ハ一肢ヲ折リ其他身體ヲ殘虧シ癈疾ニ致シタル者ハ二年以上五年以下ノ重禁錮ニ處ス

第三百一條　人ヲ毆打創傷シ二十日以上ノ時間疾病ニ罹リ又ハ職業ヲ營ムヿ能ハサルニ至ラシメタル者ハ一年以上三年以下ノ重禁錮ニ處ス

其疾病休業ノ時間二十日ニ至ラサル者ハ一月以上一年以下ノ重禁錮ニ處ス

疾病休業ニ至ラスト雖モ身體ニ創傷ヲ成シタル者ハ十一日以上一月以下ノ重禁錮ニ處ス

第三百二條　豫メ謀テ人ヲ毆打創傷シ休業癈篤疾又ハ死ニ致シタル者ハ前數條ニ記載シタル刑ニ照シ各一等ヲ加フ

第三百三條　重罪輕罪ヲ犯スニ便利ナル爲メ又ハ已ニ犯シテ其罪ヲ免カルヽ爲メ人ヲ毆打創傷シタル者ハ亦前條ノ例ニ同シ

第三百四條　毆打ニ因リ誤テ他人ヲ創傷シタル者ハ仍ホ毆打創傷ノ本刑ヲ科ス

第三百五條　二人以上共ニ人ヲ毆打創傷シタル者ハ現ニ手ヲ下シ傷ヲ成スノ輕重ニ從テ各自ニ其刑ヲ科ス若シ共毆シテ傷ヲ成スノ輕重ヲ知ルヿ能ハサル時ハ其重傷ノ刑ニ照シ一等ヲ減ス但教唆者ハ減等ノ限ニ在ラス

第三百六條　二人以上共ニ人ヲ毆打スルニ當リ自ラ人ヲ傷セスト雖モ幇助シテ傷ヲ成サシメタル者ハ現ニ傷ヲ成シタル者ノ刑ニ一等ヲ減ス

第三百七條　健康ヲ害ス可キ物品ヲ施用シテ人ヲ疾苦セシメタル者ハ豫メ謀テ毆打創傷スルノ例ニ照シテ處斷ス

第三百八條　人ヲ殺スノ意ニ非スト雖モ詐稱誘導シテ危害ニ陷レ因テ疾病死傷ニ致シタル者ハ毆打創傷ヲ以テ論ス

第三節　殺傷ニ關スル宥恕及ヒ不論罪

第三百九條　自己ノ身體ニ暴行ヲ受クルニ因リ直チニ怒ヲ發シ暴行人ヲ殺傷シタル者ハ其罪ヲ宥恕ス但不正ノ所爲ニ因リ自ラ暴行ヲ招キタル者ハ此限ニ在ラス

第三百十條　毆打シテ互ニ創傷シ其手ヲ下スノ先後ヲ知ルヿ能ハサル者ハ各其罪ヲ宥恕スルヿヲ得

第三百十一條　本夫其妻ノ姦通ヲ覺知シ姦所ニ於テ直チニ姦夫又ハ姦婦ヲ殺傷シタル者ハ其罪ヲ宥恕ス但本夫先ニ姦通ヲ縱容シタル者ハ此限ニ在ラス

第三百十二條　晝間故ナク人ノ住居シタル邸宅ニ入リ若クハ門戸墻壁ヲ踰越損壞セントスル者ヲ防止スル爲メ之ヲ殺傷シタル者ハ其罪ヲ宥恕ス

第三百十三條　前數條ニ記載シタル宥恕ス可キ罪ハ各本刑ニ照シ二等又ハ三等ヲ減ス

第三百十四條　身體生命ヲ正當ニ防衛シ已ムヿヲ得サルニ出テ暴行人ヲ殺傷シタル者ハ自己ノ爲メニシ他人ノ爲メニスルヲ分タス其罪ヲ論セス但不正ノ所爲ニ因リ自ラ暴行ヲ招キタル者ハ此限ニ在ラス

第三百十五條　左ノ諸件ニ於テ已ムヿヲ得サルニ出テ人ヲ殺傷シタル者ハ其罪ヲ論セス

一財産ニ對シ放火其他暴行ヲ爲ス者ヲ防止スルニ出タル時

二盜犯ヲ防止シ又ハ盜贓ヲ取還スルニ出タル時

三夜間故ナク人ノ住居シタル邸宅ニ入リ若クハ門戸牆壁ヲ踰越損壞スル者ヲ防止スルニ出タル時

第三百十六條　身體財産ヲ防衛スルニ出ルト雖モ已ムヿヲ得サルニ非スシテ害ヲ暴行人ニ加ヘ又ハ危害已ニ去リタル後ニ於テ勢ニ乘シ仍ホ害ヲ暴行人ニ加ヘタル者ハ不論罪ノ限

ニ在ラス但情狀ニ因リ第三百十三條ノ例ニ照シ其罪ヲ宥恕スルヿヲ得

第四節　過失殺傷ノ罪

第三百十七條　疎虞懈怠又ハ規則慣習ヲ遵守セス過失ニ因テ人ヲ死ニ致シタル者ハ二十圓以上二百圓以下ノ罰金ニ處ス

第三百十八條　過失ニ因テ人ヲ創傷シ癈篤疾ニ致シタル者ハ十圓以上百圓以下ノ罰金ニ處ス

第三百十九條　過失ニ因テ人ヲ創傷シ疾病休業ニ至ラシメタル者ハ二圓以上五十圓以下ノ罰金ニ處ス

第五節　自殺ニ關スル罪

第三百二十條　人ヲ教唆シテ自殺セシメ又ハ囑託ヲ受ケテ自殺人ノ爲メニ手ヲ下シタル者ハ六月以上三年以下ノ輕禁錮ニ處シ十圓以上五十圓以下ノ罰金ヲ附加ス其他自殺ノ補助ヲ爲シタル者ハ一等ヲ減ス

第三百二十一條　自己ノ利ヲ圖リ人ヲ教唆シテ自殺セシメタル者ハ重懲役ニ處ス

第六節　擅ニ人ヲ逮捕監禁スル罪

第三百二十二條　擅ニ人ヲ逮捕シ又ハ私家ニ監禁シタル者ハ十一日以上二月以下ノ重禁錮ニ處シ二圓以上二十圓以下ノ罰金ヲ附加ス但監禁日數十日ヲ過クル毎ニ一等ヲ加フ

第三百二十三條　擅ニ人ヲ監禁制縛シテ毆打拷責シ又ハ飲食衣服ヲ屏去シ其他苛刻ノ所爲ヲ施シタル者ハ二月以上二年以下ノ重禁錮ニ處シ三圓以上三十圓以下ノ罰金ヲ附加ス

第三百二十四條　前條ノ罪ヲ犯シ因テ人ヲ疾病死傷ニ致シタル者ハ毆打創傷ノ各本條ニ照シ重キニ從テ處斷ス

第三百二十五條　擅ニ人ヲ監禁シ水火震災ノ際其監禁ヲ解クヿヲ怠リ因テ死傷ニ致シタル者ハ亦前條ノ例ニ同シ

第七節　脅迫ノ罪

第三百二十六條　人ヲ殺サントト脅迫シ又ハ人ノ住居シタル家屋ニ放火セントト脅迫シタル者ハ一月以上六月以下ノ重禁錮ニ處シ二圓以上二十圓以下ノ罰金ヲ附加ス

毆打創傷其他暴行ヲ加ヘントト脅迫シ又ハ財産ニ放火シ及ヒ毀壞刦掠セントト脅迫シタル者ハ十一日以上二月以下ノ重禁錮ニ處シ二圓以上十圓以下ノ罰金ヲ附加ス

第三百二十七條　兇器ヲ持シテ前條ノ罪ヲ犯シタル者ハ各一等ヲ加フ

第三百二十八條　親屬ニ害ヲ加フ可キ事ヲ以テ脅迫シタル者ハ亦前二條ノ例ニ同シ

第三百二十九條　此節ニ記載シタル罪ハ脅迫ヲ受ケタル者又ハ其親屬ノ告訴ヲ待テ其罪ヲ論ス

第八節　墮胎ノ罪

第三百三十條　懷胎ノ婦女藥物其他ノ方法ヲ以テ墮胎シタル者ハ一月以上六月以下ノ重禁錮ニ處ス

第三百三十一條　藥物其他ノ方法ヲ以テ墮胎セシメタル者ハ亦前條ニ同シ因テ婦女ヲ死ニ致シタル者ハ一年以上三年以下ノ重禁錮ニ處ス

第三百三十二條　醫師穩婆又ハ藥商前條ノ罪ヲ犯シタル者ハ各一等ヲ加フ

第三百三十三條　懷胎ノ婦女ヲ威逼シ又ハ誆騙シテ墮胎セシメタル者ハ一年以上四年以下ノ重禁錮ニ處ス

第三百三十四條　懷胎ノ婦女ナルヿヲ知テ毆打其他暴行ヲ加ヘ因テ墮胎ニ至ラシメタル者

ハ二年以上五年以下ノ重禁錮ニ處ス其墮胎セシムルノ意ニ出タル者ハ輕懲役ニ處ス
第三百三十五條　前二條ノ罪ヲ犯シ因テ婦女ヲ癈篤疾又ハ死ニ致シタル者ハ毆打創傷ノ各本條ニ照シ重キニ從テ處斷ス

第九節　幼者又ハ老疾者ヲ遺棄スル罪

第三百三十六條　八歳ニ滿サル幼者ヲ遺棄シタル者ハ一月以上一年以下ノ重禁錮ニ處ス自ラ生活スルヿ能ハサル老者疾病者ヲ遺棄シタル者亦同シ
第三百三十七條　八歳ニ滿サル幼者又ハ老疾者ヲ寥闃無人ノ地ニ遺棄シタル者ハ四月以上四年以下ノ重禁錮ニ處ス
第三百三十八條　給料ヲ得テ人ノ寄託ヲ受ケ保養ス可キ者前二條ノ罪ヲ犯シタル時ハ各一等ヲ加フ
第三百三十九條　幼者老疾者ヲ遺棄シ因テ癈疾ニ致シタル者ハ輕懲役ニ處シ篤疾ニ致シタル者ハ重懲役ニ處シ死ニ致シタル者ハ有期徒刑ニ處ス
第三百四十條　自己ノ所有地又ハ看守ス可キ地内ニ遺棄セラレタル幼者老疾者アルヿヲ知テ之ヲ扶助セス又ハ官署ニ申告セサル者ハ十五日以上六月以下ノ重禁錮ニ處ス若シ疾病ニ罹リ昏倒スル者アルヿヲ知テ扶助セス又ハ申告セサル者亦同シ

第十節　幼者ヲ略取誘拐スル罪

第三百四十一條　十二歳ニ滿サル幼者ヲ略取シ又ハ誘拐シテ自ラ藏匿シ若クハ他人ニ交付シタル者ハ二年以上五年以下ノ重禁錮ニ處シ十圓以上百圓以下ノ罰金ヲ附加ス
第三百四十二條　十二歳以上二十歳ニ滿サル幼者ヲ略取シテ自ラ藏匿シ若クハ他人ニ交付シタル者ハ一年以上三年以下ノ重禁錮ニ處シ五圓以上五十圓以下ノ罰金ヲ附加ス其誘拐

シテ自ヲ藏匿シ若クハ他人ニ交付シタル者ハ六月以上二年以下ノ重禁錮ニ處シ二圓以上二十圓以下ノ罰金ヲ附加ス

第三百四十三條　略取誘拐シタル幼者ナルヿヲ知テ自己ノ家屬僕婢ト爲シ又ハ其他ノ名稱ヲ以テ之ヲ收受シタル者ハ前二條ノ例ニ照シ各一等ヲ減ス

第三百四十四條　前數條ニ記載シタル罪ハ被害者又ハ其親屬ノ告訴ヲ待テ其罪ヲ論ス但略取誘拐セラレタル幼者式ニ從テ婚姻ヲ爲シタル時ハ告訴ノ効ナシ

第三百四十五條　二十歲ニ滿サル幼者ヲ略取誘拐シテ外國人ニ交付シタル者ハ輕懲役ニ處ス

第十一節　猥褻姦淫重婚ノ罪

第三百四十六條　十二歲ニ滿サル男女ニ對シ猥褻ノ所行ヲ爲シ又ハ十二歲以上ノ男女ニ對シ暴行脅迫ヲ以テ猥褻ノ所行ヲ爲シタル者ハ一月以上一年以下ノ重禁錮ニ處シ二圓以上二十圓以下ノ罰金ヲ附加ス

第三百四十七條　十二歲ニ滿サル男女ニ對シ暴行脅迫ヲ以テ猥褻ノ所行ヲ爲シタル者ハ二月以上二年以下ノ重禁錮ニ處シ四圓以上四十圓以下ノ罰金ヲ附加ス

第三百四十八條　十二歲以上ノ婦女ヲ强姦シタル者ハ輕懲役ニ處ス

藥酒等ヲ用ヒ人ヲ昏睡セシメ又ハ精神ヲ錯亂セシメテ姦淫シタル者ハ强姦ヲ以テ論ス

第三百四十九條　十二歲ニ滿サル幼女ヲ姦淫シタル者ハ輕懲役ニ處ス若シ强姦シタル者ハ重懲役ニ處ス

第三百五十條　前數條ニ記載シタル罪ハ被害者又ハ其親屬ノ告訴ヲ待テ其罪ヲ論ス

第三百五十一條　前數條ニ記載シタル罪ヲ犯シ因テ人ヲ死傷ニ致シタル者ハ毆打創傷ノ各

本條ニ照シ重キニ從テ處斷ス但强姦ニ因テ廢篤疾ニ致シタル者ハ有期徒刑ニ處シ死ニ致シタル者ハ無期徒刑ニ處ス

第三百五十二條　十六歳ニ滿サル男女ノ淫行ヲ勸誘シテ媒合シタル者ハ一月以上六月以下ノ重禁錮ニ處シ二圓以上二十圓以下ノ罰金ヲ附加ス

第三百五十三條　有夫ノ婦姦通シタル者ハ六月以上二年以下ノ重禁錮ニ處ス其相姦スル者亦同シ

此條ノ罪ハ本夫ノ告訴ヲ待テ其罪ヲ論ス但本夫先ニ姦通ヲ縱容シタル者ハ告訴ノ效ナシ

第三百五十四條　配偶者アル者重ネテ婚姻ヲ爲シタル時ハ六月以上二年以下ノ重禁錮ニ處シ五圓以上五十圓以下ノ罰金ヲ附加ス

第十二節　誣告及ヒ誹毀ノ罪

第三百五十五條　不實ノ事ヲ以テ人ヲ誣告シタル者ハ第二百二十條ニ記載シタル僞證ノ例ニ照シテ處斷ス

第三百五十六條　誣告ヲ爲スト雖モ被告人ノ推問ヲ始メサル前ニ於テ誣告者自首シタル時ハ本刑ヲ免ス

第三百五十七條　誣告ニ因テ被告人刑ニ處セラレタル時ハ第二百二十一條第二百二十二條ニ記載シタル例ニ照シテ處斷ス

第三百五十八條　惡事醜行ヲ摘發シテ人ヲ誹毀シタル者ハ事實ノ有無ヲ問ハス左ノ例ニ照シテ處斷ス

一　公然ノ演説ヲ以テ人ヲ誹毀シタル者ハ十一日以上三月以下ノ重禁錮ニ處シ三圓以上三十圓以下ノ罰金ヲ附加ス

二書類畫圖ヲ公布シ又ハ雜劇偶像ヲ作爲シテ人ヲ誹毀シタル者ハ十五日以上六月以下ノ重禁錮ニ處シ五圓以上五十圓以下ノ罰金ヲ附加ス

第三百五十九條　死者ヲ誹毀シタル者ハ誣罔ニ出タルニ非サレハ前條ノ例ニ照シテ處斷スルヿヲ得ス

第三百六十條　醫師藥商穩婆又ハ代言人辯護人代書人若クハ神官僧侶其身分職業ニ於テ委託ヲ受ケタル事ニ因テ知得タル陰私ヲ漏告シタル者ハ誹毀ヲ以テ論シ十一日以上三月以下ノ重禁錮ニ處シ三圓以上三十圓以下ノ罰金ヲ附加ス但裁判所ノ呼出ヲ受ケテ事實ヲ陳述スル者ハ此限ニ在ラス

第三百六十一條　此節ニ記載シタル誹毀ノ罪ハ被害者又ハ死者ノ親屬ノ告訴ヲ待テ其罪ヲ論ス

第十三節　祖父母父母ニ對スル罪

第三百六十二條　子孫其祖父母父母ヲ謀殺故殺シタル者ハ死刑ニ處ス

其自殺ニ關スル罪ハ凡人ノ刑ニ照シ二等ヲ加フ

第三百六十三條　子孫其祖父母父母ニ對シ毆打創傷ノ罪其他監禁脅迫遺棄誣告誹毀ノ罪ヲ犯シタル者ハ各本條ニ記載シタル凡人ノ刑ニ照シ二等ヲ加フ但癈疾ニ致シタル者ハ有期徒刑ニ處シ篤疾ニ致シタル者ハ無期徒刑ニ處シ死ニ致シタル者ハ死刑ニ處ス

第三百六十四條　子孫其祖父母父母ニ對シ衣食ヲ供給セス其他必要ナル奉養ヲ缺キタル者ハ十五日以上六月以下ノ重禁錮ニ處シ二圓以上二十圓以下ノ罰金ヲ附加ス

因テ疾病又ハ死ニ致シタル者ハ亦前條ノ例ニ同シ

第三百六十五條　祖父母父母ニ對シタル殺傷ノ罪ハ特別ノ宥恕及ヒ不論罪ノ例ヲ用フルヿ

ヲ得ス但其犯ス時知ラサル者ハ此限ニ在ラス

第二章　財產ニ對スル罪

第一節　竊盜ノ罪

第三百六十六條　人ノ所有物ヲ竊取シタル者ハ竊盜ノ罪ト爲シ二月以上四年以下ノ重禁錮ニ處ス

第三百六十七條　水火震災其他ノ變ニ乘シテ竊盜ヲ犯シタル者ハ六月以上五年以下ノ重禁錮ニ處ス

第三百六十八條　門戶墻壁ヲ踰越損壞シ若クハ鎖鑰ヲ開キ邸宅倉庫ニ入リ竊盜ヲ犯シタル者ハ亦前條ニ同シ

第三百六十九條　二人以上共ニ前三條ノ罪ヲ犯シタル者ハ各一等ヲ加フ

第三百七十條　兇器ヲ携帶シテ人ノ住居シタル邸宅ニ入リ竊盜ヲ犯シタル者ハ輕懲役ニ處ス

第三百七十一條　自己ノ所有物ト雖モ典物トシテ他人ニ交付シ又ハ官署ノ命令ニ因リ他人ノ守看シタル時之ヲ竊取シタル者ハ竊盜ヲ以テ論ス

第三百七十二條　田野ニ於テ穀類菜菓其他ノ產物ヲ竊取シタル者ハ一月以上一年以下ノ重禁錮ニ處ス

第三百七十三條　山林ニ於テ竹木鑛物其他ノ產物ヲ竊取シ又ハ川澤池沼湖海ニ於テ人ノ生養シ若クハ營業ニ關スル產物ヲ竊取シタル者ハ亦前條ニ同シ

第三百七十四條　牧場ニ於テ牧畜ノ獸類ヲ竊取シタル者ハ二月以上二年以下ノ重禁錮ニ處ス

第三百七十五條　此節ニ記載シタル輕罪ヲ犯サントシテ未タ遂ケサル者ハ未遂犯罪ノ例ニ照シテ處斷ス
第三百七十六條　此節ニ記載シタル罪ヲ犯シ輕罪ノ刑ニ處スル者ハ六月以上二年以下ノ監視ニ付ス
第三百七十七條　祖父母父母夫妻子孫及ヒ其配偶者又ハ同居ノ兄弟姉妹互ニ其財産ヲ竊取シタル者ハ竊盗ヲ以テ論スルノ限ニ在ラス
若シ他人共ニ犯シテ財産ヲ分チタル者ハ竊盗ヲ以テ論ス

第二節　强盗ノ罪

第三百七十八條　人ヲ脅迫シ又ハ暴行ヲ加ヘテ財物ヲ强取シタル者ハ强盗ノ罪ト爲シ輕懲役ニ處ス
第三百七十九條　强盗左ニ記載シタル情狀アル者ハ一個毎ニ一等ヲ加フ
一　二人以上共ニ犯シタル時
二　兇器ヲ携帶シテ犯シタル時
第三百八十條　强盗人ヲ傷ケタル者ハ無期徒刑ニ處シ死ニ致シタル者ハ死刑ニ處ス
第三百八十一條　强盗婦女ヲ强姦シタル者ハ無期徒刑ニ處ス
第三百八十二條　竊盗財ヲ得テ其取還ヲ拒ク爲メ臨時暴行脅迫ヲ爲シタル者ハ强盗ヲ以テ論ス
第三百八十三條　藥酒等ヲ用ヒ人ヲ昏迷セシメ其財物ヲ盗取シタル者ハ强盗ヲ以テ論シ輕懲役ニ處ス
第三百八十四條　此節ニ記載シタル罪ヲ犯シ減輕ニ因テ輕罪ノ刑ニ處スル者ハ六月以上二

年以下ノ監視ニ付ス

第三節　遺失物埋藏物ニ關スル罪

第三百八十五條　遺失及ヒ漂流ノ物品ヲ拾得テ隱匿シ所有主ニ還付セス又ハ官署ニ申告セサル者ハ十一日以上三月以下ノ重禁錮ニ處シ又ハ二圓以上二十圓以下ノ罰金ニ處ス

第三百八十六條　他人ノ所有地内ニ於テ埋藏ノ物品ヲ堀得テ隱匿シタル者ハ亦前條ニ同シ

第三百八十七條　此節ニ記載シタル罪ヲ犯シタル者第三百七十七條ニ掲ケタル親屬ニ係ル時ハ其罪ヲ論セス

第四節　家資分散ニ關スル罪

第三百八十八條　家資分散ノ際其財産ヲ藏匿脱漏シ又ハ虚僞ノ負債ヲ增加シタル者ハ二月以上四年以下ノ重禁錮ニ處ス

第三百八十九條　家資分散ノ際帳簿ノ類ヲ藏匿毀棄シ若クハ分散決定ノ後債主中ノ一人又ハ數人ニ其負債ヲ私償シテ他ノ債主ヲ害シタル者ハ一月以上二年以下ノ重禁錮ニ處ス

情ヲ知テ虚僞ノ契約ヲ承諾シ若クハ其媒介ヲ爲シタル者ハ一等ヲ減ス

第五節　詐欺取財ノ罪及ヒ受寄財物ニ關スル罪

第三百九十條　人ヲ欺罔シ又ハ恐喝シテ財物若クハ證書類ヲ騙取シタル者ハ詐欺取財ノ罪ト爲シ二月以上四年以下ノ重禁錮ニ處シ四圓以上四十圓以下ノ罰金ヲ附加ス

因テ官私ノ文書ヲ僞造シ又ハ增減變換シタル者ハ僞造ノ各本條ニ照シ重キニ從テ處斷ス

第三百九十一條　幼者ノ知慮淺薄又ハ人ノ精神錯亂シタルニ乘シテ其財物若クハ證書類ヲ授與セシメタル者ハ詐欺取財ヲ以テ論ス

第三百九十二條　物件ヲ販賣シ又ハ交換スルニ當リ其物質ヲ變シ若クハ分量ヲ僞テ人ニ交

付シタル者ハ詐欺取財ヲ以テ論ス

第三百九十三條　他人ノ動産不動産ヲ冒認シテ販賣交換シ又ハ抵當典物ト爲シタル者ハ詐欺取財ヲ以テ論ス

自己ノ不動産ト雖モ已ニ抵當典物ト爲シタルヲ欺隱シテ他人ニ賣與シ又ハ重ネテ抵當典物ト爲シタル者亦同シ

第三百九十四條　前數條ニ記載シタル罪ヲ犯シタル者ハ六月以上二年以下ノ監視ニ付ス

第三百九十五條　受寄ノ財物借用物又ハ典物其他委託ヲ受ケタル金額物件ヲ費消シタル者ハ一月以上二年以下ノ重禁錮ニ處ス若シ騙取拐帶其他詐欺ノ所爲アル者ハ詐欺取財ヲ以テ論ス

第三百九十六條　自己ノ所有ニ係ルト雖モ官署ヨリ差押ヘタル物件ヲ藏匿脱漏シタル者ハ一月以上六月以下ノ重禁錮ニ處ス但家資分散ノ際此罪ヲ犯シタル者ハ第三百八十八條ノ例ニ照シテ處斷ス

第三百九十七條　此節ニ記載シタル罪ヲ犯サントシテ未タ遂ケサル者ハ未遂犯罪ノ例ニ照シテ處斷ス

第三百九十八條　此節ニ記載シタル罪ヲ犯シタル者第三百七十七條ニ掲ケタル親屬ニ係ル時ハ其罪ヲ論セス

第六節　贓物ニ關スル罪

第三百九十九條　强竊盜ノ贓物ナルヿヲ知テ之ヲ受ケ又ハ寄藏故買シ若クハ牙保ヲ爲シタル者ハ一月以上三年以下ノ重禁錮ニ處シ三圓以上三十圓以下ノ罰金ヲ附加ス

第四百條　前條ノ罪ヲ犯シタル者ハ六月以上二年以下ノ監視ニ付ス

第四百一條 詐欺取財其他ノ犯罪ニ關シタル物件ナルヿヲ知テ之ヲ受ケ又ハ寄藏故買シ若クハ牙保ヲ爲シタル者ハ十一日以上一年以下ノ重禁錮ニ處シ二圓以上二十圓以下ノ罰金ヲ附加ス

第七節 放火失火ノ罪

第四百二條 火ヲ放テ人ノ住居シタル家屋ヲ燒燬シタル者ハ死刑ニ處ス

第四百三條 火ヲ放テ人ノ住居セサル家屋其他ノ建造物ヲ燒燬シタル者ハ無期徒刑ニ處ス

第四百四條 火ヲ放テ廢屋及ヒ柴草肥料等ヲ貯フル屋舍ヲ燒燬シタル者ハ重懲役ニ處ス

第四百五條 火ヲ放テ人ヲ乘載シタル船舶瀛車ヲ燒燬シタル者ハ死刑ニ處ス
其人ヲ乘載セサル船舶瀛車ニ係ル時ハ重懲役ニ處ス

第四百六條 火ヲ放テ山林ノ竹木田野ノ穀麥又ハ露積シタル柴草竹木其他ノ物件ヲ燒燬シタル者ハ輕懲役ニ處ス

第四百七條 火ヲ放テ自己ノ家屋ヲ燒燬シタル者ハ二月以上二年以下ノ重禁錮ニ處ス

第四百八條 放火ノ罪ヲ犯シ輕罪ノ刑ニ處スル者ハ六月以上二年以下ノ監視ニ付ス

第四百九條 火ヲ失シテ人ノ家屋財產ヲ燒燬シタル者ハ二圓以上二十圓以下ノ罰金ニ處ス

第四百十條 火藥其他激發ス可キ物品又ハ煤氣井蒸氣罐ヲ破裂セシメテ人ノ家屋財產ヲ毀壞シタル者ハ其故意ニ出ルト過失トヲ分チ放火失火ノ例ニ照シテ處斷ス

第八節 決水ノ罪

第四百十一條 堤防ヲ決潰シ又ハ水閘ヲ毀壞シテ人ノ住居シタル家屋ヲ漂失シタル者ハ無期徒刑ニ處ス
若シ人ノ住居セサル家屋其他ノ建造物ヲ漂失シタル者ハ重懲役ニ處ス

第四百十二條　堤防ヲ決潰シ水閘ヲ毀壞シテ田圃礦坑牧場等ヲ荒廢シタル者ハ輕懲役ニ處ス

第四百十三條　他人ノ便益ヲ損シ又ハ自己ノ便益ヲ圖ル爲メ堤防ヲ決潰シ水閘ヲ毀壞シ其他水利ヲ妨害シタル者ハ一月以上二年以下ノ重禁錮ニ處シ二圓以上二十圓以下ノ罰金ヲ附加ス

第四百十四條　過失ニ因テ水害ヲ起シタル者ハ失火ノ例ニ照シテ處斷ス

第九節　船舶ヲ覆沒スル罪

第四百十五條　衝突其他ノ所爲ヲ以テ人ヲ乘載シタル船舶ヲ覆沒シタル者ハ死刑ニ處ス但船中死亡ナキ時ハ無期徒刑ニ處ス

第四百十六條　前條ノ所爲ヲ以テ人ヲ乘載セサル船舶ヲ覆沒シタル者ハ輕懲役ニ處ス

第十節　家屋物品ヲ毀壞シ及ヒ動植物ヲ害スル罪

第四百十七條　人ノ家屋其他ノ建造物ヲ毀壞シタル者ハ一月以上五年以下ノ重禁錮ニ處シ二圓以上五十圓以下ノ罰金ヲ附加ス

因テ人ヲ死傷ニ致シタル者ハ毆打創傷ノ各本條ニ照シ重キニ從テ處斷ス

第四百十八條　人ノ家屋ニ屬スル墻壁及ヒ園池ノ裝飾又ハ田圃ノ樊圍牧場ノ柵欄ヲ毀壞シタル者ハ十一日以上三月以下ノ重禁錮ニ處シ又ハ二圓以上二十圓以下ノ罰金ニ處ス

第四百十九條　人ノ稼穡竹木其他需用ノ植物ヲ毀損シタル者ハ十一日以上六月以下ノ重禁錮ニ處シ又ハ三圓以上三十圓以下ノ罰金ニ處ス

第四百二十條　土地ノ經界ヲ表シタル物件ヲ毀壞シ又ハ移轉シタル者ハ一月以上六月以下ノ重禁錮ニ處シ二圓以上二十圓以下ノ罰金ヲ附加ス

第四百二十一條　人ノ器物ヲ毀棄シタル者ハ十一日以上六月以下ノ重禁錮ニ處シ又ハ三圓以上三十圓以下ノ罰金ニ處ス
第四百二十二條　人ノ牛馬ヲ殺シタル者ハ一月以上六月以下ノ重禁錮ニ處シ二圓以上二十圓以下ノ罰金ヲ附加ス
第四百二十三條　前條ニ記載シタル以外ノ家畜ヲ殺シタル者ハ二圓以上二十圓以下ノ罰金ニ處ス但被害者ノ告訴ヲ待テ其罪ヲ論ス
第四百二十四條　人ノ權利義務ニ關スル證書類ヲ毀棄滅盡シタル者ハ二月以上四年以下ノ重禁錮ニ處シ三圓以上三十圓以下ノ罰金ヲ附加ス

第四編　違警罪

第四百二十五條　左ノ諸件ヲ犯シタル者ハ三日以上十日以下ノ拘留ニ處シ又ハ一圓以上一圓九十五錢以下ノ科料ニ處ス
一　規則ヲ遵守セスシテ火藥其他破裂ス可キ物品ヲ市街ニ運搬シタル者
二　規則ヲ遵守セスシテ火藥其他破裂ス可キ物品又ハ自ラ火ヲ發ス可キ物品ヲ貯藏シタル者
三　官許ヲ得スシテ烟火ヲ製造シ又ハ販賣シタル者
四　人家稠密ノ場所ニ於テ濫リニ烟火其他火器ヲ玩ヒタル者
五　蒸氣器械其他烟筒火竈ヲ建造修理シ及ヒ掃除スル規則ニ違背シタル者
六　官署ノ督促ヲ受ケテ崩壞セントスル家屋墻壁ノ修理ヲ爲サヽル者
七　官許ヲ得スシテ死屍ヲ解剖シタル者
八　自己ノ所有地內ニ死屍アルコトヲ知テ官署ニ申告セス又ハ他所ニ移シタル者

九人ヲ毆打シテ創傷疾病ニ至ラサル者
十密ニ賣淫ヲ爲シ又ハ其媒合容止ヲ爲シタル者
十一人ノ住居セサル家屋内ニ潛伏シタル者
十二定リタル住居ナク平常營生ノ產業ナクシテ諸方ニ徘徊スル者
十三官許ノ墓地外ニ於テ私ニ埋葬シタル者
十四違警罪ノ犯人ヲ庇スル爲メ僞證シタル者但被告人僞證ノ爲メ刑ヲ免カレタル時ハ第二百十九條ノ例ニ從フ

第四百二十六條　左ノ諸件ヲ犯シタル者ハ二日以上五日以下ノ拘留ニ處シ又ハ五十錢以上一圓五十錢以下ノ科料ニ處ス

一人家ノ近傍又ハ山林田野ニ於テ濫リニ火ヲ焚ク者
二水火其他ノ變ニ際シ官吏ヨリ防禦ヌ可キノ求メヲ受ケ傍觀シテ之ヲ肯セサル者
三不熟ノ菓物又ハ腐敗シタル飮食物ヲ販賣シタル者
四健康ヲ保護スル爲メ設ケタル規則又ハ傳染病豫防規則ニ違背シタル者
五人ノ通行ス可キ塲所ニアル危險ノ井溝其他凹所ニ蓋又ハ防圍ヲ爲サヽル者
六路上ニ於テ犬其他ノ獸類ヲ嗾シ又ハ驚逸セシメタル者
七發狂人ノ看守ヲ怠リ路上ニ徘徊セシメタル者
八狂犬猛獸等ノ繫鎖ヲ怠リ路上ニ放チタル者
九變死人ノ檢視ヲ受ケスシテ埋葬シタル者
十墓碑及ヒ路上ノ神佛ヲ毀損シ又ハ汚瀆シタル者
十一神祠佛堂其他公ノ建造物ヲ汚損シタル者

十二公然人ヲ罵詈嘲弄シタル者但訴ヲ待テ其罪ヲ論ス
第四百二十七條　左ノ諸件ヲ犯シタル者ハ一日以上三日以下ノ拘留ニ處シ又ハ二十錢以上一圓二十五錢以下ノ科料ニ處ス
一濫リニ車馬ヲ疾驅シテ行人ノ妨害ヲ爲シタル者
二制止ヲ肯セスシテ人ノ群集シタル場所ニ車馬ヲ牽キタル者
三夜中燈火ナクシテ車馬ヲ疾驅スル者
四木石等ヲ道路ニ堆積シテ防圍ヲ設ケス又ハ標識ノ點燈ヲ怠リタル者
五瓦礫ヲ道路家屋園囿ニ投擲シタル者
六禽獸ノ死屍ヲ道路ニ棄擲シ又ハ取除カサル者
七汚穢物ヲ道路家屋園囿ニ投擲シタル者
八警察ノ規則ニ違背シテ工商ノ業ヲ爲シタル者
九醫師穩婆事故ナクシテ急病人ノ招キニ應セサル者
十死亡ノ申告ヲ爲サスシテ埋葬シタル者
十一流言浮說ヲ爲シテ人ヲ誑惑シタル者
十二妄ニ吉凶禍福ヲ說キ又ハ祈禱符呪等ヲ爲シ人ヲ惑ハシテ利ヲ圖ル者
十三私有地外ヘ濫リニ家屋牆壁ヲ設ケ又ハ軒楹ヲ出シタル者
十四官許ヲ得スシテ路傍又ハ河岸ニ床店等ヲ開キタル者
十五路上ノ植木市街ノ常燈及ヒ厠塲等ヲ毀損シタル者
十六道路橋梁其他ノ塲所ニ榜示シタル通行禁止及ヒ指道標ノ類ヲ毀棄汚損シタル者
第四百二十八條　左ノ諸件ヲ犯シタル者ハ一日ノ拘留ニ處シ又ハ十錢以上一圓以下ノ科料

ニ處ス
一官署ヨリ價額ヲ定メタル物品ヲ定價以上ニ販賣シタル者
二渡船橋梁其他ノ場所ニ於テ定價以上ノ通行錢ヲ取リ又ハ故ナク通行ヲ妨ケタル者
三渡船橋梁其他通行錢ヲ拂フ可キ場所ニ於テ其定價ヲ出サスシテ通行シタル者
四路上ニ於テ賭博ニ類スル商業ヲ爲シタル者
五官許ヲ得スシテ劇場其他觀物場等ヲ開キ及ヒ其規則ニ違背シタル者
六溝渠下水ヲ毀損シ又ハ官署ノ督促ヲ受ケテ溝渠下水ヲ浚ハサル者
七制止ヲ肯セスシテ路傍ニ食物其他ノ商品ヲ羅列シタル者
八官許ヲ得スシテ獸類ヲ官有地ニ放チ又ハ牧畜シタル者
九身體ニ刺文ヲ爲シ及ヒ之ヲ業トスル者
十他人ノ繫キタル牛馬其他ノ獸類ヲ解放シタル者
十一他人ノ繫キタル舟筏ヲ解放シタル者
第四百二十九條　左ノ諸件ヲ犯シタル者ハ五錢以上五十錢以下ノ科料ニ處ス
一橋梁又ハ堤防ノ害ト爲ル可キ場所ニ舟筏ヲ繫キタル者
二牛馬諸車其他物件ヲ道路ニ横タヘ又ハ木石薪炭等ヲ堆積シテ行人ノ妨害ヲ爲シタル者
三車馬ヲ並ヘ牽テ行人ノ妨害ヲ爲シタル者
四水路ニ於テ舟ヲ並ヘ通船ノ妨害ヲ爲シタル者
五氷雪塵芥等ヲ路上ニ投棄シタル者
六官署ノ督促ヲ受ケテ道路ノ掃除ヲ爲サヽル者
七制止ヲ肯セスシテ路上ニ遊戯ヲ爲シ行人ノ妨害ヲ爲シタル者

八牛馬ヲ牽キ又ハ繋クヿヲ忽カセニシテ行人ノ妨害ヲ為シタル者
九出入ヲ禁止シタル場所ニ濫リニ出入シタル者
十通行禁止ノ榜示ヲ犯シテ通行シタル者
十一道路ニ於テ放歌高聲ヲ發シ制止ヲ肯セサル者
十二酩酊シテ路上ニ喧噪シ又ハ醉臥シタル者
十三路上ノ常燈ヲ消シタル者
十四人家ノ牆壁ニ貼紙及ヒ樂書シタル者
十五邸宅ノ番號標札招牌又ハ貸家賣家ノ貼紙其他報告ノ榜標等ヲ毀損シタル者
十六他人ノ田野園囿ニ於テ菜菓ヲ採食シ又ハ花卉ヲ採折シタル者
十七公園ノ規則ヲ犯シタル者
十八通路ナキ他人ノ田圃ヲ通行シ又ハ牛馬ヲ牽入レタル者

第四百三十條　前數條ニ記載スルノ外各地方ノ便宜ニヨリ定ムル所ノ違警罪ヲ犯シタル者ハ其罰則ニ從テ處斷ス

○刑法附則

明治十四年十二月
布告第六十七號

刑法附則

第一章　主刑執行

第一條　死刑ハ其執行ヲ為ス裁判所ノ検察官書記及ヒ獄司刑場ニ立會獄司ヨリ四人ニ死刑ヲ執行スヘキヿヲ告示シタル後獄丁ヲシテ之ヲ決行セシム但其時限ハ午前十時前トス

第二條　死刑ヲ行フ時ハ刑場ノ警戒ヲ嚴ニシ執行ニ關スル者ノ外刑場ニ入ルヿヲ許サス但立會官吏ノ許可ヲ得タル者ハ此限ニアラス

第三條　死刑ノ執行畢リタル時ハ書記其始末書ヲ作リ立會ヲ爲シタル官吏ト共ニ署名捺印シ之ヲ裁判所ノ檢事局ニ納ム可シ
第四條　左ニ記載シタル日ハ死刑ヲ行フヿヲ禁ス
元始祭
孝明天皇祭
紀元節
春季皇靈祭
仁孝天皇祭
神武天皇祭
六月大祓
秋季皇靈祭
神宮神嘗祭
天長節
後桃園天皇祭
新嘗祭
光格天皇祭
十二月大祓
第五條　死刑ノ宣告ヲ受ケタル婦女懷胎ト申スル者ハ醫師及ヒ穩婆ヲシテ之ヲ檢査セシメ果シテ懷胎ナル時ハ檢察官ヨリ司法卿ニ上申シテ其執行ヲ停メ産後一百日ヲ經テ更ニ司法卿ノ命令ヲ受ケ決行スヘシ

第六條　死刑ノ遺骸ハ一定ノ塲所ニ埋ム若シ親屬故舊請フ者アル時ハ獄司之ヲ許可シ下付スルヿヲ得

第七條　死刑ノ宣告ヲ受ケタル者執行ニ至ルマテ何時ニテモ獄司ノ許可ヲ得テ其親屬故舊ニ接見スルヿヲ得

第八條　死刑ヲ執行シタル時ハ犯人ノ屬籍氏名年齡職業住所及ヒ其罪狀刑名ヲ記載シテ左ノ所ニ榜示公告ス可シ

　刑ヲ宣告シタル裁判所ノ門前

　犯罪ノ地

　犯人住居ノ地

第九條　徒流ノ囚ヲ發遣スルハ裁判ヲ爲シタル地ノ獄司ヨリ內務卿ニ上申シ其命令ヲ待テ發遣ノ地ニ護送ス可シ

第十條　徒刑ノ囚ハ島地ニ於テ便宜ニ從ヒ獄外ノ役ニ服セシムルヿヲ得

第十一條　流刑ノ囚幽閉中獄內ニ於テ自ラ工業ヲ爲サント請フ者ハ獄司之ヲ許ス可シ

第十二條　流刑ノ囚幽閉ヲ免ス可キ者アル時ハ獄司ヨリ內務司法兩卿ニ上申シ其許可ヲ受クヘシ

第十三條　徒刑ノ囚假出獄ヲ許サレタル者又ハ流刑ノ囚幽閉ヲ免セラレタル者家族ヲ招キ同居スルヲ請フ時ハ之ヲ許スヿヲ得但其路費ハ自ラ之ヲ辨ス可シ

第十四條　流刑ノ囚幽閉ヲ免シ地ヲ限リ居住セシムル者ハ監獄近傍ノ地ヲ限リ獄司ノ監督ヲ受ケシム若シ已ムヿヲ得サル事故アル時ハ獄司ニ請フテ限外ニ出ルヿヲ得

第十五條　流刑ノ囚幽閉ヲ免セラレタル者再ヒ罪ヲ犯シタル時ハ本刑期限內ト雖モ島地ニ

於テ直チニ其刑ヲ執行ス可シ
第十六條　懲役重禁錮ノ囚ハ便宜ニ從ヒ獄外ノ役ニ服セシムルヿヲ得
第十七條　禁獄輕禁錮ノ囚獄内ニ於テ自ラ工業ヲ爲サンヿヲ請フ者ハ獄司之ヲ許ス可シ
第十八條　服役限內更ニ罪ヲ犯シ再ヒ定役ニ服スル者後犯ノ刑期百日以內ハ工錢ヲ給與セス
第十九條　囚人ニ給與スル工錢ノ額ヲ定メ之ヲ交付シ及ヒ領置スル方法ハ監獄ノ規則ニ從フ
第二十條　罰金科料ノ宣告ヲ受ケ未タ納完セサル前ニ於テ犯人身死スル時ハ之ヲ徵收セス附加ノ罰金ニ於ル亦同シ

第二章　監視

第二十一條　監視ハ主刑ノ終リタル後仍ホ將來ヲ檢束スル爲メ警察官吏ヲシテ犯人ノ行狀ヲ監視セシムル者トス
第二十二條　監視ニ付ス可キ者ハ豫メ其住所ヲ定メシメ主刑ノ終リタル後典獄ヨリ最近ノ警察所ニ護送シ其警察所ヨリ住居ノ地ノ警察所ニ送致シ監視ヲ執行セシム但主刑ノ期滿免除ヲ得タル者又ハ主刑ヲ免シ止タ監視ニ付スル者ハ其裁判所ノ檢察官ヨリ護送スヘシ
（明治十五年第四十二號布告改正）
第二十三條　犯人ヲ警察所ニ護送スル時ハ其監視ノ起算滿期ヲ記載シタル文書及ヒ刑名宣告書ノ謄本ヲ附ス可シ
第二十四條　（明治十五年第四十二號布告刪除）
第二十五條　警察所ヨリ犯人ヲ住居ノ地ノ警察所ニ送致スル時ハ其里程ヲ計リ日數ヲ限定

シテ旅券ヲ付與シ犯人到着ノ日直チニ之ヲ其地ノ警察所ニ差出サシム但途中事故アリテ淹滯シタル時ハ第三十一條ノ例ニ從フ可シ

犯人ヲ送致スル時ハ第二十三條ニ記載シタル書類ヲ其地ノ警察所ニ遞送ス可シ

第二十六條　犯人住居ノ地ノ警察所ニ於テハ監視ノ期限間遵守ス可キ條件ヲ讀聞カセ監視ノ票ヲ下付ス可シ

第二十七條　監視ニ付セラレタル者ハ其期限間左ノ條件ヲ遵守ス可シ

一毎月二度所轄ノ警察所ニ到リ其謹愼ナルコヲ表シ監視ノ票ヲ出シ官吏ノ認印ヲ受ク可シ但疾病又ハ已ムコヲ得サル事故アリテ警察所ニ到ルコ能ハサル時ハ其事由ヲ屆出ツ可シ

二酒宴遊興ノ席ニ會シ又ハ群集ノ場所ニ參會スルコヲ許サス

三事故アリテ其住居ヲ轉移セントスル時ハ警察所ニ申請シ許可ヲ受ク可シ

四擅ニ他ノ地方ニ旅行スルコヲ許サス若シ已ムコヲ得サル事故アル時ハ其事由ヲ警察所ニ具申シ許可ヲ受ク可シ

第二十八條　監視ノ期限間ハ警察官吏時宜ニ因リ其家宅ニ臨檢スルコアル可シ

第二十九條　警察所ニ於テ住居ヲ轉スルコヲ許可シタル時ハ其事由ヲ轉住ノ地ノ警察所ニ通知シ第二十三條ニ記載シタル書類ヲ遞送ス可シ

第三十條　他ノ地方ニ旅行スルコヲ許可シタル時ハ其里程ヲ計リ先方ノ地ニ滯留スル時日ヲ算シ往復日數ヲ限定シテ旅券ヲ付與ス可シ

犯人先方ノ地ニ到レハ其地ノ警察所ニ出テ旅券ヲ示シ官吏ノ認印ヲ受ケ限定ノ日數内ニ歸來リ直チニ旅券ヲ警察所ニ還納スヘシ

第三十一條　旅行中天災又ハ疾病ニ因リ臨時淹滯シタル時ハ事由ヲ其地ノ警察所ニ具申シ官吏ノ證書ヲ受ケ歸着ノ日旅券ニ添ヘ警察所ニ差出ス可シ
第三十二條　監視ニ付スル者住居ナク及ヒ引取人ナキ時ハ其期限間懲治場ニ留置シ工業ヲ爲サシメ又ハ使役ニ供ス住居遠地ニ在テ歸着スル資力ナキ者亦同シ
第三十三條　懲治場ニ留置シタル者限内引取人ヲ得又ハ住居ノ地ニ歸着スル資力ヲ得タル時ハ其地ニ送致シテ殘期ノ監視ヲ執行セシム可シ
第三十四條　刑期限内再ヒ罪ヲ犯シ初犯再犯共ニ監視ニ付スヘキ時又ハ監視ノ期限間再ヒ罪ヲ犯シ更ニ監視ニ付スヘキ時ハ並ニ主刑滿限ノ後前後ノ期限ヲ通算シテ監視ヲ執行ス可シ
第三十五條　罰金ヲ禁錮ニ換ヘタル者監視ニ付ス可キ時ハ其禁錮ノ日數ヲ監視ノ期限ニ算入ス可シ
第三十六條　監視ニ付セラレタル者其規則ヲ謹守シ悛改ノ狀アル時ハ警察官ヨリ其事實ヲ上申シ內務司法兩卿ノ命ヲ受ケテ假ニ監視ヲ免スルヿヲ得
第三十七條　假ニ監視ヲ免セラレタル者住居ヲ轉移スル時ハ第二十七條第三及ヒ第二十九條ノ例ニ從フ可シ

第三章　假出獄及ヒ特別監視

第三十八條　假出獄ヲ許ス可キ者アル時ハ獄司ヨリ其犯人ノ行狀及ヒ刑名入獄ノ年月ヲ記載シ假ニ出獄ヲ許サレンヿヲ內務司法兩卿ニ上申シテ許可ヲ受ク可シ
第三十九條　假出獄ヲ許シタル時ハ獄司ヨリ其證票ヲ犯人ニ下附ス可シ
第四十條　假出獄證票ニハ左ノ條件ヲ記載ス可シ

一本人ノ屬籍氏名年齡住所罪名刑名及ヒ處刑ノ年月日
二殘期何年何月何日間假出獄ヲ許ス事
三假出獄中ハ特別監視ニ付ス可キ事
四假出獄中更ニ重輕罪ヲ犯シタル時ハ直チニ出獄ヲ停止シ出獄中ノ日數ヲ刑期ニ算入セサル事

第四十一條　重罪ノ刑ニ處セラレタル者假出獄中自ラ財產ヲ治メ若クハ職業ヲ營マントスル時ハ警察所ニ申請シ許可ヲ受ク可シ

第四十二條　假出獄ヲ許ス可キ者ハ豫メ其住所ヲ定メシメ出獄ノ日典獄ヨリ其證票ノ謄本ヲ添ヘ第二十二條ノ例ニ依リ犯人ヲ護送シ特別監視ヲ執行セシム可シ（明治十五年第四十二號布告改正）

第四十三條　特別監視ニ付スル者ハ第二十三條第二十四條第二十五條第二十六條第二十九條第三十一條ノ例ヲ適用ス

第四十四條　特別監視ニ付セラレタル者ハ其期限間左ノ條件ヲ遵守ス可シ
一每週間一度所轄ノ警察所ニ到リ其謹愼ナルコトヲ表シ監視ノ票ヲ出シ官吏ノ認可ヲ受ク可シ但疾病及ハ已ムコトヲ得サル事故アリテ警察所ニ到ルコト能ハサル時ハ其事由ヲ屆出ツ可シ
二酒宴遊興ノ席ニ會シ又ハ群集ノ場所ニ參會スルコトヲ許サス
三事故アリテ住居ヲ轉移セントスル時ハ警察所ニ申請シ許可ヲ受ク可シ但他ノ府縣ニ轉移スルコトヲ許サス
四往復一日程ニ過クル地ニ旅行スルコトヲ許サス

第四十五條　特別監視ノ期限間ハ警察官吏時宜ニ因リ其家宅ニ臨検スルヿアル可シ
第四十六條　假出獄ヲ許サレタル者刑期満限ノ日ニ至レハ假出獄證票ヲ警察所ニ還納シ警察所ヨリ證票ヲ出シタル獄司ニ遞送ス可シ
主刑満限ノ後監視ニ付ス可キ犯人ナル時ハ警察所ニ於テ第二章ノ例ニ從テ處分ス可シ
第四十七條　假出獄ヲ許ス可キ者住所ナク及ヒ引取人ナキ時ハ第三十二條ノ例ニ從ヒ懲治場ニ留置ス可シ

第四章　刑事裁判費用

第四十八條　豫審公判ニ付キ呼出シタル證人醫師鑑定人通辨人翻譯人ニ給與ス可キ日當旅費止宿料及ヒ第五十一條第五十二條ニ記載シタル者ヲ以テ刑事ノ裁判費用ト爲ス
第四十九條　日當旅費及ヒ止宿料ハ左ノ制限ニ據リ各地方適宜之ヲ定ム可シ（明治十六年第三十九號布告改正）
日當五十錢以下
旅費一里十錢以下
止宿料一宿廿五錢以下
住居三里以外ノ地ニ在ル者ハ往復旅費ヲ給シ及ヒ呼出ノ地ニ滯在中ハ日當並ニ止宿料ヲ給ス其三里未満ノ地ニ在ル者ハ旅費止宿料ヲ給セス
第五十條　證人ノ日當旅費及ヒ止宿料ハ本人ノ請求アルニ非サレハ之ヲ給與セス
第五十一條　證人日稼ヲ以テ生業トスル者治罪法第百九十條ニ從ヒ償金ヲ要求スル時ハ旅費日當ノ外若干ノ償金ヲ給スルヿアル可シ
第五十二條　解剖舎密等ノ費用及ヒ數多ノ時間ヲ要スル翻譯料ノ類ハ日當ノ外別ニ之ヲ給

與ス可シ
第五十三條　裁判費用ノ宣告ヲ受ケ未タ之ヲ納メサル前ニ於テ犯人身死スル時ハ其相續人ヨリ之ヲ徵收ス

第五章　賠償處分

第五十四條　贓物犯人ノ手ニ在ル時ハ直チニ被害者ニ還付スト雖モ若シ輾轉シテ他人ノ手ニ在ル時ハ被害者ノ請求ニ因リ還給セシムル者トス
第五十五條　贓物輾轉シテ他人ノ手ニ在ル時公商ニ由リ買取シタル物品ハ其公商若クハ被害者ヨリ買取者ニ原價ヲ償ハサレハ直チニ還給セシムルヿヲ得ス若シ公商ニ由ラスシテ買取シタル物品ハ其還給ヲ拒ムヿヲ得ス但其買取者ハ賣者ニ對シ轉償ヲ求ムルヿヲ得
第五十六條　贓物ヲ受ケ又ハ典物トシテ受取タル者其贓物現在スル時ハ還給ヲ拒ムヿヲ得ス但典物トシテ受取タル者ハ典主ニ對シ轉償ヲ求ムルヿヲ得
第五十七條　贓物交換シテ現在スル時ハ公商ニ由ルト否トヲ區別シ第五十五條ノ例ニ從テ處分ス可シ
第五十八條　贓物已ニ費用シタル時又ハ識別ス可カラサル時又ハ其所在ノ知レサル時ハ損害ノ賠償ヲ請求スルヿヲ得
第五十九條　人ノ名譽若クハ殺傷ニ關シタル損害其他犯罪ノ爲メ現ニ生シタル損害ハ其賠償ヲ請求スルヿヲ得但失火ハ此限ニ在ラス
第六十條　贓物ノ還給損害ノ賠償ハ其犯罪ヲ審判スル刑事裁判所ニ請求スルヿヲ得若シ其審判已ニ終リタル後ハ民事裁判所ニ非サレハ之ヲ請求スルヿヲ得ス

第六十一條　刑事裁判所ニ於テ贓物ノ還給損害ノ賠償ヲ請求スル者ハ通常ノ文書又ハ言語ヲ以テ之ヲ爲スコトヲ得其民事裁判所ニ請求スル者ハ民事訴訟ノ程式ニ從フ可シ
第六十二條　贓物ノ還給損害ノ賠償ハ本犯死スル時ハ其相續人ニ對シ之ヲ要求スルコトヲ得
第六十三條　贓物ノ還給損害ノ賠償ノ宣告ヲ受ケタル者還給賠償セサル時ハ被害者ヨリ更ニ民事裁判所ニ身代限ノ處分ヲ請求スルコトヲ得

○刑事訴訟法目錄

明治廿三年十月六日
法律第九十六號

刑事訴訟法目錄

第一編　總則
第二編　裁判所
第一章　裁判所ノ管轄
第二章　裁判所職員ノ除斥及ヒ忌避、回避
第三編　犯罪ノ搜査、起訴及ヒ豫審
第一章　搜査
第一節　告訴及ヒ告發
第二節　現行犯罪
第二章　起訴
第三章　豫審
第一節　令狀
第二節　密室監禁
第三節　證據

第四節　被告人ノ訊問及ヒ對質
第五節　檢證、搜索及ヒ物件差押
第六節　證人訊問
第七節　鑑定
第八節　現行犯ノ豫審
第九節　保釋
第十節　豫審終結
第四編　公判
第一章　通則
第二章　區裁判所公判
第三章　地方裁判所公判
第五編　上訴
第一章　通則
第二章　控訴
第三章　上告
第四章　抗告
第六編　再審
第七編　大審院ノ特別權限ニ屬スル訴訟手續
第八編　裁判執行、復權及ヒ特赦
第一章　裁判執行

第二章　復權

第三章　特赦

附則

刑事訴訟法

第一編　總則

第一條　公訴ハ犯罪ヲ證明シ刑ヲ適用スルコトヲ目的トスルモノニシテ法律ニ定メタル區別ニ從ヒ檢事之ヲ行フ

第二條　私訴ハ犯罪ニ因リ生シタル損害ノ賠償、贓物ノ返還ヲ目的トスルモノニシテ民法ニ從ヒ被害者ニ屬ス

第三條　公訴ハ被害者ノ告訴ヲ待テ起ルモノニ非ス又告訴、私訴ノ抛棄ニ因テ消滅スルモノニ非ス但法律ニ於テ特ニ定メタル場合ハ此限ニ在ラス

第四條　私訴ハ其金額ノ多寡ニ拘ハラス公訴ニ付キ第一審ノ判決アルマテ何時ニテモ其公訴ニ附帶シテ之ヲ爲スコトヲ得

第三者ハ民事訴訟法ノ規定ニ從ヒ公訴附帶ノ私訴ニ參加スルコトヲ得

第五條　被告人免訴又ハ無罪ノ言渡ヲ受ケタリト雖モ民法ニ從ヒ被害者ヨリ賠償、返還ヲ要ムル妨礙ト爲ルコトナカル可シ

第六條　公訴ヲ爲ス權ハ左ノ事項ニ因テ消滅ス

第一　被告人ノ死去

第二　告訴ヲ待テ受理ス可キ事件ニ付テハ告訴ノ抛棄

第三　確定判決

第四　犯罪ノ後頒布シタル法律ニ因リ其刑ノ廢止
第五　大赦
第六　時効
第七條　私訴ヲ為ス權ハ左ノ事項ニ因テ消滅ス
第一　拋棄又ハ和解
第二　確定判決
第三　時効
第八條　公訴ノ時効ハ左ノ期間ヲ經過スルニ因テ成就ス
第一　違警罪ハ六月
第二　輕罪ハ三年
第三　重罪ハ十年
第九條　私訴ノ時効ハ被害者無能力ナルトキ又ハ公訴ニ附帶セスシテ其訴ヲ為シタルトキト雖モ公訴ノ時効ト其期間ヲ同クス
公訴ニ付キ既ニ刑ノ言渡アリタルトキハ民法ニ定メタル時効ノ例ニ從フ
第十條　公訴、私訴ノ時効ハ犯罪ノ日ヨリ其期間ヲ起算ス但繼續犯罪ニ付テハ其最終ノ日ヨリ起算ス
第十一條　時効ハ起訴、豫審又ハ公判ノ手續アリタルニ因リ其期間ノ經過ヲ中斷ス其未タ發覺セサル正犯、從犯及ヒ民事擔當人ニ付テモ亦同シ
時効ノ經過ヲ中斷シタルトキハ起訴、豫審又ハ公判ノ手續ヲ止メタル日ヨリ更ニ其期間ヲ起算ス

第十二條　起訴、豫審又ハ公判ノ手續其規定ニ背キタルニ因リ無効ニ屬スルトキハ時効ノ經過ヲ中斷スル効ナカル可シ但裁判所ノ管轄違ナルニ因リ其手續ノ無効ニ屬スルトキハ此限ニ在ラス

第十三條　被告人免訴又ハ無罪ノ言渡ヲ受ケタル場合ニ於テ其訴訟ノ原由告訴人、告發人又ハ民事原告人ノ悪意若クハ重過失ニ出テタルトキハ是等ノ者ニ對シ損害ノ償ヲ要ムルコトヲ得

被告人刑ノ言渡ヲ受ケタリト雖モ告訴人、告發人又ハ民事原告人ヨリ悪意若クハ重過失ニ因リ其犯罪ニ付キ過實ノ申立ヲ爲シタルトキ亦同シ

民事原告人上訴ヲ爲シ敗訴シタルトキハ被告人其上訴ニ因リ生シタル損害ノ償ヲ要ムルコトヲ得

要償ノ訴ハ本案ノ判決アルマテ何時ニテモ其裁判所ニ之ヲ爲スコトヲ得

第十四條　被告人無罪ノ言渡ヲ受ケタリト雖モ判事、檢事、裁判所書記、執達吏、司法警察官又ハ巡査、憲兵卒ニ對シ要償ノ訴ヲ爲スコトヲ得ス但是等ノ官吏被告人ニ對シ故意ヲ以テ損害ヲ加ヘ又ハ刑法ニ定メタル罪ヲ犯シタル場合ハ此限ニ在ラス

第十五條　此法律ニ於テ期間ヲ計算スルニ時ヲ以テスルモノハ即時ヨリ起算シ日ヲ以テスルモノハ初日ヲ算入セス若シ最終ノ日休暇ニ當ルトキハ期間ニ算入ス可カラス但時効ノ期間ハ此限ニ在ラス

一日ト稱スルハ二十四時ヲ以テシ一月ト稱スルハ三十日ヲ以テシ一年ト稱スルハ暦ニ從フ

第十六條　此法律ニ定メタル期間ニハ海陸路八里毎ニ一日ノ猶豫ヲ加フ八里ニ滿サルモノ

ト雖モ三里以上ナルトキ亦同シ

島嶼又ハ外國ニ付テハ裁判所ニ於テ特ニ附加期間ヲ定ムルコトヲ得

第十七條　此法律ニ於テ訴訟ヲ爲スニ付キ定メタル期間ヲ經過シタルトキハ特別ノ塲合ヲ除ク外其訴訟ヲ爲ス權ヲ失フ可シ

第十八條　訴訟關係人ハ裁判所所在ノ地ニ住セサルトキハ其地ニ假住所ヲ定メ裁判所ニ屆出ッ可シ否ラサルトキハ書類ノ送達ナシト雖モ異議ヲ申立ルコトヲ得ス

第十九條　書類ノ送達ハ此法律ニ於テ別ニ規定アラサルトキハ民事訴訟法ノ規定ヲ準用ス

第二十條　官吏、公吏ノ作ル可キ書類ハ其所屬官署公署ノ印ヲ用ヒ年月日及ヒ塲所ヲ記載シテ署名捺印シ毎葉ニ契印ス可シ若シ官署、公署ノ印ヲ用ユルコト能ハサル塲合ニ於テハ其事由ヲ記載ス可シ此規定ニ背キタルトキハ其書類ノ効ナカル可シ

官吏、公吏ニ非サル者ノ作ル可キ書類ニハ本人自ラ署名捺印ス可シ若シ署名捺印スルコト能ハサルトキハ官吏公吏ノ面前ニ於テ作リタル塲合ヲ除ク外立會人代署シ其事由ヲ記載ス可シ

第二十一條　官吏其他何人ニ限ラス訴訟ニ關スル書類ノ原本、正本又ハ謄本ヲ作ルニ付キ文字ヲ改竄ス可カラス若シ挿入、削除及ヒ欄外ノ記入アルトキハ之ニ認印ス可シ文字ヲ削除スルトキハ之ヲ讀得ヘキ爲メ字體ヲ存シ其數ヲ記載ス可シ此規定ニ背キタルトキハ其變更增減ノ効ナカル可シ

第二十二條　此法律ハ頒布以前ニ係ル犯罪ニモ亦之ヲ適用ス

頒布以前ニ爲シタル訴訟手續當時ノ法律ニ背カサルトキハ其効アリトス

第二十三條　此法律ハ陸海軍ニ關スル法律ヲ以テ處分ス可キ者ニ適用スルコトヲ得ス

第二十四條　此法律ニ於テ親屬ト稱スルハ刑法第百十四條第百十五條ノ規定ニ從フ

第二編　裁判所

第一章　裁判所ノ管轄

第二十五條　犯罪ノ種類ニ關スル裁判所ノ管轄ハ裁判所構成法ノ規定ニ從フ

管轄ヲ異ニスル數箇ノ犯罪ニ付キ同時ニ同一ノ被告人ニ對シ訴アリタルトキハ上級ノ裁判所併セテ之ヲ管轄ス

第二十六條　同等ノ裁判所ニ於テハ犯罪ノ地又ハ被告人所在ノ地ノ裁判所ヲ以テ豫審及ヒ公判ノ管轄ナリトス

第二十七條　數箇ノ裁判所ノ管轄ナル場合ニ於テハ其中ニテ最初豫審又ハ公判ニ著手シタル裁判所ヲ以テ其管轄ナリトス

第二十八條　從犯ハ正犯ヲ管轄スル裁判所ヲ以テ其管轄ナリトス

數箇ノ裁判所ノ管轄ニ屬スル正犯數名アルトキハ其中ニテ最初豫審又ハ公判ニ著手シタル裁判所ヲ以テ其管轄ナリトス

裁判所構成法第五十條第二號ニ記載シタル皇族ノ犯罪ニ付テハ其正犯、從犯ハ身分ノ如何ヲ問ハス大審院ニ於テ之ヲ管轄ス

第二十九條　外國ニ在テ犯シタル罪本邦ノ法律ニ依リ處斷ス可キモノニシテ內地ニ於テ被告人ヲ逮捕シタルトキハ逮捕ノ地ノ裁判所ヲ以テ其管轄ナリトス又外國ヨリ送致シタルトキハ送致ノ地ノ裁判所ヲ以テ其管轄ナリトス

闕席判決ヲ爲ス可キ場合ニ於テハ被告人最後ノ住所ノ地ノ裁判所ヲ以テ其管轄ナリトス

第三十條　海船內ノ犯罪ニ付テハ定繫港又ハ犯罪後最初ニ著船シタル地ノ裁判所ヲ以テ其

管轄ナリトス

第三十一條　管轄裁判所ノ指定ニ付キ申請ヲ爲ス場合及ヒ其決定ヲ爲ス裁判所ハ裁判所構成法第十條ノ規定ニ從フ

第三十二條　管轄裁判所ノ指定ニ付テノ申請ハ檢事其他訴訟關係人ヨリ之ヲ爲スコトヲ得

大審院ニ於テ管轄裁判所ヲ指定ス可キ場合ニ於テハ檢事總長ハ司法大臣ノ命ニ因リ又ハ職權ヲ以テ其申請ヲ爲スコトヲ得

第三十三條　管轄裁判所ノ指定ニ付キ申請ヲ爲サントスル者ハ申請ニ付キ管轄權ヲ有スル裁判所ニ其趣意書ヲ差出ス可シ

裁判所ハ書類ニ依リ其申請ヲ決定ス可シ

第三十四條　犯罪ノ性質、被告人ノ身分、員數、地方ノ民心其他重大ナル事情ニ由リ裁判ニ對シ紛擾又ハ危險ヲ生スル恐アルトキハ公安ノ爲メ其事件ヲ同等ナル他ノ裁判所ニ移スコトヲ得

第三十五條　公安ノ爲メ裁判管轄ヲ移ス申請ハ司法大臣ノ命ニ因リ大審院檢事總長ヨリ其院ニ之ヲ爲ス可シ

大審院ニ於テハ訴訟關係人ノ申立ヲ聽クコトナク其申請ヲ決定スヘシ

第三十六條　被告人ノ身分、地方ノ民心又ハ訴訟ノ模樣ニ因リ裁判ノ公平ヲ維持スルコト能ハサル恐アルトキハ嫌疑ノ爲メ其事件ヲ同等ナル他ノ裁判所ニ移スコトヲ得

第三十七條　嫌疑ノ爲メ裁判管轄ヲ移ス申請ハ管轄裁判所ノ檢事其他訴訟關係人ヨリ上級裁判所ニ之ヲ爲スコトヲ得

民事原告人嫌疑アル裁判所ニ私訴ヲ爲シ又被告人其裁判所ニ於テ異議ノ申立ナクシテ本

案ニ付キ辯論ヲ爲シタルトキハ前項ノ申請ヲ爲スコトヲ得ス
第三十八條　嫌疑ノ爲メ裁判管轄ヲ移ス申請ヲ爲スニハ其趣意書二通ヲ原裁判所ニ差出ス可シ裁判所書記ハ速ニ一通ヲ相手方ニ送達シ相手方ハ其送達アリタルヨリ三日內ニ答辯書ヲ差出スコトヲ得
裁判所ニ於テ前項ノ申請ヲ受ケタルトキハ其訴訟手續ヲ停止ス可シ
第三十九條　前條ノ申請ニ付キ管轄權ヲ有スル裁判所ニ於テハ書類ニ依リ其申請ヲ決定ス可シ

第二章　裁判所職員ノ除斥及ヒ忌避、回避

第四十條　判事ハ左ノ場合ニ於テ法律ニ依リ其職務ノ執行ヨリ除斥セラル可シ
第一　判事被害者ナルトキ
第二　判事又ハ其配偶者ト被告人、被告者又ハ是等ノ者ノ配偶者ト親屬ナルトキ但姻族ニ付テハ婚姻ノ解除シタルトキト雖モ亦同シ
第三　判事其事件ニ付キ證人、鑑定人ト爲リタルトキ又ハ被告人若クハ被害者ノ法律上代理人ナルトキ
第四　判事其事件ノ豫審終結ニ干與シ又ハ不服ヲ申立テラレタル裁判ノ前審ニ干與シタルトキ
第四十一條　判事法律ニ依リ職務ノ執行ヨリ除斥セラルル場合及ヒ偏頗ナル裁判ヲ爲スコトヲ疑フニ足ル可キ情況アル場合ニ於テハ檢事其他訴訟關係人ヨリ之ヲ忌避スルコトヲ得
第四十二條　忌避ノ申請及ヒ其裁判ニ付テハ民事訴訟法第三十四條乃至第三十八條ノ規定ニ從フ

第四十三條　忌避ノ申請アリタルトキハ公判ニ付テハ其辯論ヲ中止ス可シ豫審ニ付テハ仍ホ其處分ヲ繼續ス可シ但急速ヲ要セサル事件ニ付テハ豫審手續ヲ中止スルコトヲ得

第四十四條　判事自ラ第四十條ニ定メタル原由アルコトヲ認メ又ハ回避ス可キモノト思料シタルトキハ忌避申請ノ管轄裁判所ニ回避ノ申立ヲ爲ス可シ

其裁判所ニ於テハ回避ノ申立ヲ裁判ス可シ

第四十五條　本章ノ規程ハ裁判所書記ニモ之ヲ準用ス但其裁判ハ書記所屬ノ裁判所之ヲ爲ス可シ

第三編　犯罪ノ捜査、起訴及ヒ豫審

第一章　捜査

第四十六條　檢事ハ後ニ記載シタル告訴、告發現行犯其他ノ原由ニ因リ犯罪アルコトヲ認知シ又ハ犯罪アリト思料シタルトキハ其證憑及ヒ犯人ヲ捜査ス可シ

第四十七條　警視總監及ヒ地方長官ハ各其管轄地內ニ於テ司法警察官トシテ犯罪ヲ捜査スルニ付キ地方裁判所檢事ト同一ノ權ヲ有ス但東京府知事ハ此限ニ在ラス

左ニ記載シタル官吏、公吏ハ檢事ノ補佐トシテ其指揮ヲ受ケ司法警察官トシテ犯罪ヲ捜査ス可シ

第一　警視警部長、警部、警部補

第二　憲兵將校、下士

第三　島司

第四　郡長

第五　林務官

第六　市町村長

第四十八條　海船內ノ犯罪ニ付テハ船長ニ於テ司法警察ノ職務ヲ行フ可シ

第一節　告訴及ヒ告發

第四十九條　何人ニ限ラス犯罪ニ因リ損害ヲ受ケタル者ハ犯罪ノ地若クハ被告人所在ノ地ノ檢事又ハ司法警察官ニ告訴スルコトヲ得

司法警察官告訴ヲ受ケタルトキハ違警罪ニ付キ卽決ヲ爲ス場合ヲ除ク外速ニ其書類ヲ管轄裁判所ノ檢事ニ送致ス可シ

第五十條　告訴人ハ成ル可ク其證憑及ヒ事實參考ト爲ル可キコトヲ申立ツ可シ

第五十一條　告訴ハ告訴人ノ署名捺印シタル書面ヲ以テ之ヲ爲ス可シ

又告訴ハ口述ヲ以テ之ヲ爲スコトヲ得其告訴ヲ受ケタル官吏ハ調書ヲ作リ告訴人ニ之ヲ讀聞カセ共ニ署名捺印ス可シ若シ告訴人署名捺印スルコト能ハサルトキハ其旨ヲ附記ス可シ

第五十二條　官吏、公吏其職務ヲ行フニ因リ犯罪アルコトヲ認知シ又ハ犯罪アリト思料シタルトキハ速ニ其職務ヲ行フ地ノ檢事ニ告發ス可シ

告發ハ官吏、公吏ノ署名捺印シタル書面ヲ以テ之ヲ爲シ成ル可ク證憑及ヒ事實參考ト爲ル可キ事物ヲ添フ可シ

第五十三條　何人ニ限ラス犯罪アルコトヲ認知シ又ハ犯罪アリト思料シタルトキハ第五十條第五十一條ノ規定ニ從ヒ其所在ノ地若クハ犯罪ノ地ノ檢事又ハ司法警察官ニ告發スルコトヲ得

告發ヲ受ケタル司法警察官ハ第四十九條ノ規定ニ從ヒ其處分ヲ爲ス可シ

第五十四條　告訴、告發ハ代人ニ委任シテ之ヲ爲スコトヲ得但第五十二條ノ場合ハ此限ニ在ラス
無能力者ノ告訴ハ法律上代理人之ヲ爲スモ其効アリトス
第五十五條　告訴、告發ハ其取下ヲ爲シ又ハ其申立ヲ變更スルコトヲ得此場合ト雖モ第十三條ノ規定ニ從ヒ被告人ヨリ要償ノ訴ヲ受クルコトアル可シ

第二節　現行犯罪

第五十六條　現行犯罪トハ現ニ行ヒ又ハ現ニ行ヒ終リタル際ニ發覺シタル罪ヲ謂フ
第五十七條　重罪、輕罪ニ付キ左ノ場合ハ現行犯ニ准ス
　第一　犯人トシテ一人又ハ數人ニ追呼セラルルトキ
　第二　兇器、贓物其他ノ物件ヲ携帶シ又ハ身體、被服ニ顯著ナル犯罪ノ痕跡アリテ犯人ト思料ス可キトキ
　第三　家宅內ニ於テ犯シタル罪ヲ檢證スル爲メ又ハ其犯人ト思料ス可キ者ヲ逮捕スル爲メ戶主ヨリ官吏ニ其處分ヲ求メタルトキ
第五十八條　司法警察官及ヒ巡査、憲兵卒其職務ヲ行フニ當リ重罪又ハ禁錮ノ刑ニ該ル可キ輕罪ノ現行犯アルコトヲ知リタルトキハ令狀ヲ待タスシテ被告人ヲ逮捕ス可シ
罰金ノ刑ニ該ル可キ輕罪又ハ違警罪ノ現行犯アルコトヲ知リタルトキハ被告人ノ氏名、住所ヲ問ヒ輕罪ニ付テハ檢事、違警罪ニ付テハ卽決ヲ爲ス可キ官署ニ告發ス可シ其氏名、住所分明ナラス又ハ逃亡ノ恐アル者ハ檢事若クハ官署ニ引致スルコトヲ得
第五十九條　巡査、憲兵卒被告人ヲ逮捕シタルトキハ速ニ之ヲ司法警察官ニ引致ス可シ其被告人ヲ受取リタル司法警察官ハ逮捕及ヒ告發ニ付テノ調書ヲ作ル可シ

第六十條　何人ニ限ラス重罪又ハ禁錮ノ刑ニ該ル可キ輕罪ノ現行犯アル場合ニ於テハ直チニ被告人ヲ逮捕スルコトヲ得

第六十一條　前條ノ場合ニ於テ被告人ヲ逮捕シタル者ハ之ヲ司法警察官ニ引致ス可シ若シ引致スルコトヲ得サルトキハ自己ノ氏名、職業、住所及ヒ其逮捕ノ事由ヲ陳述シ假ニ之ヲ巡査、憲兵卒ニ引渡スコトヲ得

被告人ヲ巡査、憲兵卒ニ引渡シタルトキハ速ニ告訴又ハ告發ヲ爲ス可シ

被告人又ハ巡査、憲兵卒ハ逮捕ヲ爲シタル者ニ對シ共ニ官署ニ至ルコトヲ求ムルヲ得但逮捕ヲ爲シタル者ハ正當ノ事由アルニ非サレハ其求ヲ拒ムコトヲ得ス

第二章　起訴

第六十二條　地方裁判所檢事犯罪ノ捜査ヲ終リタルトキハ左ノ手續ヲ爲ス可シ

第一　重罪ト思料シタル事件ニ付テハ豫審判事ニ豫審ヲ求ム可シ

第二　輕罪ト思料シタル事件ニ付テハ其輕重難易ニ從ヒ豫審ヲ求メ又ハ直チニ其裁判所ニ訴ヲ爲ス可シ

第三　裁判所構成法第十六條第二號第三號ニ記載シタル輕罪又ハ違警罪ト思料シタル事件ニ付テハ證據書類ニ意見書ヲ添ヘ之ヲ區裁判所檢事ニ送致ス可シ

第六十三條　區裁判所檢事犯罪ノ捜査ヲ終リタル上裁判所構成法第十六條第一號第二號ニ記載シタル事件ト思料シタルトキハ其裁判所ニ訴ヲ爲ス可シ

第六十四條　檢事ハ被告事件其裁判所ノ管轄ニ屬セサルモノト思料シタルトキハ之ヲ管轄裁判所ノ檢事ニ送致ス可シ

被告事件罪ト爲ラス又ハ公訴受理ス可カラサルモノト思料シタルトキハ起訴ノ手續ヲ爲

ス可カラス

第六十五條　前數條ノ場合ニ於テ被告事件告訴ニ係ルトキハ檢事ヨリ其處分ヲ被害者ニ通知ス可シ

第六十六條　檢事豫審ヲ求ムルトキハ證憑及ヒ事實參考ト爲ル可キ事物ヲ送致シ且臨檢ス可キ場所、逮捕ス可キ人名及ヒ證人ト爲ル可キ者ヲ指示ス可シ

第三章　豫審

第六十七條　現行ノ重罪、輕罪ヲ除ク外豫審判事ハ檢事ノ請求アルニ非サレハ豫審ニ取掛ルコトヲ得ス此規定ニ背キタルトキハ其請求ヨリ以前ニ係ル手續ノ効ナカル可シ

第六十八條　檢事ハ豫審中何時ニテモ豫審判事ニ請求シテ訴訟記錄ヲ檢閲スルコトヲ得但二十四時內ニ之ヲ還付ス可シ

又必用ナリトスル處分ニ付キ臨時其請求ヲ爲スコトヲ得

第一節　令狀

第六十九條　豫審判事ハ檢事ノ起訴ニ因リ重罪、輕罪ノ事件ヲ受理シタルトキハ被告人ニ對シ先ツ召喚狀ヲ發ス可シ但召喚狀ノ送達ト被告人出頭トノ間少クトモ二十四時ノ猶豫アル可シ

召喚狀ニ因リ出頭シタル被告人ハ卽時ニ之ヲ訊問ス可シ又遲クトモ出頭ノ日ヲ過クルコトヲ得ス

第七十條　豫審判事ハ召喚狀ヲ受ク可キ被告人其管轄地內ニ住セサルトキハ訊問ス可キ條件ヲ明示シテ被告人所在ノ地ノ豫審判事又ハ區裁判所判事ニ其處分ヲ囑託スルコトヲ得

第七十一條　豫審判事又ハ受託判事ハ召喚狀ヲ受ケタル被告人其日時ニ出頭セサルトキハ

勾引狀ヲ發スルコトヲ得

第七十二條　豫審判事又ハ受託判事ハ左ノ場合ニ於テ直チニ勾引狀ヲ發スルコトヲ得

第一　被告人定リタル住所アラサルトキ

第二　被告人罪證ヲ湮滅シ又ハ逃亡スル恐アルトキ

第三　被告人未遂罪又ハ脅迫罪ヲ犯シ仍ホ其目的ヲ遂ケントスル恐アルトキ

第七十三條　勾引狀執行ノ命ヲ受ケタル者ハ其令狀ヲ發シタル判事ニ被告人ヲ引致ス可シ

勾引狀ヲ以テ引致シタル被告人ハ四十八時内ニ之ヲ訊問ス可シ若シ其時間ヲ經過スルトキハ勾留狀ヲ發スルニ非サレハ當然之ヲ釋放ス可シ

第七十四條　豫審判事又ハ受託判事ハ召喚狀又ハ勾引狀ヲ受ケタル被告人疾病其他正當ノ事由アリテ令狀ニ應スル能ハサルコトヲ疏明シタルトキハ被告人ノ所在ニ就テ之ヲ訊問スルコトヲ得

第七十五條　勾留狀ハ被告人ヲ訊問シタル後禁錮以上ノ刑ニ該ル可キモノト思料スルニ非サレハ之ヲ發スルコトヲ得ス但被告人逃亡シタル場合ニ於テハ其訊問ヲ爲サスシテ之ヲ發スルコトヲ得

第七十六條　總テ令狀ニハ被告事件及ヒ被告人ノ氏名、職業、住所ヲ記載ス可シ但召喚狀ヲ除ク外其氏名分明ナラサルトキハ容貌、體格等ヲ明示ス可シ

又令狀ニハ之ヲ發スル年月日時ヲ記載シ判事及ヒ裁判所書記署名捺印ス可シ

召喚狀ハ執達吏ヲシテ被告人ニ送達セシメ勾引狀、勾留狀ハ巡査、憲兵卒ヲシテ之ヲ執行セシム

第七十七條　勾引狀、勾留狀ハ時宜ニ因リ正本數通ヲ作リ巡査、憲兵卒數人ニ分付スルコト

アル可シ
前項ノ令狀ヲ執行スルニハ被告人ニ正本ヲ示シ其謄本ヲ下付ス可シ此場合ニ於テハ其正本、謄本ニ執行ノ場所、日時ヲ記載シ被告人ヲシテ署名捺印セシム若シ署名捺印スルコト能ハサルトキハ其旨ヲ附記ス可シ
第七十八條　令狀執行ノ命ヲ受ケタル巡査、憲兵卒ハ被告人其家宅若クハ他人ノ家宅ニ潛匿シタリト思料シタルトキハ其地ノ市町村長又其差支アルトキハ隣佑二名以上ノ立會ヲ求メ之ヲ捜索ス可シ
前項ノ場合ニ於テハ被告人ヲ發見シタルト否トニ拘ハラス捜索調書ヲ作リ立會人ト共ニ署名捺印ス可シ
家宅捜索ハ日出前日沒後之ヲ爲スコトヲ得ス但旅店、割烹店其他夜間ト雖モ衆人ノ出入スル場所ニ付テハ其公開時間内ニ限リ何時ニテモ捜索ヲ爲スコトヲ得
第七十九條　豫審判事ハ被告人他ノ管轄地内ニ潛匿シタルコトヲ知リ又ハ潛匿シタリト思料シタル場合ニ於テ被告事件急速ヲ要スルトキハ巡査、憲兵卒ニ令狀ヲ帶行セシムルコトヲ得
巡査、憲兵卒ハ被告人所在ノ地ノ豫審判事、檢事又ハ司法警察官ニ令狀ヲ示シテ即時ニ執行ヲ求ム可シ
第八十條　豫審判事ハ被告人所在ノ地ヲ覺知スルコト能ハサルトキハ各檢事長ニ被告人ノ人相書ヲ送致シ捜査及ヒ逮捕ヲ爲ス可キコトヲ請求スルヲ得
請求ヲ受ケタル檢事長ハ其管轄地内ノ檢事ヲシテ捜索及ヒ逮捕ノ處分ヲ爲サシム可シ此場合ニ於テ檢事ノ發シタル逮捕狀ハ勾留狀ト同一ノ效ヲ有ス

第八十一條　豫備、後備ノ軍籍ニ在ラサル下士以下ノ軍人、軍屬ニ對シ令狀ヲ發シタルトキハ其所屬ノ長官又ハ隊長ニ令狀ヲ示ス可シ其長官又ハ隊長ハ已ムコトヲ得サル差支アルニ非サレハ本人ヲシテ速ニ令狀ニ應セシム可シ

第八十二條　勾留狀ヲ受ケタル被告人ハ速ニ其令狀ニ記載シタル監獄署ニ引致ス可シ若シ其監獄署ニ引致スルコト能ハサルトキハ假ニ最近ノ監獄署ニ引致スルコトヲ得

何レノ場合ニ於テモ監獄署長ハ令狀ヲ檢閲シテ被告人ヲ受取リ其證書ヲ渡ス可シ

第八十三條　令狀執行ノ命ヲ受ケタル巡査、憲兵卒ハ之ヲ執行シタルコト又執行スルコト能ハサルトキハ其事由ヲ令狀ノ正本ニ記載ス可シ

巡査、憲兵卒ハ令狀執行ニ關スル書類ヲ檢事ニ差出ス可シ

第八十四條　勾留狀ヲ受ク可キ被告人既ニ監獄署ニ在ルトキハ執達吏ヲシテ之ヲ本人ニ送達セシム可シ

第八十五條　密室監禁ノ場合ヲ除ク外被告人ハ監獄則ニ從ヒ官吏ノ立會ニ依リ其親屬、故舊又ハ辯護士ニ接見スルコトヲ得

書翰、書籍其他ノ書類ハ豫審判事又ハ檢事ノ檢閲ヲ經タル後ニ非サレハ被告人ト外人ト之ヲ授受スルコトヲ許サス但豫審判事又ハ檢事ハ其書類ヲ留置クコトヲ得

第八十六條　豫審判事ハ被告事件禁錮以上ノ刑ニ該ル可キモノニ非スト思料シタルトキハ豫審中何時ニテモ勾留狀ヲ取消ス可シ

第二節　密室監禁

第八十七條　豫審判事ハ豫審中事實發見ノ爲メ必要ナリト思料シタルトキハ檢事ノ請求ニ因リ又ハ職權ヲ以テ勾留狀ヲ受ケタル被告人ヲ密室ニ監禁スル言渡ヲ爲スコトヲ得

第八十八條　密室監禁ノ言渡ヲ受ケタル被告人ハ一名毎ニ之ヲ別室ニ置キ豫審判事ノ允許ヲ得ルニ非サレハ他人ト接見シ又ハ書類其他ノ物品ヲ授受スルコトヲ許サス

第八十九條　密室監禁ハ十日ヲ超過ス可カラス但十日毎ニ其言渡ヲ更改スルコトヲ得

言渡ヲ更改スルトキハ其事由ヲ裁判所長ニ報告ス可シ

豫審判事ハ十日間ニ少クトモ二度被告人ヲ訊問ス可シ

第三節　證據

第九十條　被告人ノ自白、官吏ノ檢證調書、證據物件、證人及ヒ鑑定人ノ供述其他諸般ノ徵憑ハ判事ノ判斷ニ任ス

第九十一條　豫審判事ハ檢事若クハ被告人ノ請求ニ因リ又ハ職權ヲ以テ事實發見ノ爲メ必要ナリトスル證據徵憑ヲ集取ス可シ

第九十二條　豫審判事臨檢、搜索、物件差押又ハ被告人、證人ノ訊問ヲ爲スニハ裁判所書記ノ立會ヲ必要トス書記ハ調書ヲ作リ豫審判事ト共ニ署名捺印ス可シ

裁判所外ニ於テ急遽ノ際書記ノ立會ヲ得ルコト能ハサルトキハ立會人二名アルヲ要ス但監獄署ニ就テ被告人ヲ訊問スルトキハ其監獄署ノ官吏一名ヲシテ立會ハシム可シ

前項ノ場合ニ於テハ豫審判事自ラ調書ヲ作リ之ヲ讀聞カセ立會人ト共ニ署名捺印ス可シ

書記又ハ立會人ナクシテ爲シタル處分ハ其效ナカル可シ

第四節　被告人ノ訊問及ヒ對質

第九十三條　豫審判事ハ先ツ被告人ヲ訊問ス可シ但檢證ヲ爲シ又ハ證人ヲ訊問スルニ付キ急速ヲ要スルトキハ此限ニ在ラス

第九十四條　豫審判事ハ被告人ヲシテ其罪ヲ自白セシムル爲メ恐嚇又ハ詐言ヲ用ユ可カラ

ス

第九十五條　裁判所書記ハ訊問及ヒ供述ヲ錄取シ被告人ニ之ヲ讀聞カス可シ豫審判事ハ被告人ニ其供述ノ相違ナキヤ否ヤヲ問ヒ署名捺印セシム可シ若シ署名捺印スルコト能ハサルトキハ其旨ヲ附記ス可シ

第九十六條　被告人其供述ニ付キ變更增減ス可キコトヲ申立タルトキハ更ニ訊問ヲ爲シ其訊問及ヒ供述ヲ錄取シ之ヲ讀聞カセ署名捺印ス可シ

第九十七條　被告人ハ供述書ノ謄本ヲ求ムルコトヲ得

第九十八條　豫審判事ハ被告人ノ共犯ナルコト、人違ナキコト其他事實ヲ發見ス可キ一切ノ摸樣ヲ證スル爲メ必要ナリトスルトキハ被告人ト他ノ被告人、證人又ハ其他ノ者ト對質セシムルコトヲ得

第九十九條　書記ハ對質人ノ供述及ヒ對質ニ因リ生スル一切ノ事件ヲ錄取シ對質人ニ其對質ニ關スル部分ヲ讀聞カス可シ

第九十五條第九十六條ノ規定ハ對質ニ付テモ亦之ヲ適用ス

第百條　被告人又ハ對質人聾ナルトキハ書面ヲ以テ問ヒ啞ナルトキハ書面ヲ以テ答ヘシム若シ聾者、啞者文字ヲ知ラサルトキハ通事ヲ命ス可シ

被告人又ハ對質人國語ニ通セサルトキ亦同シ

第百一條　通事ハ正實ニ通譯ス可キ宣誓ヲ爲ス可シ

書記ハ通事ニ調書ヲ讀聞カセ之ニ署名捺印セシム可シ

第百三十六條第百三十七條第百四十一條ノ規定ハ本條ニモ亦之ヲ適用ス

第五節　檢證、搜索及ヒ物件差押

第百二條　豫審判事ハ事實發見ノ爲メ必要ナリトスルトキハ犯所又ハ其他ノ場所ニ臨ミ檢證ヲ爲ス可シ

第百三條　豫審判事ハ犯罪ノ性質、方法、日時、場所及ヒ被告人ノ人違ナキコトヲ證明ス可キ摸樣ニ付キ調書ヲ作ル可シ

又被告人ノ利益ト爲ル可キ摸樣ヲモ記載ス可シ

第百四條　豫審判事ハ被告人ノ住居又ハ事實ヲ證明ス可キ物件ヲ藏匿スル疑アル者ノ住居ニ臨檢シ搜索ヲ爲スコトヲ得

被告人又ハ物件ヲ藏匿スル者其住居ニ在ラサルトキハ同居ノ親屬若シ其在ラサルトキハ市町村長ノ立會アルヲ要ス

第七十八條第三項ノ規定ハ本條ニモ亦之ヲ適用ス

第百五條　豫審判事ハ被告人又ハ事實ヲ證明ス可キ物件ヲ藏匿スル疑アル者ノ身體及ヒ之ニ屬スル物件ニ就キ搜索ヲ爲スコトヲ得

第百六條　豫審判事ハ臨檢、搜索ニ因リ發見シタル物件其事實ヲ證明スルニ足ル可シト思料シタルトキハ之ヲ差押ヘテ認印ヲ爲シ目錄ヲ作ル可シ但其物件ヲ監護シ又ハ遞送スルハ裁判所書記之ヲ擔任ス可シ

第百七條　豫審判事ハ臨檢、搜索、物件差押ニ付キ其日ニ處分ヲ終ラサルトキハ場所ノ周圍ヲ閉鎖シ又ハ看守者ヲ置クコトヲ得

第百八條　被告人ハ臨檢搜索物件差押ノ處分ニ立會ヒ又ハ代人ヲシテ立會ハシムルコトヲ得

若シ被告人拘留ヲ受ケタルトキハ自ラ立會フコトヲ得ス但豫審判事本人ノ立會ヲ必要ナ

リトスルトキハ此限ニ在ラス
第百九條　豫審判事ハ被告人物件差押ノ處分ニ立會ヒタルト否トヲ問ハス其物件ヲ被告人ニ示シ辯解ヲ爲サシム可シ
其訊問及供述ハ之ヲ調書ニ記載ス可シ
第百十條　豫審判事ハ臨檢、搜索ノ場所ニ於テ證人ノ供述ヲ聽クコトヲ必要ナリトスルトキハ第百十五條以下ノ規定ニ從ヒ之ヲ訊問ス可シ
第百十一條　豫審判事ハ前數條ニ記載シタル處分中何人ニ限ラス允許ヲ得スシテ其場所ニ出入スルコトヲ禁スルヲ得
若シ其禁ヲ犯ス者アルトキハ之ヲ逐斥シ又ハ處分ヲ終ルマテ之ヲ留置スルコトヲ得
第百十二條　豫審判事ハ其管轄地内ト雖モ時宜ニ因リ臨檢、搜索、物件差押ノ事ヲ區裁判所判事ニ囑託スルコトヲ得
第百十三條　豫審判事ハ事實發見ノ爲メ必要ナリトスルトキハ驛遞、電信、鐵道ノ官署、諸會社ニ其事由ヲ通知シ被告人又ハ豫審事件ニ關係アル者ヨリ發シ若クハ此等ノ者ニ對シ發シタル書類、電報又ハ物件ヲ受取開披スルコトヲ得但受取證書ヲ渡ス可シ
第百十四條　證言ヲ拒ムコトヲ得ル者ノ所持スル物件ニシテ其默祕ス可キ義務アル事情ニ關スルモノハ其承諾アルニ非サレハ之ヲ差押ヘ及ヒ開披スルコトヲ得ス
第六節　證人訊問
第百十五條　證人ノ呼出狀ニハ其氏名、住所及ヒ職業ヲ記載ス可シ
又出頭ノ日時、場所及ヒ呼出ニ應セサルトキハ罰金ヲ言渡シ且勾引スルコトアル可キ旨ヲ記載ス可シ

呼出狀ノ送達ト出頭トノ間少クトモ二十四時ノ猶豫アル可シ

第百十六條　證人疾病其他正當ノ事故ニ因リ呼出ニ應スル能ハサルコトヲ疏明シタルトキハ豫審判事其所在ニ就テ之ヲ訊問ス

第百十七條　證人ト爲ル可キ者豫備、後備ノ軍籍ニ在ラサル軍人、軍屬ナルトキハ其所屬ノ長官又ハ隊長ヲ經由シテ呼出狀ヲ送達ス其長官又ハ隊長ハ卽時ニ出頭セシム可キコトヲ認可シ又ハ職務上已ムコトヲ得サル差支アルトキハ其事由ヲ付シテ出頭ノ延期ヲ豫審判事ニ請求ス可シ

第百十八條　豫審判事ハ前二條ニ定メタル差支ノ場合ヲ除ク外證人呼出ニ應セサルトキハ檢事ノ意見ヲ聽キ其不參ニ因リ生シタル費用ノ賠償及ヒ二圓以上二十圓以下ノ罰金ヲ言渡ス可シ但其決定ニ對シテハ抗告ヲ爲スコトヲ得此抗告ハ執行ヲ停止スル効力ヲ有ス

豫審判事ハ其證人ニ對シ罰金ノ言渡書ト共ニ再度ノ呼出狀ヲ送達シ又ハ直チニ勾引狀ヲ發スルコトヲ得

若シ證人再度ノ呼出ニ應セサルトキハ費用賠償ノ外二倍ノ罰金ヲ言渡ス可シ又勾引狀ヲ發スルコトヲ得

豫備、後備ノ軍籍ニ在ラサル軍人、軍屬ニ對スル罰金ノ言渡及ヒ執行ハ軍事裁判所又ハ所屬ノ長官又ハ隊長ニ囑託シテ之ヲ爲ス可シ其勾引ニ付テモ亦同シ

第百十九條　豫審判事ハ證人罰金言渡書ノ送達アリタルヨリ三日內ニ其出頭セサリシコトヲ正當ノ理由ヲ以テ辯解シタルトキハ檢事ノ意見ヲ聽キ其罰金及ヒ賠償ノ決定ヲ取消ス可シ

第百二十條　證人呼出狀ニ因リ出頭シタルトキハ其呼出狀ヲ差出ス可シ若シ之ヲ遺失シタ

ルトキハ其人違ナキコトヲ疏明ス可シ

第百二十一條　豫審判事ハ證人トシテ呼出シタル者ニ對シ其氏名、年齢、職業、住所及ヒ第百二十三條ニ記載シタル者ナリヤ否ヤヲ問フ可シ

第百二十二條　豫審判事ハ證人ヲシテ良心ニ從ヒ眞實ヲ述ヘ何事ヲモ默秘セス又何事ヲモ附加セサル旨ヲ宣誓セシム可シ

裁判所書記ハ證人ニ宣誓書ヲ讀聞カセ之ニ署名捺印セシム若シ署名捺印スルコト能ハサルトキハ其旨ヲ附記ス可シ

第百二十三條　左ニ記載シタル者ハ證人ト爲ルコトヲ許サス但宣誓ヲ爲サシメスシテ事實參考ノ爲メ其供述ヲ聽クコトヲ得

第一　民事原告人

第二　民事原告人及ヒ被告人ノ親屬但姻族ニ付テハ婚姻ノ解除シタルトキト雖モ亦同シ

第三　民事原告人及ヒ被告人ノ後見人又ハ此等ノ者ノ後見ヲ受クル者

第四　民事原告人及ヒ被告人ノ雇人又ハ同居人

第百二十四條　左ニ記載シタル者亦前條ニ同シ

第一　十六歳未滿ノ幼者

第二　知覺精神ノ不十分ナル者

第三　瘖啞者

第四　公權ヲ剝奪セラレ又ハ公權ヲ停止セラレタル者

第五　重罪事件又ハ重禁錮ノ刑ニ該ル可キ輕罪事件ニ付キ公判ニ付セラレタル者

第六　現ニ供述ヲ為ス可キ事件ニ付キ曾テ訴ヲ受ケ其證憑十分ナラサルニ因リ免訴ノ言渡ヲ受ケタル者

第百二十五條　左ニ記載シタル場合ニ於テハ證言ヲ拒ムコトヲ得

第一　官吏、公吏又ハ公吏タリシ者其職務上默祕ス可キ義務アル事情ニ關スルトキ

第二　醫師、藥商、穩婆、辯護士、辯護人、公證人、神職、僧侶其身分、職業ノ為メ委託ヲ受ケタルニ因テ知リタル事實ニシテ默祕ス可キモノニ關スルトキ

證言ヲ拒ム者ハ拒絶ノ原因タル事實ヲ開示シ且之ヲ疏明ス可シ

第百二十六條　證人宣誓ヲ肯セス又ハ宣誓シテ供述ヲ肯セサルトキハ豫審判事檢事ノ意見ヲ聽キ刑法第百八十條ニ從ヒ罰金ヲ言渡ス可シ但其決定ニ對シテハ抗告ヲ為スコトヲ得此抗告ハ執行ヲ停止スル効力ヲ有ス

豫備、後備ノ軍籍ニ在ラサル軍人、軍屬ニ對スル罰金ノ言渡及ヒ執行ハ軍事裁判所ニ囑託シテ之ヲ為ス可シ

第百二十七條　證人ハ他ノ證人及ヒ被告人ト各別ニ之ヲ訊問ス可シ但事實發見ノ為メ必要ナリトスルトキハ證人ト他ノ證人又ハ被告人ト對質セシムルコトヲ得

第百二十八條　豫審判事ハ證人ノ供述ヲ確實ナラシムル為メ必要ナリトスルトキハ犯所又ハ其他ノ場所ニ同行スルコトヲ得

若シ證人同行スルコトヲ肯セサルトキハ第百十八條ノ規定ニ從フ

第百二十九條　第百條第百一條ノ規定ハ證人ニ付テモ亦之ヲ適用ス

第百三十條　皇族證人ナルトキハ豫審判事其所在ニ就キ訊問ヲ為ス可シ

各大臣ニ付テハ其官廳ノ所在地ニ於テ之ヲ訊問ス若シ其所在地外ニ滯在スルトキハ其現

在地ニ於テ之ヲ訊問ス可シ

帝國議會ノ議員ニ付テハ開會期間其議會ノ所在地ニ滯在中ハ其所在地ニ於テ之ヲ訊問ス可シ

第百三十一條　豫審判事ハ證人ニ其供述ノ相違ナキヤ否ヤヲ知ラシムル爲メ裁判所書記ヲシテ調書ヲ讀聞カセシム可シ

證人ハ其供述ヲ變更増減セソコトヲ請求スルヲ得書記ハ其請求アリタルコト及ヒ變更増減ノ條件ヲ調書ニ記載ス可シ

調書ニハ豫審判事、書記及ヒ證人共ニ署名捺印ス可シ若シ證人署名捺印スルコト能ハサルトキハ其旨ヲ附記ス可シ

第百三十二條　豫審判事ハ證人裁判所所在ノ地ニ住セサルトキハ其住居ノ地ノ區裁判所判事ニ訊問ノ事ヲ囑托スルコトヲ得

若シ證人管轄地外ニ在ルトキハ其所在ノ地ノ豫審判事又ハ區裁判所判事ニ訊問ノ事ヲ囑託スルコトヲ得

第百三十三條　第百十八條第百十九條及ヒ第百二十六條ニ掲ケタル證人ニ對スル豫審判事ノ權ハ受託判事ニモ屬ス

第百三十四條　證人ハ出頭ニ付テノ旅費、日當ヲ要ムルコトヲ得

第七節　鑑定

第百三十五條　豫審判事ハ犯罪ノ性質、方法及ヒ結果ヲ分明ナラシムル爲メ鑑定ヲ必要ナリトスルトキハ學術、職業ニ因リ鑑定スルコトヲ得ヘキ者一名又ハ數名ヲシテ鑑定ヲ爲サシム可シ

鑑定ノ爲メ必要ナリトスルトキハ死體ノ解剖ヲ命シ又既ニ埋葬シタル死體ヲ解剖シ若クハ檢視スル爲メ墳墓ノ發掘ヲ命スルコトヲ得

第百三十六條　鑑定ニ付テハ第百十五條第百十八條乃至第百二十一條第百二十三條乃至第百二十五條及ヒ第百二十八條ノ規定ヲ準用ス但鑑定人ニ對シテハ勾引狀ヲ發スルコトヲ得ス

第百三十七條　鑑定人ハ公平且正實ニ鑑定ス可キ宣誓ヲ爲ス可シ其宣誓ハ第百二十二條ノ式ニ從フ

第百三十八條　鑑定人宣誓ヲ肯セス又ハ宣誓シテ鑑定ヲ肯セサルトキハ豫審判事檢事ノ意見ヲ聽キ刑法第百七十九條ニ從ヒ罰金ヲ言渡ス可シ但其決定ニ對シテハ抗告ヲ爲スコトヲ得此抗告ハ執行ヲ停止スル效力ヲ有ス

第百三十九條　豫審判事ハ鑑定人ノ請求ニ因リ又ハ職權ヲ以テ鑑定人ヲ增加シ又ハ別人ヲシテ鑑定セシムルコトヲ得

第百四十條　鑑定人ハ鑑定書ヲ作リ其手續、結果及ヒ鑑定ヲ爲シタル時間ヲ詳記ス可シ若シ結果ヲ得サルトキハ其推測スル所ヲ記載ス可シ

鑑定人意見ヲ異ニスルトキハ各自鑑定書ヲ作リ又ハ各自ノ意見ヲ一箇ノ鑑定書ニ記載ス可シ

第百四十一條　鑑定人ハ旅費、日當及ヒ立替金ノ辨濟ヲ要ムルコトヲ得

第八節　現行犯ノ豫審

第百四十二條　豫審判事ハ檢事ヨリ先ニ重罪又ハ地方裁判所ノ管轄ニ屬スル輕罪ノ現行犯アルコトヲ知リタル場合ニ於テ其事件急速ヲ要スルトキハ檢事ノ請求ヲ待タス直チニ其

旨ヲ通知シ豫審ニ取掛ルコトヲ得
豫審判事ハ犯所ニ臨檢シ令狀ヲ發シ其他此章ノ規定ニ從ヒ豫審ノ處分ヲ爲スコトヲ得

第百四十三條　前條ノ場合ニ於テハ檢事ノ起訴ナシト雖モ豫審判事檢證調書ヲ作ルヲ以テ公訴ヲ受理シタルモノトス其調書ニハ現行ノ重罪又ハ輕罪ナルコトヲ記載ス可シ
豫審判事ハ速ニ書類ヲ檢事ニ送致ス可シ但檢事ヨリ其豫審手續ヲ繼續ス可キモノニ非サル意見アリト雖モ通常ノ規定ニ從ヒ之ヲ終結ス可シ

第百四十四條　地方裁判所檢事及ヒ區裁判所檢事ハ豫審判事ヨリ先ニ重罪又ハ地方裁判所ノ管轄ニ屬スル輕罪ノ現行犯アルコトヲ知リタル場合ニ於テ其事件急速ヲ要スルトキハ豫審判事ヲ待ツコトナク其旨ヲ通知シテ犯所ニ臨檢シ豫審判事ニ屬スル處分ヲ爲スコトヲ得但罰金及ヒ費用賠償ノ言渡ヲ爲スコトヲ得ス
證人及ヒ鑑定人ノ供述ハ宣誓ヲ用ユルコトナク之ヲ聽ク可シ

第百四十五條　前條ノ場合ニ於テ地方裁判所檢事ハ證憑書類ニ意見書ヲ添ヘ速ニ之ヲ豫審判事ニ送致シ區裁判所檢事ハ之ヲ地方裁判所檢事ニ送致ス可シ

第百四十六條　區裁判所檢事其裁判所ノ管轄ニ屬スル輕罪ノ現行犯アルコトヲ知リタル場合ニ於テ其事件急速ヲ要スルトキハ第百四十四條ニ規定シタル處分ヲ爲スコトヲ得
若シ被告人ニ對シ勾留狀ヲ發シタルトキハ三日內ニ起訴ノ手續ヲ爲ス可シ

第百四十七條　第百四十四條第百四十六條ニ於テ檢事ニ許シタル職務ハ司法警察官モ亦假ニ之ヲ行フコトヲ得但勾留狀ヲ發スルコトヲ得ス
司法警察官ハ證憑書類ニ意見書ヲ添ヘ速ニ之ヲ管轄裁判所ノ檢事ニ送致シ且被告人ヲ逮捕シタルトキハ共ニ之ヲ送致ス可シ

第百四十八條　地方裁判所檢事ハ區裁判所檢事又ハ司法警察官ヨリ事件ノ送致ヲ受ケタルトキハ一切ノ書類ニ請求書ヲ添ヘ豫審判事ニ送致ス可シ

若シ同時ニ被告人ヲ受取リタルトキハ二十四時内ニ之ヲ訊問シ勾留狀ヲ發シ又ハ發セスシテ前項ノ手續ヲ爲ス可シ

第百四十九條　地方裁判所檢事ハ何レノ場合ニ於テモ輕罪ノ現行犯ニ係リ豫審ヲ求ムルニ及ハスト思料シタルトキハ勾留狀ヲ發シタルト否トニ拘ハラス直チニ其裁判所ニ訴ヲ爲スコトヲ得

被告事件罪ト爲ラス又ハ公訴受理ス可カラサルモノト思料シタルトキハ起訴ノ手續ヲ爲ス可カラス

第九節　保釋

第百五十條　豫審判事ハ豫審中勾留狀ヲ受ケタル被告人ノ請求ニ因リ檢事ノ意見ヲ聽キ何時ニテモ呼出ニ應シ出頭ス可キ證書ヲ差出シ且保證ヲ立テシメ保釋ヲ許スコトヲ得

被告人無能力ナルトキハ法律上代理人ヨリ保釋ヲ求ムルコトヲ得

第百五十一條　保證ノ金額ハ豫審判事之ヲ定メ保釋ヲ許ス言渡書ニ記載ス可シ

第百五十二條　保證ヲ爲スニハ被告人又ハ法律上代理人ヨリ金錢若クハ有價證券ヲ差出ス可シ

又裁判所ノ管轄地內ニ住シ且十分ナル資力アル者ヨリ金額ニ充ツ可キ保證書ヲ差出スコトヲ得

第百五十三條　保釋中被告人ヲ呼出ストキハ出頭ヨリ二十四時前ニ其報告ヲ爲ス可シ

第百五十四條　保釋中被告人呼出ヲ受ケ正當ノ事由ナクシテ出頭セサルトキハ保證金ノ全

部又ハ一分ヲ沒收ス可シ

第百五十五條　保證金ヲ沒收スルニハ檢事ノ意見ヲ聽キ豫審判事其言渡ヲ爲ス可シ

第百五十六條　豫審判事保證金ヲ沒收シタルトキハ保釋ノ言渡ヲ取消ス可シ

又豫審中保釋ノ言渡ヲ取消スコトヲ必要ナリトスルトキハ檢事ノ意見ヲ聽キ其言渡ヲ取消ス可シ

第百五十七條　豫審判事保證金ヲ沒收シタル後免訴ノ言渡、違警罪又ハ罰金ニ該ル可キ輕罪ニ付キ公判ニ付スル言渡ヲ爲シタルトキハ檢事ノ意見ヲ聽キ前ニ沒收シタル金額ヲ還付ス可シ

第百五十八條　豫審判事免訴ノ言渡、違警罪又ハ罰金ニ該ル可キ輕罪ニ付キ公判ニ付スル言渡ヲ爲シ若クハ保釋ノ言渡ヲ取消シタルトキハ保證金ヲ還付ス可シ

第百五十九條　豫審判事ハ保釋ノ請求アルト否トヲ問ハス檢事ノ意見ヲ聽キ被告人ヲ其親屬又ハ故舊ニ責付スルコトヲ得

責付ヲ爲スニハ親屬又ハ故舊ヨリ何時ニテモ呼出ニ應シ被告人ヲ出頭セシム可キ證書ヲ差出サシムヘシ

第百六十條　責付中被告人ヲ呼出ストキハ出頭ヨリ二十四時前ニ其報知ヲ爲ス可シ

被告人正當ノ事由ナクシテ出頭セサルトキハ檢事ノ意見ヲ聽キ責付ノ言渡ヲ取消ス可シ

第十節　豫審終結

第百六十一條　豫審判事ハ被告事件其管轄ニ非ストシ又ハ他ニ取調ヲ要スルコトナシト思料シタルトキハ豫審終結ノ處分ニ付キ檢事ノ意見ヲ求ムル爲メ訴訟記錄ヲ送致ス可シ

檢事ハ訴訟記錄ニ意見ヲ付シ三日內ニ之ヲ還付ス可シ

第百六十二條　檢事ハ豫審十分ナラスト思料シタルトキハ其條件ニ付キ更ニ取調ヲ請求スルコトヲ得若シ豫審判事其請求ヲ肯セサルトキハ檢事ハ訴訟記錄ニ意見ヲ付シ二十四時內ニ之ヲ還付ス可シ

第百六十三條　豫審判事ハ檢事ノ意見如何ナルヲ問ハス後數條ニ記載シタル決定ヲ以テ豫審ヲ終結ス可シ

第百六十四條　豫審判事ハ被告事件其管轄ニ非サルコトヲ認メタルトキハ其旨ヲ言渡ス可シ若シ勾留ヲ要スルモノト認メタルトキハ前ニ發シタル令狀ヲ存シ又ハ新ニ令狀ヲ發シ其事件ヲ檢事ニ交付ス可シ

第百六十五條　豫審判事ハ左ノ場合ニ於テ免訴ノ言渡ヲ爲シ且被告人勾留ヲ受ケタルトキハ放免ノ言渡ヲ爲ス可シ

第一　犯罪ノ證憑十分ナラサルトキ

第二　被告事件罪ト爲ラサルトキ

第三　公訴ノ時效ニ罹リタルトキ

第四　確定判決ヲ經タルトキ

第五　大赦アリタルトキ

第六　法律ニ於テ其罪ヲ全免スルトキ

第百六十六條　被告事件違警罪ナリト思料シタルトキハ區裁判所ニ移ス言渡ヲ爲シ且被告人勾留ヲ受ケタルトキハ釋放ノ言渡ヲ爲ス可シ

第百六十七條　被告事件裁判所構成法第十六條第二號ニ記載シタル輕罪ナリト思料シタルトキハ區裁判所ニ移ス言渡ヲ爲シ其他ノ輕罪ナリト思料シタルトキハ其裁判所ノ輕罪公

判ニ付スル言渡ヲ爲ス可シ
被告人勾留ヲ受ケタル場合ニ於テ罰金ノ刑ニ該ルモノト思料シタルトキハ釋放ノ言渡ヲ爲ス可シ
禁錮ノ刑ニ該ル可キモノト思料シタルトキハ保釋ヲ許シ又ハ責付ヲ爲スコトヲ得若シ被告人未タ勾留ヲ受ケサルトキハ令狀ヲ發スルコトヲ得
第百六十八條　被害事件重罪ナリト思料シタルトキハ其裁判所ノ重罪公判ニ付スル言渡ヲ爲ス可シ若シ保釋ヲ許シ又ハ責付ヲ爲シタルトキハ其言渡ヲ取消シ被告人未タ勾留ヲ受ケサルトキハ令狀ヲ發ス可シ
第百六十九條　豫審終結ノ決定ニハ事實及ヒ法律ニ依リ其理由ヲ付スヘシ
管轄違ノ言渡ヲ爲スニハ其原由ヲ明示シ若シ被告人ヲ勾留ス可キトキハ其原由ヲ明示ス可シ
免許ノ言渡ヲ爲スニハ被告事件罪ト爲ラサルコト、公訴受理ス可カラサルコト及ヒ其原由又犯罪ノ證憑十分ナラサルトキハ其旨ヲ明示ス可シ
區裁判所ニ移ス言渡又ハ公判ニ付スル言渡ヲ爲スニハ犯罪ノ性質、摸様、證憑ノ十分ナルコト及ヒ其罪ヲ罰ス可キ法律ノ正條ヲ明示ス可シ
第百七十條　前條ノ決定ニハ第七十六條ノ規定ニ從ヒ被告人ノ氏名等ヲ明示ス可シ
第百七十一條　豫審終結ノ決定ノ正本ハ速ニ検事及ヒ被告人ニ送達ス可シ
第百七十二條　検事ハ重罪公判ニ付スル決定又ハ免訴若クハ管轄違ノ決定ニ對シ抗告ヲ爲スコトヲ得
被告人ハ重罪公判ニ付スル決定ニ對シ抗告ヲ爲スコトヲ得

第百七十三條　重罪公判ニ付スル場合ニ於テ被告人ニ送達ス可キ決定ニハ其決定ニ對シ抗告ヲ爲スヲ得ヘキコト及ヒ其期間ヲ記載ス可シ其記載ナキトキハ更ニ通常ノ規定ニ從ヒ決定ノ送達アルマテ抗告期間ノ經過ヲ停止ス

第百七十四條　豫審終結ノ決定ハ抗告ノ期間内又抗告アリタルトキハ其決定アルマテ執行ヲ停止ス但保釋責付ノ言渡ヲ取消ス決定ハ其執行ヲ停止セス

第百七十五條　豫審ニ於テ被告人免訴ノ言渡ヲ受ケ其決定確定シタルトキハ罪名ノ變更アルモ同一ノ事件ニ付キ再ヒ訴ヲ受クルコトナカル可シ但新ナル證憑アルトキハ此限ニ在ラス

新ナル證憑アルトキハ檢事ヨリ之ヲ其裁判所ニ差出シ裁判所ニ於テハ其起訴ヲ許ス可キヤ否ヤヲ決定ス可シ

第四編　公判

第一章　通則

第百七十六條　公判ハ判事、檢事、裁判所書記出廷シテ之ヲ爲スモノトス

第百七十七條　被告人ハ公廷ニ於テ身體ノ拘束ヲ受クルコトナシ但守卒ヲ置クコトアル可シ

第百七十八條　裁判所ニ於テハ何時ニテモ禁錮以上ノ刑ニ該ル可キ被告人ニ對シ勾引狀又ハ勾留狀ヲ發スルコトヲ得

第百七十九條　被告人ハ辯論ノ爲メ辯護人ヲ用ユルコトヲ得

辯護人ハ裁判所所屬ノ辯護士中ヨリ之ヲ選任ス可シ但裁判所ノ允許ヲ得タルトキハ辯護士ニ非サル者ト雖モ辯護人ト爲スコトヲ得

第百八十條　辯護人ハ裁判所ニ於テ訴訟記錄ヲ閲讀シ且之ヲ抄寫スルコトヲ得
第百八十一條　被告人ノ法律上代理人ハ其補佐人ト爲リ辯論ニ與カルコトヲ得
第百八十二條　被告人出頭シテ辯論スルヿヲ肯セサルトキハ對席トシテ裁判ヲ爲ス可シ
被告人審問ヲ妨ケ又ハ不當ノ行狀ヲ爲シ裁判長ヨリ退廷又ハ勾留ヲ命セラレタルトキ亦同シ若シ辯論二日ニ涉ルトキハ更ニ被告人ヲ出頭セシム可シ
第百八十三條　被告人精神錯亂又ハ疾病ニ因リ出頭スルコト能ハサルトキハ痊癒ニ至ルマテ辯論ヲ停止ス但罰金以下ノ刑ニ該ル可キ事件ニ付キ被告人代人ヲ差出シタルトキハ此限ニ在ラス
辯論ニ取掛リタル後被告人精神錯亂シタルトキハ其痊癒ノ後新ニ辯論ヲ爲ス可シ其他ノ疾病ニ罹ルトキハ痊癒ノ後前ニ停止シタルヨリ以後ノ手續ヲ爲ス可シ但五日間辯論ヲ停止シ又ハ檢事其他訴訟關係人ノ請求アリタルトキ新ニ辯論ヲ爲ス可シ
若シ被告事件及ヒ法律ノ適用ニ付キ既ニ辯論ヲ終リタルトキハ其痊癒ノ後更ニ取調ヲ爲スコトナク裁判ヲ爲ス可シ
第百八十四條　裁判所ニ於テハ訴ヲ受ケサル事件ニ付キ裁判ヲ爲ス可カラス但辯論ニ因リ發見シタル附帶ノ犯罪ニ付テハ此限ニ在ラス
若シ附帶ノ犯罪ニ付キ豫審ヲ必要ナリトスルトキハ本案ノ辯論ヲ停止スルコトヲ得
第百八十五條　左ノ場合ニ於テハ附帶ノ犯罪ナリトス
第一　同一ノ場所ニ於テ同時ニ一人又ハ數人ニテ數罪ヲ犯シタルトキ
第二　數人通謀シテ日時又ハ場所ヲ異ニシ數罪ヲ犯シタルトキ
第三　自己又ハ他人ノ犯罪ヲ容易ニスル爲メ又ハ其罪ヲ免カルル爲メ他ノ罪ヲ犯シタ

ルトキ

第百八十六條　檢事及ヒ被告人ハ第一審第二審ヲ問ハス本案ノ判決アルマテ何時ニテモ管轄違又ハ公訴受理ス可カラサル申立ヲ爲スコトヲ得

裁判所ニ於テハ職權ヲ以テ管轄違又ハ公訴受理ス可カラサル言渡ヲ爲スコトヲ得

第百八十七條　裁判所ニ於テ前條ノ申立ヲ却下シタルトキハ本案ノ判決ヲ待タス直チニ控訴又ハ上告ヲ爲スコトヲ得此場合ニ於テハ本案ノ辯論ヲ停止ス

第百八十八條　調書ヲ作リタル司法警察官ハ檢事其他訴訟關係人ノ請求ニ因リ又ハ裁判所ノ職權ヲ以テ證人トシテ之ヲ呼出スコトヲ得

第百八十九條　豫審ニ於テ訊問シタル證人又ハ鑑定ヲ爲シタル鑑定人ハ更ニ之ヲ呼出スコトヲ得

豫審ニ於ケル證人ノ供述書又ハ鑑定人ノ鑑定書ハ更ニ其證人、鑑定人ヲ呼出サヽルトキ、證人、鑑定人呼出ヲ受ケ出頭セサルトキ又ハ豫審及ヒ公判ニ於ケル供述、鑑定ヲ比較ス可キトキハ檢事其他訴訟關係人ノ請求ニ因リ又ハ裁判長ノ職權ヲ以テ之ヲ朗讀セシムルコトヲ得

第百九十條　第百十五條以下ノ規定ハ公判ノ證人ニ第百三十五條以下ノ規定ハ公判ノ鑑定人ニモ亦之ヲ準用ス

第百九十一條　證人疾病其他正當ノ事故ニ因リ出頭スル能ハサルコトヲ疏明シタルトキハ裁判所ハ其部員一名ニ命シ又ハ區裁判所判事ニ囑託シ其所在ニ就テ之ヲ訊問セシムルコトヲ得

第百九十二條　檢事、被告人及ヒ民事原告人ノ請求ニ因リ呼出ス證人ノ氏名目錄ハ開廷ヨ

リ一日前之ヲ各相手方ニ送達ス可シ
第百九十三條　證人ハ互ニ言語ヲ接ス可カラス又供述前辯論ニ立會フ可カラス既ニ供述ヲ爲シタル後ハ公廷ニ留ル可シ但裁判長ヨリ退去ノ允許ヲ得タルトキハ此限ニ在ラス
第百九十四條　證人及ヒ被告人ノ訊問ハ裁判長之ヲ爲スモノトス
陪席判事及ヒ檢事ハ裁判長ニ告ケ證人及ヒ被告人ヲ訊問スルコトヲ得
訴訟關係人ハ辯論ニ必要ナリトスル事項ヲ分明ナラシムル爲メ證人ヲ訊問ス可キコトヲ裁判長ニ求ムルヲ得
第百九十五條　證人又ハ鑑定人ノ供述不實ニシテ故意ニ出テ禁錮以上ノ刑ニ該ル可キ者ト思料シタルトキハ裁判所ニ於テ檢事其他訴訟關係人ノ請求ニ因リ又ハ職權ヲ以テ之ヲ取押ヘ勾引狀ヲ發シ豫審判事ニ送致ス可シ
其證人又ハ鑑定人ノ供述ハ裁判所書記之ヲ錄取シ豫審判事ニ送致ス可シ
本條ノ場合ニ於テハ裁判所ニテ檢事其他訴訟關係人ノ請求ニ因リ又ハ職權ヲ以テ本案ノ辯論ヲ停止スルコトヲ得
第百九十六條　被告人聾者、啞者又ハ國語ニ通セサル者ナルトキハ第百條第百一條ノ規定ニ從フ
第百九十七條　裁判所ニ於テハ證人被告人ノ面前ニ於テ十分ナル供述ヲ爲スコトヲ得サル可シト思料シタルトキハ其證人ノ供述中被告人ヲ退廷セシムルコトヲ得但裁判長ハ證人供述ヲ終リタル後被告人ヲ入廷セシメ其供述シタル事項ヲ告知ス可シ
本條ノ規定ハ共同被告人ニモ亦之ヲ適用ス
第百九十八條　裁判長ハ各證憑ノ取調終リタル毎ニ被告人ニ意見アリヤ否ヤヲ問ヒ且其利

益ト爲ル可キ證憑ヲ差出スヲ得ヘキコトヲ告知ス可シ

又證憑物件ハ被告人ニ示シテ辯解ヲ爲サシム可シ

第百九十九條　辯論中公判ノ手續ニ付キ異議ノ申立アリタルトキハ裁判所ニ於テ檢事ノ意見ヲ聽キ直チニ之ヲ裁判ス可シ

第二百條　裁判所ニ於テ公訴ノ判決ト同時ニ私訴ノ判決ヲ爲ス可シ

私訴ニ付キ取調未タ十分ナラサルトキハ公訴ノ判決アリタル後其判決ヲ爲スコトヲ得

第二百一條　被告人有罪ト爲リタルトキハ裁判所ノ職權ヲ以テ公訴ニ關スル訴訟費用ノ全部又ハ一分ヲ負擔ス可キ言渡ヲ爲ス可シ

免訴又ハ無罪ノ言渡アリタル場合ニ於テ公訴ニ關スル訴訟費用ハ國庫之ヲ負擔ス

私訴ニ關スル訴訟費用ノ負擔ハ民事訴訟法ノ規定ニ從フ

第二百二條　被告人有罪ト爲リタルト否トヲ問ハス沒收ニ係ラサル差押物ハ所有者ノ請求ナシト雖モ之ヲ還付スル言渡ヲ爲ス可シ

第二百三條　刑ノ言渡ヲ爲スニハ事實及ヒ法律ニ依リ其理由ヲ明示シ且犯罪ノ證憑ヲ明示ス可シ

無罪又ハ免訴ノ言渡ヲ爲スニ付テモ亦其理由ヲ明示ス可シ

第二百四條　判決ノ言渡ハ辯論ヲ終リタル後即日又ハ次ノ開廷日ニ之ヲ爲ス可シ

判決ノ言渡ハ判決主文ノ朗讀ニ因リ之ヲ爲ス其判決ノ理由ハ判決ノ言渡ト同時ニ之ヲ朗讀シ又ハ口頭ニテ其要領ヲ告ク可シ

第二百五條　判決ノ原本ニハ其裁判ヲ爲シタル裁判所、年月日、其事件ニ干與シタル檢事ノ官氏名ヲ記載シ判事、裁判所書記共ニ署名捺印ス可シ

第二百六條　訴訟關係人ハ其費用ヲ以テ判決ノ正本、謄本又ハ抄本ヲ求ムルコトヲ得但上訴ノ爲メ其求ヲ爲シタルトキハ書記ヨリ二十四時内ニ之ヲ下付ス可シ

第二百七條　對席判決ニ因リ刑ノ言渡アリタルトキハ裁判長ヨリ其言渡ヲ受ケタル者ニ前條ノ請求及ヒ其判決ニ對シ上訴ヲ爲スヲ得ヘキコト及ヒ其期間ヲ告知シ又闕席判決ニ因リ刑ノ言渡アリタルトキハ其判決ニ對シ故障ヲ爲スヲ得ヘキコト及ヒ其期間ヲ記載ス可シ

若シ其告知又ハ記載ナキトキハ更ニ其通知アルマテ上訴及ヒ故障期間ノ經過ヲ停止ス

第二百八條　裁判所書記ハ公判始末書ヲ作リ左ノ事項其他一切ノ訴訟手續ヲ記載ス可シ

第一　公ニ辯論ヲ爲シタルコト又ハ公開ヲ禁シタルコト及ヒ其事由

第二　被告人ノ訊問及ヒ其供述

第三　證人、鑑定人ノ供述及ヒ宣誓ヲ爲シタルコト若シ宣誓ヲ爲ササルトキハ其事由

第四　證據物件

第五　辯論中異議ノ申立アリタルコト、其申立ニ付キ檢事其他訴訟關係人ノ意見及ヒ裁判所ノ裁判

第六　辯論ノ順序及ヒ被告人ヲシテ最終ニ供述セシメタルコト

第二百九條　公判始末書ニハ前條ニ記載シタル事項ノ外裁判ヲ爲シタル裁判所、年月日、裁判長、陪席判事、檢事及ヒ裁判所書記ノ官氏名ヲ記載ス可シ

辯論數日ニ渉ルトキハ其旨及ヒ同一ノ判事出席シタルコトヲ記載ス可シ

辯論中補充判事ヲシテ代ラシメタルトキハ其旨ヲ記載ス可シ

第二百十條　公判始末書ハ判決言渡ヨリ三日内ニ之ヲ整頓シ裁判長及ヒ裁判所書記署名捺

印ス可シ
裁判長ハ署名捺印セサル以前ニ公判始末書ヲ檢閲シ若シ意見アルトキハ其紙尾ニ記載ス可シ
第二百十一條　判決及ヒ公判始末書ノ原本ハ訴訟記錄ニ添付シ其裁判所ニ保存ス可シ若シ上訴アリタルトキハ之ヲ上訴裁判所ニ送付ス可シ

第二章　區裁判所ノ公判

第二百十二條　區裁判所ハ左ノ塲合ニ於テ其管轄ニ屬スル違警罪及ヒ輕罪ノ公訴ヲ受理ス
第一　檢事ノ起訴アリタルトキ
第二　豫審判事又ハ上級裁判所ヨリ事件ヲ移ス裁判アリタルトキ
第二百十三條　檢事ハ何レノ塲合ニ於テモ被告人ニ對シ呼出狀ヲ發ス可キコトヲ裁判所ニ請求ス可シ
裁判所ハ裁判所書記ヲシテ被告人ニ對シ呼出狀ヲ發セシム可シ
第二百十四條　呼出狀ニハ呼出ヲ受ク可キ者ノ氏名、職業、住所、出頭ノ日時、塲所及ヒ被告事件ヲ記載シ且被告事件違警罪又ハ罰金ニ該ル可キ輕罪ナルトキハ代人ヲシテ出頭セシムルコトヲ得ヘキ旨ヲ記載ス可シ
若シ被告事件ノ記載ナキ塲合ニ於テ被告人未タ其事件ニ付キ取調ヲ受ケサリシトキハ辯護準備ノ爲メ二日ノ猶豫ヲ求ムルコトヲ得
第二百十五條　呼出狀ノ送達ト出頭トノ間少クトモ二日ノ猶豫アル可シ
第二百十六條　判事ハ豫審ヲ經サル被告事件急速ヲ要スルトキハ公判ニ取掛ル前檢證處分ヲ爲スコトヲ得此塲合ニ於テハ檢事其他訴訟關係人ノ立會ヲ要セス

第二百十七條　證人ハ呼出狀ノ送達ト出頭トノ間少クトモ二十四時ノ猶豫ヲ以テ之ヲ呼出スヘシ

又呼出ヲ受ケスシテ出頭シタル者ト雖モ異議ノ申立ナキトキハ裁判所ニ於テ證人トシテ其供述ヲ聽クコトヲ得

第二百十八條　判事ハ先ツ被告人ノ氏名、年齡、身分、職業、住所、出生ノ地ヲ問フ可シ

檢事ハ被告事件ヲ陳述ス可シ

第二百十九條　判事ハ被告事件ニ付キ被告人ヲ訊問ス可シ

必要ナル調書其他證憑書類ハ書記ヲシテ朗讀セシメ又證人ノ供述ヲ聽キ其他證憑ノ取調ヲ爲ス可シ

若シ被告人ノ自白アリタル場合ニ於テ檢事、民事原告人ノ異議ナキトキハ他ノ證憑ヲ取調フルニ及ハス

第二百二十條　證憑調濟ノ後檢事ハ事實及ヒ法律適用ニ付キ意見ヲ陳述ス可シ

被告人及ヒ其辯護人ハ答辯ヲ爲スコトヲ得

檢事、被告人及ヒ辯護人ハ迭ヒニ辯論ヲ爲スコトヲ得但辯論ノ最終ニハ被告人又ハ辯護人ヲシテ供述セシム可シ

第二百二十一條　公訴ニ付キ辯論終リタル後民事原告人ハ被害ノ事實ヲ證明シ且私訴ニ付キ其請求スル所ヲ陳述ス可シ

被告人、辯護人及ヒ民事擔當人ハ答辯ヲ爲スコトヲ得

第二百二十二條　被告事件其裁判所ノ管轄ニ屬セサルトキハ判決ヲ以テ管轄違ノ言渡ヲ爲ス可シ若シ被告人勾留ヲ受ケタルトキハ放免ノ言渡ヲ爲ス可シ

本條ノ場合ニ於テ勾留ヲ要スルモノト認メタルトキハ前勾留狀ヲ存シ又ハ新ニ勾留狀ヲ發シ其事件ヲ檢事ニ交付ス可シ

第二百二十三條　被告事件其裁判所ノ管轄ニ屬シ且犯罪ノ證憑十分ナルトキハ判決ヲ以テ法律ニ從ヒ刑ノ言渡ヲ爲ス可シ

第二百二十四條　犯罪ノ證憑十分ナラス又ハ被告事件罪ト爲ラサルトキハ判決ヲ以テ無罪ノ言渡ヲ爲シ又第百六十五條第三號以下ノ場合ニ於テハ判決ヲ以テ免訴ノ言渡ヲ爲ス可シ

第二百二十五條　前二條ノ場合ニ於テハ私訴ニ付キ其請求價額ノ多寡ニ拘ハラス判決ヲ爲ス可シ

第二百二十六條　呼出ヲ受ケタル被告人又ハ罰金以下ノ刑ニ該ル可キ事件ニ付キ其代人公判ノ期日ニ出頭セサルトキハ檢事ノ請求スル所ヲ聽キ闕席判決ヲ爲ス可シ

私訴關係人出頭セサルトキハ民事訴訟法ノ規定ニ從ヒ闕席判決ヲ爲ス可シ

第二百二十七條　禁錮ノ刑ニ該ル可キ事件ニ付キ被告人出頭セスト雖モ豫審終結ノ言渡書又ハ公判ノ呼出狀ヲ本人ニ送達シタル證アルニ非サレハ闕席判決ヲ爲ス可カラス

豫審終結ノ言渡書又ハ公判ノ呼出狀ヲ本人ニ送達スルコト能ハサル場合ニ於テハ裁判所ニテ猶豫ノ期間ヲ定メ其期間ニ被告人出頭セサルトキハ闕席判決ヲ爲ス可キ告知書ヲ其親屬又ハ其本籍若クハ最後ノ住所ノ地ノ市町村長ニ送達ス可シ若シ其本籍若クハ最後ノ住所ノ地分明ナラサルトキハ同上ノ告知書ヲ少クトモ一月間裁判所ノ揭示板ニ貼付シテ公示ス可シ

第二百二十八條　闕席判決ハ檢事其他訴訟關係人ノ請求ニ因リ闕席者ニ送達ス可シ

闕席判決ヲ受ケタル者ハ其判決ニ對シ故障ヲ申立ルコトヲ得

第二百二十九條　故障申立ノ期間ハ三日トス此期間ハ罰金以下ノ刑ヲ言渡シタル判決及ヒ私訴ノ判決ニ付テハ闕席判決ノ送達ヲ以テ始マリ禁錮ノ刑ヲ言渡シタル判決ニ付テハ被告人自ラ其送達ヲ受ケ又ハ判決執行ニ因リ刑ノ言渡アリタルコトヲ知リタル日ヲ以テ始マル

第二百三十條　故障ヲ申立テントスル者ハ闕席判決ヲ爲シタル裁判所ニ其申立書ヲ差出ス可シ

第二百三十一條　裁判所ニ於テハ故障ノ申立アリタルコトヲ相手方ニ通知シ且其事件ヲ公判ニ付ス可キ期日ヲ定メ訴訟關係人ヲ呼出ス可シ

第二百三十二條　裁判所ニ於テハ職權ヲ以テ故障ヲ許ス可キヤ否ヤ又故障ノ期間ニ於テ申立ヲ爲シタルヤ否ヤヲ調査シ此要件ノ一ヲ缺クトキハ判決ヲ以テ故障ヲ棄却ス可シ

第二百三十三條　故障ノ申立ヲ受理シタル場合ニ於テハ更ニ通常ノ規定ニ從ヒ裁判ヲ爲ス可シ

前項ノ場合ニ於テ故障申立人闕席シタルトキハ更ニ故障ヲ申立ルコトヲ得ス

第二百三十四條　第二百四十七條第二百四十八條ノ規定ハ闕席判決ニ對スル故障ニモ亦之ヲ準用ス

第三章　地方裁判所公判

第二百三十五條　地方裁判所ニ於テハ豫審判事又ハ上級裁判所ヨリ事件ヲ移ス裁判ニ因リ其管轄ニ屬スル輕罪及ヒ重罪ノ公訴ヲ受理ス

又輕罪ニ付テハ檢事ノ起訴ニ因リ其公訴ヲ受理ス

第二百三十六條　前章ノ規定ハ此章ニ別段ノ定メナキモノニ限リ地方裁判所ノ輕罪、重罪ノ公判ニ準用ス

第二百三十七條　重罪事件ニ付テハ開廷前裁判長又ハ受命判事ハ裁判所書記ノ立會ニ依リ一應被告人ヲ訊問シ且辯護人ヲ選任シタルヤ否ヤヲ問フ可シ

若シ辯護人ヲ選任セサルトキハ裁判長ノ職權ヲ以テ其裁判所所屬ノ辯護士中ヨリ之ヲ選任ス可シ被告人及ヒ辯護士ニ異議ナキトキハ辯護士一名ヲシテ被告人數名ノ辯護ヲ爲サシムルコトヲ得

書記ハ本條ノ訊問ニ付キ特ニ調書ヲ作ル可シ

第二百三十八條　裁判所ニ於テ事實發見ノ爲メ必要ナリトスルトキハ檢事其他訴訟關係人ノ請求ニ因リ又ハ職權ヲ以テ受命判事ヲシテ臨檢ノ處分ヲ爲シ報告ヲ爲サシムルコトヲ得

第二百三十九條　裁判所ニ於テハ被告人其罪ヲ自白シタルトキト雖モ仍ホ證憑ヲ取調ヘサル可カラス

第二百四十條　裁判所ニ於テハ被告事件區裁判所ノ管轄ニ屬スルモノト認メタルトキト雖モ第一審ノ判決ヲ爲ス可シ

私訴ニ付キ其請求ノ價額通常民事上區裁判所ノ管轄ニ屬スルトキ亦同シ

第二百四十一條　裁判所ニ於テ輕罪トシテ受理シタル事件ヲ重罪ナリトスルトキ又ハ檢事ヨリ更ニ其事件ヲ重罪トシテ訴追スルコトヲ申立タルトキハ豫審判事ニ送付スル決定ヲ爲ス可シ但被告人勾留ヲ受ケサルトキハ勾留狀ヲ發ス可シ

其被告事件豫審ヲ經タルトキハ公判ヲ止メ更ニ重罪事件トシテ裁判ス可キ旨ノ決定ヲ爲

シ受命判事ヲシテ其事件ノ取調ヲ爲シ報告ヲ爲サシム可シ
受命判事ハ豫審判事ニ屬スル處分ヲ爲スコトヲ得

第五編　上訴

第一章　通則

第二百四十二條　檢事其他訴訟關係人ハ法律ニ許シタル上訴ヲ爲スコトヲ得
檢事ハ被告人ノ利益ノ爲メニモ亦上訴ヲ爲スコトヲ得

第二百四十三條　辯護人ハ被告人ニ代リ上訴ヲ爲スコトヲ得但被告人ノ明言シタル意思ニ反スルコトヲ得ス

第二百四十四條　被告人ノ法律上代理人ハ獨立シテ上訴ヲ爲スコトヲ得

第二百四十五條　勾留ヲ受ケタル被告人上訴ヲ爲スニハ其申立書ヲ監獄署長ニ差出シ署長ハ之ヲ其裁判所ニ送致ス可シ

第二百四十六條　檢事ヲ除ク外上訴ヲ爲シタル者ハ其判決アルマテ何時ニテモ之ヲ取下クルコトヲ得

第二百四十七條　訴訟關係人天災其他避ク可カラサル事變ノ爲メ上訴期間ヲ經過シタル場合ニ於テ其旨ヲ疏明シタルトキハ期間ヲ經過シタルニ因リ失ヒタル權利ヲ回復スルコトヲ得但障礙ノ止ミタル日ヨリ通常ノ期間内ニ其疏明方法ヲ申立書ニ記載シ上訴ヲ爲ス可シ

第二百四十八條　前條ノ申立アリタルトキハ裁判所書記速ニ其申立書ヲ相手方ニ送達ス可シ相手方ハ三日内ニ答辯書ヲ差出スコトヲ得
上訴ヲ裁判ス可キ裁判所ニ於テハ檢事ノ意見ヲ聽キ先ツ其申立ヲ許ス可キヤ否ヤヲ決定

ス可シ

第二百四十九條　上訴完結ノ後其訴訟記錄ハ上訴審ニ於テ爲シタル裁判ノ謄本ト共ニ第一審裁判所ニ之ヲ返還ス可シ

第二章　控訴

第二百五十條　控訴ハ區裁判所又ハ地方裁判所ノ第一審ニ於テ爲シタル本案ノ判決及ヒ第百八十七條ニ規定シタル本案前ノ判決ニ對シ之ヲ爲スコトヲ得

第二百五十一條　控訴ハ判決ノ一分ニ限リ之ヲ爲スコトヲ得若シ之ヲ限ラサルトキハ判決ノ全部ニ對シ控訴ヲ爲シタルモノト看做ス可シ

第二百五十二條　控訴ノ期間ハ判決言渡アリタル日ヨリ五日トス

闕席判決ヲ受ケタル者ハ故障ノ期間内故障ヲ爲サスシテ直チニ控訴ヲ爲スコトヲ得

第二百五十三條　本案ノ判決ニ對スル控訴ノ期間内及ヒ控訴アリタルトキハ判決ノ執行ヲ停止ス

第二百五十四條　控訴ヲ爲スニハ其申立書ヲ原裁判所ニ差出ス可シ

裁判所ハ控訴ノ申立アリタルコトヲ速ニ相手方ニ通知ス可シ

第二百五十五條　原裁判所ニ於テハ期間ヲ經過シタル控訴ノ申立ハ決定ヲ以テ之ヲ棄却ス可シ此決定ニ對シテハ抗告ヲ爲スコトヲ得

第二百五十六條　訴訟記錄ハ檢事ヨリ控訴裁判所ノ檢事ニ送致シ其檢事ハ之ヲ裁判所ニ差出ス可シ

公訴ノ判決ニ對シ控訴アリタル場合ニ於テ被告人勾留ヲ受ケタルトキハ檢事ヨリ之ヲ控訴裁判所ノ監獄ニ移ス可シ

ル可シ

第二百五十七條　控訴裁判所ニ於テハ訴訟關係人ニ對シ呼出狀ヲ發シタル後其裁判ニ取掛ル可シ

呼出狀ノ送達ト出頭トノ間少クトモ二日ノ猶豫アル可シ

第二百五十八條　控訴ノ裁判ニ付テハ地方裁判所ノ第一審ニ關スル規定ヲ適用ス

第一審ニ於テ訊問シタル證人又ハ鑑定ヲ爲シタル鑑定人ハ控訴裁判所ニ於テ其再度ノ訊問鑑定ヲ必要ナリトセサルトキハ之ヲ呼出ササルコトヲ得

第二百五十九條　控訴ノ相手方ハ其判決アルマテ附帶控訴ヲ爲スコトヲ得

控訴裁判所ノ檢事モ亦附帶控訴ヲ爲スコトヲ得

第二百六十條　控訴裁判所ニ於テハ控訴ノ期間內ニ於テ申立ヲ爲シタルヤ否ヤヲ調査シ期間ノ經過後ニ係ルモノト認ムルトキハ判決ヲ以テ控訴ヲ棄却ス可シ

第二百六十一條　控訴裁判所ニ於テハ控訴ヲ理由ナシトスルトキハ判決ヲ以テ控訴ヲ棄却ス可シ

控訴ニ理由アリトスルトキハ原判決ヲ取消シ更ニ判決ヲ爲ス可シ

第二百六十二條　控訴裁判所ニ於テハ原裁判所ノ管轄違ナルコトヲ認メタルトキハ原判決ヲ取消ス可シ此場合ニ於テ勾留ヲ要スルモノト認メタルトキハ前勾留狀ヲ存シ又ハ新ニ勾留狀ヲ發シ其事件ヲ檢事ニ交付ス可シ

原裁判所ニ於テ不當ニ管轄違ヲ言渡シタルトキハ其判決ヲ取消シ事件ヲ其裁判所ニ差戻ス可シ

第二百六十三條　前條第一項ノ場合ニ於テ控訴ヲ受ケタル地方裁判所自ラ其事件ニ付キ第一審トシテ裁判權ヲ有スルトキハ更ニ其事件ニ付キ判決ヲ爲ス可シ但事件重罪ナルトキ

ハ第二百四十一條ノ規定ニ從ヒ處分ス可シ

第二百六十四條　控訴院ニ於テ地方裁判所カ輕罪ナリト判決シタル事件ヲ重罪ナリトスルトキ又ハ其事件ヲ重罪ナリトシテ主タル控訴又ハ附帶控訴アリタルトキハ其公判ヲ止メ更ニ重罪事件トシテ裁判ス可キ旨ノ決定ヲ爲シ受命判事ヲシテ其事件ノ取調ヲ爲シ報告ヲ爲サシム可シ

受命判事ハ豫審判事ニ屬スル處分ヲ爲スコトヲ得

本條ノ場合ニ於テ被告人辯護人ヲ撰任セサルトキハ第二百三十七條第二項ノ規定ニ從ヒ裁判長ノ職權ヲ以テ辯護人ヲ撰任ス可シ

第二百六十五條　被告人、辯護人又ハ法律上代理人ノミ控訴ヲ爲シタルトキハ原判決ヲ變更シテ被告人ノ不利益ト爲スコトヲ許サス

被告人ノ利益ノ爲メ檢事ヨリ控訴ヲ爲シタルトキ亦同シ

第二百六十六條　控訴申立人出頭セサルトキハ闕席判決ヲ以テ控訴ヲ棄却シ相手方出頭セサルトキハ申立人ノ意見ヲ聽キ闕席判決ヲ爲ス可シ

第三章　上告

第二百六十七條　上告ハ地方裁判所又ハ控訴院ノ第二審ニ於テ爲シタル本案ノ判決及ヒ第百八十七條ニ規定シタル本案前ノ判決ニ對シ之ヲ爲スコトヲ得

第二百六十八條　上告ハ法律ニ違背シタル裁判ナルコトヲ理由トスルトキニ限リ之ヲ爲スコトヲ得

法則ヲ適用セス又ハ不當ニ適用シタルトキハ法律ニ違背シタルモノトス

第二百六十九條　裁判ハ左ノ場合ニ於テ常ニ法律ニ違背シタルモノトス

第一　規定ニ從ヒ判決裁判所ヲ構成セサリシトキ
第二　法律ニ依リ職務ノ執行ヨリ除斥セラレタル判事裁判ニ參與シタルトキ但忌避ノ申請又ハ上訴ヲ以テ除斥ノ理由ヲ主張シタルモ其効ナカリシトキハ之ヲ以テ上告ノ理由ト爲スコトヲ得ス
第三　判事忌避セラレ其忌避ノ申請ヲ理由アリト認メタルニ拘ハラス裁判ニ參與シタルトキ
第四　裁判所ニ於テ其管轄又ハ管轄違ヲ不當ニ認メタルトキ
第五　法律ニ背キ公訴ヲ受理シ又ハ受理セサルトキ
第六　法律ニ定メタル場合ニ於テ檢事ノ意見ヲ聽カサルトキ
第七　裁判所ニ於テ請求ヲ受ケタル事件ニ付キ判決ヲ爲サス又ハ職權ヲ以テ判決スルコトヲ得ヘキ場合ヲ除ク外請求ヲ受ケサル事件ニ付キ判決ヲ爲シタルトキ
第八　判決ヲ公行セス又ハ公開ヲ禁スル言渡ナクシテ辯論ヲ公ニセサルトキ
第九　裁判ニ理由ヲ付セス又ハ其理由ノ齟齬アルトキ
第十　擬律ノ錯誤アルトキ

第二百七十條　免訴又ハ無罪ノ言渡アリタル場合ニ於テハ被告人ノ利益ノ爲メ設ケタル規定ニ背キタルコト又ハ土地ノ管轄違アリト雖モ上告ノ理由ト爲スコトヲ得ス

第二百七十一條　上告申立ノ期間ハ判決言渡アリタル日ヨリ三日トス

第二百七十二條　本案ノ判決ニ對スル上告ノ期間内及ヒ上告ノ申立アリタルトキハ勾留及ヒ放免ノ言渡ヲ除ク外判決ノ執行ヲ停止ス

第二百七十三條　上告ヲ爲スニハ其申立書ヲ原裁判所ニ差出シ且其申立ヲ爲シタル日ヨリ

五日內ニ趣意書ヲ差出ス可シ
裁判所ハ上告申立書及ヒ趣意書ヲ受取リタルヨリ二十四時內ニ之ヲ相手方ニ送達ス可シ

第二百七十四條　相手方ハ上告申立書及ヒ趣意書ヲ受取リタル日ヨリ五日內ニ答辯書ヲ原裁判所ニ差出スコトヲ得
裁判所ハ其答辯書ヲ受取リタルヨリ二十四時內ニ之ヲ上告申立人ニ送達ス可シ

第二百七十五條　檢事ヨリ差出ス可キ上告申立書及ヒ趣意書又ハ答辯書ハ二通ヲ作リ一通ヲ上告裁判所ニ差出シ一通ハ相手方ニ送達ス可シ
私訴ノ判決ニ對シ訴訟關係人ヨリ差出ス可キ上告申立書及ヒ趣意書又ハ答辯書ニ付テモ亦同シ

第二百七十六條　原裁判所ニ於テハ期間ヲ經過シタル上告ハ決定ヲ以テ之ヲ棄却ス可シ此決定ニ對シテハ抗告ヲ為スコトヲ得

第二百七十七條　訴訟記錄ハ檢事ヨリ上告裁判所ノ檢事ニ送致シ其檢事ハ之ヲ裁判所ニ差出ス可シ

第二百七十八條　上告ノ相手方ハ其判決アルマテ附帶上告ヲ為スコトヲ得
上告裁判所ノ檢事モ亦附帶上告ヲ為スコトヲ得

第二百七十九條　上告申立人及ヒ相手方ハ辯護士ヲ差出スコトヲ得
重罪ノ刑ノ言渡ヲ受ケタル者上告ヲ為シ又ハ檢事ヨリ重罪ノ刑ニ該ル可キモノトシテ上告ヲ為シタル場合ニ於テ刑ノ言渡ヲ受ケタル者自ラ辯護士ヲ選任セサルトキハ上告裁判所長ノ職權ヲ以テ其裁判所所屬ノ辯護士中ヨリ之ヲ選任ス可シ

第二百八十條　裁判長ハ受命判事ヲ定ム可シ
受命判事ハ訴訟記錄ヲ檢閲シ其報告書ヲ作ル可シ但自己ノ意見ヲ付ス可カラス
第二百八十一條　上告申立人及ヒ相手方ハ受命判事ノ報告書ヲ差出スマテハ其趣意ヲ擴張ス可キ辯明書ヲ上告裁判所ニ差出スコトヲ得
受命判事報告書ヲ差出シタル後辯明書ヲ差出シタルトキハ之ヲ其報告書ニ添フ可シ
第二百八十二條　裁判所書記ハ開廷ヨリ三日前ニ開廷ノ期日ヲ上告申立人及ヒ相手方ノ辯護士ニ報知ス可シ
第二百八十三條　開廷ノ日ニハ受命判事先ツ其報告書ヲ朗讀ス可シ
檢事及ヒ辯護士ハ各其趣意ヲ辯明ス可シ
私訴ノ上告ニ付テハ檢事最終ニ其意見ヲ陳述ス可シ
第二百八十四條　上告申立人又ハ相手方ヨリ辯護士ヲ差出サヽルトキハ其儘ニテ判決ヲ爲ス可シ
第二百八十五條　上告裁判所ニ於テハ上告ノ理由ナキトキ又ハ法律上ノ方式及ヒ期間内ニ於テ起サヽルトキハ判決ヲ以テ之ヲ棄却ス可シ
第二百八十六條　上告ヲ理由アリトスルトキハ其上告ニ係ル判決ノ部分ヲ破毀シ其事件ヲ他ノ裁判所ニ移ス言渡ヲ爲ス可シ但後二條ニ記載シタル塲合ハ此限ニ在ラス
第二百八十七條　擬律ノ錯誤又ハ法律ニ背キ公訴ヲ受理シタルニ因リ判決ヲ破毀シタルトキハ其事件ヲ他ノ裁判所ニ移スコトナク上告裁判所ニ於テ直チニ判決ヲ爲ス可シ
第二百八十八條　公判ノ手續規定ニ背キタルコトアリト雖モ其後ノ手續ニ利害ヲ及ホサヽルトキハ其事件ヲ他ノ裁判所ニ移スコトナク止タ其手續ヲ破毀ス可シ

第二百八十九條　判決ノ一分ニ對シ上告アリタル場合ニ於テ他ノ部分ニ關係アルトキハ其部分ヲモ破毀ス可シ
擬律ノ錯誤又ハ法律ニ背キ公訴ヲ受理シタルニ因リ被告人ノ利益ノ爲メニ判決ヲ破毀シタルトキハ其利益ハ上告ヲ爲ササル共同被告人ニモ及ホス可シ
第二百九十條　上告裁判所ニ於テ破毀シタル事件ヲ他ノ裁判所ニ移ス言渡ヲ爲ス可キトキハ原裁判所ニ接近シタル同等ノ裁判所ヲ指定ス可シ其單ニ私訴ニ係ル事件ハ之ヲ其裁判所ノ民事部ニ移ス可シ
第二百九十一條　第二百六十五條ノ規定ハ上告ニモ亦之ヲ準用ス
第二百九十二條　第一審裁判所ト第二審裁判所トヲ問ハス法律ニ於テ罰セサル所爲ニ對シ刑ヲ言渡シ又ハ相當ノ刑ヨリ重キ刑ヲ言渡シタル場合ニ於テ期間内ニ上訴スル者ナクシテ其判決確定シタルトキハ其事件ニ付キ上告ヲ受クル權アル裁判所ノ檢事ハ司法大臣ノ命ニ因リ又ハ職權ヲ以テ何時ニテモ其裁判所ニ非常上告ヲ爲スコトヲ得
非常上告ヲ理由アリトスルトキハ原判決ヲ破毀シ直チニ其事件ニ付キ判決ヲ爲ス可シ

第四章　抗告

第二百九十三條　抗告ハ法律ニ於テ特ニ許シタル場合ニ限リ之ヲ爲スコトヲ得
第二百九十四條　抗告ニ付テハ直近ノ上級裁判所其裁判ヲ爲ス可シ
抗告裁判所ノ裁判ニ對シテハ抗告申立人ヨリ更ニ抗告ヲ爲スコトヲ得ス
第二百九十五條　抗告ノ期間ハ裁判ノ送達アリタル日ヨリ三日トス
第二百九十六條　抗告ヲ爲スニハ其申立書ヲ原裁判ヲ爲シタル裁判所又ハ豫審判事ニ差出ス可シ

其裁判所又ハ豫審判事ニ於テ抗告ヲ理由アリトスルトキハ不服ノ點ヲ更正シ又理由ナシトスルトキハ意見ヲ付シテ三日內ニ抗告申立書ヲ抗告裁判所ニ送致シ且豫審終結ノ決定ニ對スル抗告ニ付テハ訴訟記錄ヲモ送致ス可シ
第二百九十七條　抗告裁判所ニ於テハ檢事ノ意見ヲ聽キ書類ニ依リ抗告ノ裁判ヲ爲ス可シ
第二百九十八條　豫審終結ノ決定ニ對スル抗告ニ付キ抗告裁判所ニ於テ必要ナリトスルトキハ受命判事ヲシテ事件ノ取調ヲ爲シ報告ヲ爲サシムルコトヲ得
受命判事ハ豫審判事ニ屬スル處分ヲ爲スコトヲ得
第二百九十九條　抗告裁判所ニ於テハ抗告ヲ許ス可キヤ否ヤ又抗告ノ期間內ニ於テ申立ヲ爲シタルヤ否ヤヲ調査シ此要件ノ一ヲ闕クトキハ其抗告ヲ棄却ス可シ
第三百條　抗告裁判所ニ於テ抗告ヲ理由アリトスルトキハ原裁判ヲ取消シ自ラ更ニ裁判ヲ爲シ又抗告ヲ理由ナシトスルトキハ之ヲ棄却ス可シ

第六編　再審

第三百一條　再審ノ訴ハ左ノ場合ニ於テ重罪、輕罪ノ刑ノ言渡ニ對シ被告人ノ利益ノ爲メ之ヲ爲スコトヲ得但判決確定ノ後ニ非サレハ之ヲ爲スコトヲ得ス
第一　人ヲ殺シタル罪ニ付キ刑ノ言渡アリタルモ其殺サレタリト認メラレシ者犯罪後生存シ又ハ犯罪前既ニ死去シタル確證アリタルトキ
第二　同一ノ事件ニ付キ共犯ニ非スシテ別ニ刑ノ言渡ヲ受ケタル者アリタルトキ
第三　犯罪アル以前ニ作リタル公正證書ヲ以テ當時其場所ニ在ラサルコトヲ證明シタルトキ
第四　被告人ヲ陷害シタル罪ニ因リ刑ノ言渡ヲ受ケタル者アリタルトキ

第五　公正證書ヲ以テ訴訟記錄ニ僞造又ハ錯誤アルコトヲ證明シタルトキ
第六　判決ノ證據ト爲リタル民事上ノ判決他ノ確定ト爲リタル判決ヲ以テ廢棄若クハ破毀セラレタルトキ

第三百二條　再審ノ訴ヲ爲スコトヲ得ヘキ者左ノ如シ
第一　刑ノ言渡ヲ爲シタル裁判所ノ檢事
第二　刑ノ言渡ヲ爲シタル裁判所ヲ管轄スル控訴裁判所ノ檢事
第三　刑ノ言渡ヲ爲シタル裁判所ヲ管轄スル上告裁判所ノ檢事
但司法大臣ノ命ニ因リ又ハ職權ヲ以テ其訴ヲ爲ス可シ
第四　刑ノ言渡ヲ受ケタル者
第五　刑ノ言渡ヲ受ケタル者死去シタルトキハ其親屬

第三百三條　再審ノ訴ハ刑ノ消滅シタルニ拘ハラス何時ニテモ之ヲ爲スコトヲ得

第三百四條　再審ノ訴ヲ爲サントスル者ハ其趣意書ニ原判決ノ謄本及ヒ證憑書類ヲ添ヘ之ヲ原裁判所ニ差出ス可シ
原裁判所ノ檢事ハ其書類ニ意見書ヲ添ヘ之ヲ上告裁判所ノ檢事ニ差出ス可シ
原裁判所ノ檢事及ヒ控訴裁判所ノ檢事自ラ再審ノ訴ヲ爲サントスルトキハ前項ノ手續ニ從ヒ其書類ヲ差出ス可シ

第三百五條　上告裁判所ニ於テハ檢事ノ請求ニ因リ速ニ受命判事一名ヲシテ其取調ヲ爲シ報告ヲ爲サシム可シ

第三百六條　上告裁判所ニ於テハ受命判事ノ報告及ヒ檢事ノ意見ヲ聽キ判決ヲ爲ス可シ

第三百七條　上告裁判所ニ於テ再審ノ原由アルコトヲ認メタルトキハ原判決ヲ破毀シ公訴

及ヒ私訴ニ付キ再審ヲ爲ス可キコトヲ言渡シ其事件ヲ原裁判所ト同等ナル他ノ裁判所ニ移ス可シ
其送付ヲ受ケタル裁判所ニ於テハ通常ノ規定ニ從ヒ裁判ヲ爲ス可シ
第三百八條　死者ノ親屬ヨリ再審ノ訴ヲ爲シタル塲合ニ於テ上告裁判所ニテ再審ノ原由アルコトヲ認メタルトキハ其事件ヲ他ノ裁判所ニ移スコトナク原判決ヲ破毀ス可シ
第三百九條　再審ノ判決ニ因リ無罪ノ言渡アリタルトキ又ハ前條ノ塲合ニ於テ破毀ノ言渡アリタルトキハ其者ノ名譽ヲ復スル爲メ其判決ヲ掲示ス可シ

第七編　大審院ノ特別權限ニ屬スル訴訟手續

第三百十條　裁判所構成法第五十條第二號ニ記載シタル大審院ノ特別權限ニ屬スル犯罪ニ付テハ檢事總長其捜査ヲ爲ス可シ
地方裁判所、區裁判所ノ檢事及ヒ司法警察官モ亦其犯罪ニ付キ捜査ヲ爲シ檢事總長ニ報告ス可シ
第三百十一條　前條ニ記載シタル犯罪ノ現行犯アル塲合ニ於テ急速ヲ要スルトキハ地方裁判所、區裁判所ノ檢事及ヒ司法警察官ハ第百四十四條及ヒ第百四十七條第一項ノ規定ニ從ヒ豫審處分ヲ爲スコトヲ得但豫審判事ニ通知スルコトヲ要セス
第三百十二條　前條ノ塲合ニ於テハ地方裁判所檢事ヨリ證憑書類ニ意見書ヲ添ヘ速ニ之ヲ檢事總長ニ送致ス可シ
第三百十三條　檢事總長ハ何レノ塲合ニ於テモ其事件大審院ノ特別權限ニ屬シ且起訴ス可キモノト認メタルトキハ豫審判事ヲ命ス可キコトヲ大審院長ニ請求ス可シ
第三百十四條　大審院長ヨリ命ヲ受ケタル豫審判事ハ豫審ヲ爲シタル上ニテ他ニ取調ヲ要

スルコトナシト思料シタルトキハ訴訟記錄ニ意見ヲ付シ大審院ニ差出ス可シ

第三百十五條　大審院ニ於テハ檢事總長ノ意見ヲ聽キ先ツ其事件ヲ公判ニ付ス可キヤ否ヤヲ決定ス可シ

其事件地方裁判所又ハ區裁判所ノ權限ニ屬スルモノト決定シタルトキハ管轄裁判所ヲ指定シ其事件ヲ送致ス可シ若シ特別裁判所ノ權限ニ屬スルモノト認メタルトキハ決定ヲ以テ管轄違ノ言渡ヲ爲ス可シ

又第百六十五條ニ記載シタル場合ニ於テハ決定ヲ以テ免訴ノ言渡ヲ爲ス可シ

第三百十六條　前數條ニ於テ特ニ規定シタルモノヲ除ク外豫審公判ノ手續ハ第三編第四編ノ規定ヲ準用ス

第八編　裁判執行、復權及ヒ特赦

第一章　裁判執行

第三百十七條　刑ノ執行ハ判決確定ノ後ニ非サレハ之ヲ爲スコトヲ得ス

第三百十八條　死刑ノ言渡確定シタルトキハ檢事ヨリ速ニ訴訟記錄ヲ司法大臣ニ差出ス可シ

司法大臣ヨリ死刑ヲ執行ス可キ命令アリタルトキハ三日内ニ其執行ヲ爲ス可シ

第三百十九條　死刑ヲ除ク外刑ノ言渡確定シタルトキハ直チニ之ヲ執行ス可シ

體刑ノ言渡ヲ受ケ其執行ヲ遁レタル者ニ對シ檢事ノ發シタル逮捕狀ハ勾留狀ト同一ノ効ヲ有ス其闕席判決ニ係ル場合ニ於テ發シタルモノ亦同シ

第三百二十條　刑ノ執行ハ其刑ヲ言渡シタル裁判所ノ檢事又ハ上告裁判所ヨリ命ヲ受ケタル裁判所ノ檢事ノ指揮ニ因リ之ヲ爲ス可シ

罰金、科料、訴訟費用及ヒ沒收物品、追徴金ハ檢事ノ命令ニ依リ之ヲ徴收ス可シ
破壞又ハ廢棄ス可キ沒收物品ハ檢事之ヲ處分ス可シ
第三百二十一條　死刑ノ執行ニ付テハ裁判所書記其始末書ヲ作リ刑ノ執行規則ニ從ヒ立會ヲ爲シタル官吏ト共ニ署名捺印ス可シ
第三百二十二條　刑ノ言渡ヲ受ケタル者其言渡ニ付キ疑義ノ申立又ハ其執行ニ付キ異議ノ申立ヲ爲シタルトキハ刑ノ言渡ヲ爲シタル裁判所ニ於テ之ヲ決定ス可シ此決定ニ對シテハ抗告ヲ爲スコトヲ得
第三百二十三條　賠償及ヒ訴訟關係人ニ辨濟ス可キ訴訟費用ニ付キ其判決ノ執行ハ民事訴訟法ノ規定ニ從フ

第二章　復權

第三百二十四條　復權ノ願ハ刑法第六十三條ニ定メタル期間經過シタル後刑ノ言渡ヲ受ケタル者ヨリ司法大臣ニ之ヲ爲ス可シ
復權ノ願書ハ現ニ住スル地ノ地方裁判所檢事ニ之ヲ差出ス可シ
第三百二十五條　復權ノ願書ニハ左ノ書類ヲ添フ可シ
第一　判決ノ正本
第二　主刑ノ滿期、特赦ト爲リ又ハ時効ノ成就シタルコトヲ證明スル書類
第三　假出獄及ヒ假ニ監視ヲ免セラレタル證書
第四　賠償及ヒ訴訟費用ヲ辨濟シ又ハ其義務ヲ免カレタル證書
第五　過去、現在ノ住所及ヒ生計ヲ記載スル書類
第三百二十六條　檢事ハ願人ノ品行其他必要ノ取調ヲ爲シ前條ノ書類ニ意見書ヲ添ヘ之ヲ

検事長ニ差出ス可シ
第三百二十七條　檢事長ハ更ニ必要ノ取調ヲ爲シ復權ノ願ニ關スル書類ニ意見書ヲ添ヘ之ヲ司法大臣ニ差出ス可シ
第三百二十八條　司法大臣ハ復權ノ願ニ關スル書類ヲ檢閲シ之ニ意見書ヲ添ヘ速ニ上奏ス可シ
第三百二十九條　勅裁ニ因リ復權ノ願ヲ却下シタルトキハ司法大臣ヨリ其旨ヲ檢事長ニ通知シ檢事長ヨリ願書ヲ差出シタル地方裁判所檢事ニ通知ス可シ
前項ノ塲合ニ於テハ刑法第六十三條ニ定メタル期間ノ半ヲ經過スルニ非サレハ更ニ其願ヲ爲スコトヲ得ス
更ニ復權ノ願ヲ爲スニ付テモ亦前數條ノ規定ニ從フ
第三百三十條　復權ノ裁可アリタルトキハ司法大臣ヨリ其裁可狀ヲ檢事長ニ送致シ檢事長ヨリ願書ヲ差出シタル地方裁判所檢事ニ送致ス可シ
檢事ハ裁可狀ノ謄本ヲ願人ニ下付ス可シ
又刑ノ言渡ヲ爲シタル裁判所ニ裁可狀ノ謄本ヲ送致シ其裁判所ニ於テハ之ヲ判決ノ原本ニ記入ス可シ

第三章　特赦

第三百三十一條　特赦ハ刑ノ言渡確定シタル後何時ニテモ刑ノ言渡ヲ爲シタル裁判所ノ檢事又ハ監獄署長ヨリ犯人ノ情狀ヲ具シ司法大臣ニ申立ルコトヲ得
監獄署長ヨリ特赦ノ申立ヲ爲ストキハ檢事ヲ經由ス可シ但檢事ハ意見書ヲ添フ可シ
特赦ノ申立アリタルトキハ司法大臣ヨリ其書類ニ意見書ヲ添ヘ上奏ス可シ

第三百三十二條　司法大臣ハ刑ノ言渡確定シタル後何時ニテモ特赦ノ申立ヲ爲スコヲ得死刑ヲ除ク外特赦ノ申立アリト雖モ刑ノ執行ヲ停止セス

第三百三十三條　特赦ノ申立却下アリタルトキハ司法大臣ヨリ刑ノ言渡ヲ爲シタル裁判所ノ檢事ニ其旨ヲ通知ス可シ

第三百三十四條　特赦ノ裁可アリタルトキハ司法大臣ヨリ刑ノ言渡ヲ爲シタル裁判所ノ檢事ニ特赦狀ヲ送致ス可シ此場合ニ於テハ第三百三十條ノ規定ニ從フ

附　則

第一條　此法律施行前ニ受理シタル豫審ノ故障及ヒ其故障ノ判決ニ對スル上告ハ之ヲ受理シタル地方裁判所又ハ大審院ニ於テ抗告トシテ之ヲ裁判ス可シ

第二條　大審院ニ於テ既ニ受理シタル哀訴、裁判管轄ヲ定ムルノ訴及ヒ嫌疑ノ爲メ裁判管轄ヲ移スノ訴ハ治罪法ノ手續ニ依リ大審院之ヲ裁判ス可シ

第三條　既ニ發シタル勾留狀收監狀ハ此法律ニ定メタル勾留狀ノ効ヲ有ス

第四條　此法律ノ規定ニ依リ市町村長ノ爲ス可キ職務ハ市町村長ヲ置カサル地ニ在テハ其職務ヲ行フ吏員ニ屬ス

第五條　此法律ハ明治二十三年十一月一日ヨリ施行シ其日ヨリ治罪法ヲ廢ス

○違警罪卽決例

明治十八年九月
布告第三十一號

第一條　警察署長及ヒ分署長又ハ其代理タル官吏ハ其管轄地內ニ於テ犯シタル違警罪ヲ卽決スヘシ但私訴ハ此限ニ在ラス

第二條　卽決ハ裁判ノ正式ヲ用ヒス被告人ノ陳述ヲ聽キ證憑ヲ取調ヘ直チニ其言渡ヲ爲スヘシ

又被告人ヲ呼出スコトナク若クハ呼出シタリト雖モ出廷セサル時ハ直チニ其言渡書ヲ本人又ハ其住所ニ送達スルコトヲ得

第三條　即決ノ言渡ニ對シテハ違警罪裁判所ニ正式ノ裁判ヲ請求スルコトヲ得但正式ノ裁判ヲ經スシテ直チニ上訴ヲ爲スコトヲ得ス

第四條　即決ノ言渡書ニハ被告人ノ氏名年齡身分職業住所犯罪ノ場所年月日時罪名刑名及ヒ正式ノ裁判ヲ請求スルコトヲ得ヘキ期限竝ニ其言渡ヲ爲シタル警察署年月日警察官ノ氏名ヲ記載スヘシ

第五條　正式ノ裁判ヲ請求スル者ハ即決ノ言渡ヲ爲シタル警察署ニ申立書ヲ差出スヘシ但其期限ハ第二條第一項ノ場合ニ於テハ言渡アリタルヨリ三日内第二項ノ場合ニ於テハ言渡書ノ送達アリタルヨリ五日内トス

第六條　警察署ニ於テ前條ノ申立ヲ受ケタル時ハ二十四時内ニ訴訟ニ關スル一切ノ書類ヲ違警罪裁判所檢察官ニ送致スヘシ

第七條　第五條ニ定メタル期限内ニ正式ノ裁判ヲ請求セサル時ハ即決ノ言渡ヲ以テ確定ノモノトス

第八條　科料拘留ノ言渡ヲ爲シタル時必要ト認ムル場合ニ於テハ後ノ數條ニ定メタル處分ヲ爲スコトヲ得

第九條　科料ノ言渡ヲ爲シタル時ハ其金額ヲ假納セシムヘシ若シ納メサル者ハ一圓ヲ一日ニ折算シテ之ヲ留置ス其一圓ニ滿サル者ト雖モ仍ホ一日ニ計算ス

第十條　拘留ノ言渡ヲ爲シタル時ハ一日ヲ一圓ニ折算シ其刑期ニ相當ノ金額ヲ保證トシテ差出サシムヘシ若シ差出サヽル者ハ第五條ニ定メタル期限内之ヲ留置ス但刑期五日内ナ

ル時ハ其日數ニ過クルコトヲ得ス

第十一條　保證金ヲ差出シタル者ハ刑ノ言渡確定シタル後直チニ出廷シテ其執行ヲ受クヘシ若シ出廷セサル時ハ保證金ヲ沒入シテ本刑ニ換フ

第十二條　留置シタル者正式ノ裁判ヲ請求シ因テ呼出狀ノ送達アリタル時ハ直チニ留置ヲ解クヘシ

第十三條　留置ノ日數ハ一日ヲ一圓ニ折シテ科料ノ金額ニ算入シ又ハ拘留ノ刑期ニ算入スヘシ

○監獄則　明治二十二年七月 勅令第九十三號

第一條　監獄ヲ別テ左ノ六種ト爲ス

一　集治監　徒刑流刑及舊法懲役終身ニ處セラレタル者ヲ拘禁スル所トス

二　假留監　徒刑流刑ニ處セラレタル者ヲ集治監ニ發遣スル迄拘禁スル所トス

三　地方監獄　拘留禁錮禁獄懲役ニ處セラレタル者及婦女ニシテ徒刑ニ處セラレタル者ヲ拘禁スル所トス

四　拘置監　刑事被告人ヲ拘禁スル所トス

五　留置場　刑事被告人ヲ一時留置スル所トス但警察署内ノ留置場ニ於テハ罰金ヲ禁錮ニ換フル者及拘留ニ處セラレタル者ヲ拘禁スルコトヲ得

六　懲治場　不論罪ニ係ル幼者及瘖瘂者ヲ懲治スル所トス

第二條　監獄ハ内務大臣ノ監督ニ屬ス

第三條　集治監北海道ニ在ルモノヲ除ク及假留監ハ内務大臣之ヲ管理シ其他ノ監獄ハ警視總監北海道廳長官府縣知事（東京府ヲ除ク）之ヲ管理ス

第四條　內務大臣ハ隨時監獄巡閲官ヲシテ各監獄ヲ巡閲セシムヘシ
警視總監北海道廳長官府縣知事（東京府ヲ除ク）ハ毎年少クトモ一回所轄ノ監獄ヲ巡閲スヘシ
裁判官ハ時々其裁判所管轄內ニ在ル拘置監ヲ巡視スヘシ
檢察官ハ時々其裁判所管轄內ニ在ル監獄ヲ巡視スヘシ
第五條　府縣會議員ハ臨時其府縣所轄ノ監獄ヲ巡見スルコトヲ得
第六條　新ニ入監スル者アルトキハ典獄先ツ令狀又ハ宣告書ヲ查閲シテ之ヲ領シ其領收證ヲ引致シ來リタル者ニ交付シタル後入監セシムヘシ其文書ナクシテ引致セラレタル者ヲ入監セシムルコトヲ得ス
第七條　在監ノ婦女其子ヲ乳養セント請フトキハ其齡滿三歲ニ至ル迄之ヲ許ス
第八條　新ニ入監スル者ノ携有スル財貨物件ハ典獄悉ク點檢シテ之ヲ領置スヘシ
第九條　水火風震等非常ノ變災ニ際シ監獄圍內ニ於テ避災ノ手段ナシト考定スルトキハ典獄ハ其狀况ニ依リ在監ノ囚人懲治人及刑事被告人ヲ他所ニ押送シ其災ヲ避ケシムヘシ若シ押送スルノ遑ナキトキハ一時之ヲ解放スルコトヲ得
解放ニ遭ヒタル者ハ其時ヨリ二十四時以內ニ監署又ハ警察署ニ其旨ヲ申出ツヘシ
第十條　滿期ノ者ヲ釋放スルハ其滿期ノ翌日午前十時ヲ過クヘカラス
第十一條　囚人ハ各罪質ニ從テ嚴ニ其監房ヲ別異シ其中ニ就キ年齡ニ從ヒ左ノ如ク別異ス
一　滿十二歲以上十六歲未滿ノ者
二　滿十六歲以上二十歲未滿ノ者
三　滿二十歲以上ノ者

四　滿十六歳以上二十歳未滿再犯ノ者
五　滿二十歳以上再犯ノ者
第十二條　懲治人ハ左ノ年齡ニ從ヒ其監房ヲ別異ス
一　滿八歳以上十六歳未滿ノ者
二　滿十六歳以上二十歳未滿ノ者
三　滿二十歳以上ノ者
第十三條　刑事被告人ハ各罪質ニ從テ其監房ヲ別異シ其中ニ就キ年齡ニ從ヒ左ノ如ク別異ス
一　滿十二歳以上十六歳未滿ノ者
二　滿十六歳以上二十歳未滿ノ者
三　滿二十歳以上ノ者
第十四條　地方監獄拘置監懲治場ノ一區畫內ニ在ルモノハ墻壁ヲ以テ之ヲ區畫スヘシ
第十五條　凡ソ監獄ハ男監女監ノ別ヲ嚴隔スヘシ
第十六條　囚人及刑事被告人ヲ裁判所又ハ他監ニ押送スルトキハ男ト女トヲ分チ時宜ニ依リ戒具ヲ用フルコトヲ得但懲治人ニハ戒具ヲ用ヒス
第十七條　定役ニ服スヘキ囚人ノ作業ハ毎囚ノ體力ニ應シテ之ヲ課シ一日ノ科程ヲ定メテ服役セシムヘシ但科程ノ標準ハ內務大臣ノ認可ヲ受クヘシ
第十八條　左ニ記載シタル日ハ服役ヲ免ス
一月一日二日　元始祭
孝明天皇祭　紀元節

春季皇靈祭　神武天皇祭
秋季皇靈祭　神嘗祭
天長節　新嘗祭
十二月三十一日
父母ノ喪ニ遭フ者ハ三日免役ス

第十九條　無定役囚ニシテ監獄園内ニ於テ自ラ作業ヲ為サント請フトキハ之ヲ許シ作業ノ種類ハ典獄之ヲ指定ス刑事被告人モ亦之ニ準スルコトヲ得

第二十條　懲治人ニハ毎日五時以内農業若クハ工藝ヲ敎ヘ力作セシムヘシ

第二十一條　役場ハ男女ノ別ヲ嚴隔シ仍ホ定役囚無定役囚懲治人ノ役場ハ各別ニ之ヲ設ケ其中ニ就キ丁年以上ノ者ト未丁年者トヲ區別スヘシ

第二十二條　定役ニ服スヘキ囚人現役一百日ヲ經レハ始メテ各自ノ工錢ヲ料定シ之ヲ十分シテ重罪囚ニハ其二分輕罪囚ニハ其四分ヲ與ヘ餘分ハ監獄ノ費用ニ供ス
無定役囚懲治人及刑事被告人ニシテ作業スル者ノ工錢ハ之ヲ十分シテ其六ヲ與ヘ其餘分ハ監獄ノ費用ニ供ス定役ニ服スル囚人ニシテ科程外ノ作業ヲ為ス時ノ工錢モ亦之ニ準ス

第二十三條　前條ニ依リ作業者ニ與フヘキ工錢ハ典獄之ヲ領置スヘシ

第二十四條　囚人懲治人及刑事被告人逃走シ監署ニ領置ノ貨物アルトキハ逃走ノ日ヨリ滿一箇年ヲ經テ之ヲ受クヘキ者ナキトキハ監獄懲惠ノ用ニ充ツ死刑者死亡者ノ領置貨物ニシテ受クヘキ者ナキトキハ亦同シ

第二十五條　囚人及懲治人監署ニ領置ノ貨物ヲ以テ其父母妻子ノ扶助及正當ノ費用ニ充ント請フトキハ典獄其事情ヲ取糺シテ之ヲ許可スヘシ

刑事被告人ニ係ルトキハ當該裁判官ノ允許ヲ經ヘシ
第二十六條　囚人及懲治人ノ衣服臥具ハ之ヲ貸與ス但拘留囚ハ自衣ヲ著スルコトヲ得
第二十七條　刑事被告人ノ衣服ハ總テ自辨トシ臥具ハ之ヲ貸與ス若シ臥具ヲ自辨セント請フ者アルトキハ之ヲ許ス亦貧ニシテ衣類ヲ自辨スルコト能ハサル者ニハ之ヲ貸與ス
第二十八條　囚人及懲治人一人一日ノ食糧
一　麥　下白米十分ノ四　十分ノ六　七合乃至八合　最モ強キ作業ニ服スル者
一　同　五合乃至六合　作業ニ服スル者
一　同　四合　作業ニ服セサル者
一　同　三合　十歳未滿ノ幼者
一　菜　金一錢以下
地方ノ便宜ニ依リ粟稗黍薯ノ類ヲ以テ麥ニ代用スルコトヲ得又麥粟稗黍等ニ乏シキ地方ニ於テハ内務大臣ノ認可ヲ得テ下白米ノミヲ給スルコトヲ得
刑事被告人モ亦前項ニ準ス但自費ヲ以テ食物ヲ購求セント請フトキハ之ヲ許ス
第二十九條　定役ニ服スル男囚ノ髮ハ常ニ之ヲ短薙シ髭鬚ハ常ニ剃除セシム
定役ニ服スル女囚ノ梳髮ハ膏ヲ用ヒテ裝飾スルコトヲ許サス
第三十條　囚人及懲治人ニハ敎誨師ヲシテ悔過遷善ノ道ヲ講セシム
第三十一條　囚人十六歳未滿ノ者及懲治人ニハ毎日四時以内讀書習字算術ヲ敎フヘシ
第三十二條　囚人及懲治人及刑事被告人現行ノ法律命令書ヲ看ント請フトキハ之ヲ許ス
囚人懲治人書籍ヲ看ント請フトキハ修身宗敎敎育及營業ニ必要ナルモノニ限リ之ヲ許ス
刑事被告人書籍ヲ看ント請フトキハ總テ之ヲ許ス但傾覆外ノ書籍ハ當該裁判官ノ承認ヲ

經ヘキモノトス

新聞紙及時事ノ論説ヲ記スルモノハ前二項ノ例ニアラス

第三十三條　囚人其親屬故舊ニ信書ヲ贈ルハ一箇月ニ一次懲治人ハ一箇月ニ二次トシ共ニ一通ニ過クルコトヲ得ス但官司ノ訊問等ニ由テ書信ヲ要スルトキ又ハ親屬故舊ニ回答セント請ヒ典獄ニ於テ之ヲ必要ト認メタルトキハ此限ニ在ラス

第三十四條　囚人及懲治人ノ發スル信書又ハ外人ヨリ送リ來ル信書ハ典獄之ヲ檢閲スヘシ若シ書中不正不眞ニ渉リ又ハ其改悛ヲ妨クルモノト認ムルトキハ之ヲ發贈付與スルコトヲ許サス但刑事被告人ニ係ル信書ハ總テ當該裁判官ノ檢閲ヲ經ヘキモノトス

第三十五條　囚人懲治人及刑事被告人ニ接見セント請フ者アルトキハ典獄ノ立會ヲ以テ之ヲ許スヘシ但典獄ニ於テ形跡ノ疑フヘキコトアリト認ムルトキハ之ヲ許サヽルコトヲ得

前項ノ塲合ニ於テ重罪裁判所ニ移スノ言渡ヲ受ケタル者ハ裁判言渡アル迄辯護人ヲ除クノ外其現在地ノ裁判所長ノ允許ヲ受クヘク密室監禁者ハ當該裁判官ノ允許ヲ受クヘシ

第三十六條　囚人懲治人及刑事被告人疾病ニ罹ルトキハ病状ノ輕重ヲ料リ其監房若クハ病室ニ於テ醫療セシム懲治場ニ在ル者ハ情狀ニ由リ其親屬ニ交付スルコトヲ得

第三十七條　囚人懲治人及刑事被告人死亡シタルトキハ典獄看守長醫師ノ立會ヲ以テ之ヲ檢視シ監署ニ於テ速ニ其本籍ニ通知スヘシ其遺骸ハ親屬若クハ故舊ノ之ヲ請フ者ニ下付ス但死亡後二十四時以内ニ在テ其下付ヲ請フ者無キトキハ監署ニ於テ之ヲ假葬シ其姓名ヲ記シタル木牓ヲ立ツヘシ

死刑者ハ死相ヲ驗シタル後仍ホ五分時ヲ過サレハ其遺骸ヲ絞架ヨリ解下シ之ヲ埋葬シ若クハ下付スルコトヲ許サス

第三十八條　刑事被告人ニ其親屬故舊ヨリ書類書籍用紙衣服臥具其他必要ノ物品又ハ飲食物ヲ贈ラント請フトキハ之ヲ許ス但書類書籍ハ當該裁判官ノ檢閲ヲ受クヘシ其密室監禁者ニ係ルトキハ他物ニ於テモ亦同シ

新聞紙及時事ノ論説ヲ記スルモノハ前項ノ例ニアラス

第三十九條　囚人及懲治人ニハ現行ノ法律命令書並ニ書籍用紙印紙郵便切手貨幣及内務大臣ニ於テ許可シタルモノヲ除クノ外差入ヲ許サス但書籍ハ第三十二條ニ記載シタル制限ニ從フ

第四十條　囚人獄則ヲ謹守シ作業ニ勉勵シ且改悛ノ行爲アル者ト典獄ニ於テ確認スルトキハ之ヲ賞譽スヘシ

賞譽セシ者ハ之ヲ表スル爲メ賞表ヲ與ヘ獄衣ニ縫著セシムヘシ

賞表ハ假出獄免幽閉又ハ特赦ヲ具狀スルノ憑據ト爲スコトヲ得

第四十一條　賞表ヲ有スル囚人ハ其監房ヲ區別シテ尋常囚人ト別異シ賞表ノ多寡ニ應シテ優遇ヲ爲スヘシ

第四十二條　囚人獄則ヲ犯ストキハ其輕重ヲ量リ左ノ例ニ從テ處罰ス

一　屛禁　晝夜他ノ監房又ハ役場ト隔絶シタル監房ニ獨居セシメ服役時間坐作ノ役ヲ課ス

二　減食　一日ノ食糧ヲ二合乃至三合ニ減シ鹽湯二品ノ外菜ヲ與ヘス

三　闇室　闇室ニ入レ一日ノ食糧ヲ二合乃至三合ニ減シ鹽湯二品ノ外菜ヲ與ヘス仍ホ臥具ヲ禁ス

屛禁ハ二月以内減食ハ一週日以内闇室ハ五晝夜以内トス

第四十三條　囚人十六歲未滿ノ者及懲治人獄則ヲ犯ストキハ其輕重ヲ量リ左ノ例ニ從テ處罰ス

一　獨愼　晝夜一室ニ獨居セシム

二　減食　一日ノ食糧ヲ二合乃至三合ニ減ス

獨愼ハ七晝夜以內減食ハ三日以內トス

第四十四條　減食若クハ闇室ノ罰ニ處スヘキ者アルトキハ醫師ヲシテ診視セシメ身體ニ妨ナキヲ證シテ後之ヲ行フヘシ其處罰中ハ醫師ヲシテ每日之ヲ視察セシメ醫師ニ於テ身體ニ妨アルヲ證スルトキハ處罰ヲ中止スヘシ

第四十五條　無期徒刑ノ囚人重罪ヲ犯シ若クハ逃走シ又ハ獄舍獄具ヲ毀壞シ又ハ暴行脅迫ヲ爲シタルトキハ一年以上五年以下其他ノ輕罪ヲ犯シタルトキハ一月以上一年以下兩脚又ハ一脚ニ鈦ヲ施シ仍ホ鐵丸ヲ屬シタル鐵索ヲ其鈦ニ貫キ腰間ニ繫帶セシメ繫帶ノ所ニ下鍵ス其監房ニ在ルモ晝間ハ仍ホ之ヲ施スモノトス

若シ再ヒ重罪ヲ犯シタルトキハ五年以上十年以下前項ノ例ニ照シテ處罰ス

鐵丸ノ量ハ二百目以上一貫目以下トシ被罰者ノ體力ニ應シテ之ヲ施ス丸ハ索尾ニ屬シ地上ヲ轉ハスモノトス若シ外役ニ服スルトキハ鐵丸ヲ除キ二人聯絆ノ法ニ從フ

第四十六條　施鈦中ノ者病ニ罹リ醫師ノ診斷ニ依リ鈦ノ解除ヲ必要トスルトキハ一時之ヲ解除スルコトヲ得但解除中經過セシ日數ハ施鈦期限ニ算入セス

第四十七條　賞表ヲ有スル者處罰ヲ受ケタルトキハ其情狀ニ因リ賞表一箇又ハ數箇ヲ褫奪スルコトアルヘシ

第四十八條　獄則ヲ犯シ罰ニ處セラレタル者改悛ノ狀著シキトキハ處罰中ト雖モ之ヲ免ス

ルコトヲ得
第四十九條　死幽閉ヲ受ケタル流刑ノ者監署ノ命令ニ違背シタルトキハ七日以內之ヲ拘置スルコトヲ得
第五十條　因人懲治人及刑事被告人司獄官吏ノ處置ニ對シ苦情ヲ訴ヘントスルトキハ第四條ニ記載シタル官吏巡閱ノ際書又ハ口述ヲ以テ申告スルコトヲ得
第五十一條　此規則ヲ施行スル方法細則ハ內務大臣之ヲ定ム
第五十二條　此規則ハ陸海軍ニ屬スル監獄ニ適用セサルモノトス

○決鬪罪
明治二十二年十二月
法律第三十四號

第一條　決鬪ヲ挑ミタル者又ハ其挑ニ應シタル者ハ六月以上二年以下ノ重禁錮ニ處シ十圓以上百圓以下ノ罰金ヲ附加ス
第二條　決鬪ヲ行ヒタル者ハ二年以上五年以下ノ重禁錮ニ處シ二十圓以上二百圓以下ノ罰金ヲ附加ス
第三條　決鬪ニ依テ人ヲ殺傷シタル者ハ刑法ノ各本條ニ照シテ處斷ス
第四條　決鬪ノ立會ヲ爲シ又ハ立會ヲ爲スコトヲ約シタル者ハ證人介添人等何等ノ名義ヲ以テスルニ拘ラス一月以上一年以下ノ重禁錮ニ處シ五圓以上五十圓以下ノ罰金ヲ附加ス
情ヲ知テ決鬪ノ場所ヲ貸與シ又ハ供用セシメタル者ハ罰前條ニ同シ
第五條　決鬪ノ挑ニ應セサルノ故ヲ以テ人ヲ誹毀シタル者ハ刑法ニ照シ誹毀ノ罪ヲ以テ論ス
第六條　前數條ニ記載シタル犯罪刑法ニ照シ其重キモノハ重キニ從テ處斷ス

○竊盜罪
明治二十三年十月
法律第九十九號

第一條　家屋其他ノ建造物外ニ於テ犯シタル竊盜ニシテ未タ遂ケサル者又ハ巳ニ遂ケタルモ其贓額五圓ニ滿サル者ハ十一日以上二月以下ノ重禁錮ニ處ス

第二條　田野、山林、川澤、池沼、湖海ニ於テ其産物ヲ竊取セントシ又ハ牧場ニ於テ其獸類ヲ竊取セントシテ未タ遂ケサル者又ハ巳ニ竊取シタルモ其贓額五圓ニ滿サル者亦前條ニ同シ

第三條　前二條ニ記載シタル贓額ハ犯罪ノ地及ヒ其時ニ於ケル物價ニ據リ裁判所之ヲ定ム

但贓物現存セサルトキハ其中等ノ價額ニ據ル可シ

○省令廳令府縣令及警察令ニ罰則ヲ附ス

明治二十三年九月
勅令第二百八號

朕省令廳令府縣令及警察令ニ關スル罰則ノ件ヲ裁可シ茲ニ之ヲ公布セシム

第一條　各省大臣ハ法律ヲ以テ特ニ規定シタル場合ヲ除クノ外其ノ發スル所ノ省令ニ二十五圓以内ノ罰金若ハ二十五日以下ノ禁錮ノ罰則ヲ附スルコトヲ得

第二條　地方長官及警視總監ハ其ノ發スル所ノ命令ニ十圓以内ノ罰金若ハ勾留ノ罰則ヲ附スルコトヲ得

○公署公吏公署ノ印、文書及免狀鑑札ニ關スル件

明治二十三年十月
法律第百號

朕公署、公吏並公署ノ印、文章及免狀鑑札ニ關スル件ヲ裁可シ茲ニ之ヲ公布セシム此法律ハ明治二十三年十一月一日ヨリ施行スヘキコトヲ命ス

刑法中官廳、官署ニ關スル條項ハ公署ニ適用シ官吏ニ關スル條項ハ公吏ニ適用シ官ノ印、文書及免狀、鑑札ニ關スル條項ハ公署ノ印、文章及免狀鑑札ニ適用ス

○重罪控訴豫納金規則

明治二十三年二月
法律第七號

第一條　重罪ノ刑ノ言渡ヲ受ケタル者控訴ヲ爲サントスルトキハ裁判費用ノ保證トシテ金二十圓ヲ豫納スヘシ

第二條　重罪ノ刑ノ言渡ヲ受ケタル者貧困ニシテ保證金ヲ豫納スル能ハサルトキハ控訴ノ申立ト同時ニ保證金ノ免除ヲ請求スルコトヲ得

第三條　保證金ノ免除ヲ請求シタル者ハ其請求ヲ為シタル日ヨリ十四日內ニ控訴ノ趣意書ト共ニ裁判費用支辨ノ資力ナキコトヲ證スヘキ住居地市町村長ノ證明書ヲ差出スヘシ但其市町村役場三里以外ニ在ルトキハ治罪法第十九條ニ規定シタル猶豫ヲ與フ

第四條　前二條ニ記載シタル書類ハ訴訟ニ關スル一切ノ書類ト共ニ第一審裁判所ノ檢事ヨリ控訴院ノ書記課ニ之ヲ送致スヘシ

第五條　控訴院ハ檢事ノ意見ヲ聽キ保證金免除請求ノ當否ヲ決定スヘシ但控訴ノ事由ナシト認ムルカ又ハ事由アルモ實益ナシト認ムルトキハ免除ヲ與ヘサルモノトス

第六條　保證金ノ免除ナキトキハ控訴ノ申立ハ其效ナキモノトス

第七條　被告人ニ於テ證人鑑定人ノ呼出ヲ請求スルトキハ第一條ノ保證金ニテ不足ト認ムル場合ニ於テハ別段其費用ヲ豫納セシムヘシ

○輕罪ニ係ル控訴豫納金規則

明治十八年一月
布告第二號

明治十四年(十二月)第七十四號ノ布告ヲ廢シ自今輕罪ニ係ル控訴ハ左ノ規則ニ從ヒ之ヲ為スコトヲ得但治罪法中此規則ニ牴觸スル條件ハ當分ノ內施行セス

第一條　(二十三年六月二十八日法律第四十七號ヲ以テ削除)

第二條　同上

第三條　被告人公訴ニ關シ控訴ヲ為サントスルトキハ裁判費用ノ保證トシテ金十圓ヲ豫納スヘシ(二十三年六月二十八日法律第四十七號ヲ以テ(公訴ノ裁判言渡ニ對シ)トアルヲ(公訴ニ關シ)ト改ム)

第四條　被告人ニ於テ證人鑑定人ノ呼出ヲ請求スルトキ前條保證金ニテ不足ト認ムル場合

ニ於テハ別段其費用ヲ豫納セシムヘシ

第五條　（二十三年六月二十八日法律第四十七號ヲ以テ削除）

○罰金追徵ニ係ル上告豫納金ノ件

明治十九年六月勅令第四十六號

朕罰金及追徵ニ係ル上告豫納金ノ件ヲ裁可シ茲ニ之ヲ公布セシム

罰金及追徵ノ言渡ヲ受ケタル者上告ヲ爲サントスルトキハ其罰金及追徵金ノ十分ノ一ニ當ル金額ヲ上告趣意書ニ添ヘ原裁判所書記局ニ預ケ置ク可シ否ラサレハ上告ヲ爲スコトヲ得ス若シ上告不當ナルトキハ大審院ニ於テ其全部又ハ幾分ヲ沒入スルノ言渡ヲ爲スヘシ

○商船內犯罪取扱規則

明治十四年十二月十五日布告第六十五號

第一條　何人タリトモ商船內ニ於テ重罪輕罪アルコトヲ認知シ又ハ重罪輕罪ニ因リ損害ヲ受ケタル者ハ船長ニ告訴告發ヲ爲スコトヲ得

第二條　船長告訴告發ヲ受ケタル時又ハ重罪輕罪ノ現行犯アルコトヲ知リタル時ハ其事件ニ付假ニ訊問檢證ノ處分ヲ爲シ且證憑及ヒ事實參考ト爲ルヘキ事物ヲ集取シ調書ヲ作ルヘシ但調書ヲ作ルコト能ハサル時ハ第三條ニ記載シタル官吏ニ其申立ヲ爲スヘシ

前項ノ場合ニ於テハ立會人二名以上アルヲ要ス

第三條　船長ハ證憑及ヒ事實參考ト爲ルヘキ事物ヲ取纏メ被告人ト共ニ該船舶碇船又ハ着港ノ地ノ檢事又ハ司法警察官ニ引渡スヘシ外國ノ港埠ニ着シタル時ハ其地駐劄領事ニ之ヲ引渡スヘシ

○第二類　公文式

○法例

明治二十三年十月六日法律第九十七號

第一條　法律ハ公布アリタル日ヨリ滿二十日ノ後ハ之ヲ遵守ス可キモノトス但法律ニ特別ノ規定アルモノハ此限ニアラス

第二條　法律ハ既往ニ遡ル効力ヲ有セス

第三條　人ノ身分及ヒ能力ハ其本國法ニ從フ

親屬ノ關係及ヒ其關係ヨリ生スル權利義務ニ付テモ亦同シ

第四條　動產、不動產ハ其所在地ノ法律ニ從フ

然レトモ相續及ヒ遺贈ニ付テハ被相續人及ヒ遺贈者ノ本國法ニ從フ

第五條　外國ニ於テ爲シタル合意ニ付テハ當事者ノ明示又ハ默示ノ意思ニ從ヒテ何レノ國ノ法律ヲ適用ス可キヤヲ定ム

當事者ノ意思分明ナラサル場合ニ於テハ同國人ナルトキハ其本國法ヲ適用シ又同國人ニ非サルトキハ事實上合意ニ最大ノ關係ヲ有スル地ノ法律ヲ適用ス

第六條　外國人カ日本ニ於テ日本人ト合意ヲ爲ストキハ外國人ノ能力ニ付テハ其本國法ト日本法トノ中ニテ合意ノ成立ニ最モ有益ナル法律ヲ適用ス

第七條　不當ノ利得、不正ノ損害及ヒ法律上ノ管理ハ其原因ノ生シタル地ノ法律ニ從フ

第八條　本國法ヲ適用ス可キ諸般ノ場合ニ於テ何レノ國民分限ヲモ有セサル者又ハ地方ニ依リ法律ヲ異ニスル國ノ人民ハ其住所ノ法律ニ從フ若シ住所知レサルトキハ其居所ノ法律ニ從フ

日本人ト外國人トノ分限ヲ有スル者ハ日本法律ニ從ヒ又二箇以上ノ外國國民分限ヲ有スル者ハ最後ニ之ヲ取得シタル國ノ法律ニ從フ

第九條　公正證書及ヒ私署證書ノ方式ハ之ヲ作ル國ノ法律ニ從フ但一人又ハ同國人ナル數

人ノ作ル私署證書ニ付テハ其本國法ニ從フコトヲ得

第十條　要式ノ合意又ハ行爲ト雖モ之ヲ爲ス國ノ方式ニ從フトキハ方式上有効トス但故意ヲ以テ日本法律ヲ脱シタルトキハ此限ニ在ラス

第十一條　外國ニ於テ其國ノ方式ニ依リテ作リタル證書ハ不動産物權ヲ移轉スル行爲ニ係ルトキハ其不動産所在地ノ地方裁判所長又他ノ行爲ニ係ルトキハ當事者ノ住所又ハ居所ノ地方裁判所長其證書ノ適法ナルコトヲ檢認シタル上ニ非サレハ日本ニ於テ其効用ヲ致サシムルコトヲ得ス

第十二條　第三者ノ利益ノ爲メニ設定スル公示ノ方式ハ不動産ニ係ルトキハ其所在地ノ法律、他ノ場合ニ於テハ其原因ノ生シタル國ノ法律ニ從フ

第十三條　訴訟手續ハ其訴訟ヲ爲ス國ノ法律ニ從フ

裁判及ヒ合意ノ執行方法ハ其執行ヲ爲ス國ノ法律ニ從フ

第十四條　刑罰法其他公法ノ事項ニ關シ及ヒ公ノ秩序又ハ善良ノ風俗ニ關スルトキハ行爲ノ地、當事者ノ國民分限及ヒ財産ノ性質ノ如何ヲ問ハス日本法律ヲ適用ス

第十五條　公ノ秩序又ハ善良ノ風俗ニ關スル法律ニ牴觸シ又ハ其適用ヲ免カレントスル合意又ハ行爲ハ不成立トス

第十六條　身分又ハ能力ヲ規定スル法律ヲ免カルル合意又ハ行爲ハ無効トス

第十七條　判事ハ法律ニ不明、不備又ハ欠缺アルヲ口實トシテ裁判ヲ爲スヲ拒絶スルコトヲ得ス

○公文式　明治十九年二月二十四日 勅令第一號

第一　法律命令

第一條　法律勅命ハ上諭ヲ以テ之ヲ公布ス

法律ノ元老院ノ議ヲ經ルヲ要スルモノハ舊ニ依ル

第二條　法律勅令ハ内閣ニ於テ起草シ又ハ各省大臣案ヲ具ヘテ内閣ニ提出シ總テ内閣總理大臣ヨリ上奏裁可ヲ請フ

第三條　法律及一般ノ行政ニ係ル勅令ハ親署ノ後御璽ヲ鈐シ内閣總理大臣年月日ヲ記入シ主任大臣ト倶ニ之ニ副署ス其各省專任ノ事務ニ屬スルモノハ主任大臣年月日ヲ記入シ之ニ副署ス　第三條二十二年十二月二十八日勅令第百三十九號ヲ以テ本條改正

第四條　内閣總理大臣及各省大臣ハ法律勅令ノ範圍内ニ於テ其職權若クハ特別ノ委任ニ依リ法律勅令ヲ施行シ又ハ安寧秩序ヲ保持スル爲メニ閣令又ハ省令ヲ發スルコトヲ得

第五條　閣令ハ内閣總理大臣之ヲ發シ省令ハ各省大臣之ヲ發ス

第六條　閣令ハ年月日ヲ記入シ内閣總理大臣之ニ署名ス

第七條　省令ハ年月日ヲ記入シ主任大臣之ニ署名ス

第八條　各官廳一般ニ關スル規則ハ内閣總理大臣之ヲ定メ各廳處務細則ハ其主任大臣之ヲ定ム

第九條　内閣總理大臣及各省大臣ノ所轄官吏及其監督ニ屬スル官吏ニ達スル訓令モ亦第六條第七條ノ例ニ依ル

第二　布告

第十條　凡ソ法律命令ハ官報ヲ以テ布告シ官報各府縣廳到達日數ノ後七日ヲ以テ施行ノ期限トナス但官報到達日數ハ明治十六年五月二十六日第十四號布達ニ依ル

第十一條　天災時變ニ依リ官報到達日數内ニ到達セサルトキハ其到達ノ翌日ヨリ起算ス

第十二條　北海道及沖繩縣ハ官報到達日數ヲ定メス現ニ道廳又ハ縣廳ニ到達シタル翌日ヨリ起算ス

島地ハ所轄郡役所ニ官報ノ到達シタル翌日ヨリ起算ス

第十三條　法律命令發布ノ當日ヨリ施行セシムルコトヲ要シ又ハ特ニ施行ノ日ヲ掲ケタルモノハ第十條第十一條第十二條ノ例ニ依ラス

第三　印璽

第十四條　國璽御璽ハ內大臣之ヲ尙藏ス

國璽御璽ハ親署ノ後內大臣之ヲ鈐ス

第十五條　法律勅令ハ親署ノ後御璽ヲ鈐ス

第十六條　國書條約批准外國派遣官吏委任狀在留各國領事證認狀及三等以上勳章ノ勳記ハ親署ノ後國璽ヲ鈐ス

四等以下勳章ノ勳記ハ國璽ヲ鈐ス

第十七條　勅任官ノ任命ハ其辭令書ニ御璽ヲ鈐シ奏任官ノ任命ハ其奏薦書ニ御璽ヲ鈐ス

○官報到達日數

明治十六年五月二十六日
太政官布達第十四號

今般第十七號ヲ以テ布告布達施行期限ヲ改定シタルニ付到達日數左ノ通之ヲ定ム

到達日數

京都府	四日	大阪府	四日
神奈川縣	即日	兵庫縣	四日
長崎縣	十一日	新潟縣	五日
埼玉縣	即日	群馬縣	即日

千葉縣	即日	茨城縣	二日
栃木縣	二日	三重縣	四日
愛知縣	三日	靜岡縣	二日
山梨縣	二日	滋賀縣	四日
岐阜縣	四日	長野縣	四日
宮城縣	五日	福島縣	四日
岩手縣	七日	青森縣	十日
山形縣	五日	秋田縣	八日
福井縣	八日	石川縣	七日
富山縣	六日	鳥取縣	七日
島根縣	八日	岡山縣	六日
廣島縣	七日	山口縣	八日
和歌山縣	六日	德島縣	六日
愛媛縣	九日	高知縣	八日
福岡縣	九日	大分縣	十一日
佐賀縣	十一日	熊本縣	十一日
宮崎縣	十一日	鹿兒島縣	十二日

（但富山佐賀宮崎ノ三縣ハ開廳ノ日マテ舊管廳ノ到達日數ニ依ル）

右布達候事

明治二十一年十二月二十二日
閣令第二十二號

○奈良縣香川縣官報到達日數

官報到達日數奈良縣ハ大阪府ニ香川縣ハ愛媛縣ニ同シ

○北海道ニ施行セサル法律　明治十五年二月第九號布告

今般北海道ニ函館札幌根室ノ三縣ヲ被置候處法律規則ノ從前北海道ニ施行セサルモノハ當分ノ內仍ホ從前ノ通タルヘシ

(十九年一月第一號布告ヲ以テ函館札幌根室三縣ヲ廢シ更ニ北海道廳ヲ置ク)

○第三類　集會、政社、新聞、出版

○集會及政社法　明治二十六年四月十三日法律第十四號

第一條　此法律ニ於テ政談集會ト稱フルハ何等ノ名義ヲ以テスルニ拘ラス政治ニ關スル事項ヲ講談論議スル爲公衆ヲ會同スルモノヲ謂フ政社ト稱フルハ何等ノ名義ヲ以テスルニ拘ラス政治ニ關ル事項ヲ目的トシテ團體ヲ組成スルモノヲ謂フ

第二條　政談集會ニハ發起人ヲ定ムヘシ

政談集會ヲ開クトキハ發起人ヨリ開會二十四時間以前ニ會場所在地ノ管轄警察署ニ屆出ヘシ

政談集會ノ屆出ニハ左ノ事項ヲ記載シ發起人署名捺印スヘシ

一　集會ノ場所

二　集會ノ年月日時

三　發起人ノ氏名住所

四　講談論議者ノ氏名

前項ノ屆出アリタルトキハ警察官署ハ直ニ其ノ領收證ヲ交付スヘシ

屆書ニ記載シタル時刻ヨリ三時間ヲ過キテ開會セス若ハ三時間以上中斷スルトキハ屆出

ノ効ヲ失フモノトス

法律ヲ以テ組織シタル議會ノ議員選擧準備ノ爲ニ選擧權ヲ行フヘキ者及被選擧權ヲ有スル者ニ限リ會同スル所ノ集會ハ投票ノ日ヨリ前五十日間ハ第二項ノ屆出ヲ要セス

第三條　屋外ニ於テ公衆ヲ會同シ若ハ多衆運動セムトスルトキハ發起人ヨリ二十四時間以前ニ會同スヘキ場所年月日時及其ノ通過スヘキ路線ヲ管轄警察官署ニ屆出テ認可ヲ受クヘシ但シ祭葬講社學生生徒ノ體育運動其ノ他慣例ノ許ス所ニ係ルモノハ此ノ限ニ在ラス

屋外ニ於テ政談集會ヲ開キ又ハ政治ニ關ル意思ヲ表スルノ目的ヲ以テ公衆ヲ會同スルハ堅固ナル屏障ヲ設ケ自由ノ交通ヲ遮斷シタル地域内ニ限ルモノトス

警察官署ハ安寧秩序ニ妨害アリト認ムルトキハ何等ノ場合ニ拘ラス屋外ノ集會又ハ多衆運動ヲ禁止スルコトヲ得

第四條　帝國議會開會ヨリ閉會ニ至ルノ間ハ議院ヲ距ル三里以内ニ於テ屋外ノ集會又ハ多衆運動ヲ爲スコトヲ得ス但シ第三條第一項ノ但書ハ本條ニ於テモ之ヲ適用ス

第五條　左ニ揭クル者ハ政談集會ノ發起人タルコトヲ得ス

一　日本臣民ニ非サル者

二　公權剝奪及停止中ノ者

第六條　左ニ揭クル者ハ政談集會ニ會同シ若ハ其ノ發起人タルコトヲ得ス

一　現役及召集中ノ豫備後備ノ陸海軍軍人

二　警察官

三　官立公立私立學校ノ敎員學生生徒

四　女子

五　未成年者
法律ヲ以テ組織シタル議會ノ議員選擧準備ノ爲ニ開ク所ノ集會ハ投票ノ日ヨリ前五十日間ハ選擧權ヲ行フヘキ者及被選擧權ヲ有スル者ニ限リ本條ノ制限ニ依ルヲ要セス
第七條　政談集會ニ於テハ日本臣民ニ非サル者ヲシテ講談論議者タラシムルコトヲ得ス
第八條　警察官署ハ制服ヲ着シタル警察官ヲ派遣シ政談集會ニ臨監セシムルコトヲ得
發起人ハ臨監警察官ニ其ノ求ムル所ノ席ヲ供シ且集會ニ關ル事項ニ付尋問アルトキハ之ニ答フヘシ
政談集會ニアラサルモ其ノ狀況安寧秩序ヲ妨害スルノ虞アリト認ムル集會ニハ第一項ノ臨監ヲ爲スコトヲ得
第九條　集會及運動ニハ戎器又ハ兇器ヲ携帶シテ會同スルコトヲ得ス但シ制規ニ依リ戎器ヲ携帶スル者ハ此ノ限ニ在ラス
第十條　集會ニ於テ罪犯ヲ曲庇シ又ハ刑律ニ觸レタル者若ハ刑事裁判中ノ者ヲ救護シ又ハ賞恤シ又ハ犯罪ヲ敎唆スルノ談論ヲ爲スコトヲ得ス
第十一條　會場ニ於テ故ラニ喧擾ヲ爲シ又ハ狂暴ニ渉ル者アルトキハ警察官ハ之ヲ制止シ其ノ命ニ從ハサルトキハ會場外ニ退出セシムルコトヲ得
第十二條　集會ニ於テ講談論議安寧秩序ニ妨害アリト認ムルトキハ警察官ハ其ノ人ノ講談論議ヲ停止スルコトヲ得
第十三條　警察官ハ左ノ場合ニ於テ集會ノ解散ヲ命スルコトヲ得
一　集會ノ成立此法律ニ背キタルトキ
二　警察官ノ臨監ヲ拒ミ又ハ其ノ求ムル所ノ席ヲ供セス又ハ其ノ尋問ニ答ヘサルトキ

三　會衆騷擾ニ渉リ警察官之ヲ制止スルモ鎭靜セサルトキ
四　第六條第九條ノ違犯者多數ニシテ警察官ヨリ退場ヲ命スルモ其ノ命ニ從ハサルトキ
五　集會ノ狀況安寧秩序ニ妨害アリト認ムルトキ

第十四條　第二條ノ屆出ヲ爲サスシテ政談集會ヲ開キタルトキハ發起人ヲ三圓以上三十圓以下ノ罰金ニ處ス

第二條ノ屆出ヲ爲スモ實ヲ以テセサルトキハ發起人罰前項ニ同シ

第十五條　第三條ノ認可ヲ受ケスシテ集會若ハ運動ヲ爲シタルトキハ發起人ヲ五圓以上五十圓以下ノ罰金ニ處ス

第十六條　第四條ヲ犯シタルトキハ發起人ヲ十一日以上六月以下ノ輕禁錮又ハ十圓以上百圓以下ノ罰金ニ處ス

第十七條　第五條第六條ヲ犯シタル者ハ二圓以上二十圓以下ノ罰金ニ處ス

第七條ヲ犯シタル發起人又ハ政談集會ニ會同スルコトヲ得サル者ヲ勸誘シテ會同セシメタル發起人ハ罰前項ニ同シ

第十八條　第九條ヲ犯シタル者ハ十一日以上三月以下ノ輕禁錮又ハ五圓以上五十圓以下ノ罰金ニ處ス

第十九條　第十條ヲ犯シタル者ハ十一日以上六月以下ノ輕禁錮又ハ十圓以上百圓以下ノ罰金ニ處ス

第二十條　警察官ヨリ解散ヲ命セラレタル後仍退散セサル者又ハ退出ヲ命セラレタル後仍退出セサル者ハ十一日以上三月以下ノ輕禁錮又ハ二圓以上二十圓以下ノ罰金ニ處ス

第二十一條　政社ニハ社員名簿ヲ備ヘ及役員ヲ置クヘシ

政社ハ組成後三日以內ニ其役員ヨリ社名、社則、事務所及役員ノ氏名ヲ其ノ事務所所在地ノ管轄警察官署ニ屆出ヘシ其屆出ノ事項ニ變更アリタルトキ亦同シ

前項ノ屆出アリタルトキハ警察官署ハ直ニ其ノ領收證ヲ交付スヘシ

役員ハ其ノ政社ニ關スル事項ニ付警察官ヨリ尋問アルトキハ之ニ答フヘシ

第二十二條　政社ニシテ政談集會ヲ開クトキハ第二條ノ手續ヲ爲スヘシ但シ會場及講談論議者ヲ豫定シテ定期ニ集會スルモノハ之ヲ初期ノ開會二十四時間以前ニ屆出ルトキハ爾後ノ例會ハ屆出ヲ要セス其屆出ノ事項ニ變更アリタルトキハ仍第二條ノ手續ニ依ルヘシ

第二十三條　左ニ揭クル者ハ政社ニ加入スルコトヲ得ス

一　現役及召集中ノ豫備後備ノ陸海軍軍人

二　警察官

三　官立公立私立學校ノ敎員學生生徒

四　女子

五　未成年者

六　公權剝奪及停止中ノ者

第二十四條　政社ニ於テハ日本臣民ニ非サル者ヲシテ加入セシムルコトヲ得ス

第二十五條　政社ハ標章及旗幟ヲ用キルコトヲ得ス

第二十六條　政社ハ他ノ政社ト連結スルコトヲ得ス

第二十七條　政社ニ於テハ法律ヲ以テ組織シタル議會ノ議員ニ對シテ其發言表決ニ付議會外ニ於テ責任ヲ負ハシムルノ規定ヲ設クルコトヲ得ス

第二十八條　政社ニシテ支社ヲ設クルトキハ總テ政社ノ規定ニ依ル

第二十九條　結社ニシテ安寧秩序ニ妨害アリト認ムルトキハ内務大臣ハ之ヲ禁止スルコトヲ得

第三十條　第二十一條ニ違フトキハ其ノ役員ヲ五圓以上五十圓以下ノ罰金ニ處ス

第二十一條ノ屆出ヲ爲スモ實ヲ以テセス又ハ尋問ヲ受ケテ答フルニ實ヲ以テセサル役員ハ罰前項ニ同シ

第三十一條　第二十三條ニ背キ入社シタル者及入社セシメタル役員ハ二圓以上二十圓以下ノ罰金ニ處ス

第二十四條ヲ犯シタル役員ハ罰前項ニ同シ

第三十二條　第二十五條ニ背キ標章旗幟ヲ用キタル者及其政社ノ役員ハ罰前條ニ同シ

第三十三條　第二十六條ヲ犯シタルトキハ其役員ヲ十一日以上六月以下ノ輕禁錮又ハ五圓以上五十圓以下ノ罰金ニ處ス

第三十四條　第二十九條ノ禁止ノ命ニ從ハスシテ仍結社ノ實アル者ハ一月以上六月以下ノ輕禁錮又ハ十圓以上百圓以下ノ罰金ニ處ス

第三十五條　此法律ヲ犯シタル者ハ刑法ノ自首減輕、再犯加重、數罪俱發ノ例ヲ用キス

第三十六條　此ノ法律ニ關スル公訴ノ時効ハ六箇月ヲ經過スルニ由テ成就ス

第三十七條　法律命令ニ定ムル所ノ集會ハ此ノ法律ニ依ルノ限リニ在ラス

○出版法

明治二十六年四月十三日
法律第十五號

第一條　凡ソ機械舍密其他何等ノ方法ヲ以テスルヲ問ハス文書圖畫ヲ印刷シテ之ヲ發賣シ又ハ頒布スルヲ出版ト云ヒ其文書ヲ著述シ又ハ編纂シ若クハ圖畫ヲ作爲スル者ヲ著作者ト云ヒ發賣頒布ヲ擔當スル者ヲ發行者ト云ヒ印刷ヲ擔當スル者ヲ印刷者ト云フ

第二條　新聞紙又ハ定期ニ發行スル雜誌ヲ除ク外文書圖畫ノ出版ハ總テ此ノ法律ニ依ルヘシ但シ專ラ學術、技藝、統計、廣告ノ類ヲ記載スル雜誌ハ此ノ法律ニ依リ出版スルコトヲ得

第三條　文書圖畫ヲ出版スルトキハ發行ノ日ヨリ到達スヘキ日數ヲ除キ三日前ニ製本二部ヲ添ヘ內務省ニ屆出ヘシ

第四條　官廳ニ於テ文書圖畫ヲ出版スルトキハ其ノ官廳ヨリ發行前ニ製本二部ヲ內務省ニ送付スヘシ

第五條　出版屆ハ著作者又ハ其相續者及發行者連印ニテ之ヲ差出スヘシ但シ非賣品ハ著作者又ハ發行者ノミニテ屆出ルコトヲ得

版權ノ保護ナキ文書圖畫ヲ出版スルトキ若クハ著作者又ハ其相續者ヲ知ルヘカラサルトキハ其由ヲ記シ發行者ヨリ差出スヘシ

學校、會社、協會等ニ於テ著作ノ名義ヲ以テ出版スル文書圖畫ハ其學校、會社、協會等ヲ代表スル者發行者ト連印シテ之ヲ屆出ヘシ

第六條　文書圖畫ノ發行者ハ文書圖畫ノ販賣ヲ以テ營業トスル者ニ限ル但シ著作者又ハ其相續者ハ發行者ヲ兼ヌルコトヲ得

第七條　文書圖畫ノ發行者ハ其氏名住所及發行ノ年月日ヲ其文書圖畫ノ末尾ニ記載スヘシ

第八條　文書圖畫ノ印刷者ハ其氏名住所及印刷ノ年月日ヲ其文書圖畫ノ末尾ニ記載シ住所ト印刷所ト同シカラサルトキハ印刷所ヲモ記載スヘシ

印刷所若數人ノ共有ニ係ルトキハ營業上其印刷所ヲ代表スル者ヲ以テ印刷者トス

前二項ノ印刷所ニシテ若營業上慣行ノ名稱アルモノハ其名稱ヲモ記載スヘシ

第九條　書簡通信報告社則塾則引札諸藝ノ番附諸種ノ用紙證書ノ類及寫眞ハ第三條第六條

第七條第八條ニ據ルヲ要セス但シ第十六條第十七條第十八條第十九條第二十一條第二十六條第二十七條ニ觸ルヽ者ハ此ノ法律ニ依テ處分ス

第十條　文書圖畫ノ冊號ヲ逐ヒ順次ニ出版スル者ハ其都度第三條ノ手續ヲ爲スヘシ但シ雜誌類ニ在テハ內務大臣ノ許可ヲ經テ其手續ヲ省略スルコトヲ得

此法律ニ依リ出版スル雜誌ニシテ十二箇月間一回ヲモ發行セサルトキハ廢刊シタルモノト看做スヘシ

第十一條　一タヒ出版屆ヲ爲シタル文書圖畫ノ再版ハ出版屆ヲ要セスト雖若改正增減シ又ハ註解附錄繪畫等ヲ加ヘタルトキハ仍第三條ニ依ルヘシ

第十二條　演說若クハ講義ノ筆記ハ演說者若クハ講義者ヲ以テ著作者トス但シ筆記者ニ於テ演說者若クハ講義者ノ承諾ヲ得テ自ラ之ヲ出版スルトキハ筆記者ヲ著作者ト看做スヘシ此場合ニ於テ記載ノ事項第十六條第十七條第十八條第十九條第二十一條第二十六條第二十七條ニ觸ルヽトキハ演說者若クハ講義者筆記者ト同ク其罪ヲ論ス

公開ノ席ニ於テ爲シタル演說ヲ新聞紙若クハ雜誌ノ通信者ニ於テ筆記シ其新聞紙若クハ雜誌ニ記載シタルモノ及總テ演說者講義者ノ承諾ヲ經スシテ其筆記ヲ出版シタルモノニ關シテハ演說者若クハ講義者ハ著作ノ責ニ任セス

公開ノ席ニ於テ爲シタル演說ノ外ハ講義者又ハ演說者ノ許諾ヲ經ルニ非サレハ他人ニ於テ其筆記ヲ出版スルコトヲ得ス但シ本項ニ違フ者ハ版權法ニ據リ其責ニ任セシム

第十三條　二種以上ノ著作若クハ演說講義ノ筆記ヲ編纂シテ一部ノ書ト爲ストキハ編纂者ヲ著作者ト看做スヘシ

前條第一項ノ末段及第二項第三項ハ本條ヲ適用スヘシ

第十四條　飜譯ハ飜譯者ヲ以テ著作者ト看做スヘシ
第十五條　學校、會社、協會等ニ於テ著作ノ名義ヲ以テ出版スル文書圖書ハ其出版屆ニ署名シタル代表者ヲ以テ著作者ト看做スヘシ
第十六條　罪犯ヲ曲庇シ又ハ刑事ニ觸レタル者若クハ刑事裁判中ノ者ヲ救護シ若クハ賞恤スルノ文書ヲ出版スルコトヲ得ス
第十七條　重罪輕罪ノ豫審ニ關スル事項ハ公判ニ付セサル以前ニ於テ之ヲ出版スルコトヲ得ス
傍聽ヲ禁シタル訴訟ノ事項ハ之ヲ出版スルコトヲ得ス
第十八條　外交軍事其他官廳ノ機密ニ關シ公ニセサル官ノ文書及官廳ノ議事ハ當該官廳ノ許可ヲ得ルニ非サレハ之ヲ出版スルコトヲ得ス
法律ニ依リ傍聽ヲ禁シタル公會ノ議事ハ之ヲ出版スルコトヲ得ス
第十九條　安寧秩序ヲ妨害シ又ハ風俗ヲ壞亂スルモノト認ムル文書圖書ヲ出版シタルトキハ內務大臣ニ於テ其發賣頒布ヲ禁シ其刻版及印本ヲ差押フルコトヲ得
第二十條　外國ニ於テ印刷シタル文書圖書ニシテ安寧秩序ヲ妨害シ又ハ風俗ヲ壞亂スルモノト認ムルトキハ內務大臣ハ其文書圖書ノ內國ニ於ケル發賣頒布ヲ禁シ其印本ヲ差押フルコトヲ得
第二十一條　軍事ノ機密ニ關スル文書圖書ハ當該官廳ノ許可ヲ得ルニ非サレハ之ヲ出版スルコトヲ得ス
第二十二條　第三條ノ屆出ヲ爲サスシテ文書圖書ヲ出版シタル者ハ五圓以上五十圓以下ノ罰金ニ處ス

第二十三條　第六條ヲ犯ス者ハ十一日以上三月以下ノ輕禁錮又ハ五圓以上五十圓以下ノ罰金ニ處ス

第二十四條　發行者自己ノ氏名住所又ハ發行ノ年月日又ハ印刷者ノ氏名住所又ハ印刷ノ年月日ヲ其發行スル文書圖畫ニ記載セス其之ヲ記載スルモ實ヲ以テセサル者ハ二圓以上三十圓以下ノ罰金ニ處ス

第二十五條　印刷者自己ノ氏名住所又ハ印刷ノ年月日ヲ其印刷スル所ノ文書圖畫ニ記載セス若クハ之ヲ記載スルモ實ヲ以テセサル者ハ罰前條ニ同シ

住所ト印刷ト同シカラサルトキ及印刷所ニシテ營業上慣行ノ名稱アルトキ印刷所及名稱ヲ記載セサル者亦前項ニ同シ

第二十六條　政體ヲ變壞シ國憲ヲ紊亂セントスル文書圖畫ヲ出版シタルトキハ著作者、發行者、印刷者ヲ二月以上二年以下ノ輕禁錮ニ處シ二十圓以上二百圓以下ノ罰金ヲ附加ス

第二十七條　風俗ヲ壞亂スル文書圖畫ヲ出版シタルトキハ著作者、發行者ヲ十一日以上六月以下ノ輕禁錮又ハ十圓以上百圓以下ノ罰金ニ處ス

第二十八條　第十六條第十七條第十八條第二十一條ニ觸ル、文書圖畫ヲ出版シタルトキハ著作者發行者ヲ十一日以上一年以下ノ輕禁錮又ハ十圓以上二百圓以下ノ罰金ニ處ス

第十九條第二十條ニ依リ發賣頒布ヲ禁セラレタル文書圖畫ヲ發賣頒布シタル者罰前項ニ同シ其未タ發賣頒布セサル文書圖畫ハ之ヲ沒收ス

第二十九條　第二十六條第二十七條第二十八條ノ場合ニ於テ刻版及印本ハ檢事ニ於テ假ニ之ヲ差押フルコトヲ得

第三十條　前條ノ差押ヲ爲ストキハ製本ノ體裁ニヨリ其差押フヘキ部分ト他ノ部分ト分割

シ得ルニ於テハ之ヲ分割スルコトアルヘシ

第三十一條　文書圖畫ヲ出版シ因テ誹毀ノ訴ヲ受ケタル塲合ニ於テ其私行ニ渉ルモノヲ除クノ外裁判所ニ於テ專ラ公益ノ爲ニスルモノト認ムルトキハ被告人ニ事實ノ證明ヲ許スコトヲ得若之ヲ證明シタルトキハ其罪ヲ免ス損害賠償ノ訴ヲ受ケタルトキモ亦同シ

第三十二條　此法律ヲ犯シタル者ニハ刑法ノ自首減輕再犯加重數罪倶發ノ例ヲ用キス

第三十三條　此法律ニ關スル公訴ノ時效ハ一年ヲ經過スルニ因テ成就ス

第三十四條　此法律ニ依リ出版スル雜誌ニシテ其ノ記載ノ事項第二條ノ範圍外ニ渉ルトキハ内務大臣ハ此法律ニ依リテ出版スルコトヲ差止ムルコトヲ得此塲合ニ於テハ一箇年ヲ經ルニ非サレハ更ニ此法律ニ依リ出版スルコトヲ得ス

第三十五條　文書圖畫ヲ印刷スルトキハ直ニ發賣頒布セスト雖其目的發賣頒布ニ在ルモノハ總テ此法律ニ依ル

○版權法

明治二十六年四月十三日
法律第六號

第一條　凡ソ文書圖書ヲ出版シテ其利益ヲ專有スルノ權ヲ版權ト云ヒ版權所有者ノ承諾ヲ經スシテ其文書圖書ヲ飜刻スルヲ僞版ト云フ

第二條　出版法ニ依リ文書圖書ヲ出版スル者及出版法又ハ新聞紙法ニ依リ雜誌ヲ發行スル者ハ總テ此法律ニ依リ其版權ノ保護ヲ受クルコトヲ得

第三條　版權ノ保護ヲ受ケントト欲スル者ハ發行前登錄料トシテ製本六部ノ定價ヲ添ヘ版權登錄ヲ内務省ニ願出ヘシ但シ六部ノ定價合シテ五十錢ニ滿サルモノハ五十錢トシ十圓ヲ超ユルモノハ十圓トス

版權登錄ノ文書圖書ニハ其定價ヲ記載スヘシ版權登錄後定價ヲ増加スルモノハ其ノ未納

額ヲ内務省ニ追納スヘシ但シ追納額ハ最初ノ納額ト通算シテ十圓ニ至テ止ム
第四條　官廳ニ於テ文書圖畵ヲ出版シ版權ノ登錄ヲ得ント欲スルトキハ其由ヲ内務省ニ通知スヘシ
第五條　版權登錄ノ文書圖畵ニハ其保護年限間ハ版權所有ノ四字ヲ記載スヘシ其記載セサルモノハ登錄ノ効ヲ失フモノトス
第六條　内務省ニ於テハ版權登錄簿ヲ備置キ登錄ノ願出アル毎ニ之ヲ登錄シ登錄證書ヲ下付スヘシ
登錄ヲ經タル文書圖畵ハ内務省ニ於テ時々之ヲ官報ニ掲示スヘシ
第七條　版權ハ著作者ニ屬シ著作者死亡後ニ在テハ其相續者ニ屬スルモノトス講義若クハ演說ヲ筆記シタルモノヽ版權亦同シ但シ公開ノ席ニ於テ爲シタル演說ヲ筆記シテ出版スルモノハ版權侵害ト認ムルノ限ニ在ラス
飜譯書ノ版權ハ飜譯者ニ屬シ飜譯者死亡後ニ在テハ其相續者ニ屬スルモノトス
官廳、學校、會社協會等ニ於テ著作ノ名義ヲ以テ出版スル文書圖畵ノ版權ハ其官廳學校會社協會等ニ屬スルモノトス
二種以上ノ著作若クハ講義演說ノ筆記ヲ編纂シタル文書圖畵ノ版權ハ編纂者ニ屬シ編纂者死亡後ニ在テハ其相續者ニ屬スルモノトス但シ其原著作及原筆記ニ別ニ版權所有者アルトキハ其所有主ノ承諾ヲ經タル後ニ非サレハ其部分ニ付本項ヲ適用セス
書畵ノ版權ハ其原本ノ所有者ニ屬スルモノトス
第八條　版權ハ制限ヲ附シ若クハ附セスシテ賣渡シ又ハ讓渡スコトヲ得
第九條　版權登錄證書ヲ毀損又ハ紛失シタルトキハ事由ヲ記シ其ノ再度下付ヲ内務省ニ願

出ルコトヲ得但シ手數料トシテ五十錢ヲ納ムヘシ

版權登錄證書ニ誤謬アリタルトキハ其理由ヲ記シ其更正ヲ內務省ニ願出ルコトヲ得但シ其誤謬官ニ在ル場合ノ外ハ手數料トシテ五十錢ヲ納ムヘシ

第十條　版權保護ノ年限ハ著作者ノ終身ニ五年ヲ加ヘタルモノトス若版權登錄ノ月ヨリ死亡ノ月マテヲ計算シ之ニ五年ヲ加ヘ仍三十五年ニ足ラサル時ハ版權登錄ノ月ヨリ三十五年トス

數人ノ合著ニ係ルモノヽ版權年限ハ最終ニ死亡シタル者ニ據リテ計算ス

官廳又ハ學校會社協會等ニ於テ著作ノ名義ヲ以テ出版スル文書圖畫竝ニ著作者死亡ノ後ニ出版スル文書圖畫ノ版權年限ハ版權登錄ノ月ヨリ計算シ三十五年トス

第十一條　冊號ヲ逐ヒ順次ニ出版スル文書圖畫ノ版權年限ハ每號其出版ノ月ヨリ起算ス但シ其都度第三條ノ手續ヲナスヘシ

雜誌ノ類ニ在テハ內務大臣ノ許可ヲ得テ第三條ノ手續ヲ省略スルコトヲ得

第十二條　版權ノ保護ハ其文書圖畫ヲ改正增減シ又ハ註解、附錄、繪圖等ヲ加ヘ又ハ製本ノ式ヲ改メ又ハ冊數ヲ分合スルカ為變更スルコトナカルヘシ

版權登錄ヲ得タル文書圖畫ニ插入シタル寫眞ニシテ特ニ其文書圖畫ノ為ニ寫シタルモノハ其文書圖畫ト共ニ版權ノ保護ヲ受クルモノトス

第十三條　版權年限ヲ經過スルモ版權所有者ノ願出ニ依リ內務大臣ニ於テ必要ト見做ストキハ仍十年間版權保護ノ期限ヲ延スコトアルヘシ

第十四條　文書圖畫ノ版權年限中所有者死亡シ他人ニ於テ其版權相續者ナキコトヲ確信シ之ヲ出版セント欲スルトキハ其由ヲ官報及東京ノ四社以上ノ重ナル新聞紙竝ニ其所有者

居住地ノ新聞紙ニ七日以上廣告シ最終ノ廣告日ヨリ六箇月内ニ版權相續者ノ出テサルトキハ内務大臣ノ許可ヲ得テ之ヲ出版シ版權ヲ繼續スルコトヲ得

第十五條 新聞紙ニ於テ二號以上ニ涉リ記載シタル論說記事又ハ小說及二號以上ニ涉ラスト雖特ニ一欄ヲ設ケ冒頭ニ禁轉載ト記シタルモノハ其編輯者ノ承諾ヲ得ルニ非ラサレハ刊行ノ月ヨリ二年内ニ之ヲ他ノ新聞紙若クハ雜誌ニ轉載シ又ハ之ヲ編纂シテ出版スルコトヲ得ス其二年ヲ經ルト雖已ニ一部ノ書ト爲シ版權登錄ヲ經タルモノハ原文ニ就テ更ニ編纂スルコトヲ得ス

第十六條 版權所有ノ文書圖書ヲ僞版シタル者ハ其版權所有者ニ對シ損害賠償ノ責ニ任スヘシ其寫本ヲ發賣シテ版權ヲ犯ス者亦同シ

第十七條 僞版ノ訴アリタルトキハ裁判官ハ出訴者ノ情願アルニ於テハ假ニ其ノ發賣頒布ヲ差止ムルコトヲ得但シ審理ノ末僞版ニ非スト判決セラレタルトキハ出訴者ニ於テ其差止ヨリ生スル損害賠償ノ責ニ任スヘシ

第十八條 僞版ニ關スル損害賠償ノ責ハ僞版者ノ相續者ニ及フモノトス

第十九條 版權所有者ノ承諾ヲ經スシテ版權所有ノ文書圖書ヲ飜譯シ增減シ註解附錄、繪圖等ヲ加ヘ若クハ其未タ完結セサル部分ヲ續成シテ出版スル者及第十五條ニ違フ者ハ僞版ヲ以テ論ス

他人ノ講義又ハ公開ナラサル席ニ於テ爲シタル他人ノ演說ヲ筆記シ其許諾ヲ經スシテ出版スル者亦前項ニ同シ

第二十條 飜譯書ノ版權ハ其飜譯者ニ屬スト雖其原書ニ就キ別ニ飜譯スル者ニ向ヒ僞版ノ訴ヲ爲スコトヲ得ス但シ其既ニ出版スル所ノ飜譯ヲ剽竊シタルコトヲ證明スルモノハ此

ノ限ニ在ラス
第二十一條　世人ヲ欺瞞スル爲故ラニ版權所有ノ文書圖畫ノ題號ヲ冒シ或ハ摸擬シ又ハ氏名社號屋號等ノ類似シタルモノヲ湊合シテ他人ノ版權ヲ妨害スル者ハ僞版ヲ以テ論ス
第二十二條　著作者又ハ其相續者ノ承諾ヲ經スシテ未タ出版セサル文書圖畫ヲ出版シ又ハ非賣ノ文書圖畫ヲ翻刻スルモノ亦僞版ヲ以テ論ス所有者ノ承諾ヲ經スシテ書畫ヲ出版スルモ亦同シ
第二十三條　文書圖畫ヲ寫眞ト爲シ其版權ヲ犯スモノハ僞版ヲ以テ論ス
第二十四條　內國ニテ版權所有ノ文書圖畫ヲ外國ニ於テ僞版シタルモノヲ輸入販賣スル者ハ僞版ヲ以テ論ス
第二十五條　僞版ノ訴アリテ其僞版タルヤ否ヲ決シ難キトキハ其訴ヲ受ケタル裁判所ニ於テ三名以上ノ鑑定者ヲ選ヒ之ヲ鑑定セシムルコトアルヘシ
第二十六條　僞版ニ關スル損害賠償ノ時効ハ其原書ノ版權年限終ルノ後三年ヲ經過スルニ因テ成就ス
第二十七條　僞版者及情ヲ知ルノ印刷者販賣者ハ一月以上一年以下ノ重禁錮若クハ三十圓以上三百圓以下ノ罰金ニ處ス但シ被害者ノ告訴ヲ待テ其罪ヲ論ス僞版ニ係ル刻版及印本ハ其何人ノ手ニ在ルヲ問ハス之ヲ沒收シ其既ニ販賣シタルモノハ其賣得金ヲ沒收シテ併セテ被害者ニ下付ス
第二十八條　版權ヲ所有セサル文書圖畫ト雖之ヲ改竄シテ著作者ノ意ヲ害シ又ハ其表題ヲ改メ又ハ著作者ノ氏名ヲ隱匿シ又ハ他人ノ著作ト詐稱シテ飜刻スルヲ得ス違フ者ハ二圓以上百圓以下ノ罰金ニ處ス但シ著作者又ハ發行者ノ告訴ヲ待テ其罪ヲ論ス

第二十九條　第三條ノ手續ヲ爲サスシテ版權所有ノ字ヲ記載シタル文書圖畫ヲ出版スル者ハ十圓以上百圓以下ノ罰金ニ處ス
第三十條　此法律ヲ犯シタル者ニハ刑法ノ自首減輕、再犯加重、數罪俱發ノ例ヲ用キス
第三十一條　此法律ニ關スル公訴ノ時効ハ二年ヲ經過スルニ因テ成就ス
第三十二條　從前ノ出版條例ニ據リ免許ヲ得タル者ノ版權年限ハ從前ノ條例ニ依リ計算スルモノトス

○脚本樂譜條例

明治二十年十二月
勅令第七十八號

第一條　演劇脚本及樂譜ハ出版條例及版權條例ニ據リ之ヲ出版シ及版權ヲ所有スルコトヲ得
第二條　演劇脚本若クハ樂譜ヲ出版シテ版權ヲ所有スル者ハ版權年限中ハ其興行權（卽チ利益ノ爲メ公衆ノ前ニ演スルノ權）ヲ併セ有スルコトヲ得但興行權ヲ有セントスルトキハ其脚本又ハ樂譜ニ興行權所有ノ五字ヲ記載スヘシ
第三條　演劇脚本及樂譜ノ興行權ハ制限ヲ付シ若クハ付セスシテ之ヲ賣渡シ讓渡スコトヲ得
第四條　演劇脚本若クハ樂譜ノ興行權ヲ犯シタル者ハ興行權所有者ニ對シ損害賠償ノ責ニ任スヘシ著作者又ハ其相續者ノ承諾ヲ經スシテ未タ出版セサル脚本若クハ樂譜ヲ興行スル者亦同シ
第五條　興行ニ關スル損害賠償ノ責ハ其興行權ヲ犯シタル最終ノ月ヨリ一年ヲ以テ期滿得免ノ期トナス

○寫眞版權條例

明治二十年十二月
勅令第七十九號

第一條　凡ソ光線ト藥品トノ作用ニヨリ人物器物景色其他物象ノ眞形ヲ寫シタルモノヲ寫眞ト云ヒ寫眞ヲ發行シテ其利益ヲ專有スルノ權ヲ寫眞版權ト云フ

第二條　寫眞版權ハ寫眞師ニ屬シ寫眞師死亡後ニ在テハ其相續者ニ屬スルモノトス但他人ノ囑托ニ係ルモノハ寫眞版權ハ囑托者ニ屬シ囑托者死亡後ニ在テハ其相續者ニ屬スルモノトス

囑托ニ係ル寫眞ノ種板ニシテ現存スルモノハ版權所有者ニ於テ之ヲ寫眞師ヨリ受取ルコトヲ得ルモノトス

第三條　寫眞版權ノ保護ヲ受ケント欲スル者ハ發行前寫眞一版ニ付見本二葉及六葉ノ定價ヲ添ヘ版權登錄ヲ內務省ニ願出ヘシ但人物ノ寫眞ハ登錄ヲ待タスシテ其保護ヲ受クルモノトス

第四條　版權登錄ノ寫眞ニハ其保護年限間ハ版權所有者ノ氏名住所版權登錄ノ年月ヲ記載スヘシ其記載セサル者ハ登錄ノ効ヲ失フモノトス

第五條　內務省ニ於テハ寫眞版權登錄簿ヲ備ヘ置キ登錄ノ願出アリタルトキハ之ヲ登錄シ登錄證書ヲ下付スヘシ

寫眞版權登錄證書ノ取扱ハ總テ文書圖書ノ版權登錄證書ニ準スルモノトス

第六條　寫眞版權保護ノ年限ハ登錄ノ月ヨリ十年トス

第七條　寫眞版權ハ制限ヲ付シ若クハ付セスシテ賣渡シ讓渡スコトヲ得

第八條　版權ノ保護ヲ受ル寫眞ハ之ヲ覆寫シ若クハ機械又ハ舍密ノ作用ニヨリ多數ヲ增製シ得ヘキ方法ヲ以テ寫眞術ト類似ノ摸寫ヲ爲シ及寫眞師ニ於テ本人又ハ其相續者ノ承諾ヲ受スシテ囑託ニ係ル寫眞ヲ增製スルコトヲ得ス

第九條　第三條ノ手續ヲナサスシテ版權登錄ヲ詐稱シタル者ハ二圓以上二十圓以下ノ罰金ニ處ス
第十條　第八條ニ違フ者ハ版權條例ニ據リ僞版ヲ以テ論シ二十圓以上二百圓以下ノ罰金ニ處シ及損害賠償ノ責ニ任セシム
損害賠償ノ責ハ其原寫眞ノ版權年限終ルノ後一年ヲ以テ期滿得免ノ期トス
第十一條　此條例ニ關スル公訴ノ期限ハ一年トシ其犯罪ト認メラレタル眞寫又ハ摸寫物作爲ノ時ヨリ起算シ其發賣セルモノハ最後ニ發賣シタル時ヨリ起算ス
第十二條　條例ヲ犯シタル者ニハ刑法ノ自首減輕再犯加重數罪俱發ノ例ヲ用キス

○第四類　警保

○銃砲取締規則

明治廿五年一月
布告第二十八號

第一則

免許商賈ノ定員

一大小銃竝彈藥商賣ノ儀ハ府縣共定員商賈ノ外取扱致間敷右定員ノ商賈ハ其地方管廳ニ於テ精選ノ上免許狀可差遣事（八年六月第百十一號達ヲ以テ內務省管理ニ屬スルヲ以テ右牴觸ノ廉ニ付但書ヲ除ク）

一府下　各五員
一縣下　各三員
一鎭臺本分營下　各一員
　但府縣廳下開港場等ニアルハ別ニ設ケス
一開港場　各五員

右免許差遣候商賈ノ姓名住所等內務省ヘ屆クヘキ事（同上ニ付東京武庫司ヲ內務省ト改ム）

第二則

一免許商人タリトモ軍用ノ銃砲彈藥類ヲ竊ニ賣買不相成賣渡候節ハ買主ヨリ官ノ免手形ヲ受取其員數ヲ照シ賣渡可申及買入ノ節ハ其管廳ヘ願出免手形ヲ受其員數ヲ以テ買取可申事（同上但書ヲ除ク）

一免許商人ハ陸海軍准士官以上ノ武官ヨリ其所有ノ軍用銃竝ニ其彈藥類ヲ買入レントスルトキハ買人願書ニ其賣主ノ連署ヲ爲サシムヘキ事（十三年三月第八號布告ヲ以テ本項ヲ増加ス）

第三則

一免許ノ商人其賣買ノ銃砲彈藥類ハ多少ヲ論セス買取賣渡共其主人ノ姓名其物品ノ員數等明細附記シ軍用ノ物ハ免手形相添毎月其管廳ヘ可差出其廳ヨリ毎月十日ヲ限リ内務省ヘ差送可申事（八年六月第百十一號達ヲ以テ内務省管理替ニ付管轄鎭臺ヲ内務省ト改メ但書ヲ除去ス）

第四則

一彈藥ノ儀ハ假令些少ノ品タリトモ唯便利ノミヲ計リ勝手ノ場所ヘ差置間敷兼テ其地方管廳ヘ願出差圖ヲ受相圖可申事（同上但書ヲ除ク）

第五則

一華族ヨリ平民ニ至ル迄免許銃類ヲ除クノ外軍用ノ銃砲竝彈藥類ピストールニ至ル迄私ニ貯蓄不相成就テハ是迄銘々所持致居候軍用銃砲ハ一々其管廳ニ持出別紙銃砲改刻印式ノ通番號官印ヲ受可申他人ヘ讓リ與ヘ候節ハ第二則ノ手續ニ從フヘシ（同上（持出）ノ下割註ヲ除ク）

但彈藥買入致シ度者モ亦二則ノ通リタルヘシ

銃砲改刻印ノ式

干支何番　何府縣（同上ニ付何府縣ノ上（武庫司或ハ）ヲ刪ル）

右所持ノ人名番號等逐一書記シ置屆出可申事（同上ニ付（置）ノ下四字（屆出）ノ下十二字ヲ刪ル）

免許ノ銃類

一和銃四文目八分玉以下

一各國諸獵銃

但西洋獵銃ノ儀ハ其玉目稍大ナレトモ霰彈ヲ用ユルモノハ之ヲ許ス

右獵用銃所持ノ者ハ其銃名員數等巨細附記シ其管廳ヘ屆出其廳ヨリ内務省ヘ差出可申

萬一軍用獵用銃ノ差別難相辨者官ヘ尋出候得ハ檢査ノ上免許ノ證印ヲ据ヘ可相渡事

（同上（其廳ヨリ）ノ下（東京武庫司）ヲ（内務省）トシ（可申）ノ下割書ヲ刪ル）

第六則（六年一月第二十五號布告銃獵規則ニ依リ廢ス但該規則ハ十年一月第十一號布告ヲ以テ改正ニ付掲ケス）

第七則

一銃砲彈藥下々ニ於テ猥リニ製造不相成候尤モ新ニ奇巧便利ヲ發明シ為試製作致度者ハ其管廳ヘ相願管轄鎭臺ヘ屆出免許ヲ可受事

但製作其宜キニ適ヒ最モ便利ナル者ハ鎭臺ヨリ武庫司ヘ差送リ檢査ヲ遂ケ採用可相成分ハ西洋免許ノ法ニ倣ヒ何分ノ御沙汰可有之事

是迄銃砲並彈藥類賣買致來候者ハ現今所持ノ物品員數等無遺漏書記シ管轄廳ヘ為指出其廳ヨリ内務省ヘ可差出事（八年六月第百十一號公達ニ依リ（其廳ヨリ）ノ下（東京武庫司）ヲ（内務省）トシ但書ヲ除ク）

○銃砲取締規則違背ノ者處分方

明治五年九月
布告第二百八十二號

銃砲取締規則ニ違ヒ銃砲彈藥類ヲ竊ニ所持シ且取扱候者有之節ハ各地方ニ於テ其品取上ケ更ニ五十錢ノ過料可申付候事

但取締向ニ關係無之者見當リ訴出候ニ於テハ犯人過料ノ半金ヲ可被下候事
免許ヲ得スシテ銃砲彈藥ヲ製造スル者ハ其品取上ケ更ニ三圓以内ノ過料可申付事（七年十二月第百三十二號布告ヲ以テ但書共追加）
但書同前
右取上候品（東京大阪ハ武庫司其他ハ所管ノ鎭臺ヘ）可差出事

○火藥取締規則

明治十七年十二月
布告第三十一號

第一章　總則

第一條　凡火藥劇發火藥（棉火藥ナイトログリセリン、ダイナマイト、雷汞其他劇發質ノ物品）ハ人民ニ於テ製造スルコトヲ禁ス但烟火マッチノ類ハ此限ニ在ラス

第二條　火藥類（火藥劇發火藥ヲ云フ）ノ賣買營業ヲ爲サントスル者ハ管轄廳（東京府ハ警視廳）ニ願出免許鑑札ヲ受ク可シ但營業者ハ一管内ニ十五人以内トス

第三條　火藥類ハ營業者ニ限リ陸軍海軍両省ヨリ其貯藏品ヲ拂下ク可キモノトス

第四條　管轄廳（東京府ハ警視廳）ニ於テ火藥類ノ檢査ヲ必要ト認ムル時ハ營業者タルト否トヲ問ハス警察官ヲシテ之ヲ檢査セシムルコトアル可シ

第五條　戰時若クハ事變ニ際シテハ陸軍卿海軍卿ハ火藥類ノ拂下ケヲ停止シ内務卿ハ其賣買運搬ヲ停止スルコトアル可シ

第六條　火藥類ハ官許ヲ得ルニ非サレハ日出前日沒後ニ於テ賣買運搬其他荷造等ヲ爲ス可カラス

第二章　賣買

第七條　營業者ハ毎月買受ケタル火藥類ノ種類數量ヲ記シ（證書アレハ之ヲ添ヘ）翌月十日迄ニ所轄警

察署ニ屆出可シ

第八條　營業者ニ非スシテ所有ノ火藥類ヲ賣ラントスル者ハ營業者ニ之ヲ賣渡ス可シ營業者ハ其賣渡證書ヲ取リ置ク可シ

第九條　營業者ハ銃砲用火ハ坑業土工烟花其他職業用ニ限リ火藥類ヲ賣渡ス可キモノトス

但十六歲未滿若クハ白痴瘋癲ノ者ニハ之ヲ賣渡スコトヲ許サス

第十條　火藥類ヲ買受ントスル時銃獵若クハ烟火製造ノ免許ヲ得タル者ハ其免狀ヲ營業者ニ示シ銃砲用ノ爲メニスル者ハ所轄警察署ノ許可證ヲ受ケ之ヲ營業者ニ渡シ陸海軍軍人ノ射的用ニ供スル者ハ其省ノ許可證ヲ受ケ之ヲ營業者ニ渡ス可シ但一回ニ左ノ數量ヲ超ルコトヲ許サス

小銃用		火藥	三百目	雷管	五百箇
船舶設備銃砲用	大砲一門ニ付	火藥	五十發分	導火管類	七十箇
	小銃一挺ニ付	火藥	百發分	雷管	百五十箇
烟火製造用		火藥	五貫目		

坑業土工其他職業用ニ供スル火藥類ヲ買受ゲントスル者ハ其旨趣及種類數量並ニ使用ノ場所ヲ記シ所轄警察署ノ許可證ヲ受ケ之ヲ營業者ニ渡ス可シ

第十一條　營業者ハ買受人ノ免狀ヲ檢シ若クハ許可證ヲ受取リ火藥類ヲ賣渡ス可シ但第十條ノ數量ヲ超ルコトヲ許サス

第十二條　營業者ハ毎月火藥類買受人ノ住所氏名及其賣渡シタル種類數量年月日ヲ記シ證書アレハ之ヲ添ヘ翌月十日迄ニ所轄警察署ニ屆出可シ

第三章　貯藏

第十三條　火藥類ハ火藥三百目雷管導火管類五百個迄ハ安全ナル場所ニ之ヲ貯藏スルコト

ヲ得
營業者ハ前項制限ノ外火藥十貫目劇發火藥一貫目雷管導火管類一萬個迄烟火製造人ハ火藥五貫目劇發火藥五百目迄ハ管轄廳東京府ハ警視廳ノ許可ヲ受ケ倉庫ニ之ヲ貯藏スルコトヲ得其數量ヲ超ル時ハ火藥庫ノ外之ヲ貯藏スルコトヲ許サス火藥五百貫目以上劇發火藥五十貫目以上ハ火藥庫ト雖モ之ヲ貯藏スルコトヲ許サス

第十四條　火藥類ヲ一庫內ニ貯藏スル時ハ其種類每ニ不燃質物ヲ以テ之ヲ區畫ス可シ

第十五條　火藥庫ヲ建設セントスル者ハ其位置幷ニ建設ノ方法書及近傍ノ地圖ヲ添ヘ管轄廳東京府ハ警視廳ニ願出許可ヲ受ク可シ

第十六條　火藥庫ハ皇居離宮ノ區域ヲ距ル十町以內ノ地ニ建設スルコトヲ許サス

第十七條　火藥庫ハ皇陵社寺公園家屋火ヲ取扱フ場所宅地國道縣道鐵道電信柱滊船ノ通スヘキ河湖及他ノ火藥庫境界トノ中間ニ五十間以上ノ距離ヲ有ツ可シ

第十八條　火藥庫ハ土藏又ハ煉瓦造ニシテ家根ハ輕量ノ不燃質物ヲ用ヒ內部ニハ鐵釘石瓦ヲ露ハサス窓ニハ透明ノ硝子ヲ用フ可カラス又避雷針ヲ設ケ庫外ノ周圍ニ二間以上ヲ隔テヽ高サ六尺以上ノ土堤ヲ築キ其入口ニ火藥庫ト書シタル標木曲尺六尺以上ニシテ五寸角以上ノモノヲ建ツ可シ

第十九條　火藥庫ヨリ十四間以內ノ地ニ材木草秣其他燃質物ヲ蓄積ス可カラス又五十間以內ニ於テ火ヲ取扱フ建造物ヲ設ケ若クハ瓦斯ノ傳送管ヲ施シ若クハ發火質ノ物品ヲ蓄積ス可カラス

第二十條　坑業土工其他多量ノ火藥類ヲ要スル爲メ其事業中假貯藏所ヲ設ケントスル者ハ第十七條ニ揭ケタル距離ヲ二倍シ第十五條ニ據リ管轄廳東京府ハ警視廳ニ願出許可ヲ受ク可シ

但貯藏ノ數量ハ火藥貳百貫目劇發火藥三十貫目ヲ超ルコトヲ許サス

第二十一條　烟火製造所ハ家屋若クハ火ヲ取扱フ塲所ヨリ十間以上ノ距離ヲ有ツ可シ又五貫目以上ノ火藥類ヲ置ク可カラス

第四章　運搬

第二十二條　五貫目以上ノ火藥類ヲ運搬セントスル時ハ其種類數量運搬ノ日時塲所及水陸通路ノ名稱ヲ記シ所轄警察署ノ許可證ヲ受ケ之ヲ携帶シ運搬畢ラハ直ニ之ヲ返納ス可シ若シ其警察署管轄外ノ地ニ運搬スル時ハ其地ノ警察署ニ之ヲ納ム可シ

第二十三條　五貫目以上ノ火藥類ヲ運搬スル時ハ鐵釘鐵輪ヲ用ヒサル木製銅製若クハ亞鉛製ノ器ニ入レ其外部ハ莚包若クハ繩卷ト爲シ毛布類ヲ以テ之ヲ覆ヒ赤地ニ火藥ノ二字ヲ白書シタル小旗（陸路ニハ曲尺縱二尺横二尺五寸水路ノ小船ニハ曲尺縱三尺五寸横五尺）ヲ建テ護送人ヲ附ス可シ但船積スル時ハ明治六年（八月）第二百九十二號布告危害品船積法ニ從フ可シ

第二十四條　火藥類ヲ運搬スルニハ火氣ニ注意シ休泊ノ時ハ安全ナル塲所ヲ撰ヒ看守人ヲ附ス可シ

第五章　罰則

第二十五條　私ニ火藥類ヲ製造シ若クハ販賣シタル者ハ軍用品ニアラスト雖モ刑法第百五十七條ヲ適用シ私ニ之ヲ所有シタル者ハ刑法第百六十條ヲ適用ス

第二十六條　刑法第百五十八條第百五十九條第百六十一條ハ前條ノ犯罪ニ關シタル者ニモ亦之ヲ適用ス

第二十七條　私ニ火藥庫又ハ假貯藏所ヲ建設シタル者ハ十圓以上百圓以下ノ罰金ニ處ス

第二十八條　第四條ノ檢査ヲ拒ミ又ハ第五條ノ停止ヲ犯シテ賣買運搬シ第九條第十條第十

一條第十三條第十九條ニ違犯シ又ハ第二十條ノ制限ヲ超テ貯藏シ又ハ第二十一條ニ違犯シタル者又ハ營業者賣買ヲ除クノ外火藥類ヲ讓受若クハ讓渡シタル者ハ二圓以上五十圓以下ノ罰金ニ處ス

第二十九條　第六條第七條第八條第十二條第十四條第十八條第二十二條第二十三條第二十四條ニ違犯シタル者ハ一圓以上一圓九十五錢以下ノ科料ニ處ス

第三十條　營業者此規則ニ違犯シタル時ハ其情狀ニ因リ行政ノ處分ヲ以テ營業ヲ禁止シ又ハ停止スルコトヲ得

附　則

一從前免許ヲ得タル火藥製造人ハ來ル明治十八年二月廿八日迄其營業ヲ差許シ又同日迄ニ火藥製造器械及藥火類ノ現貯藏數量ヲ記シ管轄廳東京府ハ警視廳ニ願出ルニ於テハ相當ノ代價ヲ以テ之ヲ買上ク可シ

一從前免許ヲ得タル彈藥免許商人ハ來ル明治十八年二月二十八日迄火藥賣買營業ヲ差許シ從前免許ヲ得タル烟火製造所ハ右同日迄其製造ヲ差許ス又從前火藥類ヲ貯藏シタル者ハ來ル明治十八年一月三十一日迄其貯藏ヲ差許ス其日限ヲ過クルトキハ總テ此規則ニ從フヘシ

○爆發物取締罰則

明治十七年十二月
布告第三十二號

第一條　治安ヲ妨ケ又ハ人ノ身體財産ヲ害セントスルノ目的ヲ以テ爆發物ヲ使用シタル者及ヒ人ヲシテ之ヲ使用セシメタル者ハ死刑ニ處ス

第二條　前條ノ目的ヲ以テ爆發物ヲ使用セントスルノ際發覺シタル者ハ無期徒刑又ハ有期徒刑ニ處ス

第三條　第一條ノ目的ヲ以テ爆發物若クハ其使用ニ供ス可キ器具ヲ製造輸入所持シ又ハ注

文ヲ爲シタル者ハ重懲役ニ處ス
第四條　第一條ノ罪ヲ犯サントシテ脅迫教唆煽動ニ止ル者及ヒ共謀ニ止マル者ハ重懲役ニ處ス
第五條　第一條ニ記載シタル犯罪者ノ爲メ情ヲ知テ爆發物若クハ其使用ニ供ス可キ器具ヲ製造輸入販賣讓與寄藏シ及ヒ其約束ヲ爲シタル者ハ重懲役ニ處ス
第六條　爆發物ヲ製造輸入所持シ又ハ注文ヲ爲シタル者第一條ニ記載シタル犯罪ノ目的ニアラサルコトヲ證明スルコト能ハサル時ハ二年以上五年以下ノ重禁錮ニ處シ二十圓以上二百圓以下ノ罰金ヲ附加ス
第七條　爆發物ヲ發見シタル者ハ直ニ警察官吏ニ告知ス可シ違フ者ハ五圓以上五十圓以下ノ罰金ニ處ス
第八條　本則ニ記載シタル重罪犯アルコトヲ認知シタル時ハ直ニ警察官吏若クハ危害ヲ被ムラントスル人ニ告知ス可シ違フ者ハ六月以上五年以下ノ重禁錮ニ處ス
第九條　本則ニ記載シタル重罪ノ犯人ヲ藏匿シ若クハ隱避セシメ又ハ其罪證ヲ湮滅シタル者ハ正犯ノ刑ニ一等又ハ二等ヲ減ス
第十條　本則ニ記載シタル重罪ヲ犯シタル者ニハ刑法第八十條及ヒ第八十一條ノ例ヲ用ヒス但十六歲未滿ニシテ是非ノ辨別ナキ者ハ刑法ニ從フ
第十一條　第一條ニ記載シタル犯罪ノ豫備陰謀ヲ爲シタル者ト雖モ未タ其事ヲ行ハサル前ニ於テ官ニ自首シ因テ危害ヲ爲スニ至ラサル時ハ本刑ヲ免シ六月以上三年以下ノ監視ニ付ス第五條ニ記載シタル犯罪者モ亦同シ
第十二條　本則ニ記載シタル犯罪刑法ニ照シ仍ホ重キ者ハ重キニ從テ處斷ス

○石油取締規則　明治十六年二月 布告第六號

明治十四年(八月)第四十號及ヒ同年(九月)第五十號布告石油取締規則左ノ通改定ス(十六年二月第十號ヲ以テ施行期限ハ追テ布告アルマテ延期ノ旨ヲ布告ス仍テ但書ヲ除去ス)

第一條　石油ヲ分テ二種トシ閉塞發焰試驗法ヲ用ヒ攝氏驗温器三十度(華氏八十六度)以上ノ温度ニ達セサレハ發焰セサルモノヲ第一種トシ三十度ニ達セスシテ發焰スルモノヲ第二種トス

第二條　點燈用ニ供スルハ第一種ノ石油ニ限リ第二種ノ石油ハ醫療製藥調劑及ヒ物理學化學工藝上ニ於テ業用ニ供スルノ外之ヲ用フルヲ許サス

第三條　石油營業者ヲ分テ壙業者精製者問屋及ヒ小賣商ノ四類トス其營業者ハ都テ管轄廳(東京府下ハ警視廳)ノ許可ヲ受クヘシ但二類以上兼業スルトキハ別ニ其許可ヲ受クヘシ

第四條　石油ノ種類ハ内務卿ノ必要トスル地方ニ於テ檢査員ヲシテ之ヲ檢査セシムヘシ石油ハ檢査濟ノ證アルモノニアラサレハ之ヲ販賣スルヲ許サス但壙業者ヨリ製精者ニ販賣スルハ此限ニアラス

第五條　檢査濟ノ石油ヲ家屋内ニ貯藏スルヲ得ルハ第一種ノ石油五石以内第二種ノ石油五斗以内トシ容器ハ漏出ノ虞ナキ不燃質物ニ限ルヘシ

第六條　石油營業者前條例制限外ノ石油並ニ檢査未濟ノ石油ヲ貯藏スル塲所建物及ヒ精製所ノ構造方ハ都テ管轄廳(東京府下ハ警視廳)ノ認可ヲ受クヘシ

第七條　第二種ノ石油ハ精製者問屋ヨリ直ニ需用者ニ販賣シ小賣商ハ第一種ノ石油ニ限リ販賣スルヲ得ルモノトス

第八條　第二種ノ石油ヲ販賣スル者ハ購買者ヨリ其數量及ヒ需用ノ趣意年月日住所氏名ヲ詳記シタル書付ヲ取リ置キ一年間保存スヘシ但シ販賣時限ハ日出ヨリ日沒マテトス

第九條　石油ヲ運搬スルトキハ其石油タルコトヲ表記スヘシ但其積卸ニ必要ナル時間ノ外物揚場又ハ路傍ニ置クヘカラス

第十條　此規則ヲ犯シタル者ハ二圓以上二百圓以下ノ罰金ニ處ス

○古物商取締條例

明治十六年十二月
布告第五十號

第一條　古物商トハ古道具、古本、古書畫、古着、古銅鐵、潰金銀ヲ賣買スル營業者ヲ云フ袋物屋小間物屋鼈甲屋時計屋飾屋箔打屋煙管屋ニシテ其營業ニ屬セル古物ヲ賣買交換スル者及ヒ刀劍商ハ此條例ニ準據スヘシ

第二條　古物商ハ管轄廳東京府ハ警視廳ノ免許ヲ受クヘシ

第三條　古物商物品ヲ賣買シ又ハ交換シタルトキハ警察官ニ於テ其物品及ヒ賣主讓主ヲ調査スルニ差支ナキ樣簿冊ニ記載シ且買主讓受主ヲ詳ニスルコトヲ得タルトキハ之ヲ記載スヘシ

第四條　身元詳ナラサル者ヨリ物品ヲ買取リ又ハ交換スルコトヲ得ス但身元詳ナル者其證人タルトキ又ハ警察官若クハ巡査ノ認可ヲ受ケタルトキハ此限ニアラス

第五條　十五年未滿ノ者白痴瘋癲者及ヒ雇人雇主ノ家ニアル者ヨリ物品ヲ買取リ又ハ交換スルコトヲ得ス但父母後見人雇主又ハ身元詳ナル者其證人タルトキハ此限ニアラス

官廳、町村、學校、病院、社寺、會社ノ印章記號アル物品ハ其賣却シ得ヘキコトヲ證明スル證人二名以上アルニ非サレハ之ヲ買取リ又ハ交換スルコトヲ得ス

前二項ニ違背シタル者ハ警察官ノ命ニヨリ無代價ニテ物品ヲ取戻サルヽコトアルヘシ

第六條　古物商ハ營業者タルト否トヲ問ハス盜罪詐欺取財ノ罪又ハ刑法第三百九十九條第四百一條ノ處斷ヲ受ケタル者ヨリ物品ヲ買取リ又ハ交換シ及ヒ寄藏スルトキハ警察官ノ

許可ヲ受クヘシ違フ者ハ一月以上三年以下ノ重禁錮又ハ三十圓以上三百圓以下ノ罰金ニ處ス

第七條　古物商ハ自宅又ハ許可ヲ受ケタル市場及ヒ賣主讓主ノ居宅ノ外ニ於テ物品ヲ買取リ又ハ交換スルコトヲ得ス

第八條　刀劍又ハ之ヲ仕込ミタル器具ハ身元詳ナラサル者及ヒ盜罪賭博ノ處斷ヲ受ケタル者ニ賣渡讓渡シ又ハ露店及ヒ路傍ニ於テ賣渡讓渡スコトヲ得ス

第九條　古物商物品ヲ他府縣ニ運送セントスルトキ又ハ他府縣ヨリ受取リタルトキハ其物品ノ目錄ヲ所轄警察署ニ屆出ツヘシ

警察官ハ時宜ニ依リ荷作ヲ解キ物品ヲ檢査シ之ヲ差押フルコトアルヘシ但費用ハ屆人之ヲ擔當スヘシ

第十條　贓物ノ品觸アルトキハ到達シタル年月日時ヲ其品觸寫書ヲ附記スヘシ

第十一條　品觸到達以後一年內ニ類似ノ物品ヲ買取リ又ハ交換シ及ヒ寄藏シタルトキ若クハ其以前ニ之ヲ得タルマヽ所持シタルトキハ直ニ所轄警察署ニ屆出ツヘシ若シ屆出テスシテ其理由ヲ辯解スルコト能ハサル者ハ第六條ノ刑ニ同シ

第十二條　物品ノ賣買交換ヲ記載シタル簿冊及ヒ品觸寫書ハ十年間保存スヘシ若シ亡失シタルトキハ直チニ所轄警察署ニ屆出ツヘシ

第十三條　警察官ハ何時タリトモ古物商ノ店舖ニ臨ミ物品及ヒ簿冊ノ檢査ヲ爲シ時宜ニ依リ其物品ヲ差押ヘ又ハ時々簿冊ヲ差出サシメ之ヲ檢査スルコトアルヘシ古物商ハ之ヲ拒ムコトヲ得ス

第十四條　第二條第三條第四條第五條第七條第八條第九條第十條第十二條第十三條ニ違背

シ又ハ詐僞ノ届出ヲ爲シタル者ハ二圓以上二百圓以下ノ罰金ニ處ス

第十五條　第六條第十一條第十四條及ヒ刑法第三百九十九條第四百一條ノ處斷ヲ受ケタル古物商ハ管轄廳東京府ハ警視廳ニ於テ三月以上三年以下ノ特別取締ニ付スルコトヲ得

第十六條　特別取締ニ付セラレタル者ハ尚ホ左ノ項目ニ從フヘシ

一　物品ヲ買取リ又ハ交換シタルトキハ其賣主讓主ノ住所氏名年齡及ヒ物品ノ形狀徽章番號縞柄模樣損所ノ類ヲ云フ價額年月日時ヲ簿冊ニ記載スヘシ

二　日出前日沒後ハ物品ヲ買取リ又ハ交換シ及ヒ寄藏スルコトヲ得ス

三　營業者ニアラサル者ヨリ物品ヲ買取リ又ハ交換シタルトキハ其物品ヲ原狀ノ儘五日間保存スヘシ

四　物品ヲ賣渡シ又ハ交換シタルトキハ其物品ノ形狀價額年月日時ヲ簿冊ニ記載シ且買主讓受主ノ住所氏名年齡ヲ知リ得タルトキハ之ヲ記載スヘシ

五　毎月一度物品賣買交換ノ簿冊ヲ所轄警察署ニ差出シ其檢査ヲ受クヘシ

六　住所ヲ移轉シ又ハ旅行シ又ハ他人ヲ宿泊同居セシメントスルトキハ所轄警察署ノ認可ヲ受クヘシ

第十七條　前條ニ違背シタル者ハ三圓以上三百圓以下ノ罰金ニ處ス

第十八條　特別取締ニ付セラレタル者第六條第十一條第十四條第十七條ニ依リ罰金ニ處セラレタルトキハ直ニ之ヲ納完セシム若シ納完セサル者ハ留置セラルヽコトアルヘシ

第十九條　古物商一年内ニ此條例ヲ再犯シタルトキハ行政ノ處分ヲ以テ其營業ヲ禁止シ又ハ停止スルコトヲ得

第二十條　此條例ヲ犯シタル者ニハ刑法ノ數罪倶發ノ例ヲ用ヒス

第二十一條　此條例ヲ犯シテ買取リ又ハ交換シタル物品贓物ニ係ルモノハ營業者ニ依ルト否トヲ問ハス警察署ニ於テ之ヲ追徵シテ被害者ニ還付スヘシ若シ被害者知レサルトキハ之ヲ領置シ一年ノ後官沒ス
第二十二條　商業上ニ付テハ家屬又ハ雇人ノ所爲ト雖トモ營業者其責ニ任スヘシ
第二十三條　此條例ヲ施行スルノ方法細則ハ警視總監府知事東京府ヲ除ク縣令ニ於テ便宜取設ケ内務卿ニ屆出ツヘシ

○質屋取締條例

明治十七年三月
布告第九號

第一條　質屋營業ヲ爲ス者ハ管轄廳東京府ハ警視廳ノ免許ヲ受クヘシ
第二條　質屋ハ質物臺帳ヲ備ヘ其紙數ヲ記シ所轄警察署ノ檢印ヲ受クヘシ
第三條　質物臺帳ニハ警察官ニ於テ質物、貸金、質入主及質入受戻入換ノ年月日ヲ調査スルニ差支ナキ樣記載スヘシ但證人ヲ要スルトキハ質入主及證人ノ實印ヲ押捺セシメ置クヘシ
第四條　身元詳ナラサル者ヨリ質物ヲ取ルコトヲ得ス但身元詳ナル者證人タルトキハ此限ニアラス
第五條　十五年未滿ノ者白痴瘋癲者及雇人雇主ノ家ニアル者ヨリ質物ヲ取ルコトヲ得ス但父母後見人雇主又ハ身元詳ナル者證人タルトキハ此限ニアラス
官廳、町村、學校、病院、社寺、會社ノ印章記號アル物品ハ其質入シ得ヘキコトヲ證明スル證人二名以上アルニ非サレハ之ヲ質物ニ取ルコトヲ得ス
前二項ニ違背シタル者ハ警察官ノ命ニ依リ元利金ヲ償フコト無ク質物ヲ取戻サルヽコトアルヘシ

第六條　盜罪詐欺取財ノ罪又ハ刑法第三百九十九條第四百一條ノ處斷ヲ受タル者ヨリ物品ヲ質ニ取リ又ハ寄藏シタルトキハ直ニ所轄警察署ニ屆出ヘシ

第七條　贓物ノ疑アル品物又ハ身柄不相應ト認メタル物品ヲ持來ル者アルトキハ直ニ所轄警察署又ハ巡行ノ警察官巡査ニ密告スヘシ

第八條　流質物ヲ賣拂ハントスルトキハ五日以前ニ其物品目錄ヲ所轄警察署ニ差出スヘシ

第九條　流質物ヲ賣拂ヒタルトキハ警察官ニ於テ其物品代價及買主ヲ調査スルニ差支ナキ樣流質物賣拂帳ニ記載スヘシ

第十條　贓物ノ品觸アルトキハ到達シタル年月日時ヲ其品觸寫書ニ附記スヘシ

第十一條　品觸到達以後一年內ニ類似ノ物品ヲ質ニ取リ又ハ寄藏シタルトキ若クハ其以前ノ質物及寄藏品中ニ類似ノ物品ヲ發見シタルトキハ直ニ所轄警察署ニ屆出ヘシ

第十二條　質物臺帳流質物賣拂帳及品觸寫書ハ十年間保存スヘシ若シ亡失シタルトキハ直ニ所轄警察署ニ屆出ヘシ

第十三條　警察官ハ何時タリトモ質屋ノ店舖ニ臨ミ質物及帳簿ノ檢査ヲ爲シ時宜ニ依リ其質物ヲ差押ヘ又ハ時々帳簿ヲ差出サシメ之ヲ檢査スルコトアルヘシ質屋ハ之ヲ拒ムコトヲ得ス

第十四條　此條例ニ違背シ又ハ詐僞ノ屆出ヲ爲シタル者ハ二圓以上二百圓以下ノ罰金ニ處分ス

第十五條　此條例ヲ一年內ニ再犯シタル者ハ行政ノ處分ヲ以テ其營業ヲ禁止シ又ハ停止スルコトヲ得

第十六條　此條例ヲ犯シタル者ニハ刑法ノ數罪倶發ノ例ヲ用ヒス

第十七條　營業上ニ付テハ家屬又ハ雇人ノ所爲ト雖モ營業者其責ニ任スヘシ

第十八條　此條例ヲ施行スルノ方法細則ハ警視總監府縣知事東京府ヲ除ク縣令ニ於テ便宜取設ケ内務卿ニ屆出ヘシ

○漉入製造取締規則

明治二十年七月
勅令第三十六號

第一條　文字畫紋ヲ漉入レタル紙ヲ製造スル者ハ現品ノ見本ヲ添ヘ管轄廳東京府ハ警視廳ニ屆出ヘシ違フ者ハ一圓以上一圓九十五錢以下ノ科料ニ處ス

第二條　紙幣兌換銀行券公債證書大藏省證券其他政府發行ノ證券ニ類似ノ文字畫紋又ハ凸ニ文字畫紋ヲ漉入レタル紙ヲ人民ニ於テ製造スルコトヲ禁ス違フ者ハ十圓以上百圓以下ノ罰金ニ處ス

第三條　此規則ハ本年九月一日ヨリ施行ス

○第五類　衞生

○傳染病豫防規則

明治十三年七月
布告第三十四號

總則

第一條　此規則ニ稱スル傳染病トハ虎列剌、腸窒扶私、赤痢、實布垤利亞、發疹窒扶私及ヒ痘瘡ノ六病ヲ云フ

但六病ノ外流行病アリテ其勢盛ナルノ兆アルトキハ地方長官ハ内務省ニ具申シ豫防法ヲ施行スヘシ

第二條　醫師ノ傳染病ヲ診斷スルモノハ遲クモ二十四時間ニ之ヲ患者所在ノ町村戸長ニ通知スルヲ要ス戸長ハ速ニ之ヲ郡區長及ヒ最寄警察署ニ通知シ郡區長ハ速ニ之ヲ地方廳（東京府下ハ府廳及ヒ警視本署）ニ屆出ヘシ（十八年第二號布告ヲ以テ（衞生委員）ヲ（戸長）ト改ム以下皆同シ）

但土地ノ便宜ニ依リ醫師ヨリ直ニ警察署ニ屆出警察署ヨリ戸長ニ通知スルモ妨ケナシ

地方廳一週間毎ニ新舊患者及治癒死亡ノ數ヲ內務省ニ申報スヘシ（十三年第五十四號布告ヲ以テ本項ヲ增加ス）

第三條　地方長官ハ管內ニ傳染病流行ノ兆アリト認ムルトキハ其性狀ヲ記シテ速ニ之ヲ內務省ニ申報シ且ツ其管內及ヒ隣接若クハ船舶交通ノ府縣最寄兵營其他碇泊ノ軍艦等ニ報告スヘシ（同上但書ヲ删除ス）

第四條（同上删除）

第五條　諸官廳、兵營、軍艦、監獄及ヒ官立ノ學校、病院、製作所等ニ於テ傳染病者アルトキ其主長ハ該地方官ト協議シ此規則ニ從ヒ豫防法ヲ施行スヘシ

第六條　虎列剌、赤痢、發疹窒扶私、痘瘡ノ流行ニ際シ地方長官ニ於テ豫防ノ爲メ避病院ヲ要スヘキト認ムルトキハ內務卿ニ具狀シテ之ヲ設クルコトヲ得

但人民協議ヲ以テ避病院ヲ設クルハ地方長官ノ許可ヲ請フヘシ

第七條　醫師並ニ戸長ニ於テ傳染病者ノ看護行屆カス若クハ病毒ノ傳播ヲ防キ難シト認ムル者ハ避病院ニ入ラシムヘシ

第八條　掛リ官吏ハ傳染病者アル家ニハ其病名ヲ書シテ門戸ニ貼付シ要用ノ外他人ト交通ヲ絕タシムヘシ（十五年第四十七號ヲ以テ病名貼付ノ儀ハ當分施行セサル旨ヲ布告ス）

但患者治癒死亡又ハ避病院ニ入リタル後相當ノ消毒法ヲ行ハサルノ間ハ仍ホ本條ヲ遵守セシムヘシ

虎列剌病

第九條　虎列剌病者ノ排泄物及ヒ汚穢物ハ其運搬夫ヲ設ケ一定ノ場所ニ運輸シ燒棄若クハ

埋却セシムヘシ

第十條　虎列剌病者ノ死屍ハ其埋葬地ヲ區劃シ濫リニ雜葬セシムヘカラス且他ニ改葬スルヲ許サス

但火葬ハ尋常ノ燒場ニ於テシ其遺骨ハ改葬スルモ妨ナシ

第十一條　虎列剌病者ニ用ヒタル臥具衣服器具及ヒ病室船室等ハ消毒法ヲ行フニアラサレハ再ヒ之ヲ用ヒ又ハ受授賣買スルヲ許サス

第十二條　虎列剌流行ノ際ニハ井泉、河流、水道及ヒ厠圊、芥溜、下水、溝渠等總テ病毒萌生ノ因トナルヘキ場所ニ注意シ掃除清潔ノ法ヲ設クヘシ

第十三條　虎列剌流行スルトキハ船舶交通ノ地方ニ於テ流行地ヨリ來ル所ノ船舶ヲ檢査シ患者若クハ死者アルトキハ此規則ニ從フテ處分スヘシ

第十四條　虎列剌流行ノ勢猛劇ナルトキハ地方長官ハ内務卿ニ具狀シ其許可ヲ得テ醫師衞生官吏警察官吏郡區町村吏等ヨリ適當ノ人員ヲ撰ヒ檢疫委員トナシ豫防消毒ノ事務ヲ擔任セシムルコトヲ得

此場合ニ於テハ醫師タル者吐瀉ノ二症ヲ兼備フル病ヲ診斷スルトキハ總テ檢疫委員ニ屆出ヘシ（十五年第四十八號布告ヲ以テ本項但書共追加）

但本項施行ノ終始ハ地方廳ヨリ之ヲ管内ニ告示シ内務省ニ申報スヘシ

第十五條　前條ノ場合ニ於テハ地方長官ハ祭禮劇場等人民ノ群集ヲ差止ルコトヲ得

虎列剌已ニ市街村落ノ全部若クハ一部分ニ於テ蔓延ノ兆候ヲ顯ハシ其他ノ部分ニ及ホサヽル樣遮斷シ得ヘキモノト見認ムルトキハ地方官ヨリ内務卿ニ禀議シ交通ヲ絶タシムルノ處分ヲ爲スコトヲ得（十四年第五十八號布告ヲ以テ第二項ヲ追加ス）

但要用ノ者ハ掛官吏検察ノ上交通ヲ許スコトヲ得

腸窒扶私病

第十六條　腸窒扶私病流行ノ際ハ第九條第十一條及ヒ第十二條ヲ適用スヘシ

赤痢病

第十七條　赤痢病流行ノ際ハ第九條第十一條及ヒ第十二條ヲ適用スヘシ

實布垤里亞病

第十八條　實布垤里亞病流行ノ際ハ第十一條ヲ適用シ患者ノ痰唾及ヒ之ニ汚穢スル物ハ燒棄若クハ埋却セシムヘシ

發疹窒扶私病

第十九條　發疹窒扶私病者アルトキハ第十條第十一條ヲ適用シ其流行ノ際ニハ第十二條第十三條第十四條及ヒ第十五條ヲ適用スヘシ（十三年第五十四號布告ヲ以テ本條ヲ改正ス）

第二十條　發疹窒扶私病者若クハ其死屍ヲ載セタル車輿等ハ毎回消毒法ヲ行フニアラサレハ他用ニ供スヘカラス

痘瘡病

第二十一條　痘瘡病者アルトキハ第十條第十一條及第二十條ヲ適用シ患者ニ未痘者ヲ接近セシムヘカラス其流行ノ際ニハ第十二條ヲ適用スヘシ（十五年第四十八號布告ヲ以テ全條改正）

罰　則

第二十二條　醫師戸長此規則ニ違背シタルトキハ五十圓以内ノ罰金ニ處ス

第二十三條　官吏其管掌ノ事務ニ於テ此規則ニ違背シタルトキハ百圓以内ノ罰金ニ處ス

第二十四條　人民此規則ニ違背シタルトキハ壹圓五十錢以内ノ科料ニ處ス

○種痘規則 明治十八年十一月布告第三十四號

第一條 種痘ハ小兒出生後滿一年以內ニ之ヲ行フヘシ若シ不善感ナルトキハ更ニ一週年內ニ再三種ヲ行フヘシ

第二條 種痘ハ善感後ト雖モ五年乃至七年ニ再種ヲ行ヒ再種後五年乃至七年ニ三種ヲ行フヘシ

第三條 天然痘流行ノ兆アルトキハ第一條第二條ノ期限ニ拘ハラス掛官吏ノ指定シタル期日內ニ種痘ヲ行フヘシ

第四條 種痘ヲ受クヘキ者病氣或ハ事故アリテ第一條第二條第三條ノ時期ニ種痘ヲ行フコト能ハサルトキ病氣ハ醫師ノ診斷書事故ハ親戚又ハ隣保ノ證印ヲ爲シタル證書ヲ副ヘ戶長役場ニ屆出ヘシ

第五條 種痘ヲ受ケシ者ハ醫師ノ指定シタル日ニ於テ檢診ヲ受ケ痘漿採取ヲ要スルトキハ之ヲ拒ムコトヲ得ス

第六條 種痘濟ノ者ハ醫師ヨリ種痘證ヲ受領シ戶長役場ニ屆出ヘシ

但天然痘ニ罹リタル者ハ醫師ヨリ其證ヲ受領シ本條ニ準スヘシ

第七條 十六歲未滿ノ者ノ尊長後見人若クハ雇主等ニシテ現ニ其幼者ヲ監督スル者ハ前各條ノ責ニ任スヘシ

貧院育兒院等ヘ入院ノ者ハ該主長ニ於テ前各條ノ責ニ任スヘシ

第八條 醫師ハ種痘ノ善感不善感ヲ檢診シ種痘證ヲ付與スヘシ

但天然痘ニ罹リタル者ヲ治療シタルトキハ本條ニ準シ其證ヲ付與スヘシ

第九條 第一條第二條第三條第四條第五條第六條及第八條ヲ犯シタル者ハ五錢以上五十錢

以下ノ科料ニ處ス

第十條　府知事縣令ハ種痘明細表ヲ製シ毎年一月七月ノ兩度內務卿ニ報告スヘシ

第十一條　此規則ヲ施行スル方法細則ハ府知事縣令ニ於テ便宜取設ケ內務卿ニ屆出ヘシ

○檢疫停船規則　明治十二年七月　太政官布告第二十九號

第一條　日本政府ハ虎列剌病ノ蔓延ヲ防カンカタメ茲ニ左ニ掲クル規則ヲ開港場ニ施行スルコトヲ布告ス而シテ更ニ其施行ノ停止ヲ令スル迄ハ之ヲ實施スルモノトス

第二條　中央衛生會ニテ決スル處ノ開港場ニ官吏及ヒ至當ノ教育ヲ受ケ能ク職任ニ堪ユヘキ日本又ハ外國醫士化學士及ヒ相當ノ助役ヲ以テ地方檢疫局ヲ設置スヘシ而シテ其局員ノ數ハ其港入船ノ多寡ニ應シテ增減アルヘシト雖モ檢疫一切ノ事務ヲ速ニ整理スルニ差支ナキヲ以テ足レリトスヘシ（十二年七月第三十號布告ヲ以テ本條改正）

都テ此地方檢疫局ハ中央衛生會ノ管轄ニ屬スヘシ

第三條　政府ハ檢疫停船規則ヲ施行スル各開港場ニ於テ停船場ヲ定メ且虎列剌患者ヲ容ルヘキ病院並ニ該病ノ疑アル患者ヲ容ルヘキ病院ヲ建設シ遺骸ヲ處置スヘキ地消毒法ヲ施行スヘキ場所並ニ停留セラレタル人ノタメ都テ必需ノ具ヲ備タル屋舍ヲ設置スヘシ

第四條　檢疫信號旗ヲ掲ケタル番船ヲ各港口ノ近傍ニ置キ各船入港ノ前檢査ノタメ之ヲ停止シ地方檢疫局ノ人員少ナクモ二名派出シテ之ヲ檢査スヘシ但右局員ノ內一名ハ必ス醫士タルヘシ而シテ船長醫士或ハ船內ノ人ハ誰ニテモ檢疫官吏ノ訊問ニ對シ都テ之ニ應答シ又所定ノ式紙ニ事項ヲ記入シ其氏名ヲ記シタル明告書ニ調印シテ差出スヘシ（十二年七月第三十號布告ヲ以テ本條改正）

船長ハ檢疫官吏ノ求メニ應シ船內ノ各部ヲ開キ檢査ヲ受クヘシ但シ艙ハ航海中船客又ハ

乗組人ニテ占居シタルトキ又ハ他ノ事故ニ依テ病毒ニ感染シタル恐レアルトキハ其檢査ヲ受クヘシ

檢疫官吏ハ航海日記ヲ査閲シ乗組人及ヒ船客ノ人名錄ヲ船內現在ノ人員ト引合ハスコトヲ得ヘシ

第五條　虎列剌病流行セサル港又ハ其疑ナキ港ヨリ來航スル船ノ船長ハ明告書及其他ノ手續ヲ以テ該船有病ノ港又ハ其疑アル港ニ立寄ラス又有病ノ船舶若クハ其疑アルモノト直チニ交通セス且航海中眞性虎列剌病又ハ疑似症ヲモ船內ニ發セシモノ無キ旨ヲ證明シテ檢疫官吏ヲ滿足セシムルトキハ該船ハ直チニ入港スルコトヲ得ヘシ軍艦ハ其艦長及醫官ニテ調印セル書面ヲ以テ前條ノ趣ヲ明告スル迄ニテ足レリトスヘシ而シテ該艦ハ檢查ヲ經ス入港スルヲ得ヘシト雖モ若シ右ノ書面ヲ差出サヽルトキハ檢疫停船規則ニ從フヘシ

（同上布告ヲ以テ本條ニ追加ス）

第六條　船內ニ眞性虎列剌病若クハ疑似症ニ罹リタル者無シト雖モ有病ノ港又ハ其疑アル港ヨリ來ルカ又ハ其航海中直ニ有病ノ船若クハ其疑アルモノト交通シタル船舶及ヒ船內ノ人員ハ其港ヨリ出帆ノ日又ハ有病若クハ其疑アル船ト交通ノ日ヨリ起算シテ七日ノ期滿ツル迄ハ停留セシムヘシ但地方檢疫局ニ於テ右ノ時間ヲ短縮スルトモ差支ナキヲ認ムルトキハ此限ニアラス

右七日ノ期該船來著ノ上又ハ其前既ニ過キ去ルトキハ消毒法ヲ行ヒシ上速ニ船客ノ上陸ヲ許スヘシ

一般ノ積荷ハ消毒法ヲ施スニ及ハス自餘ノ物品ハ檢疫官吏ノ見込ヲ以テ消毒法ヲ行ヒ或ハ行ハサルヘシト雖モ爛布古衣夜具ハ勿論其他檢疫官吏ニ於テ特ニ危險ナリト見込ムモ

ノハ消毒法ヲ行フヘシ
消毒法ヲ行ヒタル物品ハ速ニ陸揚スルコトヲ得ヘシト雖モ消毒法ヲ行ハサル物品ハ停船ノ定期滿ル迄陸揚スヘカラス若シ停船中眞性虎列刺及ヒ疑似症ヲ發スルトキハ其船及ヒ人員物品ハ都テ第八條第九條ニ從ヒ處置スヘシ

第七條　有病ノ港又ハ其疑アル港ヨリ來ル軍艦ハ其艦長及ヒ醫官ヨリ書面ヲ以テ該艦來港前七日以內艦內ノ者有病ノ港或ハ其疑アル港ニ上陸セシコト無ク又ハ病毒感染ノ恐ナク且航海中船內ニ眞性虎列刺病又ハ疑似症ヲ發セシコト無キ旨ヲ明告スルトキハ直ニ入港スルヲ得ヘシ右ノ書面ヲ差出ササルトキハ該艦ハ檢疫停船規則ニ從ハシムヘシ（十二年七月第三十號布告ヲ以テ本條ニ追加）

第八條　船舶來港ノ上其船內ニ眞性虎列刺病若クハ疑似症ヲ發スル者アルトキハ檢疫官吏ニテ指示シタル停船場ニ移シテ要用ノ消毒法ヲ行ヒシ日ヨリ起算シテ七日ノ間停船セシムヘシ（十二年七月第三十號布告ヲ以テ本條改正）
船舶來港前病毒消滅シ而シテ檢疫官吏ノ滿足スヘキ方法ヲ以テ消毒法ヲ施行セル上ハ地方檢疫局ニ於テ可トスル程停船ノ時間ヲ短縮シ得ヘシ消毒法施行後停船中眞性虎列刺病若クハ疑似症ヲ發スル者アルトキハ地方檢疫局ノ必要ト考斷スル程消毒法ヲ反復施行シ其施行ノ時ヨリ起算シテ尙三日間停船セシムヘシ但最初定メタル時限猶三日以上アルトキハ最初定メタル時限ニ達スル迄停船セシムヘシ
患者及ヒ死者ノ遺骸ハ第九條ニ從ヒ處置スヘシ

第九條　前條ニ記スルカ如キ船舶ノ來著スルニ方リ其乘組ノ患者未タ癒エサレハ其容體ニ依リ之ヲ避病院ニ移シ若シ已ニ死シテ遺骸ノ處置未タ濟マサルトキハ其爲メニ設ケタル

場所ニ於テ火葬スルカ又ハ其關係アル者ノ望ミニ任セテ十分消毒法ヲ行ヒシ後埋葬スヘシ患者及ヒ遺骸ヲ船中ヨリ他ニ移シタル後夜具衣類其他ノ物品及ヒ船内何レノ部分ニテモ病毒感染ノ恐アル者ハ地方検疫局ニ於テ指示セル如ク十分ニ消毒法ヲ施スヘシ而シテ消毒法ヲ施ス爲メ要用ノ人ト船中ヲ取締ルヘキ人トノ外都テ船内ノ人員ハ其人ノ爲メ特ニ設クル所ノ家屋ニ移シ消毒法ヲ行フヘシ船内ニ殘リタル人員ハ船内ニテ消毒法ヲ受クルカ又ハ交代シテ陸上ニアル適當ノ家屋ニ於テ之ヲ受クヘシ

第十條　有病ノ港或ハ其疑アル港ヨリ出帆シ途中ノ港ヲ經ルト雖モ其港ニ於テ検疫處置ヲ受ケサル船舶ハ直チニ有病ノ港又ハ其疑アル港ヨリ來ルモノト認メ處置スヘシ

第十一條　定期郵便ヲ運搬スル諸船ハ著港ノ上速ニ其郵便物ヲ運送スルコトヲ得ヘシ而シテ政府ハ右ノ郵便物ヲ陸揚配達ノ爲メ至當ノ方法ヲ設クヘシ（十二年七月第三十號布告ヲ以テ本條改正）

第十二條　病院ニ入ル患者ハ治療及ヒ必要品ヲ受クルヲ得ヘシ病院或ハ碇泊ノ船内ニ在ル患者ヲ尋訪セントスル人ハ地方検疫局ニ於テ定メタル方法ニ從フヘシ

避病院ニ關係ナキモ醫業ニ達シタル醫士ハ患者又ハ其代理人ノ請ニ由テ診察協議スルコトヲ得ヘシ

患者ハ醫士ヨリ退院ヲ許ス迄ハ病院ヲ退去スルコトヲ得ス

第十三條　船中ニ於テ眞性虎列剌病若クハ疑似症ヲ發スルコトナキ時ハ停留セラレタル人ヲ船中ニ停メ置コトヲ得ヘシ又ハ地方検疫局ニ於テ衞生上ノ見込ニ從ヒ特ニ陸地ニ設ケアル避病ノ場所ニ移サルヽコトアルヘシ

第十四條　検疫停船規則施行ノ港ニ來著スル船舶ニ於テ検疫官吏之ヲ虎列剌ノ源因ナラン

ト思考スル疑似ノ病徴ヲ發スル者アルトキハ其患者ハ病院ノ別室ニ移シ船ハ醫士ニ於テ其病症ヲ審斷スルニ充分ノ時間ヲ終ル迄停留セシムヘシ但其時間ハ四十八時ニ過クヘカラス而シテ地方檢疫局ハ醫士ノ報告ニ依リテ該規則ノ内其場合ニ適スル條款ヲ實施スヘシ（十二年七月第三十號布告ヲ以テ本條改正）

第十五條　有病ノ港又ハ其疑アル港ヲ發シ船用品或ハ荷物積込ノ爲メニ途中檢疫所ノ設ケアル無病ノ一港ニ立寄タル船舶ハ豫メ檢疫官吏ノ檢査ヲ經且ツ必要ト認メタル消毒法ヲ行ヒ船用品或ハ貨物ヲ積入ル丶毎ニ地方檢疫局ヨリ指示スル方法ニ從フ可シ又該船内ニ眞性虎列剌病若クハ疑似症ヲ發シタルトキハ該船又ハ其乘込人及ヒ物品ヲ處置スルハ第八條第九條ニ準スヘシ但シ該船内ヨリ上陸スル者アル時ハ他船ニテ到著シタル人ニ行フヘキ同一ノ處置ヲ爲スヘシ

第十六條　船舶ノ檢査ハ其來着後成ルヘク速ニ施行スヘシ若シ來著後十二時間ヲ過キテ檢査ヲナサヽル時ハ入港スルヲ得ヘシ但シ其遲延天氣惡キカ爲メカ又ハ避ケ難キ事情アルカ爲メカ又ハ船長若クハ該船ニ關係アル人ノ所行或ハ詐僞ニ出ツルカノ時ハ此限ニアラス其場合ニ於テハ其遲延シタルノ事故終リタル時檢査ヲ爲スヘシ

第十七條　地方檢疫局ヨリ指圖シタル消毒法ハ檢疫官吏之ヲ施行シ其船ノ士官及ヒ船員之ヲ補助スヘシ但消毒法ハ之ヲ命シタル時ヨリ成ルヘク二十四時間ニ完了シ而シテ其入費ハ船主又ハ其責アル者ヨリ辨償スヘシ

第十八條　檢疫停船規則ヲ施行スル港内ニ碇泊中船内ニ眞性虎列剌病又ハ疑似症ヲ發シタル船舶ハ直ニ第八條第九條ノ規則ニ從フヘシ

然リト雖モ若シ其船既ニ本港ニ於テ停留ヲ經タル時ハ檢疫官ハ地方檢疫局ニテ必要ト考

斷スル丈ケノミノ消毒及ヒ檢査ノ方法ヲ反復施行スヘシ（十二年七月第三十號布告ヲ以テ本條改正）

第十九條　虎列刺病既ニ流行スル港內ニ來著スル船舶檢査消毒法患者及ヒ死者ノ處置ヲ爲スハ前記ノ規則ニ從ハシムヘシ右ヲ施行スル爲メノ豫備ハ政府ニ於テ爲スヘシト雖モ船及ヒ人員停留ノ規則ハ休止スヘシ（同上）

第二十條　第六條第八條及ヒ第九條ニ記スル船舶ノ景狀地方檢疫局ニ於テ特ニ公衆ノ健康ニ危險ナリト思慮シ非常ノ處置ヲ必要トスルトキハ此規則外ニ豫防ノ嚴制ヲ施スコトヲ得ヘシ其場合ニ方リテ地方檢疫局ハ直ニ中央衞生會ニ臨時ノ報告書ヲ差出スヘシ而シテ右報告書ノ寫ハ請求ニ依リテ地方檢疫局ヨリ之ヲ該船ノ船長船主又ハ其用達ニ付與スヘシ

第二十一條　檢査中又ハ停留中ノ船舶又ハ停留人ノ寓所ニハ凡ソ何人ヲ問ハス地方檢疫局ノ許可ナクシテ往クコトヲ許サス

第二十二條　前條ノ規則ヲ施行スルニ就テ其人ニ係ル所ノ食料醫藥其他欠クヘカラサル費用ハ其本人又ハ代理人ヨリ辨償スヘシ

第二十三條　此規則ニ背キ或ハ從フコトヲ拒ム者ハ犯ス每トニ貳百圓以內ノ罰金ヲ科スヘシ若シ其船長船主若クハ其船ノ用達又ハ其各人若クハ一人ノ命令又ハ利益ノ爲メ此規則ニ背キ或ハ從フコトヲ拒ムトキハ每犯罰金五百圓ニ至ルマテ增加スルコトアルヘシ

此規則ニ就テ拂フヘキ費用ヲ辨償セサルモノアルトキハ民事ノ訴訟ヲ以テ之ヲ要求スヘシ

　但シ罰金ハ科セサルヘシ

此規則ヲ犯シ停留場ヲ脫去スル者ハ（船又ハ人）罰金ヲ科シ且卽時停留場ニ返ラシムヘシ

○虎列刺病流行地方ヨリ來ル船舶檢査規則 明治十五年六月布告第三十一號

第一條 凡ソ虎列刺病流行地方ヨリ來ル船舶ハ檢疫官ノ檢査ヲ受ケ其記名セル許可ノ證書ヲ得タル後ニ非レハ他港ニ進港シ陸地又ハ他船ト交通シ及ヒ乘組人船客ノ上陸竝ニ積荷ノ陸揚ヲ爲ス可カラス

第二條 其船中該病患者又ハ該病死者ナキトキハ檢疫官直チニ其船舶ノ他港ニ進港シ陸地又ハ他船ト交通シ及ヒ乘組人船客ノ上陸竝積荷ノ陸揚ヲ爲スノ許可ヲ與フ可シ

但檢疫官ニ於テ必用ト認ムルトキハ其船舶ヲ四十八時間以內其指定スル場所ニ碇泊セシメ十分ノ消毒法ヲ施スコトヲ得（十八年第二十九號布告ヲ以テ但書ヲ追加ス）

第三條 若シ其船中ニ該病患者又ハ該病死者アルトキハ檢疫官其船舶ヲ陸地及ヒ他船ニ傳染ノ虞ナシト認ムル距離ニ於テ其指定スル場所ニ碇泊セシム可シ

該病患者ハ之ヲ避病院若クハ其住居若クハ其他檢疫官ノ適當ト認ムル場所ニ送致ス可シ

其死者ハ若シ緣故人ノ望アルトキハ其望ニ隨ヒ地方官所定ノ場所ニ火葬シ若クハ十分ノ消毒法ヲ施シタル後之ヲ埋葬スヘシ

前項ノ手續ヲ終リ檢疫官ハ其乘組人船客ニハ十分ナル消毒法ヲ施シタル後上陸ノ許可ヲ與ヘ其船舶及傳染ノ虞アリト認ムル積荷ニハ十分ナル消毒法ヲ施シタル後其船舶ノ他港ニ進航シ陸地又ハ他船ト交通シ及積荷ヲ陸揚スルノ許可ヲ與フ可シ

第四條 此規則ニ違背シタル者若クハ此規則ノ執行ヲ妨害シタル者ハ刑法ニ於テ之ヲ處分スヘシ

第五條 此規則施行始終ノ期日竝ニ場所ハ其都度內務卿ヨリ之ヲ指定ス可シ

○獸類傳染病豫防規則 明治十九年九月農商務省令第十一號

第一條 此規則ニ稱スル獸類トハ牛馬羊豕ヲ謂ヒ傳染病トハ左ノ諸病ヲ謂フ

一 牛疫

二 炭疽熱

三 鼻疽及皮疽

四 傳染性胸膜肺炎

五 傳染性鵝口瘡

六 羊痘

第二條 獸類傳染病ニ罹リタルトキ若クハ其症候ノ疑アルトキハ所有者又ハ管理者ハ其患畜ト健畜トヲ隔離シ獸醫ヲシテ患畜及之ニ接近シタル獸類ヲ診察セシムヘシ

第三條 獸醫ハ獸類ヲ診察シ傳染病ト鑑定シタルトキハ所有者又ハ管理者ト連署シ直ニ警察署及戸長役場ニ屆出ツヘシ

第四條 獸醫牛疫ト診斷シタルトキハ警察官吏及獸醫立會ノ上所有者又ハ管理者ニ於テ之ヲ撲殺スヘシ

第五條 第四條ノ場合ニ於テハ三人以上ノ評價ヲ以テ發病前ノ價格ヲ定メ所有者ニ左ノ手當金ヲ下付スヘシ

評價金二十五圓マテ	手當金評價	十分ノ四
評價金五十圓マテ	同	十分ノ三
評價金百圓マテ	同	十分ノ二
評價金二百五十圓マテ	同	十分ノ一
評價金五百圓マテ	同	十五分ノ一

評價金千圓マテ　同　二十五分ノ一

第六條　獸醫傳染病蔓延ノ兆候アリト認ムルトキハ直ニ其旨ヲ警察署及戶長役場ニ屆出ツヘシ

第七條　第三條ノ屆ヲ受ケタル戶長役場ニ於テハ其旨ヲ患畜所在ノ近傍ヘ榜示スヘシ

第八條　傳染病畜ノ全癒又ハ斃死シタルトキ若クハ傳染病畜ヲ撲殺シタルトキハ其所有者又ハ管理者ハ獸醫ノ診斷書ヲ添ヘ直ニ警察署及戶長役場ニ屆出ツヘシ

第九條　傳染病ニ罹リテ斃死シ又ハ傳染病ニ由リテ撲殺シタル獸類並ニ其排泄物及之ニ觸レタル飼料褥草等ハ警察官吏ノ指定シタル場所ニ於テ燒棄スルカ又ハ消毒法ヲ施シ深六尺以上ノ坑ヲ掘リテ埋沒スヘシ

但埋沒シタル場所ハ十二箇年ノ後ニアラサレハ發掘スルヲ得ス

第十條　傳染病畜及其排泄物ニ觸レタル物品若クハ看護者ハ勿論其患畜ノ在リシ場所ハ獸類ノ所有者又ハ管理者ニ於テ消毒法ヲ行フヘシ

第十一條　道路ニ於テ傳染病ニ罹リタル獸類若クハ其死體ハ警察官吏ノ指定シタル場所ニアラサレハ轉移スルヲ許サス

第十二條　傳染病ノ流行ニ際シ警視總監北海道廳長官府縣知事ハ獸類市場ノ開設及斃牛馬化成ニ關スル營業ヲ停止スルヲ得

但本條ノ場合ニ於テハ停止又ハ解停ノ都度其旨ヲ農商務大臣ニ屆出ツヘシ

第十三條　第三條第六條第八條ノ屆ヲ受ケタル戶長役場ハ郡區役所ヲ經警察署ハ直ニ所轄廳警視廳北海道廳府縣廳ヲ云フニ屆出ツヘシ

第十四條　警視總監北海道廳長官府縣知事ハ第三條及第六條ニ該當スヘキ屆ヲ得タルトキ

ハ直ニ其旨ヲ管內及近接ノ地方廳ニ報告スヘシ（二十二年農商務省令第六號ヲ以テ改正）
但本條ノ報告ヲ得タル地方廳ハ直ニ其旨ヲ管內ニ報告スヘシ
第十五條　警視總監北海道廳長官府縣知事ハ第十三條ノ屆ヲ得タルトキハ每土曜日其旨ヲ農商務大臣ニ屆出ツヘシ
第十六條　警視總監北海道廳長官府縣知事ハ第六條ニ該當スヘキ屆ヲ得タルトキ及管下接近ノ地方ニ傳染病蔓延ノ兆候アリトノ報告ヲ得タルトキハ豫防線ヲ劃シ獸類ノ出入往來ヲ停止スルヲ得（同上）
第十七條　牛疫蔓延ノ際ニ限リ其患畜ニ接近シタルトキハ假令健康ノモノタリトモ警視總監北海道廳長官府縣知事ニ於テ之ヲ撲殺セシムルヲ得
但本條ノ塲合ニ於テハ第五條ノ手續ニ據リ評價金ノ金額ヲ下付スヘシ（同上）
第十八條　牛疫ヲ除クノ外傳染病蔓延ノ際ニ於テハ警視總監北海道廳長官府縣知事ハ其患畜ヲ撲殺セシムルヲ得
但本條ノ塲合ニ於テハ第五條ノ手續ニ據リ手當金ヲ下付スヘシ
第十九條　此規則ニ違背シタル獸醫及獸類所有者又ハ管理者ハ二圓以上二十圓以下ノ罰金ニ處ス
但刑法ニ正條アルモノハ此限ニアラス

○賣藥規則

明治十年一月
布告第七號

第一章

第一條　此規則ニ稱スル處ノ賣藥トハ丸藥膏藥煉藥水藥浴劑散藥煎藥等ヲ調製シ効能書ヲ附シ販賣スルモノヲ云フ（十年第八十九號布告ヲ以テ全條改正）

第二條　此賣藥營業者ハ藥味分量用法服量功能ヲ詳記シタル書ニ族籍氏名ヲ記シ其管轄廳ニ願出免許鑑札ヲ受クヘシ（十一年第二十七號布告ヲ以テ（管轄廳）ノ下八字ヲ削ル）

但免許ヲ受ケタル者二ケ所以上ニ於テ之ヲ調製スル時ハ其箇所毎ニ免許鑑札ヲ受クヘシ（十五年第五十二號布告ヲ以テ但書ヲ追加ス）

第三條　管轄廳ニ於テハ願書ヲ檢査シ其製藥配伍ノ藥品劇毒徴毒ニ拘ハラス取扱上失誤ヲ生シ易キモノ及ヒ毒藥劇藥取締ニ關係スルモノハ之ヲ許サヽルヘシ（十一年第二十七號布告ヲ以テ（内務省）ヲ（管轄廳）ト改メ（毒藥）ノ下（劇藥）ノ二字ヲ加フ）

第四條　第八條ニ記シタル期限中藥味分量用法服量能書ヲ改正セント欲スル者其由ヲ屆出舊鑑札ヲ返納シテ更ニ新鑑札ヲ願受クヘシ

第五條　賣藥ヲ請賣セント欲シ其營業者ノ許諾ヲ得タルモノハ族籍氏名ヲ記シタル願書ニ營業者所持ノ免許鑑札寫及ヒ營業者ト取結ヒタル約定書トヲ添ヘ其管轄廳ヘ願出免許鑑札ヲ受クヘシ（十年第八十九號布告ヲ以テ全條改正シ十一年第廿七號布告ヲ以テ（鑑札ヲ受）ノ下十三字ヲ削リ（ク）ノ一ヲ加フ）

第六條　賣藥營業者及ヒ請賣者共必ス免許ノ看板ヲ掲クヘシ

第七條　賣藥營業者及ヒ請賣者ニ於テ自ラ行商シ又ハ賣子ヲ派出シテ行商ヲ為サシメント欲スルトキハ其由ヲ管轄廳ヘ屆出行商鑑札ヲ願受ケ行商スル時ハ必ス之ヲ所持スヘシ

第八條　營業鑑札請賣鑑札行商鑑札ハ其鑑札記載ノ月ヨリ滿五年ヲ以テ免許ノ期限トス此期限ヲ過キ尚免許ヲ得ント欲スルモノハ舊鑑札ヲ返納シ更ニ新鑑札ヲ願受クヘシ（十九年十一月二十五日勅令第七十二號ヲ以テ（營業免許期限）ヲ廢ス）

第九條　第八條ニ記シタル期限中第四條ノ改正發賣ヲ願出之ヲ免許スル時ハ新鑑札記載ノ月ヲ以テ一期ノ初月トナスヘシ

第十條　免許期限內ト雖モ其製藥第三條ニ揭クル處ノ有害品ナルヲ更ニ發見スル時或ハ營業者製藥ヲ粗惡ニスル等ノコトアル時ハ直ニ鑑札ヲ取上ケ發賣ヲ禁止スルコトアルヘシ（十一年第二十七號布告ヲ以テ（有毒）ヲ（有害）ニ改ム）

第十一條　營業者廢業スルカ又ハ禁止セラルヽ時ハ其請賣者及ヒ賣子共其販賣ヲ許サス

第十二條　諸鑑札ヲ遺失シ又ハ水火盜難ニ因テ毀失シタル時ハ其仔細ヲ詳記シテ管轄廳ヘ屆出再ヒ之ヲ願受クヘシ

第十三條　免許鑑札ヲ他人ニ讓渡サントスル者ハ雙方連印ノ願書ヲ管轄廳ニ差出シ名前書換ヲ請フヘシ

第十四條　賣藥營業者及ヒ請賣者免許期限中其相續人ニ於テ之ヲ相續スル時ハ其由ヲ記シ管轄廳ヘ鑑札名前書換ヲ請フヘシ（十年第八十九號布告ヲ以テ全條改正）

第十五條　賣藥營業者廢業シ若シクハ禁止セラレタルトキハ營業者ハ勿論其請賣者ニ於テモ總テ諸鑑札ヲ返納スヘシ

第二章

第十六條　賣藥營業者ハ左ノ通稅金並鑑札料ヲ上納スヘシ（十四年第二十六號布告ヲ以テ（賣藥營業者）ノ下（及ヒ請賣者ノ五字ヲ削リ（右鑑札料）ノ次（賣藥請賣鑑札料及ヒ（賣藥行商鑑札料）ノ二項ヲ削ル）

賣藥營業稅　藥劑一方ニ付一ヶ年　金二圓

右鑑札料　藥劑一方ニ付一枚　金二十錢

但第二條但書ニ依リ免許鑑札ヲ受クル者ハ其箇所每ニ本文ノ稅金幷鑑札料ヲ納ムヘシ（十五年第五十二號布告ヲ以テ但書ヲ追加ス）

第十七條　水火盜難ニ因リ鑑札ヲ毀失シ更ニ新鑑札ヲ願受ル時ハ其鑑札料ノ半高ヲ納ムヘ

シ

第十八條　税金ハ毎年兩度ニ區分シ前半年分ハ一月三十一日限リ後半年分ハ七月三十一日限リ鑑札料ハ其都度並ニ管轄廳ニ上納スヘシ

第十九條　税金ハ六月以前免許ノ者ハ全年分七月以後ハ半年分廢業ノ者ハ七月以後ハ全年分六月以前ハ半年分ヲ納ムヘシ

但第十條ノ有害品ナルヲ更ニ發見セシ時ニ限リ月割ヲ以テ税金ヲ納メシムヘシ（十一年第二十七號布告ヲ以テ（有毒）ヲ（有害）ニ改ム）

第三章

第二十條　無鑑札又ハ鑑札ヲ借受ケ自ラ行商シ又ハ行商セシムル者及ヒ之ヲ貸ス者又ハ期限過タル鑑札ヲ以テ自ラ行商シ又ハ行商セシムル者ハ其鑑札ヲ取上ケ藥劑一方ニ付五圓ノ罰金ヲ科スヘシ

第二十一條　無鑑札又ハ鑑札ヲ借受ケ又ハ期限過キタル鑑札ヲ以テ請賣スル者及ヒ無鑑札ノ者ヲシテ請賣セシメ又ハ鑑札ヲ貸ス者ハ其鑑札ヲ取上ケ製藥ヲ沒入シ藥劑一方ニ付十圓ノ罰金ヲ科スヘシ

第二十二條　免許ヲ受ケスシテ私ニ藥味分量用法服量能書等ヲ改更シ又ハ許可ヲ經スシテ無稽ノ妄說ヲ記載シ世人ヲ衒惑スル者ハ其鑑札ヲ取上ケ製藥ヲ沒入シ藥劑一方ニ付十圓以上二十五圓以下ノ罰金ヲ科スヘシ

第二十三條　無鑑札ニテ營業スル者又ハ營業者ニシテ私ニ請賣者ニ藥劑ヲ調製セシムル者又ハ請賣者自ラ之ヲ調製スル者ハ其製藥及ヒ賣得金ヲ沒入シ藥劑一方ニ付二十五圓以上五十圓以下ノ罰金ヲ科スヘシ（十四年第二十六號布告ヲ以テ（營業スル者）ノ下三十八字ヲ追加ス）

第二十四條　諸鑑札ヲ僞造シ又ハ他人ノ賣藥ヲ贋造シテ發賣スル者ハ其製藥及ヒ其賣得金ヲ沒入シ藥劑一方ニ付五十圓以上百圓以下ノ罰金ヲ科スヘシ
第二十五條　私ニ有毒藥ヲ配伍スル者ハ其鑑札ヲ取上ケ製藥及ヒ其賣得金ヲ沒入シ藥劑一方ニ付百圓以上五百圓以下ノ罰金ヲ科スヘシ
第二十六條　以上ノ犯則者ヲ見届ケ訴出ル者アル時ハ事實取糺ノ上相違ナキニ於テハ其賞トシテ其罰金ノ半高ヲ與フヘシ

○藥品營業竝藥品取扱規則　明治二十二年三月法律第十號

第一章　藥劑師

第一條　藥劑師トハ藥局ヲ開設シ醫師ノ處方箋ニ據リ藥劑ヲ調合スル者ヲ云フ
藥劑師ハ藥品ノ製造及販賣ヲ爲スコトヲ得
第二條　藥劑師ハ其學術試驗ヲ受ケ年齡滿二十年以上ニシテ內務大臣ヨリ藥劑師免狀ヲ得タル者ニ限ル
第三條　藥劑師免狀ヲ得ントスル者ハ試驗及第證書ヲ以テ地方廳ヲ經由シ內務省ニ願出ヘシ
第四條　藥劑師免狀ヲ得ル者ハ免狀下付ノ節手數料金三圓ヲ納ムヘシ
第五條　藥劑師免狀ヲ得タル者ノ氏名本籍ハ內務省ノ藥劑師名簿ニ登錄シ之ヲ公告スヘシ
第六條　藥劑師免狀ヲ毀損亡失シ又ハ氏名本籍ヲ變換スル等免狀面ニ異動ヲ生シタルトキハ其事由ヲ記シ地方廳ヲ經由シ免狀書換ヲ內務省ニ願出ヘシ
第七條　書換ノ免狀ヲ得ル者ハ免狀下付ノ節手數料金一圓ヲ納ムヘシ
第八條　藥劑師廢業又ハ死亡シタルトキハ十日以內ニ地方廳ニ届出ヘシ

第九條　藥劑師ニ非サレハ藥局ヲ開設スルコトヲ得ス
第十條　藥劑師藥局ヲ開設シ又ハ閉鎖シタルトキハ十日以内ニ地方廳ニ屆出ヘシ
第十一條　藥劑師一人ニシテ二箇所以上ノ藥局ヲ開設スルコトヲ得ス但支局ヲ設クルトキハ別ニ藥劑師ヲ置キ之ヲ管理セシムヘシ
第十二條　藥局ニハ日本藥局方第一表ノ藥品ヲ備フヘシ
第十三條　藥局ニ備付ノ秤量器ハ最モ精確ナルヲ要シ權衡ハ少クモ一「サンチグラム」ヲ定量シ得ルモノヲ備フヘシ
第十四條　藥劑師ハ患者ノ氏名、年齡、藥名、分量、用法、用量、處方ノ年月日及醫師ノ氏名ヲ自記シ又ハ調印シタル處方箋ニ據リ調劑スヘキモノトス但處方箋中疑ハシキ廉アルトキハ其醫師ニ質シ證明書ヲ得ルニ非サレハ調劑スルコトヲ得ス
第十五條　處方箋ヲ受ケタルトキハ晝夜ヲ問ハス何時ニテモ調劑スヘキモノトス正當ノ事故ナクシテ之ヲ拒ムコトヲ得ス
藥劑師ハ調劑錄ヲ備ヘ處方箋ヲ謄寫シ置クヘシ
第十六條　處方箋中ノ藥品ニ缺乏アルトキハ其醫師ニ通知シテ指揮ヲ乞フヘシ藥劑師隨意ニ之ヲ省略シ又ハ他藥ヲ代用スルコトヲ得ス
第十七條　毒藥劇藥ノ處方箋ハ藥劑師檢印シテ處方箋ノ日附ヨリ滿十年間之ヲ保存スヘシ
第十八條　毒藥劇藥ハ一回使用セシ處方箋ニ據リ再ヒ調劑スルコトヲ得ス但特ニ醫師ノ通知アルモノハ此限ニアラス
第十九條　患者ニ與フル藥劑ノ容器又ハ包紙ニハ處方箋ニ據リ内外用ノ別、用法、用量、年月日、患者ノ氏名、藥局ノ地名及藥劑師ノ氏名ヲ記スヘシ

第二章　藥種商

第二十條　藥種商トハ藥品ノ販賣ヲ爲ス者ヲ云フ

第二十一條　藥種商ハ地方廳ノ免許鑑札ヲ受クヘシ

第二十二條　毒藥劇藥ハ衛生試驗所又ハ藥劑師製藥者ニ於テ封緘シタル容器ヲ開キテ零賣スルコトヲ得ス

第三章　製藥者

第二十三條　製藥者トハ單ニ藥品ヲ製造シ自製ノ藥品ヲ販賣スル者ヲ云フ

第二十四條　製藥者ハ地方廳ノ免許鑑札ヲ受クヘシ

第二十五條　毒藥劇藥ハ適當ノ容器ニ納メ之ヲ封緘スヘシ其容器ヲ開キテ零賣スルコトヲ得ス

第四章　藥品取扱

第二十六條　日本藥局方ニ記載スル所ノ藥品ハ其性狀、品質該局方ノ所定ニ適合スルモノニ非サレハ販賣若クハ授與スルコトヲ得ス

第二十七條　日本藥局方ニ記載セサル藥品ハ其據ル所ノ外國藥局方名ヲ記スヘシ其性狀品質、該局方ノ所定ニ適合シタルモノニ非サレハ販賣若クハ授與スルコトヲ得ス何レノ藥局ニモ記載セサル新規ノ藥品ハ衛生試驗所ノ檢査ヲ經其試驗成績ヲ記スルモノニ非サレハ販賣若クハ授與スルコトヲ得ス

第二十八條　藥局方中特ニ貯藏法ヲ示シタルモノハ其所定ニ從フヘシ

第二十九條　毒藥劇藥ハ他ノ藥品ト區別シ毒藥ハ鎖鑰ヲ備ヘタル場所ニ貯藏スヘシ

第三十條　毒藥劇藥ハ職業上必要ト認メタル者ヨリ其藥名、量數、使用ノ目的、年月日及住所、

氏名職業ヲ記シ且捺印シタル證書ヲ差出スニ非サレハ之ヲ販賣若クハ授與スルコトヲ得ス
前項ノ證書ハ其日付ヨリ滿十年間之ヲ保存スヘシ
第三十一條　毒藥劇藥ハ前條ニ記載シタル證書アルモ幼稚ノ者其他不安心ト認ムル者ニハ交付スヘカラス
第三十二條　毒藥劇藥ハ藥品ノ容器又ハ包紙ニ其名稱及販賣授與者ノ住所氏名ヲ記シ毒藥ハ毒字劇藥ハ劇字ヲ付記スヘシ
第三十三條　藥劑師ニ於テ醫師ノ處方箋ニ據リ患者ニ與フル藥劑ハ第三十條及第三十二條ノ手續ヲ爲スヲ要セス
第三十四條　藥劑師藥種商製藥者ノ間ニ於テハ第三十條及第三十二條ニ記載シタル手續ヲ要セス其藥劑師藥種商製藥者タルノ證明書ヲ以テ毒藥劇藥ヲ賣買スルコトヲ得
第三十五條　毒藥劇藥ノ品目ハ内務省令ヲ以テ之ヲ定ム
第三十六條　藥品ノ容器又ハ包紙ニハ假名又ハ漢字ヲ以テ其藥名ヲ記スヘシ但羅甸語又ハ他ノ外國語ト併記スルハ妨ケナシ
第三十七條　藥品ノ容器又ハ包紙ニハ製造者ノ住所氏名ヲ記スヘシ其外國製ニ係ルモノハ引取人ノ住所氏名ヲ記スヘシ但藥品製造會社ニ於テハ其所在地名及會社名ヲ記スルモ妨ケナシ
第三十八條　内務大臣ハ監視員ヲシテ藥局及藥品ヲ販賣又ハ製造スル場所ヲ巡視セシムルコトアルヘシ
監視員ハ巡視ノ際其證票ヲ携帶スヘシ

第五章　罰則

第三十九條　官許ヲ得スシテ藥劑師ノ業ヲ爲シタル者又ハ第十六條第十八條第二十二條第二十五條第二十六條第二十七條第三十條第一項ニ違背シタル者ハ十圓以上百圓以下ノ罰金ニ處ス

第四十條　第十一條第十四條第一項第十七條第十九條第二十九條第三十條第二項第三十一條第三十二條ニ違背シタル者ハ二圓以上二十圓以下ノ罰金ニ處ス

第四十一條　第六條第八條第十條第十二條第十三條第十四條第二項第十五條第二十一條第二十四條第二十八條第三十六條第三十七條ニ違背シタル者ハ一圓以上一圓九十五錢以下ノ科料ニ處ス

第四十二條　內務大臣ハ此規則實行ノ責ニ任シ之カ爲メ必要ナル命令及訓令ヲ發布スヘシ

但藥種商製藥者取締ニ係ル細則ハ北海道廳長官府縣知事之ヲ定ムヘシ

附　則

第四十三條　醫師ハ自ヲ診療スル患者ノ處方ニ限リ第二十六條第二十七條第二十九條ニ從ヒ自宅ニ於テ藥劑ヲ調合シ販賣授與スルコトヲ得此場合ニ於テハ第三十八條ノ監視ヲ受クヘシ

醫師ハ第三十四條ニ從ヒ醫師タルノ證明書ヲ以テ藥劑師藥種商製藥者ヨリ毒藥劇藥ヲ買取ルコトヲ得

第四十四條　此規則施行以前ニ於テ內務省ヨリ藥舖開業免狀ヲ受ケタル者ハ藥劑師タルノ效ヲ有ス

第四十五條　阿片賣買ニ關スル事項ハ明治十一年(八月)第二十一號布告ニ據ル

第四十六條　醫科大學藥學科及高等中學醫學部藥學科ノ卒業證書ヲ有シ年齡滿二十年以上ノ者ハ其證書ヲ以テ此規則第三條ニ據リ藥劑師免狀ノ下付ヲ願出ルコトヲ得此塲合ニ於テハ內務大臣ハ試驗ヲ要セスシテ免狀ヲ授與スルコトアルヘシ（二十五年六月法律第六號ヲ以テ改正）

第四十七條　此規則ハ明治二十三年三月一日ヨリ施行ス

第四十八條　明治十三年（一月）第一號布告藥品取扱規則ハ此規則施行ノ日ヨリ廢止ス

○繪具染料賣買取締方

明治十三年三月
內務省達乙第十號

本年一月太政官第一號ヲ以テ藥品取扱規則公布相成候ニ付テハ繪具染料等モ第二類並ニ第三類表中ニ揭載有之モノハ該規則ニ照シ賣買可致筈ニ候條心得違ノモノ無之樣可取計此旨相達候事

○毒藥劇藥ノ品目

明治二十五年三月
內務省令第二號

明治二十二年（三月）法律第十號藥品營業並藥品取扱規則第三十五條ニ據リ明治二十二年（三月）內務省令第五號ヲ以テ定メタル毒藥劇藥ノ品目左ノ通改正シ明治二十五年四月一日ヨリ施行ス

毒藥

亞砒酸（白砒石、礜石、アルセニック）　鹽酸丞剝莫兒比涅

硫酸亞篤羅必涅　加剌抜貎豆越幾斯

昇汞（過格魯兒汞、猛汞、生々乳）　赤色沃度汞（過沃度汞）

黃色酸化汞（黃降汞）　赤色酸化汞（赤降汞）

亞砒酸加僧謨液（法列兒水）　鹽酸莫兒比涅

硫酸莫兒比涅　巴豆油
燐　撒里矢爾酸比蘇斯知俔密涅（撒里矢爾酸越攝利涅）
鹽酸必魯加兒必涅　硝酸斯篤利幾尼涅
沕拉篤利涅

以上日本藥局方第二表ニ揭載セルモノ

砒素、亞砒酸鹽類、砒酸及其鹽類　青酸、稀青酸
アコニチ子及其鹽類　沃度砒素
硫化砒素（雄黃、雞冠石、雌黃、石黃）　亞篤羅必涅鹽類
ブルシチ子及其鹽類　羯答利陳及羯答利陳酸鹽類
コニーチ子及其鹽類　クラーレ（矢毒、ウラ、）
實芰答林　ホムアトロピ子及其鹽類
硝酸亞酸化汞　撒里矢爾酸汞
非沃斯矢涅及其鹽類　非沃斯矢亞密涅及其鹽類
藏化加僧謨（青酸加里）　沃度砒汞液（度納般液）
莫兒比涅鹽類　ニコチ子
比蘇斯知俔密涅（越攝利涅）鹽類　必魯加兒必涅鹽類
斯篤利幾尼涅鹽類

劇藥

石炭酸　粗製石炭酸
格羅謨酸　鹽酸

粗製鹽酸
發烟硝酸
粗製硫酸
安知歇貌林(亞設篤亞尼里度)
杏仁水、苦扁桃水、老利兒結兒斯水、バクチ水
結晶硝酸銀
熔製硝酸銀
貌羅謨樟腦
莎酸攝僞謨
哥囉仿謨
古垤乙涅
發泡古魯胃謨
銅礬(神効石)
古魯聖篤越幾斯
阿片越幾斯
麥角越幾斯
實芰答里斯葉
印度大麻草
莨菪草、別剌敦那草
黄色沃度汞(亞沃度汞)

硝酸
硫酸
亞硝酸亞密爾
安知必林
硝酸銀加硝石
貌羅謨(臭素)
羯答利斯(豆班猫)、芫菁
抱水格魯拉爾
鹽酸古加乙涅
咖啡涅
硫酸銅(膽礬)
印度大麻越幾斯
菲沃斯越幾斯
莨菪越幾斯、別剌敦那越幾斯
番木鼈越幾斯
古魯聖篤實
菲沃斯草
甘汞(亞格魯兒汞)、輕紛
白降汞

沃度仿謨
苛性加里（腐蝕剝篤亞斯）
沃度加留謨
剌苦丟葛留謨
倔答百兒加液
苛性那篤倫（腐蝕曹達）
阿片
醋酸鉛（鉛糖）
吐根
莨菪根、別剌敦那根
剌度比爾謨脂（剌度比爾林）
麥角
加剌拔兒豆
吐酒石
知母爾
古爾矢屈謨丁幾
實芰答里斯丁幾
吐根丁幾
阿片丁幾
菪莨丁幾、別剌敦那丁幾

沃度
格魯兒酸加留謨（鹽素酸加留謨）
結麗阿曹篤
莨菪擦劑、別剌敦那擦劑
鉛醋（次醋酸鉛液）
揮發芥子油
古魯聖篤菲沃斯丸
拕沕兒散（阿片吐根散）
葯剌巴根
葯剌巴脂
珊篤寧
古爾矢屈謨子
番木鼈子
金硫黃（五硫化安知母紐謨）
羯答利斯丁幾、芫菁丁幾
古魯聖篤丁幾
沃度丁幾
魯別里亞丁幾
阿片安息香丁幾（阿片樟腦丁幾）
番木鼈丁幾

古爾矢屈謨酒　吐根酒
芳香阿片酒（含電華謨阿芙蓉液）　吐酒石酒
格魯兒亞鉛　硫酸亞鉛（皓礬）
以上日本藥局方第三表ニ掲載セルモノ
硝鹽酸（王水）　格羅謨酸鹽類
粗製硝酸　蓚酸
ピクリン酸及其塩類　發烟硫酸
强安母尼亞水
格魯兒拔倔謨、硝酸拔倔謨其他拔倔謨塩類
攝倔謨塩類　コロヽダイン
咖啡涅塩類
硫酸銅安母紐謨（銅鹵礬）醋酸銅、次醋酸銅（綠青、山綠、銅青、荒綠青）
次炭酸銅（扁青紺青）硝酸銅
サビナ葉及其製劑　曼陀羅華葉、子及其製劑
樒實（日本產大茴香）　グアヤコール
藤黃（辨天雌黃）　古紐謨草及其製劑
汞灰散（銀灰散）　硫酸汞（硫酸酸化汞）
沃度爾　揮發苦扁桃油
サビナ油　アコニット根（雙鸞菊、烏頭、附子ノ類）及其製劑

菝葜根及其製劑　　巴豆
サバヂルラ子　　ストロファンツス子其製劑

○藥用阿片賣買竝製造規則　明治十一年八月 布告第二十一號

第一條　阿片ノ賣買及ヒ製造ハ藥用品ニ限リ此規則ニ依テ之ヲ許可ス

第二條　藥用阿片ハ內國産若クハ外國産ヲ論セス總テ內務省ニ於テ其品位ヲ定メテ之ヲ買上ケ地方廳ヲシテ阿片卸賣特許藥舖ニ之ヲ拂下ケシムヘシ（二十年十月六日勅令第五十二號ヲ以テ改正シ廿一年一月一日ヨリ施行ス）

第三條　地方廳ヨリ拂下クル阿片ハ量目一匁ヲ以テ一器トシ毎器衛生試驗所ノ印紙ヲ貼附スルモノトス（同上）

第四條　地方廳ハ土地ノ廣狹位置ヲ度リ一管內相當ノ人員ヲ限リ藥舖ノ身元人物ヲ選ミテ內務省ニ禀議シ鑑札ヲ受ケテ之ヲ本人ニ交付スヘシ

但廢業ノ者アル節ハ其鑑札ヲ內務省ニ返納スヘシ

第五條　特許鑑札ヲ受タル藥舖ノ住所姓名ハ該管轄廳ヨリ管內ノ公私病院醫師藥舖一般ニ報告スヘシ

但廢業ノ者アル節モ本文ニ準シ速ニ報告スヘシ

第六條　特許鑑札ヲ受タル藥舖ハ其店頭ニ特許藥用阿片賣捌所ト大書シタル看板ヲ揭ケ置クヘシ

第七條　特許ヲ受タル藥舖ハ半年分賣捌ノ高ヲ豫算シ毎年両度該地方廳ニ申立其拂下ケヲ請フヘシ但缺乏ノ節ハ臨時拂下ヲ請フコトヲ得（同上）

第八條　凡ソ醫師病院及ヒ一般藥舖等ニ於テ藥用阿片ヲ要スルトキハ其量目竝ニ其住所姓

名及年月日病院ハ其名稱及ヒ院長若クハ副長ノ姓名ヲ記シ調印シタル證書ヲ以テ特許藥舖ニ就キ之ヲ購求スヘシ特許藥舖ニ於テハ之ヲ賣渡スニ其量目一度ニ四十匁ヲ超ヘカラス

但病院及醫師等ニ於テ便宜ニ依リ一般藥舖ニ就キ之ヲ購求スルト一般藥舖相互ニ賣買スルコトハ妨ケスト雖モ必ス本條ノ證書ヲ以テスヘシ且其量目一度ニ八匁ヲ超ヘカラス

第九條　凡テ內外國人共醫師ノ處方箋ヲ持參シタル者ノ外ハ特許藥舖竝ニ一般藥舖ニ於テ一切之ヲ賣渡スヘカラス

第十條　特許藥舖ハ每半年分阿片拂受竝ニ一匁以上賣捌ノ高及ヒ買人ノ住所姓名竝ニ一匁以下賣捌ノ總高等明細表正副二通ヲ造リ其管轄廳ニ差出スヘシ尤モ一匁以下ノ分ハ平常其明細簿ヲ記シ置キ臨時取調ノ用ニ供スヘシ

但管轄廳ハ其一通ヲ內務省ニ進達スヘシ

第十一條　醫師病院一般藥舖ニ於テハ每半年必シモ前條明細表ヲ差出スヲ要セスト雖モ平常其明細ヲ簿記シ置キ臨時取調ノ用ニ供スヘシ

第十二條　藥用阿片ヲ製造セント欲スル者ハ罌粟ノ種類及ヒ培養採收製造ノ方法ヲ記シ管轄廳ヲ經由シテ內務省ノ免許鑑札ヲ受クヘシ

第十三條　阿片製造人ハ其製造シタル阿片ノ量目ヲ記シ署名調印シタル願書ヲ以テ地方廳ヲ經由シ內務省ノ買上ケヲ願フヘシ右買上ケヲ受クルノ外決シテ內外人民ニ販賣スルコトヲ許サス

但內務省ニ於テ其品位藥用ニ適セサルモノトスルトキハ地方廳ヨリ其旨ヲ製造人ニ通知シ其阿片ハ其廳ニ預リ置クヘシ（同上勅令ヲ以テ但書ヲ改正ス）

第十四條　阿片買上ケ及ヒ拂下ケノ代價ハ歳ノ豐凶及ヒ外國一般ノ相場等ニ因テ高低アルヘシト雖モ其品位ニ應シテ價格ヲ定ムルハ該藥主用ノ性分即チ「モルヒネ」ノ多少ニ因ルヘシ

第十五條　內務省ニ於テ買上ケ及拂下クル阿片ノ「モルヒネ」含量ハ買上ケ品ハ百分中ニ九分以上拂下ケ品ハ百分中ニ十分以上ヲ含有スルモノトス（同上勅令ヲ以テ本條ヲ改正ス）

第十六條　此規則ニ違犯スル者ハ其犯情ニ從ヒ阿片賣買若クハ製造ヲ禁シ其所有ノ阿片ヲ沒收シ百五十圓ヨリ五百圓以下ノ罰金ヲ科スヘシ

○第六類　公債

○大藏省證券條例　明治十七年九月 布告第二十四號

第一條　大藏省證券ハ出納上一時便用ノ爲メ大藏省ヨリ發行スルモノトス

第二條　大藏省證券ハ無記名利付定期拂ニシテ其發行シタル年度ノ歳入ヲ以テ仕拂ヲ爲スモノトス

第三條　大藏省證券ノ發行金額及利子金額ハ大藏卿之ヲ豫定シ太政官ノ裁可ヲ受クヘシ

第四條　大藏省證券ハ百圓五百圓千圓五千圓壹萬圓ノ五種ニ別チ其仕拂期限ハ三ケ月六ケ月九ケ月トス但其仕拂期日ハ各證券面ニ記載スヘシ

第五條　大藏省證券ハ何人ニテモ授受賣買スルヲ得

第六條　大藏省證券ノ仕拂及ヒ引換ニ關スル事務ハ日本銀行ニ於テ取扱ハシムヘシ

第七條　大藏省證券ノ所持人ハ其仕拂ノ期日ニ至リ日本銀行本支店又ハ代理店ニ於テ其仕拂ヲ請求スヘシ但其仕拂ハ通貨ヲ以テスルモノトス

第八條　大藏省證券ハ其仕拂期日ヨリ起算シ滿六ケ月間ハ之ヲ仕拂フヘシ滿六ケ月ヲ過ク

ルトキハ一切仕拂ヲ爲サヽルモノトス但仕拂期日後ハ利子ヲ付セサルモノトス

第九條　大藏省證劵汚染又ハ毀損セシトキハ日本銀行本支店又ハ代理店ニ差出シ證劵ノ引換ヲ請フヘシ但其劵面金額記號番號及ヒ主要ノ印部ヲ檢査シ其眞正タルヲ證認シ得ヘキ者ニアラサレハ引換サルヘシ

第十條　大藏省證劵ノ所持人其證劵ヲ亡失セシトキハ其事由並ニ劵面ノ金額仕拂期日記號番號及ヒ所有セシトキノ手續ヲ詳記シ日本銀行本支店又ハ代理店ヲ經テ大藏省ニ屆出ヘシ大藏卿ハ其證劵ノ授受賣買引換及ヒ仕拂ヲ差止ムヘキ旨ヲ告示スルモノトス但發見シタルトキハ同樣ノ手續ヲ以テ屆出ヘシ

第十一條　亡失セシ證劵ハ之ヲ發見セサルモ日本銀行本支店又ハ代理店ニ於テ滿足スル保證人二人以上ノ證明アルニ於テハ其元利金額ヲ仕拂フヘシ

第十二條　大藏省證劵ヲ僞造若クハ變造シテ行使シタルモノハ刑法第二百四條第二項ニ依テ處斷ス

○新舊公債證書發行條例

明治五壬申年迄ノ間從來舊諸藩縣ニ於テ內國人民ヨリノ逋債ヲ改テ政府ノ公債トシ之ヲ大藏省ニ引受ケ其債主ヘハ各此公債證書ヲ交付シ定期ヲ逐テ之ヲ償却スルニ付政府ニ於テ制定シタル條々左ノ如シ

第一條　新舊公債ノ區別及ヒ證書ノ種類記號ノ品別等ヲ明ニス

第一節　弘化元甲辰年ヨリ慶應三丁卯年迄舊諸藩ニ於テ借用シタルモノヲ舊公債ト稱シ明治元戊辰年太政更始以後明治四辛未年七月廢藩迄及明治五壬申年迄ノ間舊諸縣ニ於テ借用シタルモノヲ新公債ト稱スヘシ

第二節　新舊公債トモ各其高ヲ五分シテ第一第二第三第四第五トシ證書面ノ金高ヲ五百圓三百圓壹百圓五十圓貳十五圓ノ五種ニ區別スヘシ

第三節　新公債證書ハ向後抽籤ノ方法ヲ以テ其元金ヲ償却スヘキニ付便宜ノ爲メ四十七部分ニ別チ（いろは）四十七字ノ記號ヲ證書面ニ命名スヘシ

第二條　新舊公債償却ノ年度及ヒ利息ノ割合ヲ明ニス

第一節　舊公債ハ無利息ニシテ元金ハ明治五年壬申ヨリ明治五十四年迄五十ヶ年賦トシ其年ノ拂方ニ當リタル賦金ヲ毎年十二月一日ヨリ同十五日迄ノ間ニ之ヲ拂渡スヘシ

第二節　新公債ハ利息付ニシテ明治八年ヨリ明治二十九年迄二十二年ノ間ヲ限リ大藏省ノ都合ニヨリ毎年或ハ隔年ニ抽籤ノ方法ヲ以テ其年ニ拂戻スヘキ證書ノ記號ヲ公定シ其割合ニ隨テ之ヲ拂戻スヘシ其利息ハ年々元高百分ノ四分トシ明治五年壬申ヨリ明治二十九年迄毎年六月一日ヨリ十五日迄十二月一日ヨリ十五日迄ノ間ニ之ヲ拂渡スヘシ本文總テ其金額ハ大藏省ノ都合ニヨリ金銀貨又ハ（九年第五十號布告ヲ以テ毎年ノ下六月以下ノ十字ヲ加フ）紙幣ヲ以テ之ヲ下渡スヘシ

但明治八年ヨリ抽籤法ヲ以テ元金ヲ拂戻ニ當リテハ年四分ノ利息月割ヲ以テ右抽籤法行ヒシ月迄ノ分下ケ渡スヘシ

第三條（二十一年勅令第七十三號ヲ以テ削除ス）

第四條（二十一年勅令第七十三號ヲ以テ削除ス）

第五條　新公債證書拂方諸般ノ手續ヲ明ニス

第一節（二十一年勅令第七十三號ヲ以テ本節ヲ削除ス）

第二節（二十一年勅令第七十三號ヲ以テ本節ヲ削除ス）

第三節（二十一年勅令第七十三號ヲ以テ本節ヲ削除ス）

第四節（二十一年勅令第七十三號ヲ以テ本節ヲ削除ス）

第五節　凡ソ公債元金並ニ利賦金拂渡ノ際其期日ヲ失シテ受取方申出テス其拂渡スヘキ年ノ翌年ヨリ向五ケ年ヲ過クルトキハ之ヲ償還セサルヘシ（十二年第二十六號布告ヲ以テ但書共追加シ二十一年勅令第七十三號ヲ以テ一切以下五十七字ヲ之ヲ償還セサルヘシト改ム）

但起業公債證書（記名無記名）モ本節ニ準ス（二十一年勅令第七十三號ヲ以テ末文三十二字ヲ削ル）

第六條（二十一年勅令第七十三號ヲ以テ本條ヨリ第十一條マテ削除ス）

第七條

第八條

第九條

第十條

第十一條

第十二條

第一節　政府ノ都合ニヨリ要用ノ事アレハ利息及償却年限ヲ除クノ外此條例ヲ増補シ又ハ之ヲ改正スルコトアルヘシ

第二節　右増補改正等アレハ速ニ其由ヲ世上ニ公告スヘシ

右之通相定候事

證書（譲賣）渡裏面雛形　　（雛形中割印ハ朱刷）

第一圖

割印

一此證書是迄拙者所持ノ處貴殿ヘ讓/賣渡候事實正也

明治　年　月　日　甲　某　印

何府/縣下何大區何小區何町何番地

乙　某　殿

本文之通相違無之候也

何府/縣公債掛

明治　年　月　日　何　某　印

乙某寄留人ナル時ハ左ノ通

本貫何府/縣　華士族カ/平民カ

何府/縣下何大區何小區何町何番地寄留

何所何番地居留

乙　某　殿

右ノ通タルヘシ尤施行濟ノ分ハ此限ニ非ス

（割印及○並(一)ヲ施スモノハ朱刷以下亦同シ）

朱

（管廳公債掛ノ檢印ヲ捺スヘシ）

附錄第二圖

朱　割印

一此證書是迄拙者所持之處貴殿ヘ讓渡候事實正也

（何某死亡失踪離緣ニ付キ遺留物トシテ拙者ヘ引受候事實正也）

明治　年　月　日　　何　某　印

殿

右本文之通相違無之者也

何（府縣）

公債掛

明治　年　月　日　　何　某　印

（管廳公債掛ノ檢印ヲ捺スヘシ）

（竪三寸七分　横一寸八分）朱

（十四年第四十一號布告ヲ以テ追加）

附錄

割印

（何某所持之處）

一此證書是迄拙者所持之處貴殿ヘ讓渡候事實正也

（何々ニ付公賣ニ因テ拙者買受ケ候事實正也）
（何裁判所ノ言渡ヲ以テ流質ト相成拙者引受候事實正也）

明治何年何月何日　　何　某　印

第三圖

殿

本文之通相違無之者也

明治何年何月何日

何(府縣)
公債掛
何等屬何　某印

○金祿公債證書發行條例

明治九年八月
布告第百八號

第一條　華士族及ヒ平民トモ各自ノ家祿賞典祿給與ノ制限ヲ定メ一時ニ之ヲ下渡スコトト為シ以テ公債證書ヲ付與スヘシ

一永世祿ノ者ヘハ

金祿元高賞典祿アルモノハ家祿ニ合計シ元高トス

	年限
七萬圓以上	五ヶ年分
七萬圓未滿 六萬圓以上	五ヶ年二分五厘分
六萬圓未滿 五萬圓以上	五ヶ年半分
五萬圓未滿 四萬圓以上	五ヶ年七分五厘分
四萬圓未滿 三萬圓以上	六ヶ年分
三萬圓未滿 二萬圓以上	六ヶ年二分五厘分
二萬圓未滿 一萬圓以上	六ヶ年半分
一萬圓未滿 七千五百圓以上	六ヶ年七分五厘分
七千五百圓未滿 五千圓以上	七ヶ年分

五千圓未満 二千五百圓以上	七ヶ年二分五厘分
二千五百圓未満 千圓以上	七ヶ年半分

右一ヶ年五分ノ利子ヲ給ス

千圓未満 九百圓以上	七ヶ年七分五厘分
九百圓未満 八百圓以上	八ヶ年分
八百圓未満 七百圓以上	八ヶ年二分五厘分
七百圓未満 六百圓以上	八ヶ年半分
六百圓未満 五百圓以上	八ヶ年七分五厘分
五百圓未満 四百五十圓以上	九ヶ年分
四百五十圓未満 四百圓以上	九ヶ年二分五厘分
四百圓未満 三百五十圓以上	九ヶ年半分
三百五十圓未満 三百圓以上	九ヶ年七分五厘分
三百圓未満 二百五十圓以上	十ヶ年分
二百五十圓未満 二百圓以上	十ヶ年二分五厘分
二百圓未満 百五十圓以上	十ヶ年半分
百五十圓未満 百圓以上	十一ヶ年分

右一ヶ年六分ノ利子ヲ給ス

百圓未満 七十五圓以上	十一ヶ年半分
七十五圓未満 五十圓以上	十二ヶ年分
五十圓未満 四十圓以上	十二ヶ年半分

四十圓未満三十圓以上　十三ヶ年分
三十圓未満二十五圓以上　十三ヶ年半分
二十五圓未満以下　十四ヶ年分

右一ヶ年七分ノ利子ヲ給ス

一終身祿ノ者ハ

右永世祿年限十分ノ五ヲ給ス

但利子ハ永世祿ノ割合ト同シ

一年限祿ノ者ハ

十年以上ノ者ハ右永世祿年限十分ノ四ヲ給ス
十年未満八年以上ノ者ハ右永世祿年限十分ノ三五ヲ給ス
八年未満六年迄ノ者ハ右永世祿年限十分ノ三ヲ給ス
六年未満四年迄ノ者ハ右永世祿年限十分ノ二五ヲ給ス
四年未満三年迄ノ者ハ右永世祿年限十分ノ二ヲ給ス
二年ノ者ハ右永世祿年限十分ノ一五ヲ給ス

但利子ハ永世祿ノ割合ト同シ

第二條　此公債證書ノ利子下渡シハ明治十年分ハ十一月翌年五月ニ相渡シ以後之ニ準シ年々両度ニ下渡スコトトス（二十一年十一月六日勅令第七十三號ヲ以テ本條但書ヲ削除ス）

第三條　家祿賞典祿元高ヲ付與スル年限ニヨリテ利子ノ差異ヲ生スルトキ元高ニ向テ公債證書ヲ付與スル制限左ノ如シ譬ヘハ

一金一萬圓　家祿賞典祿合高

此六ヶ年半分金六萬五千圓此公債證書ノ利子一ヶ年五歩金三千二百五十圓ト成ル
一金九千九百圓　家祿賞典祿合高
此六ヶ年七分五厘分金六萬六千八百二十五圓此公債證書ノ利子一ヶ年五歩金三千三百四十一圓二十五錢トナル
右比較九千九百圓ノ方利子九十一圓二十五錢ノ過ト成ル然ル時ハ一萬圓ノ利子金額ニ超過セサルヲ以テ制限トナス故ニ九十一圓二十五錢ヲ引去リ利子三千二百五十圓ニ適當スル公債證書ヲ下渡ヲ以テ規則トス其他右ニ類似ノ件ハ皆之ニ準ス
第四條　此公債證書ハ利子ノ差ニヨリ區別アリト云トモ其發行スル種類ハ左ノ如シ
五圓　十圓　二十五圓　五十圓　百圓　三百圓　五百圓
千圓　五千圓
第五條　前條公債證書ヲ付與スルトキニ當リテ公債證書ニ未滿ノ端金ハ總テ通貨ニテ相渡スヘシ
第六條　此公債證書ノ元金ハ五ヶ年間之ヲ据置キ六ヶ年目ヨリ大藏省ノ都合ニ因リ毎年抽籤ノ方法ヲ以テ之ヲ消却シ都合三十ヶ年間ニ悉皆之ヲ消却スヘシ
第七條　此公債證書發行ニ付テノ順序其外トモ此條例外ノ事件ハ都テ新舊公債證書發行條例ノ通リタルコトト心得ヘシ

○金札引換公債條例

明治十三年十二月
布告第四十七號

第一章　總則

第一條　金札引換公債證書ハ政府發行ノ紙幣ヲ交換支消スル爲メ發行シ其元利金共ニ金銀貨幣ヲ以テ支拂フモノトス

第二條　金札引換公債證書ハ記名利札付ニシテ五百圓百圓五十圓ノ三種トス

第三條　(何人ニテモ(外國人ヲ除ク)前條ニ記載スル各種證書面ノ金高ノ紙幣ヲ差出シ金札引換公債證書ニ交換スルコトヲ得ヘシ)（十六年第四十八號布告ヲ以テ本條ヲ停止ス）

第四條　金札引換公債證書ヲ以テ交換シタル紙幣ハ大藏省ニ於テ成規ニ遵ヒ之ヲ截斷スヘシ

第二章　元利金ノ仕拂

第五條　金札引換公債ノ元金ハ其證書交付ノ年ヨリ三ヶ年据置四ヶ年目ヨリ向十二ヶ年間政府ノ都合ニヨリ抽籤ノ法ヲ以テ消却シ利息ハ一ヶ年六分(百分ノ六)トシ元金消却ニ至ル迄毎年五月十一月ノ両度ニ拂渡スヘシ

但抽籤法ヲ以テ元金ヲ拂戻スニ當リテハ年六分ノ利息月割(抽籤十五日以前ニ係レハ前月迄ノ分十六日後ニ係レハ半ヶ月分ヲ下渡スヘキモノトス)ヲ以テ右抽籤法ヲ行ヒシトキ迄ノ分下渡スヘシ

第三章　證書ノ交付及ヒ簿記ノ手續

第六條　紙幣ヲ以テ金札引換公債證書ニ交換セント欲スル者ハ其紙幣並ニ紙幣ノ高ヲ記載シタル交換願書ヲ其地方ノ管廳ニ差出スヘシ

第七條　地方管廳ニ於テハ紙幣ト願書トヲ受取リ其受領證ヲ製シテ本人ニ渡シ其紙幣ヲ大藏省出納局若クハ其出張所ニ納付シ其預リ證ト共ニ金札引換公債證書申請書ヲ大藏省國債局ニ送付スヘシ

第八條　交換願書ヲ差出シタル者ニ地方管廳ヨリ其受領證ヲ交付スルコト各月十五日以前ナレハ其月十六日以後ナレハ其翌月ヨリ計算シテ其年利ヲ拂渡スヘシ

第九條　國債局ニ於テハ申請書ニ據リ其金高ニ相當スル公債證書ノ番號記號枚數ヲ定メ其債主ノ住所姓名ヲ簿冊ニ登記シ並ニ割印シタル上ニテ其證書ヲ各債主ノ地方管廳ヘ送達スヘシ

第十條　地方管廳ニ於テハ其債主ノ住所姓名及ヒ證書ノ金高種類枚數番號記號ヲ公債掛ノ簿冊ニ登記シ及ヒ證書裏面ノ右側ヘ債主ノ姓名ヲ記入シ且ツ管廳ノ割印ヲ加ヘ本人ヘ渡置キタル受領證ト引換ヘニ證書ヲ交付スヘシ

但證書交付ノ後他管ニ移轉シ若クハ他管ヨリ移轉シ來ルモノハ其出入增減表ヲ製シ毎翌月五日迄ニ大藏省國債局ニ届出ツヘシ

第十一條　公債證書ト引換ヘタル受領證ノ裏面ニ本人ヲシテ證書ノ受取ヲ記サシメ翌月五日迄ニ之ヲ取纏メ明細表ヲ添ヘ大藏省國債局ヘ送致スヘシ

第四章　證書ノ樣式及ヒ賣渡讓渡ノ手續

第十二條　此條例頒布以後ト雖トモ金札引換公債證書ハ從前ノ金札引換債公證書無記名利札付ノ樣式ヲ用ヒ不要矛盾ノ文字ハ朱書ヲ以テ點竄スヘシ

第十三條　金札引換公債證書ノ所有者ニ於テ始メテ之ヲ他人(外國人ヲ除ク)ヘ賣渡シ若クハ讓渡サントスル時ハ其證書ヲ其地方管廳ヘ差出シテ繼足紙ヲ請願スヘシ管廳ニ於テハ新舊公債證書ニ用フル繼足紙ヲ該證書ノ左側ニ糊付繼印シテ請願人ニ下付シ名前書替ノ手續ヲ爲サシメタル上其檢印ヲ取計フヘシ

但利息渡方混淆セサルタメ毎年四月一日ヨリ五月十五日迄十月一日ヨリ十一月十五日迄證書ノ讓渡賣買ノ届出ヲ見合スヘシ

第十四條　此條例頒布以前交付シタル金札引換公債證書ハ記名無記名ノ分共改定ノ證書ト

引換ユヘシ

第十五條　凡ソ此條例ニ明文ナキノ件ハ都テ明治八年（五月）第九十五號布告改正新舊公債證書發行條例第四條ヨリ第十二條迄及ヒ右ニ關シ爾來改正增補ノ箇條ニ準據スヘシ

○金札引換無記名公債證書條例　明治十六年十二月布告第四十八號

第一條　金札引換無記名公債證書ハ政府發行ノ紙幣ヲ交換支消スル爲メ發行シ其元利金共銀貨ヲ以テ仕拂フモノトス

第二條　此公債證書ハ望人ノ申込ニ任セ大藏卿隨時之ヲ發行スルモノトス但大藏卿ハ財政ノ都合ヲ計リ其申込ヲ拒ムコトアルヘシ

此公債證書ト交換シタル紙幣ハ大藏省ニ於テ之ヲ燒却スルモノトス

第三條　此公債證書ハ無記名利札付ニシテ千圓五百圓百圓ノ三種トス

第四條　此公債ノ利子ハ年六分トス

第五條　此公債證書ハ證書額面百圓ニ付發行價格紙幣百圓ト定ム此證書ヲ引受ケンコトヲ望ムモノハ隨時日本銀行本支店又ハ代理店ヘ申出ヘシ

第六條　此公債證書ノ見本ハ大藏卿ヨリ告示スルモノトス

第七條　此公債ノ元金ハ其ノ證書交付ノ年ヨリ五ヶ年据置其翌年ヨリ向フ三十ヶ年ヲ限リ每年抽籤法ヲ以テ償還スヘシ（二十一年十一月六日勅令第七十三號ヲ以テ本條中但書ヲ削除ス）

此公債ノ利子ハ元金償還ニ至ルマテ每年五月十一月ノ兩度ニ拂渡スモノトス但元金ヲ償還スルトキハ月割ヲ以テ右抽籤ヲ行フ月マテノ利子ヲ拂渡スヘシ

滿期ニ至リ償還ノ證書ニ屬スル利子ハ償還ノ月マテノ分ヲ拂渡スモノトス

第八條　此公債ノ利子ハ其元金拂込ノ日ニ從ヒ各月十五日前後ヲ以テ區別シ十五日以前ナ

レハ其下半月分ヨリ十六日以後ナレハ其翌月分ヨリ拂渡スモノトス
第九條
第十條（二十一年十一月六日勅令第七十三號ヲ以テ削除ス）
第十一條　此公債證書ハ何人ニテモ授受賣買スルコトヲ得
第十二條
第十三條
第十四條
第十五條
第十六條（同上）
第十七條　此公債ノ元利金受取方申出テス其拂期月ヨリ滿十五ケ年ヲ過クルトキハ之ヲ償還セサルヘシ（同上勅令ヲ以テ（トキハ）ノ下（一節）ノ二字ヲ削除ス）
第十八條　政府ノ都合ニ依リ要用ノ事アレハ利子ノ割合及元金償還年限ヲ除クノ外此條例ヲ增補改正スルコトアルヘシ

○起業公債證書發行條例

明治十一年五月
大藏省布達甲第十三號

此公債ハ明治十一年（四月）太政官第七號布告ノ旨趣ニ基キ要用ノ金額ヲ募集スル爲メ起ス所ニシテ是ヲ大日本政府ノ公債トシテ各債主ヘハ此公債證書ヲ交付シ年限ヲ定メテ之ヲ償却スルニ付大藏省ニ於テ制定シタル條々左ノ如シ

第一條（公債證書ノ元高種類並利息ノ制限ヲ示ス）
第一節　此公債ノ元高ハ壹千貳百五拾萬圓ニシテ年六分（百分ノ六）ノ利付トシ其元金ハ二箇年間据置キ三箇年目（卽チ明治十三年）ヨリ向二十三箇年ヲ限リ（卽チ明治三十五年迄）毎

年大藏省ノ都合ヲ以テ（第四條ニ揭クル）抽籤ノ方法ヲ用ヒ之ヲ拂戻スヘシ而シテ其利息ハ（第三條第二節ノ但書並ニ第四節ノ分ヲ除キ）募金拂込ミ皆濟ノ後ヨリ明治三十五年迄毎年六月十二月ノ両度ニ之ヲ拂渡スヘシ　本文金額ハ總テ大藏省ノ都合ニ依リ金銀貨又ハ紙幣ヲ以テ之ヲ下渡スヘシ

但明治十三年ヨリ抽籤法ヲ以テ元金ヲ拂戻スニ當テハ年六分ノ利息月割（抽籤十五日以前ニ係ルハ前月迄ノ分十六日以後ニ係レハ半ケ月分下渡スヘキモノトス）ヲ以テ右抽籤法ヲ行ヒシトキ迄ノ分下渡スヘシ

第二節　此公債證書面ノ金高ヲ五百圓、百圓、五十圓ノ三種ニ區別シ利息ノ小札付キトス（二十一年十一月大藏省令第十五號ヲ以テ但書ヲ削除ス）

第二條（公債證書授受賣買等ノコトヲ示ス）

第一節　此公債證書ハ所有主ノ名ヲ記サス故ニ書換又ハ管廳ノ檢印ヲ受クル等ノ手數無クシテ授受賣買等各自ノ隨意タルヘシ（同上省令ヲ以テ（證書ハ）ノ下十七字及（賣買等）ノ下八字ヲ削除ス）

但質入書入及ヒ相續人ヘノ遺物モ勝手タルヘシ（同上省令ヲ以テ（書入）ノ下四字ヲ削除ス）

第三條（募債並ニ出金等ノ手續概略ヲ示ス）

第一節　此公債ノ募集方並ニ元利金ノ渡方トモ都テ第一國立銀行並ニ三井銀行ヘ委任シテ取扱ハシムルカ故ニ申込ノ手續、引受ノ實高、期限、場所及利息並ニ元金ノ渡方其他必要ノ件件ハ右両銀行本店若クハ支店及ヒ其取扱仲間等ヨリ追テ新聞紙等ヲ以テ廣告ニ及フヘシ

第二節　募リニ應シ出金スルノ時期ハ都合四度ト定メ最初引受方申込ノ節手付金ヲ拂込マシメ其後ハ第一第二第三ト割拂ヲ以テ順次ニ出金セシムルモノトシ其時日ハ右両銀行等ヨリ廣告スヘシ

但第三割拂迄ノ利息ハ其出金高ニ準シ年六分ノ割合ナル月割ヲ以テ之ヲ拂渡スヘシ
(十一年同省甲第二十三號布達ヲ以テ(月割)ノ下割註五十三字ノ内(モノトス)ノ下十三字ヲ削リ其他四十字ヲ第四節(月割)ノ下ニ移ス)

第三節　右四度ノ内手付金拂込ノ節ハ該銀行ノ受取書ヲ與ヘ第一割拂ノ拂込ニハ右受取書ト引換ニ假證券ヲ與ヘ第二割拂ニハ新假證券ヲ以テ舊假證券ト取換ヘ第三割拂ノ拂込濟ニ至リ此公債證書ヲ假證券ト引換ニ交付スヘシ

但公債證書ノ種類ハ大藏省ノ都合ニ依リ之ヲ交付スヘシ

第四節　手付金又ハ第一第二第三割拂ノ拂込金トモ都テ其定期ノ時日ニ先ッテ入金スル者ヘハ其高ニ對シ年六分ノ割合ナル利息月割(拂込十五日以前ニ係ルハ半箇月分十六日以後ニ係レハ翌月ノ分ニ立テ、計算スルモノトス)ヲ以テ入金ノ内ヨリ割引シテ債主ヘ拂渡スヘシ(同上(月割)ノ下割註ヲ加フ)

第五節　右ノ如ク四度ニ配賦シテ拂込マシムルニ付テハ若シ初度ノ手付金相濟ミ更ニ第一割拂若クハ第二第三割拂出金ノ定期ヲ愆マッ者ハ其以前差出シタル金額ハ當人ノ損失ニ歸セシメテ返與セサルヘシ

第六節　出金未タ皆濟ニ至ラス此公債證書ヲ受取ラサル以前タリトモ當人ノ都合ニ依リ第一割拂ヨリ交付シタル假證券ヲ授受賣買質入書入ニスルハ(外國人ヲ除クノ外)勝手タルヘシ尤モ授受賣買ノ節ハ其證券ノ裏面ニ讓渡人(又ハ賣主)ノ姓名住所ト讓受人(又ハ買主)ノ姓名住所トヲ記載シ且ツ調印スルモノトス

但此讓受人(又ハ買主)ニテ其次ノ割拂出金ヲ愆期スルトキハ本條第五節ノ通リタルヘシ

第七節　若シ申込ノ出金高募集スヘキ見込高ヨリ超過スルトキハ該銀行ニテ之ヲ總體ノ申

込高ニ割付ケテ平等ニ減却シ而シテ其手付金ノ過剩トナル分ハ第一割拂ノ拂込金ニ廻スヘシ尤其時ノ都合ニ依テハ別ニ適宜ノ方法ヲ設ケテ之ヲ減却スルコトモアルヘシ

第四條（抽籤ノ手續概略ヲ示ス）（二十一年十一月大藏省令第十五號ヲ以テ上ノ四條ヲ削除ス）

第五條

第六條（記名公債證書ニ變改スル手續並ニ變改セシ以後ノ規則ヲ示ス）

第七條（證書贋造等ノ處分ヲ示ス）

第八條

第一節　政府ノ都合ニ依リ要用ノ事アレハ利息及ヒ償却年限ヲ除クノ外此條例ヲ增補シ又ハ之ヲ改正スヘシ

第二節　右增補改正等アルトキハ速ニ其旨ヲ公告スヘシ

明治十一年五月　大藏省

記名紙雛形　（括弧内並ニ印ハ總テ朱）

本文證書（何大區何小區何町何某）へ
相渡候者也

（割印）

（何府縣）公債掛
（何某）印

明治（何）年（何）月（何）日

一此證書是迄拙者所持之處貴殿ヘ讓渡候事實正也

明治〔何〕年〔何〕月〔何〕日　〔甲　何　某〕㊞

〔何府縣〕下何大區何小區
何町何番地〔住居寄留〕〔乙　何　某〕殿

本文之通相違無之候也

明治〔何〕年〔何〕月〔何〕日　〔何府縣〕公債掛
〔何　某〕印

○中山道鐵道公債證書條例　明治十六年十二月布告第四十七號

第一條　中山道鐵道公債證書ハ群馬縣下上野國高崎ヨリ岐阜縣下美濃國大垣ニ至ルマテ中山道ニ沿ヒ及ヒ大垣ヨリ三重縣下伊勢國四日市ニ至ルマテ鐵道ヲ敷設シ及ヒ其事業ヲ經營スルノ資金ニ充ツルカ爲メ發行スルモノトス(十七年第十七號布告ヲ以テ(沿ヒ)ノ下(及ヒ)以下二十一字ヲ加フ)

第二條　此公債證書發行高ハ貳千萬圓ヲ限リ大藏卿工業ノ都合ヲ計リ漸次之ヲ發行スルコトヲ得其發行ノ手續ハ大藏卿時々之ヲ定ムルモノトス

第三條　此公債證書ハ無記名利札附ニシテ千圓五百圓百圓ノ三種トス

第四條　此公債ノ利子ハ年七分トス

第五條　此公債證書引受ノ申込高大藏卿ノ需用スル金高ヨリ超過スルトキハ其超過高ニ比例シ各申込人ヘ對シ證書渡高ヲ減少スルモノトス但價格ヲ定メテ發行シタル場合ニ於テ其價格以上ニテ申込ム者ニハ其渡高ヲ減少セサルヘシ其價格ハ大藏卿之ヲ定ムルモノト

ス

第六條　此公債證書ノ見本ハ大藏卿ヨリ告示スルモノトス

第七條　此公債證書ノ元金ハ證書發行ノ年ヨリ五ケ年据置其翌年ヨリ向フ二十五ケ年ヲ限リ毎年抽籤法ヲ以テ償還スヘシ但償還ノ金高ハ抽籤ノ日ヨリ少クトモ六十日以前ニ大藏卿ヨリ告示スルモノトス

此公債ノ利子ハ元金償還ニ至ルマテ毎年六月十二月ノ両度ニ拂渡スモノトス但元金ヲ償還スルトキハ月割ヲ以テ右抽籤ヲ行フ月マテノ利子ヲ拂渡スヘシ

滿期ニ至リ償還ノ證書ニ屬スル利子ハ償還ノ月マテノ分ヲ拂渡スモノトス

此公債ノ元利金額ハ總テ通貨ヲ以テ仕拂フモノトス

第八條　此公債ノ利子ハ其元金拂込ノ日ニ從ヒ各月十五日前後ヲ以テ區別シ十五日以前ナレハ其下半月分ヨリ十六日以後ナレハ其翌月分ヨリ拂渡スモノトス

第九條　此公債ノ元金償還利子拂渡ノ事務ハ總テ日本銀行ヲシテ之ヲ取扱ハシムヘシ其時期及ヒ場所等ハ抽籤ノ日ヨリ少クトモ三十日以前ニ大藏卿ヨリ告示スルモノトス

第十條　此公債ノ利子ハ日本銀行本支店又ハ代理店ニ於テ利札ヲ切取リ之ト引換ニ拂渡スヘシ

第十一條　此公債證書ハ何人ニテモ授受賣買スルコトヲ得

第十二條　此公債ノ元金償還ノトキハ日本銀行ニ於テ抽籤配賦計算ノ割合ヲ定メ東京横濱居住人ニテ此公債證書ヲ多額所持スルモノ十名以上幷大藏省國債記錄両局ノ官員五名以上立會ノ上抽籤ヲ執行シ其當籤證書ノ記號番號種類金高等ハ大藏卿ヨリ告示スルモノトス

第十三條　此公債證書ノ所有者其證書ヲ亡失セシトキハ其事由幷證書面ノ金高記號番號及所有セシトキノ手續ヲ詳記シ其亡失セシ地ノ官廳ヲ經テ大藏省ニ屆出ヘシ大藏卿ハ其證書ノ授受賣買ヲ差止ムヘキ旨ヲ告示スルモノトス但發見シタルトキハ同様ノ手續ヲ以屆出ヘシ
亡失ノ證書ヲ發見セス其償還年限ノ末期ニ至リ證書消滅セシト認ムヘキ塲合ニ於テハ該證書ノ元利金額ヲ其屆出人ヘ拂渡スヘシ
第十四條　此公債證書當籤ト爲リ元金ヲ拂渡スヘキ塲合ニ於テ其證書ノ亡失セシコトヲ覺知シタルトキハ其當籤ノ効ヲ失フモノトス
第十五條　此公債證書汚染又ハ毀損セシトキハ日本銀行本支店又ハ代理店ヲ經テ證書ノ引換ヲ大藏省ヘ請求スヘシ但其證書面金高記號番號又大藏卿ノ印章ヲ檢査シ其眞正ナルヲ證認シ得ヘキモノニアラサレハ引換サルヘシ此引換ヲ得タルモノハ本人ヨリ相當ノ手數料ヲ銀行ヘ拂フヘシ
第十六條　此公債證書引換又ハ償還ノトキ其證書汚染毀損シ金高記號番號及大藏卿ノ印章ヲ認メ難キモノハ其元利金トモ償還方總テ亡失證書ト同一タルヘシ
第十七條　此公債ノ元利金受取方申出テス其拂期月ヨリ滿十五ケ年ヲ過ルトキハ一切之ヲ償還セサルヘシ
第十八條　政府ノ都合ニ依リ要用ノ事アレハ利子ノ割合及ヒ元金償還年限ヲ除クノ外此條例ヲ增補改正スルコトアルヘシ

○海軍公債證書條例

明治十九年六月
勅令第四十七號

第一條　海軍公債證書ハ海軍軍備ノ費途ニ充ツル爲メ一千七百萬圓ヲ限リ三箇年間ニ漸次

之ヲ發行スルモノトス
第二條　此公債ノ利子ハ一箇年百分ノ五トス
第三條　此公債ノ元金ハ證書發行ノ年ヨリ五箇年据置其翌年ヨリ向三十箇年間ニ抽籤ヲ以テ之ヲ償還ス
第四條　此公債證書發行ノ價格ハ大藏大臣之ヲ定ム
第五條　此公債證書ハ無記名利札附ニシテ千圓五百圓百圓ノ三種トシ此樣式ハ大藏大臣之ヲ定ム但應募者又ハ所有者ノ望ニ由リ記名トスルコトヲ得（二十年二月二十八日勅令第一號ヲ以テ本條ヲ改正ス）
第六條　此公債證書引受申込高每期需用ノ高ニ超過スルトキハ其申込價格ノ高キモノヨリ順次證書ヲ交付シ需用額ニ滿ツルニ至テ之ヲ止ム
第七條　此公債ノ利子ハ每年五月十一月ニ拂渡スモノトス
第八條　此公債證書抽籤ノ時ハ大藏省官吏三名以上會計檢查院官吏二名以上及ヒ日本銀行役員二名以上立會ノ上之ヲ執行ス但此公債證書額面十萬圓以上ヲ有スルモノハ抽籤ノ席ニ臨ムコトヲ得
當籤證書ノ記號番號種類金高等ハ大藏大臣之ヲ告示ス
第九條　此條例外ノ事項ハ總テ明治十九年（十月）勅令第六十六號整理公債條例ニ據ル（同上勅令ヲ以テ本條ヲ改正ス）

○整理公債條例

明治十九年十月
勅令第六十六號

第一條　整理公債ハ從前發行ノ六分以上利付ノ內國債ヲ償還スルカ為メニ募集スルモノトス

第二條　整理公債ハ一億七千五百萬圓ヲ限リ大藏大臣財政ノ便宜ヲ計リ漸次之ヲ募集スルモノトス
第三條　整理公債利子ノ割合ハ一箇年百分ノ五トス
第四條　整理公債ニ對シ發行スル證書ハ無記名利札附ニシテ五千圓千圓五百圓百圓五十圓ノ五種トス但應募者又ハ所有者ノ望ニ由リ記名トスルコトヲ得
第五條　整理公債證書ノ様式ハ大藏大臣之ヲ定メ豫メ告示スヘシ
第六條　整理公債ヲ募集スルトキハ其總額價格應募申込日限應募金拂込度數等ハ大藏大臣之ヲ定メ豫メ告示スヘシ
大藏大臣ハ前項ノ手續ニ據ラス市場ノ時價ニ準シ整理公債證書ノ價格ヲ定メ臨時之ヲ發行シテ日本銀行ニ交付スルコトヲ得但發行シタル證書ノ金額及價格ハ大藏大臣其發行ノ翌日之ヲ告示スヘシ（二十一年六月十六日勅令第四十六號ヲ以テ二項ヲ追加ス）
第七條　整理公債應募高每期需用ノ額ニ超過スルトキハ大藏大臣ハ應募價格ノ高キモノヨリ順次證書ヲ交付シ需用額ニ滿ルニ至テ止ム其價格同シキモノハ申込ノ高ヲ割合減少スルモノトス但時宜ニ依リ二百圓以下ノ應募者ニハ之ヲ減少セサルコトアルヘシ（同上勅令ヲ以テ本條ニ但書ヲ追加ス）
第八條　整理公債應募金ノ拂込ヲ數回ニ分ツ場合ニ於テ拂込期ノ末日マテニ拂込未濟ノモノアルトキハ其翌日ヨリ現拂込ノ日マテ一箇年百分ノ七ノ割合ヲ以テ利子ヲ徵收スヘシ
前項拂込期日後三箇月ヲ過キ猶ホ拂込ヲ爲サヽルトキハ公債證書ヲ交付セス且既ニ拂込ノ金額ハ還付セサルモノトス
第九條　整理公債元金ハ募集ノ年ヨリ五箇年据置其翌年ヨリ向五十箇間ニ抽籤法ヲ以テ償

還スルモノトス但償還金額ハ其時々大藏大臣之ヲ定メ豫メ告示スヘシ
第十條　整理公債元金償還ノ爲メ抽籤ヲ爲ストキハ日本銀行本店ニ於テ大藏省官吏三名以上會計檢査院官吏二名以上日本銀行役員二名以上立會ノ上之ヲ執行ス但整理公債證書額面三十萬圓以上ヲ有スルモノハ抽籤ニ臨席スルコトヲ得
抽籤ノ後ハ日本銀行ヲシテ當籤證書ノ記號番號種類及ヒ金額等ヲ廣告セシムルモノトス
第十一條　整理公債ノ利子ハ毎年六月十二月ニ於テ支拂フモノトス
第十二條　整理公債ノ利子ハ其元金拂込ノ時月ノ十五日以前ニ在ルモノハ下半月分ヨリ支拂ヒ月ノ十六日以後ニ在ルモノハ翌月分ヨリ支拂ヒ元金償還ノ年ニ於テハ其償還ノ月マテ月割ヲ以テ支拂フモノトス
第十三條　整理公債證書ノ利札ハ利子請取ノ時其所有者各自之ヲ截斷シテ日本銀行本支店又ハ代理店ニ持參スヘシ
第十四條　整理公債元利ハ支拂ヲ請求セサルモノアルトキハ元金ハ償還ノ月ヨリ滿十五箇年利子ハ支拂ノ期月後滿五箇年ヲ過クレハ之ヲ支拂ハサルヘシ但證書ノ紛失汚染及ヒ毀損等ニ由リ元利ノ支拂ヲ見合セ及ヒ訴訟事件ニ由リ請求ヲ爲シ難キ場合アルトキハ其間ノ日數ヲ算セス
第十五條　無記名證書ヲ記名ニ變換セントスルモノハ其請求書ニ戸長ノ奥書ヲ受ケ證書ヲ添ヘ日本銀行本支店又ハ代理店ヲ經由シテ大藏省ニ申出ヘシ
第十六條　記名證書ノ賣買讓渡ヲ爲シタルモノハ雙方連署ノ請求書ヲ添ヘ日本銀行本支店又ハ代理店ニ差出シ名前書換ヲ請フヘシ
第十七條　記名證書ノ所有者死去シタルトキ其相續人ハ請求書ニ正當ノ相續人タルコトヲ

證スル戸長ノ奥書ヲ受ケ前條名前書換ノ手續ヲ爲スヘシ

第十八條　記名證書ノ所有者ノ遺旨ニ依リ相續人ニ非スシテ證書ヲ讓リ受クルモノアルトキハ右相續人ヲ以テ保證人ト爲シ前條名前書換ノ手續ヲ爲スヘシ但相續人ナキ塲合ニ於テハ前所有者ノ親戚二名以上ヲ以テ保證人ト爲スヘシ

第十九條　記名證書ノ所有者身代限ノ處分ヲ受ケ證書ノ所有權他ヘ移轉シタルトキ其引受人ハ裁判所ノ證明書ヲ承ケ之ヲ證書ニ添ヘ前條名前書換ノ手續ヲ爲スヘシ

第二十條　整理公債證書若クハ其利札水火災等ニ由リ消滅シタルトキハ二名以上ノ保證人ヲ立テ日本銀行本支店又ハ代理店ヲ經由シテ大藏省ニ屆出代證書若クハ代利札ノ交付又ハ利子ノ支拂ヲ請求スルコトヲ得此塲合ニ於テ大藏省ハ其消滅ノ證跡明確ナリト認ムルトキハ直ニ代證書若クハ代利札ヲ交付シ又ハ利子ヲ支拂フヘシ

第二十一條　整理公債證書又ハ利札ヲ紛失シタルモノハ日本銀行本支店又ハ代理店ニ屆出ヘシ其發見ノ時亦同シ

前項ノ屆出アルトキハ銀行ハ直ニ其次第ヲ廣告スヘシ但廣告料ハ屆出人ヨリ納メシムルモノトス

第二十二條　公債證書又ハ利札紛失ノ屆出アルトキハ日本銀行本支店又ハ代理店ハ之カ支拂ヲ見合スヘシ

第二十三條　紛失屆出ノ證書又ハ利札ヲ日本銀行本支店又ハ代理店ニ持參スルモノアルトキハ銀行ハ之ヲ預リ置キ其旨ヲ屆出人ニ報知シ持參人ト屆出人ト相當ノ手續ヲ經テ所有權ヲ證明スルヲ待テ其取扱ヲ爲スヘシ

第二十四條　記名證書紛失屆出後一回ノ利拂了リタル上ハ二名以上ノ保證人ヲ立テ日本銀

行本支店又ハ代理店ヲ經由シテ大藏省ニ申出代證書ノ交付ヲ請求スルコトヲ得
第二十五條　紛失無記名證書其屆出ヨリ滿六箇年ヲ過キ紛失利札其支拂期限ヨリ滿四箇年ヲ過キ尙ホ發見セサルトキハ屆出人ニ代證書ヲ交付シ又ハ利子ヲ支拂フヘシ但本文期限ヲ過キテ紛失證書又ハ利札ヲ持參スルモノアルモ屆出人ニ對シテノミ起訴ノ權アルモノトス
第二十六條　紛失證書ノ當籤ハ無効ノモノトス
第二十七條　整理公債證書ヲ汚染又ハ毀損シタルトキハ日本銀行本支店又ハ代理店ヲ經由シテ其證書ヲ大藏省ニ差出シ代證書ノ交付ヲ請求スルコトヲ得大藏省ニ於テ其眞正ヲ鑒別シ得ヘキモノニハ代證書ヲ交付シ鑒別シ難キモノニハ其取扱總テ紛失證書ノ例ニ準セシム
第二十八條　第十五條ノ證書交換ヲ受クルトキ第十六條第十七條第十八條第十九條ノ名前書換ノトキ第二十條第二十四條第二十五條第二十七條ノ代證書ヲ受クルトキ及ヒ記名證書ノ取扱店ヲ變更スルトキハ日本銀行本支店又ハ代理店ハ相當ノ手數料ヲ本人ヨリ納メシムルコトヲ得
第二十九條　第二十條第二十四條ノ保證人ハ日本銀行本支店又ハ代理店ニ於テ滿足スルモノニ限ルヘシ
第三十條　從前發行ノ六分以上利附ノ公債證書ヲ所有スルモノハ元金償還ノ時本人ノ請求ニ由リ大藏省ノ都合ヲ以テ整理公債證書ヲ交付スルコトアルヘシ
第三十一條　整理公債證書ノ製造費發行費及ヒ募集初年ノ利子ハ募集金ヲ以テ支出スルコトヲ得

第三十二條　整理公債ノ募集償還利子ノ拂渡證書ノ書換等ニ關スル取扱手續ハ大藏大臣之ヲ定メ日本銀行ヲシテ其事務ヲ取扱ハシム

○鐵道費補充公債條例　明治二十二年一月勅令第六號

第一條　鐵道費補充公債ハ神奈川縣下戶塚橫須賀間滋賀縣下大津長濱間ノ鐵道布設資金ヲ補充スルカ爲メニ證書額面二百萬圓ヲ限リ募集スルモノトス

第二條　此公債募集ノ方法元金ノ償還年限利子步合利子支拂期月及ヒ其他ノ事項ハ總テ明治十九年勅令第六十六號整理公債條例ニ依ル

○第七類　銀行會社

○日本銀行條例　明治十五年六月布告第三十二號

第一條　日本銀行ハ有限責任トシ本行ノ負債辨償ノ爲メ株主ノ負擔スヘキ義務ハ株金ニ止マルモノトス

第二條　日本銀行ハ本店ヲ東京ニ置クヘシ各府縣ノ首邑其他要用ナル地方ニ支店出張所ヲ設置シ又ハ他ノ銀行ト「コルレスポンデンス」ヲ締約スルコトヲ得但支店出張所ヲ設置シ又ハ他ノ銀行ト「コルレスポンデンス」ヲ締約スルトキハ其事由ヲ大藏卿ニ具狀シテ其許可ヲ受クヘシ又大藏卿ニ於テ支店出張所ヲ要用ナリトスル時ハ銀行ニ命シテ之ヲ設置セシムルコトアルヘシ

第三條　日本銀行ノ營業年限ハ開業ノ日ヨリ滿三十年トス但株主總會ノ決議ニ依リ營業ノ延期ヲ請願スルコトヲ得

第四條　日本銀行ノ資本金ハ一千萬圓ト定メ之ヲ五萬株ニ分チ一株二百圓トス但株主總會ノ決議ニ依リ資本金ノ增加ヲ請願スルコトヲ得

第五條　日本銀行ノ株券ハ總テ記名券トナシ日本人ノ外賣買讓與スルヲ許サス
第六條　日本銀行ノ株主トナランフスルモノハ大藏卿ノ許可ヲ受クヘシ
第七條　資本金總額五分ノ一即チ二百萬圓ノ入金アル時ハ營業ヲ開始スルヲ得ヘシ但資本金募集ノ手續ハ定款ヲ以テ定ムル者トス
第八條　營業上ニ於テ損失ヲ生シ資本現入金額ノ內幾分ヲ減少シタル時ハ其事由ヲ審明シ資本入金殘額ヨリ其欠額ニ充ル迄ノ金額ヲ追募スヘシ
第九條　事業ノ申張ニ由リ資本金ノ增加ヲ要スル時ハ之ヲ資本入金殘額ヨリ追募スヘシ
第十條　純益金總額ヨリ株主割賦金ヲ引去リ其殘額ヨリ少クトモ十分ノ一ヲ左ノ目的ヲ以テ積立金ト爲スヘシ
第一　資本金ノ損失ヲ補フ
第二　割賦金ノ不足ヲ補フ
第十一條　日本銀行ノ營業ハ左ノ如シ
第一　政府發行ノ手形爲換手形其他商業手形等ノ割引ヲ爲シ又ハ買入ヲ爲ス事
第二　地金銀ノ賣買ヲ爲ス事
第三　金銀貨或ハ地金銀ヲ抵當トシテ貸金ヲ爲ス事
第四　豫テ取引約定アル諸會社銀行又ハ商人ノ爲メニ手形金ノ取立ヲ爲ス事
第五　諸預リ勘定ヲ爲シ又ハ金銀貨貴金屬並諸證劵類ノ保護預リヲ爲ス事
第六　公債證書政府發行ノ手形其他政府ノ保證ニ係ル各種ノ證劵ヲ抵當トシテ當座勘定貸又ハ定期貸ヲ爲ス事但其金額及利子ノ割合ハ總裁副總裁理事監事ニ於テ時々決議シ大藏卿ノ許可ヲ受クヘシ

第十二條　日本銀行ハ第十一條ニ記載スル事業ノ外左ニ揭クル件々ハ勿論其他諸般ノ營業ニ關渉スルコトヲ得ス
第一　不動產及ヒ銀行又ハ諸會社ノ株券ヲ抵當トシテ貸金ヲ爲シ又ハ此株券ノ買戻ヲ爲ス事
第二　日本銀行ノ株券ニ對シテ貸金ヲ爲シ又ハ此株券ノ買戻ヲ爲ス事
第三　諸工業會社ノ株主タルハ勿論直接間接ヲ問ハス工業ニ關係スル事
第四　本支店出張所ヲ開設スル爲メ必要ナル者ノ外一切他ノ不動產ノ所有主タル事
第十三條　政府ノ都合ニ由リ日本銀行ヲシテ國庫金ノ取扱ヒニ從事セシムヘシ
第十四條　日本銀行ハ兌換銀行券ヲ發行スルノ權ヲ有ス但此銀行券ヲ發行セシムル時ハ別段ノ規則ヲ制定シ更ニ頒布スル者トス
第十五條　日本銀行ハ諸手形及切手ヲ發行スルヲ得ヘシ
第十六條　日本銀行ハ公債證書ヲ買入又ハ之ヲ賣拂フコトヲ得ヘシ但此場合ニ於テハ大藏卿ノ許可ヲ受クヘキモノトス
第十七條　日本銀行ハ總裁一人副總裁一人理事四人ヲ以テ綜理スル者トス此外ニ監事三人乃至五人ヲ置クヘシ
第十八條　總裁副總裁ハ任期五ケ年トシ總裁ハ勅任副總裁ハ奏任トス但任期中ハ他ノ官職ヲ兼任スルヲ得ス
第十九條　理事ハ株主總會ニ於テ選擧シ大藏大臣之ヲ命シ監事ハ株主總會ニ於テ之ヲ選擧ス
理事ノ任期ハ四年トシ監事ノ任期ハ三年トス（二十三年八月八日法律第六十一號ヲ以テ本條ヲ改正ス）
理事監事ハ任期中他ノ銀行又ハ會社等ノ役員タルヲ許サス

第二十條　總裁ハ每半期ニ通常株主總會ヲ招集ス
總裁ハ臨時ノ事項ヲ議スル爲メ必要ト認ムルトキハ臨時株主總會ヲ招集ス（同上）
總裁ハ監事ノ全員又ハ株主總會ノ會員タル者五十名以上ヨリ會議ノ目的ヲ示シテ請求スルトキハ臨時株主總會ヲ招集セサルコトヲ得ス
株主總會ノ會員ハ開會ノ六十日前ヨリ引續キ十株以上ヲ所有スル者ニ限ル
株主總會ニ於テハ會員ニ代理ヲ委託スルノ外他人ヲ以テ代理人トナスコトヲ得ス
株主總會ノ會員ハ株數十箇ニ付投票一箇ノ權利ヲ有ス十一株以上ハ五十株每ニ一箇ノ投票權ヲ增加ス但他人ノ代理委託ヲ受クル者ハ其代理ニ屬スル權利ハ十箇以上ヲ超ユルコトヲ得ス
第二十一條　大藏卿ハ特ニ管理官ヲ日本銀行ニ派出シテ諸般ノ事務ヲ監視セシムヘシ
第二十二條　日本銀行ハ本支店出張所及約定店等ノ營業上百般ノ景況ヲ調査シ少クモ每月一回之ヲ大藏卿ヘ報告ス可シ
第二十三條　日本銀行ハ本條例ノ旨趣ニ基キ銀行定款ヲ作リ政府ノ許可ヲ受ク可シ但定款ヲ改正シ又ハ定款外ノ事件ヲ處スル時ハ株主總會ニ於テ決議シ政府ノ許可ヲ受ク可シ
第二十四條　政府ハ日本銀行諸般ノ業務ヲ監督シ其營業上條例定款ニ背戾スル事ハ勿論政府ニ於テ不利ト認ムル事件ハ之ヲ制止スヘシ
第二十五條　此條例ヲ改正增削スル時ハ其施行ノ日ヨリ三ヶ月以前ニ之ヲ布告スヘシ

○橫濱正金銀行條例

明治二十年七月
勅令第二十九號

第一條　橫濱正金銀行ハ有限責任ニシテ其負擔ニ對シテ株主ノ負擔スヘキ義務ハ株金ニ止マルモノトス

第二條　横濱正金銀行ハ本店ヲ横濱ニ設置ス又内外國ニ於テ貿易上要用ナル地ニ支店又ハ出張所ヲ設置シ又他ノ銀行ト「コルレスポンデンス」ヲ締約スルコトヲ得但支店出張所ヲ設置若クハ廢止シ又ハ外國銀行ト「コルレスポンデンス」ヲ締約若クハ解約スルトキハ其事由ヲ大藏大臣ニ具狀シテ許可ヲ受ク可シ

第三條　横濱正金銀行ノ營業年限ハ開業ノ日卽チ明治十三年二月二十八日ヨリ滿二十箇年トス但株主總會ノ決議ニ依リ營業ノ延期ヲ請願スルコトヲ得

第四條　横濱正金銀行ノ資本金ハ六百萬圓ト定メ之ヲ六萬株ニ分チ一株ヲ百圓トス但株主總會ノ決議ニ依リ資本金ノ增減ヲ請願スルコトヲ得

第五條　横濱正金銀行ノ株式ハ日本人ノ外賣買讓與スルコトヲ許サス

第六條　横濱正金銀行ノ株券ハ記名券ニシテ定款ニ從ヒ賣買讓與スルコトヲ得

第七條　横濱正金銀行ノ營業ハ左ノ如シ

第一　外國ノ爲替及荷爲替

第二　內國ノ爲替及荷爲替

第三　貸付

第四　諸預金及保護預

第五　爲替手形約束手形其他諸證劵ノ割引又ハ其代金取立

第六　貨幣ノ交換

第八條　横濱正金銀行ハ營業ノ都合ニ依リ公債證書地金銀又ハ外國貨幣ヲ買入レ又ハ賣拂フコトヲ得

第九條　横濱正金銀行ハ政府ノ命令ニ依リ外國ニ關スル公債及官金ノ取扱ヲ爲スコトアル

ヘシ

第十條　横濱正金銀行ハ第七條第八條及第九條ニ記載スル事業ノ外他ノ營業ヲ爲スコトヲ許サス

第十一條　横濱正金銀行ハ左ノ場合ヲ除クノ外不動産株券其他ノ物件ヲ買取リ又ハ引受クルコトヲ得ス

第一　銀行營業ノ爲メ地所家屋ノ必要アルトキ

第二　貸金返濟ノ爲メ負債者ヨリ之ヲ引渡シ又ハ賣却スルトキ

第三　貸金ノ抵當ニシテ裁判上公賣ニ付シタルトキ

第十二條　横濱正金銀行ハ本行ノ株券ヲ抵當ニ取リ又ハ之ヲ買戻スヘカラス但負債者其辨償ヲ怠リテ他ニ相當ノ抵當ナク若クハ返濟ノ道ナキ場合ニ於テ之ヲ抵當ニ取リ又ハ引受クルハ此限ニ在ラス

第十三條　第十一條第二項第三項及第十二條ノ場合ニ於テ不動産株券其他ノ物件ヲ引受ケシトキハ必ス十箇月以内ニ之ヲ賣却スヘシ但賣却代價不相當ト認メタルトキハ其事實ヲ大藏大臣ニ具申シ延期ヲ請フコトヲ得

第十四條　横濱正金銀行ハ權利者ノ請求次第ニ支拂フヘキ諸預金ニ對シ其四分ノ一以上ニ當ル準備金ヲ備ヘ置クヘシ

第十五條　横濱正金銀行取締役ハ五人以上トシ其任期ヲ一箇年トシ株主總會ニ於テ其人員ヲ定メ五十株以上ヲ所有スル株主中ニ就キ之ヲ選擧シ大藏大臣ノ認許ヲ受クヘシ其滿期ニ當リ復選セラルヽ者モ亦同シ（二十二年二月二日勅令第十號ヲ以テ本條ヲ改正シ六月一日ヨリ施行ス）

第十六條　頭取ハ取締役ニ於テ之ヲ互選シ大藏大臣ノ認可ヲ受クヘシ但大藏大臣ニ於テ必

要ト思考スルトキハ特ニ日本銀行副總裁ヲシテ横濱正金銀行頭取ヲ兼ネシメ又ハ横濱正金銀行頭取ヲシテ日本銀行理事ヲ兼ネシムルコトアルヘシ
銀行事務ノ都合ニ依リ取締役ニ於テ副頭取一人ヲ互選スルコトヲ得但其職權ハ頭取事故アルトキ之ヲ代理スルニ止マルモノトス
頭取取締役ノ職權及責任ハ定款ヲ以テ定ムヘシ
第十七條　横濱正金銀行ハ毎年二回定式株主總會ヲ開キ定款ニ定メタル事項ヲ決定スヘシ又臨時ノ事件ヲ議スル爲メ何時ニテモ臨時總會ヲ開クコトヲ得
株主總會ニ出席スル者ハ會期六十日以前ヨリ株主タル者ニ限ルヘシ
第十八條　毎半季利益金ヲ配當スルトキハ豫メ其割合ヲ大藏大臣ニ具申シテ認可ヲ受クヘシ
第十九條　毎半季純益金總額ノ十分ノ一以上ヲ積立テ左ノ目的ニ供スヘシ
第一　資本金ノ損失ヲ補フコト
第二　配當金ノ不足ヲ補フコト
第二十條　貸金返濟ノ期限ヲ過キ到底損失ニ歸スヘキモノト認ムルトキハ其損失ト見積リタル金額ニ對シテ準備金ヲ積立ツヘシ
第二十一條　横濱正金銀行營業上ニ於テ損失ヲ生シ資本金ノ半額以上ヲ減少シタルトキ又ハ此條例ニ背戾シタル所爲アリテ大藏大臣ニ於テ必要ト思考スルトキハ其營業ヲ停止シ又ハ解散ヲ命スルコトヲ得
又株主總會ノ決議ニ依リ政府ノ許可ヲ受クルニ於テハ任意ノ解散ヲ爲スコトヲ得但此總會ニ於テハ株主總員二分ノ一以上ニシテ總株金二分ノ一以上ニ當ル株主出席シ其議決權

ノ三分ノ二以上ニ依テ決議スルモノトス

第二十二條　横濱正金銀行ニ於テ條例定款ニ背戻スル所爲アルトキ又ハ大藏大臣ニ於テ危險ナル所爲ト認ムル事件アルトキハ大藏大臣ハ之ヲ制止シ又ハ取締役ノ改選ヲ命スルコトヲ得（同上）

第二十三條　大藏大臣ハ特ニ監理官ヲ派遣シテ横濱正金銀行諸般ノ事務ヲ監視セシムヘシ（同上）

第二十四條　横濱正金銀行ハ大藏大臣ノ命令ニ從ヒ其營業上ニ係ル計算報告書ヲ差出スヘシ

第二十五條　横濱正金銀行本支店及出張所ニ於テハ重要ノ文書ニ其本支店若クハ出張所ノ印ヲ押捺スヘシ但横文ヲ以テ發スル文書ニハ之ヲ押捺スルコトヲ要セス

第二十六條　横濱正金銀行ハ明治二十年七月十日ヨリ此條例ヲ遵奉シ株主總會ノ決議ヲ以テ更ニ定款ヲ制定シテ大藏大臣ノ認可ヲ受クヘシ但定款ノ改正增補ヲ要スルトキハ亦本條ニ準ス

第二十七條　横濱正金銀行ノ頭取取締役其他ノ役員ニシテ此條例ヲ犯シタル者ハ五圓以上五十圓以下ノ罰金ニ處ス

第二十八條　此條例ノ改正ヲ要スルコトアルトキハ三箇月以前ニ之ヲ公布スヘシ

○兌換銀行券條例

明治十七年五月
布告第十八號

第一條　兌換銀行券ハ日本銀行條例第十四條ニ據リ同銀行ニ於テ發行シ銀貨ヲ以テ兌換スルモノトス

第二條　日本銀行ハ兌換銀行券發行高ニ對シ同額ノ金銀貨及地金銀ヲ置キ其引換準備ニ充

ツヘシ（二十一年七月三十一日勅令第五十九號ヲ以テ本條ヲ改正ス）

日本銀行ハ前項ノ外特ニ八千五百萬圓ヲ限リ政府發行ノ公債證書大藏省證券其他確實ナル證券又ハ商業手形ヲ保證トシ兌換銀行券ヲ發行スルコトヲ得但本項八千五百萬圓ノ内二千七百萬圓ハ明治二十二年一月一日以降ニ係ル國立銀行紙幣ノ消却高ヲ限トシ漸次發行スルモノトス（二十三年法律第三十四號ヲ以テ本項中改正ス）

日本銀行ハ市場ノ景況ニ由リ流通貨幣ノ增加ヲ必要ト認ムルトキハ大藏大臣ノ許可ヲ得テ第二項發行高ノ外更ニ政府發行公債證書大藏省證券其他確實ナル證券若クハ商業手形ヲ保證トシ兌換銀行券ヲ發行スルコトヲ得此場合ニ於テハ其發行額ニ對シ一箇年百分ノ五ヲ下ラサル割合ヲ以テ發行税ヲ納ムヘシ但其割合ハ其時々大藏大臣之ヲ定ム

日本銀行ハ政府發行紙幣消却ノ爲メ二千二百萬圓ヲ限リ無利子ヲ以テ政府ヘ貸付スヘシ

（同上）前項貸付金ノ償還年限及償還金額ハ大藏大臣之ヲ定ム

第三條　兌換銀行券ノ種類ハ一圓五圓十圓五十圓百圓二百圓ノ七種トス但大藏卿ハ各種ニ就テ其發行高ヲ定ムヘシ

第四條　兌換銀行券ハ租税海關税其他一切ノ取引ニ差支ナク通用スルモノトス

第五條　兌換銀行券ハ大藏卿ノ指定スル書式圖形ニヨリ日本銀行ニ於テ之ヲ製造シ時々其製造高ヲ大藏卿ニ上申スヘシ但其見本ハ發行期日前大藏卿ヨリ告示スヘシ

第六條　兌換銀行券ノ引換ヲ請フ者アルトキハ日本銀行本店及支店ニ於テ營業時間中何時ニテモ兌換スヘシ

但支店ニ於テハ本店ヨリ準備金ノ到達スヘキ時間其兌換ヲ延期スルコトヲ得（十八年第九號）

布告ヲ以テ但書ヲ追加ス）

第七條　金銀貨ヲ持參シテ兌換銀行券ト引換ンコトヲ請フモノアルトキハ日本銀行本店及ヒ支店ニ於テ無手數料ニテ之ヲ交換スルモノトス

第八條　日本銀行ハ兌換銀行券發行額及交換準備ニ關スル出納日表及每週平均高表ヲ製シ之ヲ大藏大臣ニ進達シ且每週平均高表ハ官報ニ廣告スヘシ（二十一年七月三十一日勅令第五十九號ヲ以テ本條ヲ改正ス）

第九條　大藏卿ハ日本銀行監理官ヲシテ特ニ兌換銀行券發行ノ件ヲ監督セシムヘシ但監理官ニ於テ必要ナリトスルトキハ何時ニテモ其手元有高及帳簿ヲ檢査スルコトヲ得

第十條　兌換銀行券ノ染汚毀損等ニヨリ通用シ難キモノハ日本銀行本店及ヒ支店ニ於テ無手數料ニテ之ヲ引換フヘシ

第十一條　兌換銀行券ノ製造、損券引換及ヒ消却等ノ手續ハ大藏卿之ヲ定ムヘシ

第十二條　兌換銀行券ノ僞造變造ニ係ル罪ハ刑法僞造紙幣ノ各本條ニ照シテ處斷ス

○國立銀行條例

明治九年　布告第百六號

國立銀行ハ政府ヨリ發行スル公債證書ヲ抵當トシテ之ヲ大藏省ニ預ケ紙幣寮ヨリ銀行紙幣ヲ受取リ引換ノ準備金ヲ設ケ之ヲ發行シ以テ其業ヲ營ムモノナリ今之ヲ創立スルニ付大日本政府ニ於テ制定シタル條々左ノ如シ

第一章　銀行創立ノ方法、創立證書、銀行定款ノ差出方及ヒ開業免狀ノ下附並ニ諸役員撰任方法等ノ事ヲ明カニス

第一條　此條例ヲ遵奉シ國立銀行ヲ創立セントスル者ハ何人ヲ論セス（外國人ヲ除クノ外）五人以上結合シタル人々成規第一條ニ掲クル所ノ手續ヲ以テ其創立願書ヲ大藏省ノ紙幣寮ヘ差出スヘシ紙幣頭之ヲ檢按シ相當ト思慮スルニ於テハ之ヲ大藏卿ニ稟議シテ其

銀行創立證書及ヒ銀行定款ノ差出方ヲ命スヘシ
第二條　右紙幣頭ノ命ヲ受ケタル人々ハ各其姓名ヲ創立證書ニ記入シ諸般ノ手續ヲ經テ其創立證書ニ紙幣頭ノ承認許可ヲ受ルニ於テハ此條例ニ規定セル箇條ヲ遵奉シ以テ國立銀行ヲ創立スルヲ得ヘシ而シテ其創立證書ニ掲載スヘキ件々ハ左ノ如シ
第一　銀行ノ名號
但シ此名號ハ紙幣頭ノ承認許可ヲ得テ之ヲ公稱スヘシ
第二　銀行ノ本店及ヒ支店（若シ之アラハ）ヲ置クヘキ場所
第三　銀行資本金額及ヒ株數
第四　銀行營業ノ年限
第五　株主ノ姓名、住所、屬族、職業（若シ之アラハ）及ヒ其引受タル株式ノ番號、箇數
第六　此創立證書ハ此條例ヲ遵奉シ銀行ノ事業ヲ營ナミ株主一同ノ利益ヲ謀ルタメ取極メタル旨
第三條　右創立證書ハ其株主等各記名調印シ之ニ一錢ノ印紙ヲ貼用シ其管轄地方長官ノ奥書鈐印ヲ受タルモノタルヘシ斯ク從事シタル創立證書ハ當人ハ勿論其相續人後見人タル者ニ於テモ右創立證書ノ箇條ヲ確守シ此條例成規ノ旨趣ヲ遵奉スル者トスヘシ
第四條　右創立證書ノ箇條ヲ更正スルニハ其社中ノ格段決議ヲ經テ紙幣頭ノ承認許可ヲ得ルニ於テハ之ニ從事スルコトヲ得ヘシ但シ其事件ハ即チ資本金ノ增減及ヒ本店轉移或ハ支店開設等ノ如キ是ナリ而シテ右ノ如ク更正シタル箇條ハ最初右創立證書中ニ記載セシ箇條ト同シク確守スヘシ且右ノ箇條ハ其創立證書ノ本紙正寫ノ別ナク之ヲ綴込ミ又ハ添附シ置クヘシ

但シ右ノ外創立證書中ノ箇條ヲ更正スルコトヲ得サルヘシ

第五條　此條例ヲ遵奉スル國立銀行ハ右創立證書ニ必ス銀行定款ヲ添フヘシ而シテ此定款ハ即チ成規第六條ニ揭クル所ノ雛形ニ準據シ其箇條ヲ悉皆(又ハ若干)記載シ創立證書同樣株主一同之ニ記名調印シ一錢ノ印紙ヲ貼用シタルモノタルヘシ

但シ此定款ハ唯紙幣頭ノ承認ヲ得紙幣寮ノ官印ヲ受クルノミニシテ其管轄地方長官ノ奧書鈐印ヲ乞フニ及ハサルヘシ

第六條　此條例ヲ遵奉スル國立銀行ハ社中ノ格段決議ヲ經テ紙幣頭ノ承認ヲ得ルニ於テハ銀行定款中ニ揭ケタル諸款ヲ更正增補シ及ヒ之レヲ廢止スルコトヲ得ヘシ而シテ右ノ如ク更正增補シタル箇條ハ最初右定款中ニ揭載セシ箇條ト同シク確守スヘシ且右ノ箇條ハ其定款ノ本紙正寫ノ別ナク之ヲ綴込ミ又ハ添附シ置クヘシ

第七條　創立證書並ニ銀行定款ハ本紙一通正寫二通都合三通宛ヲ製シ而シテ創立證書ヘ其管轄地方長官奧書鈐印ヲ受ケ銀行定款ト共ニ之ヲ紙幣頭ヘ差出スヘシ

第八條　紙幣頭ハ右創立證書及ヒ銀行定款ヲ領受シ其銀行株主等此條例第三十條ニ規定スル所ノ割合ヲ以テ資本金ノ入金ヲナセシヤ否ヤノ狀實ヲ檢査シ且株主等ノ正不正其他百般ノ事務ヲ視察シ不都合アルニ非レハ之ヲ大藏卿ヘ稟議シ開業免狀ヲ下附スヘシ

但シ創立證書銀行定款共本紙ハ記錄寮ニ納メ正寫一通ハ紙幣寮ノ簿冊ニ綴込ミ一通ハ紙幣寮ノ官印ヲ鈐シテ開業免狀ト共ニ之ヲ其銀行ヘ下附スヘシ

第九條　銀行ハ右ノ開業免狀ヲ得テ始テ一國ノ會社トナリ何々國立銀行ト公稱シ此條例成規ニ規定シタル箇條ヲ履行シテ國立銀行ノ事業ヲ經營スルヲ得ヘシ

第十條　此條例ニ從ヒ紙幣頭ノ記名調印シタル開業免狀、創立證書、銀行定款ハ何レノ裁判

所何レノ官廳ニ於テモ之ヲ正確ナル證據トシテ採用セラル、ヲ得ヘシ

第十一條　創立證書、銀行定款ノ寫又ハ版本等(用意分配ノ手續了ルノ後)各株主ヨリノ需要アルニ於テハ銀行ニ於テ定ムル所ノ代價ヲ以テ之ヲ付與スヘシ若シ銀行右付與ノ事ヲ怠慢スルニ於テハ銀行ハ其怠慢時間一日ニ付五圓ニ踰エサル罰金ヲ納ムヘシ

第十二條　此條例ヲ遵奉シテ創立スル銀行ハ鎖店其他ノ事故アルニ非サレハ開業免狀ヲ受ケシ日ヨリ二十箇年ノ間其營業ヲ繼續スルコトヲ得ヘシ右期限後ハ更ニ私立銀行ノ資格ヲ以テ大藏卿ノ許可ヲ受ケ其營業ヲ繼續スルコトヲ得ヘシ然レトモ紙幣發行ノ特許ヲ有シ國立銀行ノ資格ヲ以テ營業ヲ繼續スルコトヲ許サス(十六年第十四號布告ヲ以テ全條改正)

第十三條　此條例ヲ遵奉スル銀行ノ頭取取締役等ハ開業免狀ヲ得ルノ日ヨリ社印ヲ刻シ諸役員ノ印信ト共ニ大藏省ノ紙幣寮國債寮出納寮ノ三寮ヘ差出スヘシ而シテ銀行ノ諸出願ヲ始メ訴訟、約定、保證及ヒ報告、往復其他一切ノ文書ニ至ルマテ都テ其社號ヲ用キ社印ヲ鈐スヘシ

但シ報告、約定、保證等ノ如キ文書ニハ頭取取締役及ヒ支配人ノ名印ヲモ加用スヘシ

第十四條　此條例ヲ遵奉スル銀行ハ頭取取締役ヲ始メ支配人、書記方、出納方、計算方、簿記方其他適宜ノ役員ヲ選任シ其職制權限進退及ヒ頭取、取締役交代ノ手續等諸般ノ規約ヲ取極メ之ヲ銀行定款中ニ掲載スヘシ

第十五條　此條例ヲ遵奉スル銀行ノ取締役ハ必ス自力ヲ以テ成規第五十一條ニ規定スル所ノ株數ヲ所持シタル者ニシテ其總員ハ五人以上(内一人ハ頭取)タルヘシ而シテ其四分ノ三ハ其銀行創立ノ地ニ於テ上任前一箇年以上在住シタル者ニ限ルヘシ

第十六條　此條例ヲ遵奉スル銀行ノ頭取取締役ハ上任ノ節ニ其地方長官ノ面前ニ於テ誓詞

ヲ為シ其事務ヲ施行スルニ忠實公平ヲ以テシ且此條例中ノ要旨ニ決シテ背戾セサル旨ヲ認メ其管轄地方長官ノ奧書鈐印ヲ受ケ之ヲ紙幣頭ヘ差出スヘシ紙幣頭ハ之ヲ領受シテ寮中ノ簿冊ニ綴込ムヘシ

第二章　銀行資本金ノ制限、公債證書銀行紙幣交收ノ割合並ニ其手續及ヒ引換準備金等ノ事ヲ明カニス

第十七條　此條例ヲ遵奉スル國立銀行ノ資本金額ハ十萬圓ヨリ下ル可カラス尤人口十萬人以上ノ地ニ於テハ二十萬圓未滿ノ資本金ヲ以テ創立スルヲ許サス

但シ時宜ニヨリ紙幣頭差支ナシト思考シテ大藏卿ヘノ稟議ヲ經ルニ於テハ五萬圓以上十萬圓未滿ノ資本金ニテモ創立ヲ許スコトアルヘシ

第十八條　此條例ヲ遵奉スル國立銀行ヨリ發行スル紙幣ハ資本金十分ノ八タルヘシ然レトモ大藏卿ハ全國ニ發行スヘキ銀行紙幣ノ總額ヲ制限スルコトアルヘシ故ニ新タニ創立ヲ願フ者アルトキ其資本金額ヲ節減シ或ハ其創立ヲ許可セサルコトアルヘシ尤モ發起人ノ請願ニ依テハ特ニ其發行紙幣ノ割合ヲ節減シテ其創立ヲ許可スルコトアルヘシ而シテ各銀行ハ其發行紙幣ノ高ニ應シ四朱以上利付ノ公債證書ヲ時價（時相場ヲ斟酌シ大藏省ニ於テ定ムル所ノ價格）ヲ以テ右紙幣ノ抵當トシ之ヲ出納局ニ預クヘシ（十一年第五號布告ヲ以テ但書共全條改正）

但公債證書ノ時價低下スルトキハ其銀行ニ命シテ更ニ他ノ公債證書ヲ納メシメ其發行紙幣ノ額ニ充タシムヘシ

第十九條　右公債證書ハ此條例ヲ遵奉スル銀行ヨリ發行スル紙幣ノ抵當ナルヲ以テ出納頭ハ其銀行永續中ハ正ニ之ヲ預リ置クヘシ而シテ若シ此公債證書ノ內國債寮ニ於テ施行ス

ル所ノ公債支消ノ抽籤ニ當ル者アレハ銀行ハ他ノ公債證書ヲ納メテ之ヲ引換フヘシ
第二十條　此條例ヲ遵奉スル銀行ハ其紙幣下付高四分ノ一ニ相當スル通貨ヲ以テ發行紙幣引換ノ準備ニ充ツヘシ（十六年第十四號布告ヲ以テ全條改正）
第二十一條　此條例第四十條第四十二條ニ掲クル所ノ手續ヲ以テ資本金額ヲ増減スルコトアルニ於テハ前條ニ掲クル所ノ公債證書並ニ銀行紙幣引換ノ準備金モ亦其割合ニ從テ之ヲ増減スヘシ
第二十二條（十六年第十四號布告ヲ以テ削除ス）
第二十三條　此條例ヲ遵奉スル銀行ノ頭取支配人ハ公債證書ヲ出納寮ヘ納メ其受取證書ヲ領受シタル後同額ノ銀行紙幣ヲ各種ノ種類ニテ紙幣寮ヨリ受取リ之ニ頭取支配人等ノ名印ヲ加用シ以テ銀行營業ノ資本トナスヘシ
第二十四條　右公債證書ノ請取證書ハ紙幣頭出納頭ノ連署調印シタル者タルヘシ尤此公債證書ノ勘査ニ付テハ該両寮頭互ニ其簿冊ヲ開ラキ須ラク注意ヲ盡シ詳明ニ之ヲ記入シ又互ニ之ヲ點檢スルヲ得ヘシ
第二十五條　此條例第十八條ニ掲クル所ノ出納頭ニ預ケタル公債證書ハ毎年一度（又ハ數度）銀行ノ役員出納寮ニ至リテ之ヲ點檢シ其銀行ノ元帳ニ照シテ其種類員額等相違ナキニ於テハ改人ハ改濟ノ旨ヲ書面ニ認メ之ヲ出納頭ヘ差出スヘシ
但シ右改人出納寮ヘ出ル時ハ其銀行頭取ノ委任狀ヲ持參スヘシ
第二十六條　右公債證書ハ銀行ノ都合ニヨリ四朱以上利付ノ他ノ公債證書ヲ以テ之カ引換ヲ申請シ紙幣頭ノ考案ニ於テ差支ナシトセハ其趣ヲ出納頭ヘ通知シ之ヲ交換下附スヘシ
但シ其引換ヘタル趣並ニ其公債證書ノ種類金額等ハ紙幣出納両寮ノ簿冊ニ詳記スヘシ

第二十七條　右公債證書ヨリ生スル年々ノ利息ハ其銀行之ヲ受取リ毎年銀行ノ利益精勘定ノ内ニ加ヘテ之ヲ株主一同ヘ分配スヘシ（十六年第十四號布告ヲ以テ但書ヲ削除ス）

第三章　株式ノ分割、資本金入金ノ割合、株式沒入、株主牒ノ記入、株式ノ賣買及ヒ資本金増減等ノ事ヲ明カニス

第二十八條　此條例ヲ遵奉スル銀行ノ資本金ハ之ヲ株式ニ分割シ百圓又ハ五十圓又ハ二十五圓ヲ以テ一株ト定ムヘシ尤一株百圓ニ分配シタル銀行ノ株式ハ悉皆百圓ノ金高タルヘシ五十圓二十五圓ノ株式モ亦之ニ準スヘシ

但シ十萬圓以上ノ資本金ヲ以テ創立スル銀行ナレハ百圓又ハ五十圓ヲ以テ一株ト定ムヘシ又十萬圓未滿五萬圓マテノ資本金ヲ以テ創立スル者ナレハ五十圓又ハ二十五圓ヲ以テ一株ト定ムヘシ

第二十九條　此條例ヲ遵奉スル銀行ノ株主タル者ハ各自ノ望ニ任セ幾株ニテモ之ヲ所持スルヲ得ヘシ而シテ其株主ハ何レノ屬族何レノ職務アルニ拘ハラス總テ其所持株高相當ノ權利ヲ有シ其銀行營業ニ付テノ損益ハ株高ニ應シテ之ヲ負擔スヘシ

但シ大藏省ノ官員其他ノ官員トモ此銀行ノ事務ニ關係アル者ハ株主トナルヲ許サス

第三十條　此條例ヲ遵奉スル銀行ノ株主等ハ開業免狀ヲ得其業ヲ始ムル前ニ於テ少ナクトモ資本金總額十分ノ五ハ必ス之ヲ銀行ニ入金スヘシ而シテ他ノ十分ノ五ハ資本金總額ノ十分ノ一ヲ以テ月賦ト定メ開業免狀ヲ得タル月ノ翌月ヨリ入金スヘシ

第三十一條　右資本金ノ月賦入金毎ニ其銀行ノ頭取支配人ハ成規第十三條ニ準據シ資本金集合高屆書ヲ紙幣頭ヘ差出スヘシ

第三十二條　此條例ヲ遵奉スル銀行ノ株主等株金ノ月賦入金ヲ怠ル時ハ頭取取締役等ニ於

テ其株ヲ沒入シ競賣其他ノ手續ヲ以テ三十日以內ニ之ヲ賣拂ヒ而シテ其入用ヲ差引キ尙ホ過金アレハ之ヲ元株主ヘ返還スヘシ尤此競賣ニ於テ右株式ヲ買取リタル株主モ亦他ノ株主同樣ノ權利ヲ有スヘシ

第三十三條　右競賣ニ於テ其株ヲ買フ者アラサル時ハ是迄入金シタル金高ハ銀行ニ沒入シテ其株ヲ消スヘシ尤此消株ニヨリ資本金額此條例第十七條ニ規定スル所ノ制限ヨリ減少スルトキハ頭取取締役等ハ三十日間ニ之ヲ補ヒ定限ノ高ニ滿タシムヘシ若シ頭取取締役等之ヲ怠ルトキハ紙幣頭ハ其銀行ニ鎖店ヲ申渡シ更ニ跡引受人ヲ命スヘシ

第三十四條　此條例ヲ遵奉スル銀行ハ株主牒ヲ製シ左ノ要件ヲ記載スヘシ

第一　各株主ノ姓名、住所、屬族、職業(若シ之アラハ)

第二　各株主ノ所持セル株式ノ番號、箇數

第三　入社ノ年月日

第四　退社ノ年月日

第三十五條　此條例ヲ遵奉スル銀行ノ創立證書ニ記名スル者ハ卽チ其銀行ノ株主タルカ故ニ前條ニ規定セル株主牒ニ各其姓名ヲ登記スヘシ且其他何人ニテモ(外國人ヲ除クノ外)爾後其銀行ノ株主タランコトヲ同意シ隨テ其姓名ヲ株主牒ニ登記シタルモノハ皆同シク其銀行ノ株主タルノ權利アルヘシ

第三十六條　右株主牒ハ銀行其開業免狀ヲ領受スルノ卽日ヨリ之ヲ其本店ニ備置クヘシ而シテ此株主牒ハ營業時間ナレハ何時ニテモ株主等之ヲ檢閱スルヲ得ヘシ若シ銀行其檢閱ヲ拒ミタルトキハ株主ハ其趣ヲ書面ニ認メ之ヲ其管轄地方官廳ヘ差出シ紙幣頭ヘノ照會ヲ乞フヘシ其照會ヲ得ルニ於テハ紙幣頭ハ直チニ官吏ヲ派遣シ其本店ヲ檢査セシムルコ

トアルヘシ

但シ銀行ハ新聞紙又ハ其他ノ手續ヲ以テ其旨ヲ報知スルニ於テハ一箇年中日數三十日ニ過キサレハ何時ニテモ右檢閲ヲ停止スルコトヲ得ヘシ

第三十七條　右株主牒ニ何人カ故ナク姓名ヲ記入セラレ又ハ妄リニ除名セラレ又或ハ退社セシ所以ノ記載ヲ故ナク遷延セラレタル等ノ事アリテ其人之カ爲メ妨碍ヲ受クルニ於テハ其事由ヲ書面ニ認メ之ヲ其管轄地方官廳ヘ差出シ紙幣頭ヘノ照會ヲ乞フヘシ其照會ヲ得ルニ於テハ紙幣頭ハ直チニ銀行ニ命シテ之ヲ修正セシムヘシ

第三十八條　此條件ヲ遵奉スル銀行ノ株式ハ成規第二十七條第三十條ニ規定スル所ノ手續ヲ以テ之ヲ賣買讓與スルコトヲ得ヘシ

但シ銀行ハ新聞紙又ハ其他ノ手續ヲ以テ其旨ヲ報知スルニ於テハ一箇年中日數三十日ニ過キサレハ何時ニテモ其株式ノ賣買讓與ヲ停止スルコトヲ得ヘシ

第三十九條　此條例ヲ遵奉スル銀行ノ株主死去スルノ際名代人ヲ以テ株式ヲ賣却讓與スル等ノ事アルトキハ假令ヒ此名代人ハ其銀行ノ株主ニ非スト雖モ記名調印等ノ事ニ至リテハ猶ホ株主同樣ノ權利ヲ存スヘシ

第四十條　此條例ヲ遵奉スル銀行ハ社中ノ格段決議ヲ經テ紙幣頭ノ承諾ヲ得ルニ於テハ其資本金額ヲ増加スルコトヲ得ヘシ而シテ右増加スヘキ資本金額ノ制限ハ大藏卿ヘノ稟議ヲ經テ紙幣頭之ヲ定ムヘシ故ニ其資本金額ヲ増加スルニハ紙幣頭ニ申請シ其承諾ヲ得テ之ニ從事スヘシ尤全ク入金濟ノ上ハ成規第十四條ニ準據シテ其増加證書ヲ差出スヘシ

第四十一條　此條例ヲ遵奉スル銀行前條ニ揭クル如ク資本金ヲ増加セシニヨリ公債證書ヲ納メ銀行紙幣ヲ請取ルノ手續ハ現ニ其株主タル者ヨリ増加ノ總額ヲ全ク入金シタル後ニ

非レハ之ヲ施行スルヲ許サス

第四十二條　此條例ヲ遵奉スル銀行若シ其資本金額ヲ減少セントスル時ハ社中ノ格段決議ヲ經テ紙幣頭ノ承認ヲ得ルニ於テハ之ニ從事スルヲ得ヘシ尤其減少ノ高ハ此條例第十七條ニ於テ規定スル所ノ員額ヨリ下ルヲ許サス但シ紙幣頭ノ承認ヲ得テ此決議ヲ施行セントスルニ於テハ其施行ノ日限ヨリ少ナクトモ三箇月以前ニ於テ資本金ノ減少員額ト其殘リ資本金額トヲ記載シタル報告ヲ製シ適宜ノ手續ヲ以テ之ヲ其預リ金アル得意先ヘ送達スヘシ且右減少セントスルノ趣ハ其銀行所在ノ地ニ行ハル丶三種以上ノ新聞紙ヲ以テ三箇月以上毎日之ヲ公告スヘシ

第四十三條　此條例ヲ遵奉スル銀行若シ前條ノ如ク其資本金額ヲ減少セントスルニ際シ其銀行ヘ貸金、預ケ金等アル者ハ未タ其仕拂期日至ラスト雖モ右減少ヲ施行スヘキ日限前一箇月ノ間ナレハ何時ニテモ左ノ定則ニ準據シ之カ償却ヲ乞フノ權利アルヘシ

第一　凡ソ定期預ケ金アル者ハ其元金並ニ當日迄ノ利息ヲ受取ルノ權利アリトス

第二　其他期限未滿タリトモ凡ソ銀行ヨリ受取ルヘキ勘定アル者ハ時ノ相場ヲ以テ其仕拂期日迄ノ利息ヲ引去リ殘金高ノミヲ受取ルノ權利アリトス

第四十四條　此條例ヲ遵奉スル銀行ハ此條例第四十二條第四十三條ニ掲クル所ノ諸般ノ手續ヲ了ルニ於テハ成規第十五條ニ準據シ其減少證書ヲ紙幣頭ヘ差出スヘシ若シ右第四十二條第四十三條ノ規定ニ背戻シ資本金減少ノ報告又ハ公告ヲ怠リ及ヒ期限未滿ノ勘定仕拂ヲ拒ムコトアルトキハ紙幣頭ハ右資本金減少證書ニ許可ヲ與ヘサルヘシ

第四章　銀行紙幣ノ製造及ヒ種類、其通用ノ能力、引換場所及ヒ燒捨等ノ事ヲ明カニス

第四十五條　此條例ヲ遵奉シテ發行スル所ノ銀行紙幣ハ大藏卿ノ命ヲ奉シ紙幣頭其製造ノ事務ヲ董括シ極メテ紙質ノ堅牢ト彩紋ノ精緻ヲ要シ深ク贋模ノ弊ヲ豫防スルノ術ヲ盡シテ以テ之ニ從事スヘシ

但シ右銀行紙幣製造ノ入費ハ其銀行ヨリ現貨ヲ以テ紙幣寮ヘ納ムヘシ

第四十六條　右銀行紙幣ノ種類ハ一圓、二圓、五圓、十圓、二十圓、五十圓、百圓、五百圓ノ八種ト定メ銀行ノ望ニ應シテ製造下附スヘシ

但シ五圓以下ノ銀行紙幣ハ其銀行發行總額十分ノ五ヨリ多カラサルヘシ

第四十七條　右銀行紙幣ノ表裏面ニハ政府ノ公債證書ヲ抵當トシテ發行スルノ旨趣及ヒ其他ノ要件ヲ摘載シ大藏卿並ニ出納頭記錄頭ノ印ヲ鈐シ且大藏省並ニ銀行ノ記號、番號ヲ押捺シテ紙幣頭之ヲ其銀行ヘ下付スヘシ而シテ銀行ニ於テハ之ニ其頭取支配人ノ名印ヲ加用スヘシ

第四十八條　此條例ヲ遵奉シテ創立シタル國立銀行ヨリ發行スル所ノ銀行紙幣ハ諸官廳又ハ銀行、會社其他ヲ論セス日本全國何レノ地ニ於テモ租税、運上、貸借ノ取引、俸給其他一切ノ公私ノ取引ニ於テ都テ政府發行ノ貨幣同様通用スヘシ

但シ公債證書ノ利息ト海關税ニハ之ヲ用ウルヲ許サス

第四十九條　此條例ヲ遵奉シテ創立シタル銀行ヨリ發行スル所ノ銀行紙幣ヲ通貨ト引換ヘンコトヲ請求スルモノアルトキハ日本銀行ニ於テ之ヲ引換フヘシ（十六年第十四號布告ヲ以テ全條改正）

第五十條　此條例ヲ遵奉スル銀行ヨリ發行スル所ノ銀行紙幣通用ノ際其授受ヲ拒ミ或ハ之ヲ妨ケ其他不正ノ所爲ヲナス者アルニ於テハ皆國法ニ從テ之ヲ罰スヘシ

第五十一條　此條例ヲ遵奉スル銀行ヨリ發行スル所ノ銀行紙幣通用中毀裂汚染等ニテ通用

シ難キモノアルニ於テハ其所持人ハ銀行ニ持參シテ之ヲ引換フヘシ而シテ銀行ハ之ヲ紙幣頭ヘ差出シ其代リ銀行紙幣ヲ受取ルヘシ○尤右引換銀行紙幣ノ種類、記號、番號、金額等ハ之ヲ紙幣寮ノ公書及ヒ銀行ノ簿冊ニ詳明ニ記入シ其廢紙幣ハ大藏卿ヨリノ立會ヲ得テ紙幣頭ハ其主任ノ官員ヲシテ銀行役員ノ立會ヲ要シ之ヲ燒捨ニ付スヘシ而シテ其趣ハ尙ホ右簿冊ニ登記シ各記名調印スヘシ

但シ右燒捨ノ後ハ新聞紙又ハ其他ノ手續ヲ以テ其趣ヲ世上ニ公告スヘシ

第五章　銀行營業ノ本務、公債證書其他ノ賣買幷ニ貸附金ノ制限、利息ノ制限、銀行紙幣幷ニ株式抵當ノ制禁及ヒ預リ金準備等ノ事ヲ明カニス

第五十二條　此條例ヲ遵奉スル銀行ハ金銀ヲ(引受貸シ抵當貸シノ別ナク)貸附ケ又ハ當座幷ニ定期預リ金ヲ爲シ又ハ爲換ヲ取組ミ又ハ爲換手形、約束手形、代金取立手形其他ノ證書ヲ割引シ又ハ公債證書、外國貨幣幷ニ金、銀、銅ノ地金ヲ賣買シ及ヒ保護預リ又ハ両替等ノ事ヲ以テ營業ノ本務トナスヘシ

第五十三條　此條例ヲ遵奉スル銀行ノ本務タルヤ前條ニ掲クル所ノ種類ナルヲ以テ公債證書ノ賣買ヲナスヲ得ルト雖モ貸附金、預リ金、爲換等ノ如キハ殊ニ銀行ノ主トシテ爲スヘキ營業ノ目的タルニヨリ此等ノ事業ヲ經營セスシテ唯公債證書ノ賣買ヲ專ラニスルヲ許サス

第五十四條　此條例ヲ遵奉スル銀行ハ前第五十二條ニ掲クル所ノ營業本務ノ外地所家屋其他物件ノ賣買ヲナスヘカラス又職工作業ノ功ヲ興シ及ヒ此等ノ功ヲ興ス會社ノ株主トナルヲ許サス尤左ニ掲載スル所ノ條件ニ付テハ地所又ハ家屋物件等ヲ賣買シ又ハ之ヲ引取リ又ハ之ヲ所持スル等ノ事ハ此條例ニ於テ之ヲ宥恕スヘシ但シ銀行所有ノ地所ハ勿論一

般ノ地税法ニ従フヘシ
第一　銀行ノ業ヲ營ムヘキ爲メ緊要ナル地所家屋ハ之ヲ買取リ之ヲ所持シ之ヲ賣拂フヲ得ヘシ
第二　滯貸金ノ抵當トシテ質物ニ取リタル地所物件ハ之ヲ引取リ之ヲ所持シ之ヲ賣拂フヲ得ヘシ
第三　貸金返濟ノ約定日切トナリテ借主ヨリ返金ノ代リトシテ引渡サレタル地所物件ハ之ヲ引取リ之ヲ所持シ之ヲ賣拂フヲ得ヘシ
第四　銀行ヨリ貸金ノ抵當又ハ質物トナリシモノニシテ官廳ノ裁判ヲ經テ賣拂ヒトナリタルモノカ又ハ之ヲ引取リタルモノ又ハ右質入ノ流込ミトナリタルモノ又ハ銀行ヨリノ貸金ヲ返濟スル爲メニ賣物ニ出シタル地所物件ハ之ヲ買取リ之ヲ引取リ之ヲ所持シ之ヲ賣拂フヲ得ヘシ
第五十五條　前條ニ掲クル所ノ款項中銀行營業ノ爲メ緊要ナル地所家屋ヲ除クノ外銀行ニ於テ引取リ又ハ買取リタル地所物件ハ遲クトモ十箇月以内ニ於テ之ヲ賣拂フヘシ
第五十六條　此條例ヲ遵奉スル銀行ヨリ貸附クル所ノ金額ノ制限ハ一口ニ付資本金總額ノ十分一ヲ限リトナスヘシ
第五十七條　此條例ヲ遵奉スル銀行ノ貸附金利息ハ政府ニ於テ定メタル一般ノ利息制限法ニ準據スヘシ若シ其限ニ超過スルモノアル時ハ大藏卿ハ其銀行ヲ督責シテ之ヲ其制限ノ割合ニ引直サシムヘシ（十一年第三十一號布告ヲ以テ全條改正）
第五十八條　此條例ヲ遵奉スル銀行ハ其銀行紙幣ヲ抵當又ハ質物トシテ借金ヲナスヘカラス又其銀行ノ株式ヲ抵當ニ取リテ貸付金ヲナスヘカラス又其株ノ買主トナリ又ハ其株主

トナルヘカラス然レトモ貸付金ノ滞リニテ銀行ノ損失トナルコトアレハ止ムヲ得ス其株ヲ引當ニ取リ又ハ買取ルコトヲ得ヘシ尤其株ハ遲クトモ六箇月以内ニ於テ之ヲ賣拂フヘシ

第五十九條　此條例ヲ遵奉スル銀行ハ諸方ヨリノ預リ金ヲ他ヘ運轉流用スルニハ須ラク之カ制限ヲ立テ其預リ金總額ノ内少クトモ十分ノ二、五(即チ四分ノ一)ヲ引殘シ之ヲ返却ノ準備トシテ銀行ノ金庫中ニ積立置クヘシ尤内十分一ノ員額ハ政府ノ公債證書ヲ實價ヲ以テ積立ルヲ得ヘシ

但シ此準備金ハ銀行紙幣引換ノ準備金ト混同スヘカラス

第六十條　此條例ヲ遵奉スル銀行ハ其營業ノ爲メ銀行紙幣ヲ發行スルニハ此條例第二十條ニ規定シタル準備金ノ割合ヲ超過スヘカラス若シ此割合ヲ超過シテ發行スルトキハ紙幣頭ハ之ヲ督責シテ速カニ其準備金ヲ増加シ規定ノ割合ニ滿タシムヘキ旨ヲ命スヘシ若シ銀行ニ於テ此命ヲ受ケシ日ヨリ三十日ヲ過キテ尙ホ増加スルコトヲ怠ル時ハ紙幣頭ハ其銀行ノ開業免狀ヲ取上ケ跡引受人ヲ命スヘシ

第六十一條　此條例ヲ遵奉スル銀行ニ於テ預リ金ノ返濟又ハ爲替手形約束手形等ノ仕拂ヲナスニ當リ兼テ積置キタル準備金ヲ以テ之ヲ償フコト能ハサルトキハ其銀行ノ株主等ハ各其所持ノ株數ニ應シ別ニ出金シテ一時之ヲ償辨スルノ責ニ任スヘシ但此出金ハ全ク一時償辨ノ爲メニシテ其株金ト異ナルヲ以テ其銀行ハ速カニ之レヲ各株主ヘ返辨スヘシ

(十六年第十四號布告ヲ以テ全條改正)

第六章　銀行名號ノ掲牌、社印ノ書體竝ニ諸手形ニ於ケル銀行ノ負債、所有物ノ明細帳及ヒ營業時間等ノ事ヲ明カニス

第六十二條　此條例ヲ遵奉スル銀行ハ讀易キ書體ヲ以テ其名號ヲ掲牌ニ記載シ之ヲ其銀行ノ店前最モ見易キ所ニ掲クヘシ而シテ其社印ノ彫刻ヨリ諸報告並ニ諸公告、諸證實、諸手形、諸切手ノ類ニ至ル迄凡ソ其名號ヲ用ウル所ノ者ハ亦同シク讀易キ書體ヲ用ウヘシ

第六十三條　此條例ヲ遵奉スル銀行若シ前條ノ如ク其社號ヲ掲ケサルトキハ銀行ハ其時間一日ニ付五圓ヨリ多カラサル罰金ヲ納ムヘシ且其頭取取締役及ヒ支配人タルモノ知テ之ヲ為サシメ或ハ故サラニ之ヲ見逃スニ於テハ是亦右同額ノ罰金ヲ納ムヘシ若シ又銀行ノ頭取取締役支配人其他ノ役員又ハ何人ニテモ前條ノ如ク彫刻セサル社印ヲ用ヒ或ハ人ヲシテ之ヲ用キシメ又ハ前條ノ規定ニ悖リタル社號ヲ以テ報告書ヲ出シ或ハ之ヲ出サシメ又ハ為換手形、約束手形、切手、證書、注文書、受取證書、受合狀等ニ至ル迄凡ソ其名號ヲ用ウル者前條ノ規定ニ悖リテ記名調印シ又ハ記名調印セシムルトキハ十圓ヨリ少ナカラス五十圓ヨリ多カラサル罰金ヲ納メシメ且右等為換手形、約束手形、切手、注文書等ニ記載スル所ノ金額ヲ銀行ヨリ拂渡サヽルトキハ其規定ニ悖リタル役員等ハ自費ヲ以テ右持主ヘ辨償スルノ責ニ任スヘシ

第六十四條　此條例ヲ遵奉スル銀行其名號ヲ以テ為換手形、約束手形ヲ振出シ又ハ之ヲ引受ケ又或ハ之ニ裏書シタルモノヽ如キハ假令ヒ右等ノ取扱ヒ何人ノ手ニ出ルト雖モ此人苟モ其銀行ノ命任ヲ受ケタルモノニ相違ナキニ於テハ一切之ヲ其銀行ノ為メニ取扱ヒシモノト見做スヘシ

第六十五條　此條例ヲ遵奉スル銀行ハ其所有財産（動産、不動産ノ別ナク）ノ種類員數ハ勿論其授受賣買及ヒ質入書入委托其他ニ於ケル一切ノ事件ヲ記載セル簿冊ヲ製シ右等ノ擧アル毎トニ其事由並ニ其種類員數及ヒ質預リ人又ハ受托人等ヲ遺漏ナク記載シ其時々頭取

取締役等之ニ檢印シ常ニ其銀行ニ備置キ以テ債主及ヒ株主等ノ檢閲ニ供スヘシ○若シ前段ノ記載ナクシテ銀行其所有財産ヲ質入書入シ又ハ之ヲ委托スル等ノ事アルニ當テ其銀行ノ頭取取締役支配人等知テ之ヲ捨置キ又ハ故サラニ之ヲ見逃スニ於テハ右役員ハ五十圓ヲ踰エサル罰金ヲ納ムヘシ

但シ右所有財産ノ簿冊ハ卽チ其事件ノ正確ナル證據トシテ何レノ裁判所何レノ官廳ニ於テモ採用セラルヽヲ得ヘシ

第六十六條　此條例ヲ遵奉スル銀行ノ營業時間ハ其本店支店共定式(又ハ臨時)休暇日ヲ除クノ外毎日午前九時ヨリ午後第三時マテタルヘシ尤銀行ノ都合ニヨリ紙幣頭ノ承認ヲ得ルニ於テハ其營業時間ヲ變更スルヲ得ヘシ而シテ其趣ハ新聞紙其他ノ手續ヲ以テ之ヲ世上ニ公告スヘシ

但シ爲換竝ニ預リ金等ノ仕拂期日若シ定式(又ハ臨時)休暇日ニ當ルモノハ其翌日之ヲ仕拂フヘシ

第七章　株主總會ノ定規竝ニ格段決議ノ順序、諸簿冊ノ點檢及ヒ檢査ノ手續、諸報告差出方等ノ事ヲ明カニス

第六十七條　此條例ヲ遵奉スル銀行ノ總會ハ毎年少クトモ両度宛之ヲ執行スヘシ尤モ臨時ノ事件ヲ評決センカ爲メ執行スル所ノ臨時總會ハ此限ニアラス

第六十八條　此條例ヲ遵奉スル銀行ハ社中ノ總會ニ於テ次條ニ掲載セル方法ヲ以テ執行セシ格段決議ニ於テハ其銀行定款中ニ記載シタル事件箇條ヲ變更訂正スルコトヲ得ヘシ

第六十九條　凡ソ社中評決スヘキ事件アリテ其議按ヲ出シ其銀行株主臨席ノ總員(本人代人ヲ論セス)四分ノ三以上ノ同意ヲ以テ一旦其大體ヲ決定シ隨テ其旨趣ヲ詳述シテ之カ

報告ヲナシ後チ十四日以外一箇月以内ノ時日ニ於テ更ニ執行スル所ノ總會ニ於テ其臨席シタル株主總員ノ同意セル發言投票ノ多數ヲ以テ其事件ヲ確定スル者之ヲ格段決議ト稱スヘシ

第七十條　凡ソ格段決議ニ於テ確定シタル事件ハ其旨趣顚末ヲ記載シタル書附ヲ刊行シ又ハ謄寫シテ右確定ノ日ヨリ日數十五日(郵便遞送日數ヲ除ク)ノ内ニ之ヲ紙幣頭ヘ差出シテ其承認ヲ受クヘシ○若シ銀行前段ノ書附ヲ右期日内ニ差出スコトヲ怠ルニ於テハ右ノ日數以後(即チ十六日目ヨリ)ハ怠慢時間一日ニ付十圓ヲ越エサル罰金ヲ納ムヘシ且頭取取締役等故サラニ之ヲナサシメ又ハ知テ之ヲ見逃セシトキハ是亦右同額ノ罰金ヲ納ムヘシ

第七十一條　凡ソ格段決議ニ於テ確定シタル事件ニシテ(此條例第四條第六條ニ準據シ)現ニ之ヲ施行スルモノハ右ノ事件ヲ正シク記載シタル寫ヲ各株主ヘ分賦スヘシ○若シ銀行此箇條ヲ遵守セスシテ詐僞ヲ記載スルカ又ハ寫ヲ分賦セサルニ於テハ右寫一通ニ付五圓ヲ越エサル罰金ヲ納ムヘシ且頭取取締役等故サラニ之ヲ爲サシメ又ハ知テ之ヲ見逃セシトキハ是亦右同額ノ罰金ヲ納ムヘシ

第七十二條　此條例ヲ遵奉スル銀行ノ株主タル者ハ其銀行ノ營業時間中ナレハ何時ニテモ其銀行實際記入スル所ノ諸簿冊及ヒ報告計表ヲ點檢スルヲ得ヘシ○若シ銀行此箇條ヲ遵守セスシテ株主ノ點檢ヲ拒ムトキハ五圓ニ越エサル罰金ヲ納ムヘシ且頭取取締役支配人等故サラニ之ヲナスカ又ハ知テ之ヲ見逃セシ時ハ右同額ノ罰金ヲ納ムヘシ

第七十三條　此條例ヲ遵奉スル銀行ノ營業實際ヲ詳知監督スル爲メ紙幣頭ハ大藏卿ヘノ稟議ヲ經テ定例臨時ノ別ナク官員ヲ命遣シ銀行一切ノ業體ヲ檢査セシムヘシ

但シ紙幣頭ハ時宜ニヨリ大藏卿ヘノ稟議ヲ經テ其銀行管轄地方官ニ依托シ其銀行實際ノ營業ヲ（定例臨時ノ別ナク）檢査セシムルコトアルヘシ尤右檢査ニ從事シタル地方官ハ其檢査シタル旨趣ヲ詳記シ速カニ之ヲ紙幣頭ヘ報知スヘシ

第七十四條　右檢査ノ官員ハ各銀行ノ本店又ハ支店トモ其營業時間中ナレハ何時ニテモ其用所ニ至リ詳密ニ其諸簿冊計表其他銀行一般ノ業體ヲ檢査シ其銀行役員ノ處務此條例成規ニ規定スル時ノ箇條ヲ遵守スルヤ否ヤヲ視察シ而シテ其檢査ノ實況ト考按ノ旨趣ヲ書面ニ詳記シ之ヲ紙幣頭ヘ差出スヘシ

第七十五條　此條例ヲ遵奉スル銀行ノ總株五分一以上ヲ所持スル株主等ヨリノ請願アルニ於テハ紙幣頭ハ官員ヲ命遣シ或ハ其管轄地方官ヘ委托シテ其銀行一切ノ業體ヲ檢査セシムルコトアルヘシ但シ其檢査ノ實况ト考按ノ旨趣ハ之ヲ書面ニ認メ紙幣頭ヘ差出スヘシ而シテ紙幣頭ハ其寫ヲ其銀行ノ本店幷ニ此檢査ヲ請願セシ株主等ヘ下附スヘシ

第七十六條　此條例ヲ遵奉スル銀行此條例第七十三條第七十五條ニ規定スル所ノ檢査官員ノ檢査ヲ除クノ外他ノ檢査ハ一切之ヲ受ケサルヘシ尤諸官廳ノ職掌上ニ於テ國法ヲ以テ檢査スルカ如キハ此限ニアラス

第七十七條　此條例ヲ遵奉スル銀行ハ半季及ヒ毎月其事務計算等ノ實際詳明ナル考課狀幷ニ報告計表（成規第六十六條ニ規定スル所ノ種類）ヲ製シ本店ハ頭取支配人支店ハ支配人幷ニ計算方之ニ記名調印シテ之ヲ紙幣頭ヘ差出スヘシ尤其書式ハ紙幣頭ノ指圖ニ從フヘシ

但シ右半季報告計表ハ銀行ヨリ新聞紙其他ノ手續ヲ以テ之ヲ世上ニ公告スヘシ

第七十八條　右定例報告計表ノ外紙幣頭尙ホ要用ト思考スルコトアレハ銀行ニ命シテ臨時

ノ報告計表ヲ差出サシムルコトアルヘシ○若シ銀行ノ頭取取締役支配人等右定例或ハ臨時ノ報告ヲ怠リ紙幣頭ノ命スル日ヨリ（郵便遞送日數ヲ除ク）十日以內ニ差出ササルトキハ十日以外（卽チ十一日目ヨリ）ハ一日ニ付五十圓ヨリ少ナカラス百圓ヨリ多カラサル罰金ヲ納ムヘシ

第八章　利益金分配ノ方法ヲ明カニス（同上改正）

第七十九條　此條例ヲ遵奉スル銀行ノ頭取取締役等ハ每半季其銀行ノ總勘定ヲナシ其總益金ノ內ヨリ諸雜費幷ニ損失補償ノ金額及ヒ滯貸金ノ準備ヲ引去リ其餘ヲ以テ純益金トナシ之ヲ總株主ヘ分配スヘシ尤右利益ノ計算ハ株主ニ分配セサル前十日以內ニ（郵便遞送日數ヲ除ク）大藏卿ヘ差出シ其承認ヲ得テ後之ヲ株主一同ヘ通知シ且新聞紙ヲ以テ世上ニ公告シ而シテ之ヲ株主一同ヘ分配スヘシ（同上全條但書共改正）

但慥カナル抵當物或ハ確實ナル引受人アル貸附金ヲ除クノ外其返濟期限ヲ過クルコト六箇月以上ニ及フモノハ都テ之ヲ滯貸金ト看做スヘシ

第八十條（同上削除）

第九章　銀行ハ官廳ノ爲換方ニ從事スルコト及ヒ外國銀行ト聯合スヘカラサル事ヲ明ラカニス

第八十一條　此條例ヲ遵奉スル銀行ハ其通常營業事務ノ外大藏卿ノ命令ニ依リ大藏省又ハ各地方官廳其他ノ爲換方ヲ勤ムルコトヲ得ヘシ尤其勤方ノ手續ハ爾時大藏卿ノ考按ニヨリ其筋ヨリ命スル所ノ規定ヲ奉シテ以テ之ニ從事スヘシ

第八十二條　此條例ヲ遵奉スル銀行ハ大藏卿ノ命令ヲ奉スルカ或ハ其免許ヲ得ルカニ非レハ內外地ニ設置スル所ノ外國銀行ハ勿論本邦ノ銀行（又ハ交換所等）ト雖モ凡ソ海外ニ

アルモノト相共ニ聯合シ以テ爲換ヲ取組又ハ其他ノ營業ニ從事スルコトヲ得サルヘシ

第十章　銀行役員職務上一般ノ制禁及ヒ負責ノ事ヲ明カニス

第八十三條　國立銀行ノ役員タル者諸相場ニ關シ投機ノ商業ニ從事シ危險ナリト認ムルトキハ大藏卿ハ銀行ニ命シ其役員ヲ退職セシムルコトアルヘシ（同上全條改正）

第八十四條　此條例ヲ遵奉スル銀行ノ頭取取締役等若シ此條例ニ背戻スルコトアリテ夫レカ爲メ株主又ハ其他ノ人ヘ損失ヲ受ケシムルトキハ其損失ハ頭取取締役等之ヲ辨償スルノ責ニ任スヘシ

第八十五條　此條例ヲ遵奉スル銀行ノ頭取取締役支配人其他ノ役員タル者ハ銀行所有ノ金銀及ヒ諸證書預リ品等ヲ私用シ又ハ竊掠シ又ハ之ヲ妄用スヘカラス又頭取取締役ノ承認ヲ得スシテ銀行紙幣及ヒ預リ證書ヲ發行シ又ハ諸貸附ヲナシ爲換手形ヲ振出シ又ハ證書及ヒ切手ノ引受ケヲナシ約束手形、爲換手形、諸證書、質物及ヒ公裁ニテ引取リタルモノヲ賣渡スヘカラス又銀行ノ諸簿冊、計表、報告書其他ノ要書ニ詐僞ヲ記載スヘカラス○若右ノ箇條ヲ犯シテ其銀行又ハ他ノ銀行會社其他ノ者ヲ損害欺騙シ又ハ其銀行ノ役員或ハ檢查官員ヲ欺カント謀ル者ハ皆ナ國法ニ從ヒテ之ヲ罰スヘシ

第八十六條　此條例ヲ遵奉スル銀行ノ頭取取締役支配人其他ノ役員ハ社中申合規則ノ規定ニ從ヒ尋常借リ得ヘキ金額ノ外ハ自身又ハ仲人等ヲ以テ一切銀行ヨリ借受クヘカラス又其銀行ヨリ借財ヲナス者ノ爲メ其證人又ハ受人トナルヘカラス○若シ右等ノ役員右ノ規定ニ背戻シテ借財ヲナシ又ハ證人受人トナリ又ハ人ヲシテ之ヲ爲サシメ又ハ之ヲ承諾スル等ノ事アルトキハ此等ノ役員ハ十圓ヨリ少ナカラス五十圓ヨリ多カラサル罰金ヲ納ムヘシ且其借財ノ金額ハ其規定ニ背戻セシ者ヨリ速ニ銀行ヘ返濟スヘシ

第八十七條　此條例ヲ遵奉スル銀行ノ頭取取締役支配人其他ノ役員タル者ハ其銀行ノ名ヲ假リ以テ自己ノ利益ヲ謀ルハ勿論總テ私用ヲ辨スヘカラス若シ此等ノ役員之ヲ犯シ又ハ人ヲシテ犯サシメ又ハ知テ之ヲ見逃ス者ハ皆ナ國法ニ從テ之ヲ罰スヘシ

第十一章　紙幣及ヒ諸手形類ノ發行幷ニ銀行紙幣ノ贋造描改及ヒ其版板彫刻等禁止ノ事ヲ明カニス

第八十八條　此條例ヲ遵奉シテ創立シタル國立銀行ヲ除クノ外何人又ハ何會社ヲ論セス凡テ紙幣又ハ望次第持參人ヘ仕拂フヘキ約束手形又ハ右類似ノ證書其他政府發行ノ貨幣同樣ニ通用スヘキ諸手形又ハ切手ヲ振出シ其引受ヲナシ之ヲ製シ之ヲ發行スルヲ禁ス若シ此等ノ數件ヲ犯ス者アルニ於テハ何人ヲ論セス皆ナ國法ニ從テ之ヲ罰スヘシ

第八十九條　此條例ヲ遵奉スル國立銀行ヨリ發行スル銀行紙幣ハ何人ヲ論セス之ヲ贋造スヘカラス贋造セシムヘカラス贋造スルヲ助ケ又ハ之ヲ勸ムヘカラス贋造ト知リテ之ヲ通用スヘカラス又ハ之ヲ通用セシムヘカラス又其文字畫圖ヲ描改スヘカラス描改セシムヘカラス描改スルヲ助ケ又ハ之ヲ勸ムヘカラス描改セシ紙幣ト知リテ之ヲ通用スヘカラス又ハ之ヲ通用セシムヘカラス

第九十條　右銀行紙幣ヲ印刷スルニ用ウル所ノ版板又ハ之ニ類似スル者ハ之ヲ私ニ彫刻スヘカラス又ハ私ニ彫刻ヲ命スヘカラス又右銀行紙幣ニ用ウル所ノ紙品又ハ之ニ類似スル紙品ハ之ヲ私ニ製スヘカラス又ハ人ヲシテ之ヲ製セシムヘカラス又ハ之ヲ私ニ所持スヘカラス若シ前第八十九條及ヒ本條ノ數許ヲ犯ス者アルニ於テハ皆ナ國法ニ從テ之ヲ罰スヘシ

第九十一條　此條例ヲ遵奉スル銀行ヨリ發行シタル銀行紙幣又ハ爲換手形、約束手形其他證書ノ類ハ何人ニ限ラス之ヲ切拔キ又ハ切裂キ又ハ剝去リ又ハ塗抹シ又ハ孔ヲ穿チ又ハ糊付ニスル等ノコトヲナスヘカラス又人ヲシテ此等ノ事ヲナサシムヘカラス若シ此等ノ數件ヲ犯ス者アルトキハ其裁判所(又ハ府縣ノ聽斷主任官員)ニ於テ之ヲ裁判シ其金高十倍ノ償金ヲ銀行ヘ拂ハシムヘシ

第十二章　官命鎖店ノ塲合特例監督役跡引受人等ノ取扱方並ニ公債證書ノ沒入及ヒ紙幣引換等ノ手續ヲ明カニス(同上改正)

第九十二條(同上削除)

第九十三條　國立銀行ニ於テ左ニ揭クル事實アルトキハ大藏卿ハ鎖店ヲ命スルヿアルヘシ

第一　國立銀行條例ノ旨趣又ハ箇條ニ背戾シ大藏卿其銀行ヲ鎖店セシムルヲ相當ナリト思考スルトキ(同上全條改正)

第二　國立銀行ニ於テ負債辨償ノ義務ヲ盡ス能ハサル證據アルトキ

第三　國立銀行ニ於テ其資本金總額十分ノ五以上ノ損失ヲ生スルトキ

第九十四條　前條ニ記載スル事實アリト認ムルトキハ大藏卿ハ檢查ノ官員ヲ派遣シ其事實ヲ推糺セシメ若シ相違ナキニ於テハ都テ其銀行ノ營業ヲ差止メ金銀其他ノ出納ヲ禁スヘシ

第九十五條　前條ノ如ク營業ヲ差止メラレタル銀行ノ頭取取締役支配人其他ノ役員ハ諸手形、諸證書類又ハ抵當物、地所等ヲ他人ヘ讓リ渡シ又ハ賣渡スヘカラス又他人ヨリ金銀其他ノ物件ヲ預ルヘカラス若シ頭取取締役支配人其他ノ役員等此箇條ニ背キ或ハ讓リ渡シ又ハ賣渡シ又ハ預リ又ハ拂方ノ引受ヲナスコトアルニ於テハ紙幣頭ハ督促シテ其金額ヲ償ハシメ之ヲ其元ニ復セシムヘシ

第九十六條　紙幣頭ハ更ニ大藏卿ヘ稟議シ特例ノ監督役ヲ命遣シ其銀行ノ實際諸般ノ取扱ヲ推究シテ其事實ヲ詳明ニ報知セシムヘシ而シテ其背戻ノ事實相違ナキニ於テハ紙幣頭ハ其銀行ヨリ出納寮ニ預ケ置キタル公債證書ヲ沒入スヘキ旨ヲ（右報知ヲ得タル日ヨリ三十日以内ニ申渡シ其公債證書ヲ取上クヘシ

第九十七條　右諸般ノ手續了リシ後チ紙幣頭ハ大藏卿ヘノ稟議ヲ經テ凡ソ此銀行ノ紙幣ヲ所持スル者ハ都テ之ヲ大藏省ニ出シテ其引換ヲ乞フヘキ旨ヲ公告シ相當ノ時日ヲ以テ之ヲ引換遣ハスヘシ而シテ其引換タル紙幣ハ總テ此條例第五十一條ノ手續ニ從ヒ之ヲ燒捨テ其趣ヲ新聞紙其他ノ手續ヲ以テ世上ニ公告スヘシ

第九十八條　此條例第九十六條ニ據リ其銀行ヨリ沒入シタル公債證書ハ大藏省ノ便宜ニ從ヒ之ヲ公賣若クハ私賣シ以テ其銀行ノ發行紙幣引換ノ資ニ充ツルモノトス但右公債證書ノ賣却代價紙幣下付高ニ對シ不足アルトキハ大藏卿ハ他ノ債主ニ先チ之ヲ其銀行ノ資産ヨリ徴收シ若シ下付高ニ對シ過剩アルトキハ之ヲ其銀行ニ下付スヘシ（同上）

第九十九條　此條例第九十六條ニ揭クル所ノ特例監督役ノ報知ヲ得之カ處分ヲナスニ於テハ紙幣頭ハ卽チ右銀行ノ跡引受人ヲ命シ其銀行ノ諸簿冊及ヒ各種ノ資産等ヲ取押ヘ諸貸付金、立替金ヲ取立タル上ニテ其裁判所（又ハ府縣ノ聽斷主任官員）ニ謀リテ滯リ貸金類及ヒ銀行ノ所有物ヲ賣拂ヒ其集合金ヲ以テ其銀行ノ諸借財又ハ預リ金其外ヲ償却シ過金アレハ株高ニ應シテ之ヲ株主ヘ割返シ不足アレハ都テ銀行ノ株高及ヒ其所有物ヲ限リテ相當ノ分散ヲナサシムヘシ

第百條　右借財又ハ預リ金等ヲ償却スルニハ紙幣頭ヨリ新聞紙其他ノ手續ヲ以テ三箇月間世上ニ公告シ其銀行ニ貸金預ケ金等アル者ハ右期限中ニ申出テシメ其事由ト證書類トヲ

檢按シ紙幣頭ハ厚ク之ニ注意シ適正ノ處分ヲ以テ貸方ニ賦當償却スヘシ

第百一條　此條例ヲ遵奉スル國立銀行ノ株主等ハ假令其銀行ニ損失又ハ其他ノ事故アリテ其銀行鎖店分散スルコトアルトモ其株主等ハ其創立證書ニ於テ揭載シタル株式金額ノミヲ損失スルノ外其鎖店分散ニ付テ別ニ賦當出金ヲ受クルノ責メ勿カルヘシ

第百二條　紙幣頭ハ此條例第九十六條ニ揭クル所ノ處分ヲナスニ際シ其銀行ヨリ尙ホ請願スルコトアリテ其狀實ヲ具陳スル時ハ監督役ヲ出セシ日ヨリ三十日以內(郵便遞送日數ヲ除ク)ナラハ其地方官廳ニ謀リ更ニ其實況ヲ詳悉シテ全ク其背戾セサルノ實證アルニ於テハ紙幣頭ハ之ヲ大藏卿ヘ稟議シ而シテ之ヲ宥恕スヘシ尤右ノ請願書ハ必ス其地方官廳ヲ經テ之ヲ紙幣頭ヘ差出スヘシ

但シ此宥恕ヲナス時ハ紙幣頭ハ速カニ其趣ヲ出張ノ監督役ニ達シテ暫ラク其處置ニ取掛ルコトヲ見合セシムヘシ

第百三條　此條例ヲ遵奉スル銀行鎖店ノ場合ニ於テ跡引受人ノ入費等ハ總テ相當ノ處分ヲ以テ大藏卿之ヲ取極メ他ノ債主ニ先チ其銀行ノ資産ヨリ之ヲ辨償セシムヘシ(同上)

第十三章　銀行平穩鎖店ノ手續及ヒ其紙幣引換方等ノ事ヲ明カニス

第百四條　此條例ヲ遵奉スル銀行三分二以上ノ株主等ノ協議ニ從テ平穩ニ分散又ハ鎖店セントスルニハ其銀行ノ頭取支配人ヨリ其銀行ノ名印ヲ以テ其決議ノ旨趣ヲ紙幣頭ニ申牒シ其承認ヲ得テ後チ三箇月間新聞紙其他ノ手續ヲ以テ世上ニ公告シ發行紙幣ノ引換方其他銀行ニ屬スル取引ノ清算ヲ詳載シタル報告ヲ製シテ之ヲ世上ニ公告スヘシ

第百五條　右ノ公告ヲナシタル日ヨリ其銀行ハ其引換ヘタル銀行紙幣ヲ以テ豫テ出納寮ニ預ケ置キタル公債證書ノ內ヲ取戾スコトヲ得ヘシ尤其公告ノ日ヨリ半箇年ヲ過キ其銀行

ノ簿冊上ニ於テ尙ホ世上ニ殘在スル銀行紙幣アルニ於テハ其員額丈ケノ通貨ヲ出納頭ニ差出シ右預ケ置キタル公債證書ノ全額ヲ取戻スコトヲ得ヘシ然ル上ハ其銀行紙幣ノ世上ニ殘在スル分ハ大藏省ニ於テ之ヲ引換ヘ銀行ノ株主等ハ一切其引換ノ責ニ任セサルヘシ

第百六條　右鎖店シタル銀行ヨリ其殘在銀行紙幣引換ノタメ通貨ヲ差出スニ於テハ出納頭ハ之ヲ領受シ其趣ヲ詳記シタル受取證書ヲ製シ之ヲ其銀行ヘ下付スヘシ

但シ出納頭ハ右受取證書ノ外ニ預リ證書ヲ製シテ之ヲ紙幣頭ヘ回附シ置キ其殘在銀行紙幣引換ノ爲メ右通貨ノ受取方ヲ要スルニ於テハ何時ニテモ之ヲ紙幣頭ヘ渡スヘシ

第百七條　右預リ證書ヲ領受スルニ於テハ紙幣頭ハ大藏卿ノ稟議ヲ經テ相當ノ期限ヲ定メ新聞紙其他ノ手續ヲ以テ之ヲ世上ニ公告シ其殘在銀行紙幣ノ引換方ニ從事スヘシ

第百八條　右ノ手續ヲ以テ引換タル銀行紙幣ハ此條例第五十一條ノ規定ニ從テ之ヲ燒捨シ其趣ヲ世上ニ公告スヘシ尤右ニ屬スル諸計算其外トモ紙幣頭國債頭出納頭ハ各其薄冊ニ詳記シ置クヘシ

第十四章　銀行訴訟ノ取扱及ヒ罰金處分ノ事ヲ明カニス

第百九條　此條例ヲ遵奉シテ創立シタル銀行若シ他ノ會社又ハ一般ノ人民ヲ相手取リ訴訟スルカ又ハ他ヨリ此銀行ヲ相手取リ訴訟セラルヽカノトキハ都テ一般ノ訴訟法ニ從ヒ其裁判所（又ハ府縣ノ聽斷主任官員）之ヲ裁判處分スヘシ

第百十條　此條例ニ於テ規定セル罰金ヲ以テ處置スヘキ罪科ニ付テハ裁判所（又ハ府縣ノ聽斷主任官員）之ヲ裁判處分スヘシ但シ此條例中現ニ罰金ノ明文無キ箇條ヲ犯スコトアルトキハ其時ニ當リ其裁判所（又ハ府縣ノ聽斷主任官員）ニ於テ相當ト思考スル罰金（三圓ヨリ少ナカラス五十圓ヨリ多カラサル額數）ヲ右犯罪ノ銀行又ハ頭取取締役其他ノ役員

ニ命スヘシ

第十五章　銀行納稅ノ事ヲ明カニス

第百十一條　此條例ヲ遵奉シテ創立シタル銀行ハ追テ政府ニ於テ制定施行スル所ノ收稅規則ニ遵ヒ相當ノ稅金ヲ納ムヘシ

第十六章　銀行紙幣消却ノ方法ヲ明カニス（十六年第十四號布告ヲ以テ追加ス）

第百十二條　此條例ヲ遵奉スル國立銀行ヨリ發行シタル紙幣ハ左ニ掲クル方法ヲ以テ其營業年限內ニ悉皆消却スヘキモノトス但其取扱手續ハ大藏卿之ヲ定メ日本銀行ヲシテ之ニ從事セシムヘシ（同上）

一　各國立銀行ノ紙幣引換準備金ハ大藏卿ノ指定スル制限迄ニ日本銀行ニ納付シ營業年限內之ヲ定期預ケトナシ紙幣消却ノ元資ニ充ツヘシ

一　各國立銀行ハ毎半季利益金ノ多少ニ拘ラス其銀行紙幣下付高ニ對シ年二分五厘即チ半季一分二厘五毛ニ當ル金額ヲ引去リ之ヲ日本銀行ニ預ケテ紙幣消却等ノ資ニ充ツヘシ

一　日本銀行ハ前二項ニ掲クル金額ヲ預リ各國立銀行ト別段ノ約定ヲ結ヒ之カ發行紙幣ヲ消却シテ大藏省ニ上納スルモノトス但其約定書ハ大藏卿ニ呈シ之カ奧書證印ヲ受クヘシ

一　日本銀行ヨリ右消却紙幣ヲ上納シタルトキハ大藏省ニ於テ此條例第五十一條ノ手續ニ從ヒ之ヲ燒捨テ其都度之ヲ公告スヘシ

一　日本銀行ヨリ右消却紙幣ヲ大藏省ニ上納シタルトキハ豫テ出納局ニ差出シ置キタル紙幣抵當公債證書ノ內右消却高ニ相當スル員額ヲ大藏省ヨリ直チニ其銀行ニ還付スヘシ

第十七章　條例ノ更正及ヒ廢止ノ事ヲ明カニス（十六年第十四號布告ヲ以テ十六章ヲ十七章ト改ム）

第百十三條　此國立銀行條例ハ政府ノ都合ニ依リ要用ノ事アレハ何時ニテモ之ヲ增補シ又ハ之ヲ更正シ又或ハ之ヲ廢止スルコトアルヘシ若シ右增補其他ノ節ハ直チニ其由ヲ世上ニ公告スヘシ（十六年第十四號布告ヲ以テ第百十二條ヲ第百十三條ト改ム）

○銀行條例

明治二十三年八月
法律第七十二號

第一條　公ニ開キタル店舖ニ於テ營業トシテ證券ノ割引ヲ爲シ又ハ爲替事業ヲ爲シ又ハ諸預リ及貸付ヲ併セ爲ス者ハ何等ノ名稱ヲ用キルニ拘ラス總テ銀行トス

第二條　銀行ノ事業ヲ營マントスル者ハ其資本金額ヲ定メ地方長官ヲ經由シテ大藏大臣ノ認可ヲ受クヘシ

第三條　銀行ハ每半箇年營業ノ報告書ヲ製シ地方長官ヲ經由シテ大藏大臣ニ送付スヘシ

第四條　銀行ハ每半箇年財產目錄貸借對照表ヲ製シ新聞紙其他ノ方法ヲ以テ之ヲ公告スヘシ

第五條　銀行ハ一人又ハ一會社ニ對シ資本金高ノ十分ノ一ヲ超過スル金額ヲ貸付又ハ割引ノ爲ニ使用スルコトヲ得ス

資本金總額ノ拂込ヲ了ラサル銀行ニ於テハ一人又ハ一會社ニ對シ其拂込高ノ十分ノ一ヲ超過スル金額ヲ貸付又ハ割引ノ爲ニ使用スルコトヲ得ス

第六條　銀行ノ營業時間ハ午前十時ヨリ午後第四時マテトス但營業ノ都合ニ依リ之ヲ增加スルコトヲ得

第七條　銀行ノ休日ハ大祭日、祝日、日曜日及銀行營業地ニ行ハルル定例ノ休日トス但止ヲ得サル事故アルトキハ地方長官ニ屆出テ豫メ新聞紙其他ノ方法ヲ以テ公告シタル上休業

スルコトヲ得

第八條　大藏大臣ハ何時タリトモ地方長官又ハ其他ノ官吏ニ命シテ銀行ノ業務ノ實況及財產ノ現況ヲ檢査セシムルコトヲ得

第九條　第二條ノ規定ニ違反シ大藏大臣ノ認可ヲ受ケスシテ銀行ノ事業ヲ營ミタル者ハ商法第二百五十六條ノ例ニ依テ處分ス

第十條　銀行ニ於テ第三條ノ報告若ハ第四條ノ公告ヲ爲サス又ハ其報告中若ハ公告中ニ詐僞ノ陳述ヲ爲シ若ハ事實ヲ隱蔽シタルトキハ商法第二百六十二條ノ例ニ依テ處分ス

第八條ノ檢査ヲ受ルコトヲ拒ミタルトキハ商法第二百五十八條ノ例ニ依テ處分ス

第十一條　此條例ハ日本銀行橫濱正金銀行國立銀行ニ適用セス

○貯蓄銀行條例

明治二十三年八月
法律第七十三號

第一條　複利ノ方法ヲ以テ公衆ノ爲ニ預金ノ事業ヲ營ム者ヲ貯蓄銀行トス

銀行ニ於テ新ニ一口五圓未滿ノ金額ヲ定期預リ若ハ當座預リトシテ引受ルトキハ貯蓄銀行ノ業ヲ營ム者ト爲シ此條例ニ依ラシム

第二條　資本金三萬圓以上ノ株式會社ニアヲサレハ貯蓄銀行ノ業ヲ營ムコトヲ得ス

第三條　貯蓄銀行ノ取締役ハ銀行ノ義務ニ付連帶無限ノ責任ヲ負フモノトス

但其責任ハ退任後一箇年ノ滿了ニ因リテ消滅ス

第四條　貯蓄銀行ハ貯蓄拂戾ノ保證トシテ資本入金ノ半額ヨリ少カラサル金額ヲ利付國債證券ニテ備ヘ置キ之ヲ供託所ニ預ケ入ルヘシ

第五條　貯蓄銀行ハ左ニ揭クル事項ノ外其資金ヲ運轉スルコトヲ得ス

第一　貸付

第二　證劵ノ割引
第三　國債證劵及地方債證劵ノ買入
第六條　貯蓄銀行ニ於テ前條ニ依リ貸付ヲ爲スハ其期限六箇月以内ニシテ國債證劵地方債證劵ヲ質ト爲シタル塲合ニ限ル其割引ヲ爲スハ支拂資力ニ付疑フヘキ理由ノ存セサル者二名以上ノ裏書アル爲替手形約束手形ニ限ルヘシ
貯蓄銀行ハ國債證劵及地方債證劵ノ定期賣買ヲ爲スコトヲ得ス
第七條　貯蓄銀行ニ於テ其定款ヲ變更セントスルトキハ地方長官ヲ經由シテ大藏大臣ノ認可ヲ受クヘシ
第八條　銀行ニシテ貯蓄銀行ノ事業ヲ營マントスルトキハ地方長官ヲ經由シテ大藏大臣ノ認可ヲ受クヘシ
第九條　貯蓄銀行ニシテ此條例ノ規定ニ違反シタルトキハ其取締役ヲ五十圓以上五百圓以下ノ罰金ニ處ス
貯蓄銀行ニアラスシテ貯蓄銀行ノ業ヲ營ミタルトキハ營業主又ハ會社ノ業務擔當社員若ハ取締役ヲ前項ノ罰ニ處ス
第十條　此條例ニ特別ノ規定ヲ設ケサルモノハ總テ銀行條例ニ依ル

○取引所法

明治二十六年三月三日
法律第五號

第一章　取引所ノ設立

第一條　賣買取引ノ繁盛ナル地區内ノ商人ハ政府ノ免許ヲ受ケテ一種若クハ數種ノ物件ノ取引所ヲ設立スルコトヲ得
第二條　同種ノ物件ヲ賣買取引スル取引所ハ一地區一箇所ニ限リ設立スルコトヲ得但シ其

地區ハ農商務大臣之ヲ定ム

第三條　取引所ノ免許年限ハ十箇年トス但シ土地商業ノ情況ニ依リ更ニ繼續ノ出願ヲ爲スコトヲ得

第四條　株式會社組織ノ取引所ハ營業保證金ヲ政府ニ納ムヘシ

第二章　取引所ノ組織

第五條　取引所ハ土地商業ノ情況及賣買取引スヘキ物件ノ種類ニ依リ會員組織又ハ株式會社組織ト爲スコトヲ得

第六條　會員組織ノ取引所ニ於テハ其取引所ノ仲買人及會員ニ限リ賣買取引ヲ爲スコトヲ得

株式會社組織ノ取引所ニ於テハ其取引所ノ仲買人ニ限リ賣買取引ヲ爲スコトヲ得

第七條　取引所ハ法人トシテ財産ヲ所有シ及之ヲ處分スルコトヲ得

取引所ノ責任ハ其財産ニ限ルモノトス

第八條　取引所ハ政府ノ認可ヲ受ケ其營業部類ニ屬スル商品ノ倉庫ヲ設置シ及ヒ指圖式ノ倉荷證書ヲ發行スルコトヲ得

取引所ハ其倉荷證書ニ對シ前貸ヲ爲シ又ハ買受クルコトヲ得ス

第九條　取引所ノ定款ハ政府ノ認可ヲ受クヘシ

第三章　取引所ノ會員株主及仲買人

第十條　一箇年以上取引所ノ營業部類ニ屬スル商業ニ從事シタル商人ハ定款ノ規定ニ從ヒ其取引所ノ會員トナルコトヲ得

二箇年以上其取引所ノ營業部類ニ屬スル商業ニ從事シタル商人ニシテ年齡二十五歲以上

ノ者ハ政府ノ免許ヲ受ケ其取引所ノ仲買人トナルコトヲ得

一種ノ商業ニ付前項ノ資格ヲ有スル者ハ土地商業ノ情況ニ依リ二種以上ノ物件ヲ賣買取引スル取引所ノ仲買人タル免許ヲ受クルコトヲ得

第十一條　帝國臣民ニ非サレハ取引所ノ會員株主又ハ仲買人トナルコトヲ得ス婦女未成年者公權剝奪及停止中ノ者復權セサル破產者及家資分散者幷ニ取引所ニ於テ除名ノ處分ヲ受ケタル者ハ取引所ノ會員タルコトヲ得ス

重禁錮一年以上ノ刑ニ處セラレ又ハ信用ヲ害スル罪、財產ニ對スル罪、商業及農工業ヲ妨害スル罪ヲ犯シテ刑ニ處セラレ其滿期若クハ赦免後二箇年ヲ經サル者及前項ニ該當スル者ハ取引所ノ仲買人タルコトヲ得ス

第十二條　取引所ノ會員ハ自己ノ計算ヲ以テスルノ外取引所ニ於テ賣買取引ヲ爲スコトヲ得ス

仲買人ハ自己ノ計算ヲ以テスルト他人ノ計算ヲ以テスルトヲ問ハス取引所ニ對シ其賣買取引上一切ノ責任ヲ負フヘシ

第十三條　取引所ノ仲買人ハ其免許ヲ受クルトキ免許料ヲ納ムヘシ免許料ノ金額ハ勅令ヲ以テ之ヲ定ム

第十四條　取引所ノ會員及仲買人ハ身元保證金ヲ其取引所ニ納ムヘシ

第十五條　取引所ハ其秩序ヲ保持スルカ爲定款ノ規定ニ依リ會員又ハ仲買人ノ營業ヲ停止シ五百圓以內ノ過怠金ヲ課シ且政府ノ認可ヲ受ケ會員又ハ仲買人ヲ除名スルコトヲ得

第四章　取引所ノ役員

第十六條　取引所ノ役員ハ定款ノ規定ニ依リ會員又ハ株主中ヨリ二箇年以內ノ任期ヲ以テ

之ヲ選擧シ政府ノ認可ヲ受クヘシ
取引所ノ役員左ノ如シ
理事長　一人
理事　二人以上
監査役　若干人
理事長及理事ハ會員ニ非サル者ヲ選擧スルモ妨ケナシ
第十一條第三項ニ該當スル者ハ取引所ノ役員ト爲スコトヲ得ス
第十七條　取引所ノ役員及雇人ハ其ノ取引所ニ於テ賣買取引ヲ爲スコトヲ得ス但シ監査役ハ此ノ限ニ在ラス

第五章　取引所ノ賣買取引

第十八條　取引所ノ賣買取引ハ直取引延取引及定期取引ノ三種トス
第十九條　取引所ノ賣買取引ノ方法ニ關スル規程ハ勅令ヲ以テ之ヲ定ム
第二十條　取引所ハ其ノ定欵ニ依リ賣買取引ニ付證據金ヲ納メシムルコトヲ得
第二十一條　取引所ハ賣買取引ノ責任ヲ履行セサル者アルトキハ其證據金及身元保證金ヲ以テ損害賠償ノ用ニ供スルコトヲ得
第二十二條　株式會社組織ノ取引所ハ賣買引取ノ違約ヨリ生スル損害ニ付賠償ノ責ニ任スヘシ
前項ノ場合ニ於テ取引所ハ其賠償シタル金額及之ニ關スル諸費ノ追償ヲ其違約者ニ要求スルコトヲ得
第二十三條　取引所ハ賣買取引高ニ應シ賣買雙方ヨリ手數料ヲ徵收スルコトヲ得其率ハ政

府ノ認可ヲ受クヘシ
第二十四條　取引所ハ證據金及身元保證金ニ付他ノ債主ニ對シ優先權ヲ有ス
第二十五條　取引所外ニ於テ取引所ノ定期取引ト同一又ハ類似ノ方法ヲ以テ賣買取引ヲ爲スコトヲ得ス
第二十六條　取引所ニ於テ賣買取引シタル物件ノ相場ハ公定相場トス

第六章　取引所ノ監督

第二十七條　農商務大臣ハ取引所ノ行爲法律命令ニ違反シ又ハ公益ヲ害シ若クハ公衆ノ安寧ニ妨害アルト認ムルトキハ左ノ處分ヲ爲スコトヲ得
一　取引所ノ解散
二　取引所ノ停止
三　取引所一部ノ停止若クハ禁止
四　役員ノ解職
五　會員又ハ仲買人ノ營業停止若クハ除名
第二十八條　農商務大臣ハ必要ト認ムルトキハ官吏ヲシテ取引所ノ業務帳簿財産其他一切ノ物件及會員又ハ仲買人ノ帳簿ヲ檢査セシムルコトヲ得此場合ニ於テハ取引所ノ役員會員及仲買人ハ其物件ヲ提供シ質問ニ應答スヘシ
第二十九條　農商務大臣ハ必要ト認ムルトキハ取引所ノ定款ヲ改正セシメ又ハ其決議及處分ヲ停止シ禁止シ若クハ取消スコトヲ得
第三十條　取引所任意ノ解散ハ政府ノ認可ヲ受クヘシ

第七章　罰則

第三十一條　第十二條第一項及第十七條ノ規定ニ違背シタル者ハ二十圓以上二百圓以下ノ罰金ニ處ス

第三十二條　第二十五條ニ違背シタル者及公定相場ヲ僞リタル者ハ五十圓以上五百圓以下ノ罰金ニ處ス

附　則

第三十三條　取引所ノ稅則ハ別ニ法律ヲ以テ之ヲ定ム

第三十四條　取引所ノ資本金、營業保證金、株式手數料及積立金ニ關スル規程ハ勅令ヲ以テ之ヲ定ム

第三十五條　本法ハ明治二十六年十月一日ヨリ施行ス

明治九年布告第百五號米商會所條例明治十一年布告第八號株式取引所條例明治二十年勅令第十一號取引所條例明治十三年布告第二十一號明治十五年布告第四十六號明治十六年布告第四號及同年布告第二十九號ハ本法施行ノ日ヨリ廢止ス

第三十六條　本法發布以前ヨリ營業スル米商會所株式取引所及取引所ハ本法ニ依リ更ニ免許ヲ受ケ其營業ヲ繼續スルコトヲ得但シ本法施行ノ日ヨリ二箇月以前ニ於テ出願ノ手續ヲ爲サヽルモノハ此ノ限ニ在ラス

法律第五號參照

第二十一號布告（明治十三年四月十五日）

法律定規ニ遵ヒ官許ヲ得タル米商會所株式及橫濱取引所外若クハ內タリトモ竊ニ米穀並金銀貨幣及株式ノ限月若クハ現場（定期ヨリ起リタル現場ヲ云フ）賣買其他之ニ類似シタル取引ヲ爲シタル者及情ヲ知テ賣買取引ノ場所ヲ給與シタル者若クハ其賣買取引ヲ誘助シタル

者ハ十圓以上二百圓以下ノ罰金處シ其賣買取引ハ無効ト爲スヘシ

但本條ヲ犯シタル者ヲ告發シタル者ニハ其告發ニ因テ科シタル罰金ノ全部ヲ給ス其自ラ犯シタル者事未タ發覺セサル前ニ於テ自首シタルトキハ其罪ヲ問ハス

第四十六號布告　(明治十五年八月十九日)

米商會所及ヒ株式取引所ノ賣買ニ不正惡弊アルカ又ハ賣買取引上ノ景況穩當ナラサル爲メ公共ニ妨害ヲ及ホスト認ムルトキハ農商務卿ハ其會所及ヒ取引所又ハ仲買人ノ營業ノ一部又ハ全部ヲ停止若クハ禁止シ又ハ役員ヲ退罷セシムルコトアルヘシ

但本年第二十六號布告米商會所條例追加第二十條ハ削除ス

第四號布告　(明治十六年一月十五日)

米商會所株式取引所ノ限月若クハ現場賣買ノ方法ニ從ヒ又ハ之ニ類似ノ方法ヲ用ヒ諸物品ノ賣買取引ヲ爲シタル者及ヒ情ヲ知テ賣買取引ノ場所ヲ給與シタル者若クハ其賣買取引ヲ誘助シタル者ハ總テ明治十三年(四月)第二十一號布告ニ據リ處分スヘシ

第二十九號布告　(明治十六年八月六日)

米商會所及株式取引所ノ仲買人ニシテ竊ニ米穀並金銀貨幣公債證書株式ノ限月若クハ現場定期ヨリ起リタル現場ヲ云フ賣買又ハ其類似ノ取引ヲ爲シタル者及情ヲ知テ賣買取引ノ場所ヲ給與シタル者若クハ其賣買取引ヲ誘助シタル者ハ五十圓以上千圓以下ノ罰金ニ處シ其賣買取引ハ米商會所條例及株式取引所條例ノ手續ヲ爲サシム

○取引所稅法

明治二十六年三月三日
法律第六號

第一條　取引所ハ定期賣買ニ付左ノ割合ニ從ヒ稅金ヲ納ムヘシ

一　商品有價證券　賣買各約定代金高萬分ノ六箇

一　國債及地方債證券同　　萬分ノ三箇

第二條　定期内ニ於ケル轉賣人ノ賣高及買戻人ノ買高ニ係ル税金ハ之ヲ免除ス

第三條　賣買ヲ解約スルコトアルモ其税金ハ之ヲ免除セス

第四條　取引所ハ毎一箇月分賣買取引ヲ爲シタル各約定代金高ヲ翌月五日迄ニ管廳ニ屆出ヘシ

取引所税額ハ前項ノ屆出ニヨリ地方長官之ヲ定ム

第五條　取引所税金ハ毎一箇月分ヲ翌月二十日マテニ納ムヘシ

第六條　當該官吏ハ地方長官ノ命令ニ依リ隨時取引所並ニ會員仲買人ニ就キ其賣買取引ニ關スル帳簿書類ヲ檢査スルコトアルヘシ

第七條　第四條ノ屆出ヲ詐リ脱税ヲ圖リ又ハ脱税シタルトキハ取引所理事長ヲ百圓以上千圓以下ノ罰金ニ處シ仍取引所ヨリ其脱税ニ係ル金額ヲ徴收スヘシ

第八條　第四條ノ屆出ヲ怠リタルトキハ理事長ヲ一圓以上一圓九十九錢以下ノ科料ニ處ス

第九條　本法ヲ犯シタルモノニハ刑法ノ減輕再犯加重數罪倶發ノ例ヲ用キス

附　則

第十條　本法ハ取引所法實施ノ日ヨリ施行ス

○第八類　特許、意匠、商標

○特許條例

明治二十一年十二月
勅令第八十四號

第一條　新規有益ナル工術、機械、製造品及合成物ヲ發明シ又ハ工術、機械、製造品及合成物ノ新規有益ナル改頁ヲ發明シタル者ハ此條例ニ依リ特許ヲ受クルコトヲ得

特許トハ發明者ニ他人ヲシテ其承諾ヲ經スシテ前項ノ發明ヲ製作、使用又ハ販賣セシメ

サル特權ヲ許スコトヲ謂フ
第二條　左ニ揭クル發明ハ特許ヲ受クルコトヲ得サルモノトス
一　飮食物嗜好物
二　醫藥竝其調合法
三　特別出願以前公ニ用ヒラレタルモノ但試驗ノ爲メ公ニ知ラレタルコト二年以內ノモノハ此限ニ在ラス
第三條　特許ヲ受ケント欲スル者ハ一發明每ニ發明ノ明細書及必要ノ圖面ヲ添ヘ農商務大臣ニ出願スヘシ但其願書明細書及圖面ハ特許局ニ差出スヘシ
第四條　特許ヲ出願スル者アルトキハ特許局長ハ特許局審査官ヲシテ其發明ヲ審査セシメ特許ヲ與フヘシト查定シタルモノハ農商務大臣ノ認可ヲ經テ特許原簿ニ登錄シ特許證下附ノ手續ヲ爲スヘシ
第五條　特許證ハ農商務大臣之ニ署名シ特許局長之ニ副署シ明細書及必要ノ圖面ヲ添ヘ之ヲ下付スルモノトス
第六條　特許ノ年限ハ五年十年及十五年ノ三種ト爲シ原簿登錄ノ日ヨリ起算ス
第七條　公益ノ爲メ普及ヲ要スルモノ又ハ軍事上必要ナルモノ若クハ秘密ヲ要スルモノト認メタル發明ニハ農商務大臣ハ特許ニ制限ヲ附シ若クハ特許ヲ與ヘス又ハ既ニ與ヘタル特許ヲ制限シ若クハ之ヲ取消スコトアルヘシ
前項ノ塲合ニ於テ農商務大臣ハ相當ト認ムル報酬ヲ發明者又ハ特許證主ニ與フルモノトス
第八條　他人ノ特許發明ヲ改良シ其改良發明ノ特許ヲ受ケント欲スル者ハ其特許證主ニ協

議シ原發明ニ改良發明ヲ合セテ使用スルノ承諾ヲ經第三條ニ依リ出願スヘシ
特許證主其承諾ヲ拒ミタルトキハ其旨ヲ願書ニ記載シテ出願スルコトヲ得此場合ニ於テハ農商務大臣ハ原發明ヲ改良發明ニ合セテ使用スルノ特許ヲ改良發明者ニ與フルコトヲ得
改良發明者前項ノ特許ヲ受ケタルトキハ原特許證主ニ農商務大臣ノ相當ト認ムル報酬ヲ與フル義務アルモノトス
第九條　特許ヲ受ケタル者又ハ之ヲ受ケントスル者死亡シタルトキハ其權利ハ相續者ニ屬スルモノトス
第十條　特許ヲ受ケタル發明ト雖モ左ニ掲クルモノハ其特許ヲ無効トス
一　新規又ハ有益ナラサリシコトヲ發見セラレタルモノ
二　第二條ニ該ルコト發見セラレタルモノ
三　發明ヲ實施スルニ必要ナル事實ヲ故意ニ明細書ニ記載セサリシコトヲ發見セラレタルモノ
四　發明ヲ實施スルニ必要ナラサル事實ヲ故意ニ明細書ニ記載セシコトヲ發見セラレタルモノ
第十一條　特許局審査官特許出願ノ發明ヲ審査シ特許ヲ與フヘカラスト査定シタルトキハ特許局長ハ其査定書ヲ出願人ニ送付スヘシ
第十二條　前條ノ査定ニ服セサル者ハ特許局ニ不服理由書ヲ差出シ再審査ヲ請求スルコトヲ得
再審査ヲ請求スル者アルトキハ特許局長ハ特許局審査官ヲシテ更ニ之ヲ審査セシムヘシ

審査官其不服理由ヲ不當ト査定シタルトキハ其査定書ヲ不服者ニ送付スヘシ
第十三條　特許局審査官特許出願ノ發明他人ノ特許出願中ノ發明ト牴觸シ又ハ他人ノ特許發明ト牴觸スト査定シタルトキハ特許局長ハ其牴觸ノ箇所ヲ關係人ニ告知シ其發明ニ關スル始末書ヲ差出サシムヘシ
關係人始末書ヲ差出シタルトキハ特許局長ハ之ヲ特許局審査官ニ付シテ發明ノ先後ヲ審査セシメ其審定書ヲ關係人ニ送付スヘシ
第十四條　前條ノ場合ニ於テ既ニ與ヘタル特許證ヲ取消シ出願ノ發明ニ特許ヲ與フルトキハ其特許年限ハ前特許證登錄ノ日ヨリ起算シ其年限ニ超ルコトヲ得ス
第十五條　第十二條ノ再査定及第十三條ノ査定ニ服セサル者ハ特許局ニ審判ヲ請求スルコトヲ得
第十六條　特許證主其權利ノ他特許證主ノ權利ト撞着スルコトヲ發見シタルトキハ其權利ヲ確定スル爲メ特許局ニ審判ヲ請求スルコトヲ得
第十七條　特許ヲ受ケタル發明第十條ニ該ルコトヲ發見シタル者ハ其特許ヲ無効トスル爲メ特許局ニ審判ヲ請求スルコトヲ得
第十八條　審判ヲ請求スル者アルトキハ特許局ニ於テ局長ハ審判長トナリ二人以上ノ審判官ト共ニ之ヲ審判スヘシ
第十九條　特許局ノ審判ニ對シテハ不服ヲ申立又ハ裁判所ニ訴フルコトヲ得ス
第二十條　第十三條ノ審査及特許局ノ審判ニ關シ關係人ニ於テ證據ヲ要スルトキハ其請求ニ依リ特許局長ハ其集取ヲ治安裁判所ニ囑託スルコトヲ得
第二十一條　第十六條第十七條ニ係ル費用ハ民事訴訟入費ノ例ニ依リ負擔スヘキモノトス

第二十二條　特許ハ制限ヲ附シ若クハ附セスシテ賣與讓與シ若クハ共有トナシ又ハ書入トナスコトヲ得此塲合ニ於テハ特許局ニ請求シ契約ノ登錄ヲ受クヘシ登錄ヲ受ケサル契約ハ第三者ニ對シ法律上其効ナキモノトス

第二十三條　特許局ノ官吏ハ在職中特許ヲ出願シ又ハ特許ヲ新ニ有スルコトヲ得ス但相續ニ由リ特許ヲ新ニ有スルハ此限ニ在ラス

第二十四條　特許ハ左ノ塲合ニ於テ其効ヲ失フモノトス

一　特許證主相當ノ事故ナクシテ特許證ノ日附ヨリ三年ヲ經テ其發明ヲ實施公行セサルトキ

二　特許證主相當ノ事故ナクシテ其發明ノ實施公行ヲ三年間中止シタルトキ

三　特許證主其特許品ヲ外國ヨリ輸入シテ之ヲ販賣シ又ハ自己ノ權利ヲ侵スヘキ物品ヲ外國ヨリ輸入シテ販賣スル者アルコトヲ知リ之ヲ默許シタルトキ

第二十五條　特許證主特許證ヲ毀損若クハ亡失シタルトキハ事由ヲ具シ再下付ヲ出願スルコトヲ得

第二十六條　特許證主其明細書若クハ圖面ノ不完全ナルコトヲ發見シタルトキハ特許ノ効力ヲ全クスル爲メ改訂明細書若クハ圖面ヲ添ヘ特許證ノ改訂ヲ出願スルコトヲ得但其發明ノ要部ニ變更ヲ生スルモノハ此限ニ在ラス

第二十七條　特許證主其明細書中ニ自己ノ發明ニアラサル事項ヲ誤テ自己ノ發明トシテ記載セシコトヲ發見シタルトキハ其削除ヲ出願スルコトヲ得

第二十八條　第二十六條第二十七條ニ依リ出願スモノアルトキハ特許局長ハ其願書ヲ特許局審査官ニ付シテ審査セシムヘシ

前項ノ場合ニ於テ特許局審査官ノ査定ニ服セサル者ハ第十二條ニ依リ再審査ヲ請求スルコトヲ得

第二十九條　特許證主ハ其物品ニ農商務大臣ノ定メタル特許標記ヲ爲スヘシ

第三十條　特許ニ關シ出願又ハ請求スル者ハ左ノ手數料ヲ納ムヘシ

一　特許ヲ出願スルトキ　一發明毎ニ金五圓

二　特許ノ賣與讓與共有又ハ書入契約ノ登錄ヲ請求スルトキ一發明毎ニ金三圓

三　特許證ノ再下付ヲ出願スルトキ　證書一枚毎ニ金一圓

四　特許證ノ改訂又ハ明細書中ノ削除ヲ出願スルトキ　一發明毎ニ金五圓

五　審判ヲ請求スルトキ　一事件毎ニ金七圓

第三十一條　特許證又ハ改訂特許證ヲ受クル者ハ一證書毎ニ左ノ區別ニ從ヒ特許料ヲ納ムヘシ

一　五年ノ特許　金十圓

二　十年ノ特許　金十五圓

三　十五年ノ特許　金二十圓

第三十二條　特許局ハ時々特許發明ノ明細書及特許公報ヲ印刷シ衆庶ノ縱覽ニ供スヘシ其請求者アルトキハ相當代價ヲ以テ之ヲ拂下クルコトヲ得

第三十三條　特許ニ關スル書類ノ謄本又ハ圖面ノ調製ヲ要スル者ハ特許局ニ之ヲ請求スルコトヲ得此場合ニ於テハ相當ノ手數料ヲ納ムヘシ

第三十四條　特許ヲ侵シタル者ハ其特許證主ニ對シ損害賠償ノ責ニ任スヘシ

第三十五條　前條損害賠償ノ責ハ三年ヲ以テ期滿免除ノ期トス

第三十六條　他人ノ特許品ヲ偽造シテ使用若クハ販賣シタル者又ハ情ヲ知リ偽造品ヲ使用若クハ受託販賣シタル者又ハ他人ノ特許工術ヲ竊用シタル者ハ一月以上一年以下ノ重禁錮又ハ二十圓以上二百圓以下ノ罰金ニ處ス
特許證主ノ權利ヲ侵スヘキ物品ナルコトヲ知リ之ヲ外國ヨリ輸入シテ使用若クハ販賣シタル者又ハ情ヲ知リ其輸入シタル物品ヲ使用若クハ受託販賣シタル者ハ罰前項ニ同シ
第三十七條　前條ノ場合ニ於テハ其犯罪ノ物件ヲ沒收シテ特許證主ニ給付シ其既ニ賣拂キタルモノハ代價ヲ追徵シテ之ヲ給付ス
第三十八條　詐欺ノ所爲ヲ以テ特許證ヲ受ケタル者又ハ特許ヲ受ケサル物品ニ特許標記若クハ之ニ類似シタル標記ヲ爲シテ販賣シタル者又ハ情ヲ知リテ其物品ヲ受託販賣シタル者ハ十五日以上六月以下ノ重禁錮又ハ十圓以上百圓以下ノ罰金ニ處ス
第三十九條　第三十六條ノ犯罪ハ被害者ノ告訴ヲ待テ其罪ヲ論ス
前項ノ場合ニ於テ告訴人ノ請求ニ依リ裁判官ハ假ニ其告訴ニ係ル物品ノ使用若クハ販賣ヲ差止ムルコトヲ得
第四十條　特許證主其特許品ニ第二十九條ノ特許標記ヲ爲スコトヲ怠リタルトキハ告訴又ハ要償ノ訴ヲ爲スコトヲ得ス
第四十一條　被告人特許ノ無効タルコトヲ以テ答辯セントスルトキハ其旨ヲ裁判所ニ申告シ其日ヨリ三十日以內ニ特許局ニ第十七條ノ審判ヲ請求スヘシ此場合ニ於テ裁判所ハ特許局ノ審判終結マテ其裁判ヲ中止スヘシ
第四十二條　此條例ヲ犯シタル者ニハ刑法ノ數罪俱發ノ例ヲ用ヒス
第四十三條　此條例施行ノ細則ハ農商務大臣之ヲ定ム

第四十四條　此條例ハ明治二十二年二月一日ヨリ施行ス
第四十五條　明治十八年(四月)第七號布告專賣特許條例ハ此條例施行ノ日ヨリ廢止ス但專賣特許條例ニ依テ受ケタル專賣特許ハ此條例ニ依テ受ケタル特許ト同一ノ効アルモノトス
專賣特許出願ノ此條例施行ノ日ニ於テ處分ヲ終ラサルモノハ此條例ニ依リ處分ス

○特許條例施行細則

明治二十五年十一月
農商務省令第十七號

第一章　總則

第一條　凡ソ特許局ニ差出ス書類ハ一事件毎ニ一通ヲ作リ之ニ差出ノ年月日及ヒ差出人ノ氏名身分職業及ヒ住所ヲ記載シ明細書及ヒ圖面ニハ差出人ノ氏名ノミヲ記載シテ捺印スヘシ
審判請求書、始末書、牴觸若クハ審判ニ關スル答辯書及ヒ訂正書ニハ正本ノ外關係人又ハ對手人ノ員數ニ應シ副本ヲ添フヘシ
第二條　書類ハ字體ヲ明瞭ニ認メ文字ヲ改竄スヘカラス若シ挿入削除又ハ欄外ノ記入アルトキハ之ニ捺印スヘシ
文字ヲ削除スルトキハ字體ヲ存シ其數ヲ欄外ニ記載スヘシ
第三條　書類、圖面、雛形等ニ不完全又ハ不明瞭ノ廉アルトキ若クハ之ニ關シテ照會ヲ要スルトキハ特許局長(又ハ審判長)ハ其旨ヲ差出人ニ通知シ通知書ノ日附ヨリ六十日以內ニ訂正改造若クハ回答ヲナサシムヘシ
第四條　差出人ニ於テ書類、圖面、雛形等ニ不完全又ハ不明瞭ノ廉アルコトヲ發見シタルトキハ其訂正若クハ改造ヲ出願スルコトヲ得

二百八十八

前項ノ出願要部ニ變更ヲ生スルトキ又ハ特許局長(又ハ審判長)ニ於テ其必要ヲ認メサルトキハ之ヲ許可セス

第五條　審判請求書、始末書、牴觸若クハ審判ニ關スル答辯書ニ訂正ヲ加ヘタルトキハ特許局長(又ハ審判長)ハ其訂正書ヲ關係人又ハ對手人ニ送付スヘシ

第六條　已ムヲ得サル事故ノ爲メニ此細則ニ定メタル期限內ニ成規又ハ指定ノ手續ヲ爲シ難キトキハ其事由ヲ記載シ口頭審判ノ期日ニ係ルトキハ對手人ノ連署ヲ以テ期限內ニ延期請求書ヲ差出スヘシ

前項ノ請求ヲ相當ト認メタルトキハ特許局長(又ハ審判長)ハ六十日以內ニ於テ更ニ期限ヲ定メ之ヲ差出人及ヒ關係人若クハ對手人ニ通知スヘシ

第七條　出願人此細則ニ定メタル期限又ハ特許局長(又ハ審判長)ノ定メタル期限內ニ成規若クハ指定ノ手續ヲ爲サヽルトキハ其出願ヲ無効トス

審判請求書、始末書、延期請求書、牴觸若クハ審判ニ關スル答辯書及ヒ訂正書ハ前項ノ期限內ニ差出スニアラサレハ之ヲ受理セス

第八條　審判請求書、始末書、牴觸若クハ審判ニ關スル答辯書ニハ主張ノ事實ヲ證明スルニ必要ノ證據ヲ添フヘシ

第九條　書類、圖面、雛形及ヒ見本ハ證據物トシテ差出シタルモノヽ外其下戻ヲ求ムルコトヲ得ス

第十條　出願人、請求人、關係人又ハ對手人ニ於テ代人ヲ使用スルトキハ委任狀ヲ添ヘ其旨ヲ届出ツヘシ

代人ヲ不適當ト認メタルトキハ特許局長(又ハ審判長)ハ農商務大臣ノ認可ヲ經更ニ代人

ヲ選定セシムルコトヲ得

第十一條　特許年限ノ變更ハ特許ヲ與ヘタル後ニ於テ之ヲ許サス

第十二條　特許ノ登錄、改訂、取消、無効及ヒ削除其他特許ニ關スル必要ノ事項ハ特許局長ニ於テ農商務大臣ノ認可ヲ經之ヲ官報及ヒ特許公報ニ公告スヘシ

第二章　特許出願

第十三條　特許願書ハ第一號乃至第三號書式ニ從ヒ之ヲ作リ特許條例第三十條第一號ノ手數料全額ニ相當スル登記印紙ヲ貼用スヘシ

第十四條　出願人他人ト連名又ハ他人ノ記名ニテ特許證ヲ受ケント スルトキハ特許願書ニ其旨ヲ附記シ、特許條例第八條ノ改良發明ニ係ルトキハ特許證主ノ承諾書若シ承諾ヲ得ル能ハサルトキハ其事由書ヲ添フヘシ

第十五條　特許願書ト同時ニ明細書又ハ圖面ヲ差出シ難キトキハ先ツ願書ノミヲ差出シ明細書圖面ハ願書ノ日附ヨリ三十日以内ニ之ヲ差出スコトヲ得

願書ニ後レテ明細書又ハ圖面ヲ差出ストキハ何年何月何日附何發明ノ願書ニ添フヘキモノナルコトヲ記載シタル書面ヲ添フヘシ

第十六條　特許願書及ヒ明細書、圖面ノ完備シタルトキハ特許局長ハ願書ニ順號ヲ附シ出願人ニ通知スヘシ

前項ノ通知ヲ受ケタル後其出願ニ關シ差出ス書類ニハ願書ノ順號ヲ記載スヘシ

第十七條　特許願書ヲ差出シタル後他人ト連名又ハ他人ノ記名ニテ特許證ヲ受ケント スル者ハ特許原簿登錄以前ニ其旨ヲ記載シタル願書ヲ差出スヘシ若シ其出願原簿登錄ノ後ニ係ルトキハ受理セス

第三章　明細書、圖面雛形及ヒ見本

第十八條　明細書ハ左ニ記載スル項目ノ順序ニ從ヒ之ヲ作ルヘシ

一　發明ノ名稱

發明ノ性質及ヒ目的ニ從ヒ其種類ヲ表示スルニ足ルヘキ普通ノ名稱ヲ附スルヲ要ス

二　發明ノ性質及ヒ目的ノ要領

發明ノ構成作用及ヒ結果ヲ簡單ニ說明スルヲ要ス

三　圖面アルトキハ其略解

圖面ノ位置、視點及ヒ符號ヲ以テ示シタル部分ヲ明記スルヲ要ス

四　發明ノ詳細ナル說明

普通ノ知能ヲ以テ發明ヲ實施スルニ妨ケナカラシムル爲メ發明及ヒ其實施ニ必要ナル事項ヲ詳細ニ圖面アルトキハ之ニ對照シテ說明シ併セテ請求區域ニ用ユヘキ文字ノ意義ヲ明確ニスルヲ要ス

五　改良發明ニ係ルトキハ其原發明トノ關係

原發明ト改良發明トノ區別、二者結合ノ要點及ヒ二者相須テ生スヘキ作用ヲ明確ニ記載スルヲ要ス

六　特許ノ請求區域

發明ヲ構成スルニ關クヘカラサル事項ノミヲ明確ニ記載スルヲ要ス

第十九條　明細書中請求區域ヲ數項ニ分載スルハ左ノ塲合ニ限ルヘシ

一　特許權利ノ範圍ヲ明示スル爲メ發明ヲ構成スル新規ナル部分ヲ各別ニ記載スルトキ

二　特許權利ノ存スル所ヲ明確ナラシムル爲メ同一發明又ハ發明ヲ構成スル新規ナル部

分ヲ數樣ニ記載スルトキ
第二十條　圖面ニハ發明ヲ明瞭ナラシムルニ必要ナル部分ヲ示シ改良發明ニ係ルトキハ更ニ原發明ト改良發明トノ關係ヲ示スヘシ
第二十一條　雛形及ヒ見本ハ發明ニ必要ナル部分ノミニ付キ金屬又ハ木材等ヲ用ヒテ堅牢ニ之ヲ造リ其長サ幅及ヒ高サハ曲尺一尺以内トシ破損若クハ變化ヲ來スヘキモノハ差出人ニ於テ相當ノ手當ヲナスヘシ
但特許出願ノ發明、物質ニ係ルトキ又ハ特許局長ノ認可ヲ經若クハ特ニ徵收シタル場合ハ此限ニアラス
第二十二條　特許證主ハ特許局長ノ指圖ニ從ヒ陳列用ノ爲メ其發明ノ雛形又ハ見本ヲ差出スヘシ
第二十三條　雛形又ハ見本ノ不用ニ屬シタルトキハ特許局長ハ其受取方ヲ差出人ニ通知スヘシ差出人通知書ノ日附ヨリ九十日以內ニ受取方ヲナサヽルトキハ特許局長ハ適宜之ヲ處分スヘシ
雛形又ハ見本ヲ亡失毀損スルモ特許局ハ辨償ノ責ニ任セス

第四章　審査

第二十四條　審査ハ左ニ記載スル願書ノ外發明ノ種類ニ依リ願書ノ順號ニ從テ之ニ著手スヘシ
一　特許條例第七條ニ該當スル特許願書
二　同條例第二十六條ノ改訂願書
三　同條例第二十七條ノ削除願書

第二十五條　左ニ記載スルモノハ新規有益ノ發明トナスコトヲ得ス
一　發明以前公ニ知ラレタルモノ
二　特許出願以前公ニ用ヒラレタルモノ
但特許ニ依リ公ニ用ヒラレタルモノハ新規ナルコトヲ妨ケス
三　發明ノ目的ニ於テ新ナル好結果ヲ生シ得ヘカラサルモノ
第二十六條　左ニ記載スル出願ハ其發明、新規有益ナルモ特許ヲ與フヘカラサルモノトス
一　特許條例第二條第一號又ハ第二號ニ該當スルモノト認ムル出願
二　特許條例第十條第三號又ハ第四號ノ事實アルモノト認ムル出願
第二十七條　改良發明トシテ特許ヲ與フルハ特許發明ノ請求區域ヲ利用シテ更ニ發明ヲ加ヘ同一目的ニ於テ好結果ヲ生スヘキモノニ限ル
第二十八條　審査上發明ノ雛形若クハ見本ヲ要スルトキハ特許局長ハ其旨ヲ出願人ニ通知シ通知書ノ日附ヨリ九十日以内ニ之ヲ差出サシムヘシ
第二十九條　審査上發明ノ試驗ヲ必要トスルトキハ特許局長ハ相當ノ期限ヲ定メ出願人ヲシテ其試驗ヲナサシムルコトヲ得
第三十條　特許ヲ拒絕スル査定書ハ左ニ記載スル項目ノ順序ニ從ヒ之ヲ作ルヘシ
一　願書ノ順號
二　發明ノ名稱
三　出願人及ヒ其代人ノ氏名、身分、職業及ヒ住所
四　特許請求ノ要領再查定ニ係ルトキハ不服理由ノ要領
五　拒絕ノ理由

（參照）乙之部參觀

明細書ニ對照シ正確ナル證據ニ基キ適切ニ且明確ニ記載スヘシ若シ第十九條ニ依リ請求區域ヲ二項已上ニ分載シタル片ハ各項ニ付キ別々ニ其理由ヲ記載スルヲ要ス
再査定ニ係ルトキハ不服ノ理由ヲ反駁シ初査定ノ理由ヲ敷衍辨明スルヲ要ス

六　査定主文

七　査定ヲナシタル審査官ノ官氏名

八　年月日

第三十一條　再審査ヲ請求スル者ハ左ニ記載スル項目ノ順序ニ從ヒ不服理由書ヲ作リ査定書ノ日附ヨリ三十日以內ニ差出スヘシ

一　願書ノ順號

二　發明ノ名稱

三　出願人及ヒ其代人ノ氏名、身分、職業及ヒ住所

四　不服ノ要旨

五　事實上ノ辯論
明細書ニ對照シ拒絶ノ理由ヲ反駁スルニ止ムルヲ要ス

六　事實上主張ノ證明

七　出願人又ハ其代人ノ署名及ヒ捺印

八　年月日

第三十二條　不服理由書中拒絶ノ理由ヲ反駁セス又ハ單ニ明細書ニ記載セサル事項ニ基キ不服ヲ申立ツルトキハ不服理由書ヲ差出サヽルモノト見做スヘシ
前項ノ場合ニ於テハ特許局長ハ其事由ヲ出願人ニ通知スヘシ

第三十三條　不服理由書ニ對シ初査定書ニ示シタル理由ニ依ラス更ニ他ノ理由ニ依リ拒絶査定ヲナストキハ其査定ヲ以テ初査定トナシ前査定ヲ取消スヘキモノトス

前項ノ場合ニ於テハ特許局長ハ其事由ヲ出願人ニ通知スヘシ

第三十四條　特許條例第十五條ニ依リ審判ヲ請求シタル場合ニ於テ拒絶ノ理由ヲ不當ナリトスル審決アリタルトキハ特許局長ハ更ニ審査ノ手續ヲナスヘシ

前項ニ依リ審査ヲナストキハ再ヒ同一ノ理由ヲ以テ其特許ヲ拒絶スル査定ヲナスコトヲ得ス

第五章　牴觸

第三十五條　發明ノ牴觸ハ左ノ區別ニ依リ特許ノ請求區域ニ同一ノ項目アルトキニ限リ生スルモノトス

但第十九條ニ依リ明細書ニ分載セサル部分及ヒ第六十條ニ依リ權利ノ放棄ト見做スヘキ部分ニ付テハ牴觸ヲ生セス

一　二箇以上ノ特許出願ニ係ル發明

二　特許出願ニ係ル發明及ヒ特許發明又ハ改訂出願ニ係ル發明

三　二箇以上ノ改訂出願ニ係ル發明

四　改訂出願ニ係ル發明及ヒ特許發明

第三十六條　牴觸ノ審査ハ牴觸ニ係ル發明ヲ特許スヘキモノト査定シタル後之ニ著手スヘシ

牴觸ノ審査結了已前審査官ニ於テ牴觸事項ノ發明ニアラサルコトヲ發見シタルトキハ牴觸ノ審査ヲ中止ス

第三十七條　特許出願ニ係ル發明ノ請求區域ニシテ單ニ第十九條ニ依リ分載セサル爲メ他ノ特許出願ニ係ル發明ノ請求區域ト牴觸セサル場合ニ於テハ特許局長ハ出願人ニ其旨ヲ照會シテ明細書ヲ訂正スルト否トヲ回答セシムヘシ

第三十八條　牴觸ノ告知書ハ牴觸ノ部分ヲ明示シタル理由書ト共ニ之ヲ關係人ニ送付スヘシ

關係人前項ノ告知書及ヒ理由書ヲ受取リタルトキハ六十日以內ニ其發明ニ關スル始末書ヲ差出スヘシ此期限內ニ差出サヽルトキハ其發明ヲ特許願書ノ日附ヨリ已前ニ完成シタル旨ヲ以テ發明ノ先後ヲ爭フコトヲ得ス

第三十九條　關係人、始末書ヲ差出シタルトキハ特許局長ハ之ヲ他ノ關係人ニ送付シ三十日以內ニ答辯書ヲ差出サシムヘシ

關係人、答辯書ヲ差出シタル後審査上關係人ノ一方又ハ雙方ヲシテ尙ホ答辯ヲナサシムルコトヲ必要ト認メタルトキハ特許局長ハ亦前項ノ手續ヲナスヘシ

第四十條　發明ノ牴觸ヲ解除セントスル者ハ牴觸ノ審査結了已前ニ其牴觸ニ係ル特許又ハ願書ノ取消若クハ發明ノ牴觸部分ノ削除ヲ請求スヘシ

前項ノ請求アリタルトキハ特許局長ハ其牴觸ヲ解除シ其旨ヲ關係人ニ通知スヘシ

第四十一條　始末書ハ左ニ記載スル項目ノ順序ニ從ヒ之ヲ作ルヘシ

一　牴觸ノ番號

二　牴觸發明ノ名稱

三　關係人及ヒ其代人ノ氏名、身分、職業及ヒ住所

四　事實上ノ陳述

発明ヲ考案完成シタル事實、年月日及ヒ其發明ヲ圖面、雛形又ハ見本ニ作リタル事實、年月日ヲ明確ニ記載スルヲ要ス

五　事實上主張ノ證明

六　差出人又ハ其代人ノ署名及ヒ捺印

七　年月日

第四十二條　牴觸ニ關スル答辯書ハ左ニ記載スル項目ノ順序ニ從ヒ之ヲ作ルヘシ

一　牴觸ノ番號

二　牴觸發明ノ名稱

三　關係人及ヒ其代人ノ氏名、身分、職業及ヒ住所

四　答辯ノ要旨

五　事實上ノ辯論

六　事實上主張ノ證明又ハ對手人ノ申出テタル證據方法ニ對スル陳述

七　差出人又ハ其代人ノ署名及ヒ捺印

八　年月日

第四十三條　牴觸ノ査定書ハ左ニ記載スル項目ノ順序ニ從ヒ之ヲ作ルヘシ

一　牴觸ノ番號

二　牴觸發明ノ名稱

三　關係人及ヒ其代人ノ氏名、身分、職業及ヒ住所

四　關係人ノ陳述ノ要領

五　査定ノ理由

正確ナル證據ニ基キ適切ニ且明確ニ記載スルヲ要ス
六 査定主文
七 査定ヲナシタル審査官ノ官氏名
八 年月日
第六章 審判
（參照）之部參觀
第四十四條 審判ヲ請求スル者ハ左ニ記載スル項目ノ順序ニ從ヒ請求書ヲ作リ特許條例第三十條第五號ノ手數料金額ニ相當スル登記印紙ヲ貼用シテ再査定書又ハ牴觸査定書ノ日附ヨリ六十日以內ニ差出スヘシ
一 請求人被請求人及ヒ其代人ノ氏名身分職業及ヒ住所
二 係爭事件ノ表示
三 請求ノ要旨
四 事實上若クハ法律上ノ辯論
五 事實上主張ノ證明
六 請求人又ハ其代人ノ署名及ヒ捺印
七 年月日
第四十五條 審判請求書ヲ差出シタル者アルトキハ審判長ハ其請求書ヲ對手人ニ送付シ三十日以內ニ答辯書ヲ差出サシムヘシ
對手人答辯書ヲ差出シタル後尙ホ對手人ノ一方又ハ雙方ヲシテ答辯ヲナサシムルコトヲ必要ト認メタルトキハ審判長ハ亦前項ノ手續ヲナスヘシ
（參照）之部參觀
第四十六條 答辯書ハ左ニ記載スル項目ノ順序ニ從ヒ之ヲ作ルヘシ

一　審判ノ番號
二　請求人被請求人及ヒ其代人ノ氏名身分職業及ヒ住所
三　係爭事件ノ表示
四　答辯ノ要旨
五　事實上若クハ法律上ノ辯論
六　事實上主張ノ證明又ハ對手人ノ申出テタル證據方法ニ對スル陳述
七　請求人若クハ被請求人又ハ其代人ノ署名及ヒ捺印
八　年月日

第四十七條　審判ヲ請求シタル者其請求ヲ取消サントスルトキハ審判終結前ニ其旨ヲ申出ツヘシ

前項ノ申出アリタルトキハ審判長ハ其旨ヲ對手人ニ通知スヘシ

第四十八條　對手人答辯書ヲ差出シタル後審判ノ請求ヲ取消シタル者ハ審判入費ヲ負擔スヘシ

但對手人ノ承諾ヲ經テ取消シタル者ハ此限ニアラス

第四十九條　審判ハ書類及ヒ口頭ノ二種トス

第五十條　口頭審判ハ請求人及ヒ被請求人雙方ニ於テ請求シ若クハ審判長ニ於テ必要ト認メタルトキ公開シテ之ヲナス

第五十一條　口頭審判ヲナストキハ審判長ハ其期日ヲ定メ之ヲ請求人及ヒ被請求人ニ通知スヘシ

第五十二條　請求人若クハ被請求人成規又ハ指定ノ期限內ニ答辯書ヲ差出ササルトキハ辯

(參照)之部參觀

論終結ト見做シ及第五十一條ノ通知ヲ受ケ其期日ニ出頭セサルトキハ缺席ノ儘審判ヲ終結スルコトヲ得

第五十三條　審判ヲ終結シタルトキハ審判長ハ其審決書ノ謄本ヲ作リ之ニ局印ヲ捺シ請求人及ヒ被請求人ニ送附スヘシ口頭審判ノ場合ニ於テハ尚ホ之ヲ言渡スヘキモノトス

第五十四條　審決書ハ左ニ記載スル項目ノ順序ニ從ヒ之ヲ作ルヘシ

一　審判ノ番號
二　請求人被請求人及ヒ其代人ノ氏名身分職業及ヒ住所
三　請求人及ヒ被請求人ノ陳述ノ要領
四　審決ノ理由
　明細書ニ對照シ査定書アルトキハ其査定書ニ對照シテ適切ニ且ツ明確ニ記載スルヲ要ス
五　審決主文
六　審判ヲナシタル審判官ノ官氏名
七　年月日

第七章　特許

第五十五條　特許條例第四條ニ依リ特許ヲ與フヘキモノト査定シタルトキハ特許局長ハ農商務大臣ノ認可ヲ經其旨ヲ記載シタル通知書ニ特許料納付用紙ヲ添ヘ出願人ニ送付スヘシ

出願人前項ノ通知ヲ受ケタルトキハ特許料納付用紙ニ特許條例第三十一條ノ特許料金額ニ相當スル登記印紙ヲ貼用シ明細書及ヒ圖面各二通ヲ添ヘ通知書ノ日附ヨリ六十日以內

ニ差出スヘシ

第五十六條　出願人特許料ヲ納付シタルトキハ特許局長ハ納付ノ日ヲ以テ其發明ヲ特許原簿ニ登錄シ同時ニ其旨ヲ出願人ニ通知シテ三十日以內ニ特許證ヲ送付スヘシ

前項特許料ノ納付、執務時間ノ最後一時間若クハ其以後又ハ休日ニ係ルトキハ次ノ執務日ニ納付シタルモノト見做スヘシ

第五十七條　特許條例第八條第二項ノ場合ニ於テ特許證主ノ承諾ヲ經ル能ハスシテ出願シタル者ニ特許ヲ與フルトキハ特許局長ハ其旨ヲ特許證主ニ通知シ報酬ニ付キ協議ヲナサシムヘシ

前項ノ協議整ハサルトキハ特許局長ハ農商務大臣ノ相當ト認メタル報酬ノ種類、數額、方法等ヲ特許通知ト同時ニ出願人ニ通知シ又特許原簿ノ登錄ト同時ニ之ヲ特許證主ニ通知スヘシ

第五十八條　特許證ハ第四號書式ニ依リ之ヲ調製シ特許原簿登錄ノ日ヲ以テ其日附トナス

第五十九條　特許證主ハ特許條例第二十九條ニ依リ特許品又ハ其上包等ニ特許ノ二字特許證ノ日附及ヒ特許ノ年限ヲ標記スヘシ

第六十條　特許證主第十九條ニ依リ記載シタル部分ニ屬スルモノヲ分離シテ販賣シタルトキハ其部分ニ對スル權利ヲ放棄シタルモノト見做スヘシ

第六十一條　特許ヲ相續シタルトキハ相續人ヨリ特許證主氏名住所ヲ變換シタルトキ及ヒ改印シタルトキハ本人ヨリ速ニ其旨ヲ届出ツヘシ

第八章　賣與、讓與、共有及ヒ書入

第六十二條　特許條例第二十二條ニ依リ賣與、讓與、共有又ハ書入ノ登錄ヲ受ケントスル者

ハ第五號若クハ第六號書式ニ從ヒ請求書ヲ作リ特許條例第三十條第二號ノ手數料金額ニ相當スル登記印紙ヲ貼用シ契約書正副二通及ヒ特許證ヲ添ヘテ差出スヘシ

前項ノ請求アリタルトキハ許特局長ハ其事由ヲ移動原簿ニ登錄シ契約書ニ登錄濟ノ證印ヲ捺シ特許證ニ裏書ノ上契約書ト共ニ請求人ニ返付スヘシ

第六十三條　賣與、讓與、共有又ハ書入ノ登錄ヲ受ケタル者ニシテ後日其契約ヲ解除シタルトキハ關係人ノ連署ヲ以テ其旨ヲ記載シタル屆書ニ特許證ヲ添ヘテ差出スヘシ

前項ノ屆出アリタルトキハ特許局長ハ其事由ヲ移動原簿ニ附記シ特許證ニ裏書ノ上之ヲ特許證主ニ返付スヘシ

第六十四條　共有ニ屬スル特許ヲ賣與、讓與、共有又ハ書入トナサントスルトキハ他ノ共有者ノ承諾ヲ經ルニアラサレハ其登錄ヲナササルヘシ

第九章　再下付願

第六十五條　特許條例第二十五條ニ依ル再下付願書ハ第七號書式ニ從ヒ之ヲ作リ同條例第三十條第三號ノ手數料金額ニ相當スル登記印紙ヲ貼用スヘシ

第六十六條　第六十五條ノ出願アリタルトキハ特許局長ハ其事由及ヒ下付ノ年月日ヲ裏書シタル特許證ヲ下付スヘシ

第十章　改訂及削除願

第六十七條　特許條例第二十六條ニ依ル特許證ノ改訂願ハ左ノ場合ニ於テ之ヲナスコトヲ得ルモノトス

一　特許權利ニ關係ナキ說明又ハ圖面ニ過誤アルコトヲ發見シタルトキ

二　請求區域ノ意義ヲ變更スルコトナクシテ之ヲ明確ナラシムヘキ必要アルコトヲ發見

シタルトキ

三　過テ自己ノ發明ニ係レル範圍ヲ超過シテ特許權利ノ範圍トナシタルコトヲ發見シタルトキ

四　特許權利ノ範圍ヲ擴張スルコトナク一箇ノ特許證ヲ分離シテ數箇ノ特許證トナスコトヲ必要トスルトキ

第六十八條　改訂願書ハ第八號書式ニ從ヒ之ヲ作リ特許條例第三十條第四號ノ手數料金額ニ相當スル登記印紙ヲ貼用シテ改訂明細書若クハ改訂圖面ヲ添ヘ現特許證及ヒ附屬ノ明細書、圖面ト共ニ差出スヘシ

前項ノ出願ヲ許可スルトキハ特許局長ハ第五十五條及ヒ第五十六條ノ手續ニ依リ其旨ヲ特許原簿ニ附記シ改訂特許證ヲ送付スヘシ

第六十九條　改訂特許證ハ第九號書式ニ依リ之ヲ調製シ許可ノ日ヲ以テ其日附トナス

第七十條　特許條例第二十七條ニ依ル明細書ノ削除願ハ第十九條ニ從ヒ分載シタル請求區域ノ項目ヲ刪減シ特許權利ノ範圍ヲ一部放棄セントスル塲合ニ於テ之ヲナスコトヲ得ルモノトス

第七十一條　削除願書ハ第十號書式ニ從ヒ之ヲ作リ特許條例第三十條第四號ノ手數料金額ニ相當スル登記印紙ヲ貼用シテ特許證ヲ差出スヘシ

前項ノ出願ヲ許可スルトキハ特許局長ハ其旨ヲ特許原簿ニ附記シ特許證ニ裏書ノ上之ヲ出願人ニ返付スヘシ

書式　用紙美濃十三行二十五字詰

第一號　特許ヲ願出ルトキ

特許願　(此處ニ登記印紙ヲ貼用シ消印スヘシ)

一何々發明ノ名稱ヲ掲クヘシ

右ハ別紙明細書ニ記載スル通ノ工術(機械、製造品、合成物)ニシテ何年何月何日私(私共)ノ完成シタル發明ニ有之特許條例ニ觸レサルモノト確信候間何箇年ノ特許相受度此段相願候也

年　月　日

本籍(及現住所)
身分、職業
發明者　氏　名　印

二名以上ナルトキハ各署名捺印スヘシ以下總テ此例ニ依ル

農商務大臣(爵)氏名殿

第二號　他人ノ特許發明ヲ改良シ特許ヲ願出ルトキ

特許願　(此處ニ登記印紙ヲ貼用シ捺印スヘシ)

一何々ノ改良原發明ノ名稱ヲ掲クヘシ

右ハ別紙明細書ニ記載スル通何某所有第何號特許證ノ何々原發明ノ名稱ノ發明ニ就キ私(私共)ニ於テ改良ヲ加ヘ何年何月何日完成シタルモノニ有之特許條例ニ觸レサルモノト確信候間何箇年ノ特許相受度特許證主ノ承諾書(特許證主ノ承諾ヲ經ル能ハサルニ付其事由書)ヲ添ヘ此段相願候也

本籍(及現住所)

身分、職業
發明者 氏 名 印

年 月 日

農商務大臣（爵）氏名殿

第三號相續者ヨリ特許ヲ願出ルトキ

特許願（此處ニ登記印紙ヲ貼用シ消印スヘシ）

一何々發明ノ名稱ヲ掲クヘシ

右ハ何年何月何日亡何某ノ完成シタル發明ニ係リ私相續候處別紙明細書ニ記載スル通ノ工術（機械、製造品、合成物）ニシテ特許條例ニ觸レサルモノト確信候間何箇年ノ特許相受度此段相願候也

本籍（及現住所）
發明者 亡何某相續者
身分、職業
特許願人 氏 名 印

年 月 日

農商務大臣（爵）氏名殿

第四號特許證書式

第何號

特許證

本籍（及現住所）

身分、職業　氏　名

何々（發明ノ名稱）

本證附屬明細書ノ請求區域ニ對シ特許條例ニ據リ右記名ノ者ニ何年間特許ヲ與フルモノ也

年　月　日

農商務大臣（爵）　氏　名　印

農商務省
特許局長　氏　名　印

第五號特許ノ賣與、讓與、共有又ハ書入ノ登錄ヲ請求スルトキ

特許賣與（讓與、共有又ハ書入）登錄請求書　（此處ニ登記印紙ヲ貼用シ消印スヘシ）

一第何號特許證
一何々發明ノ名稱
ヲ掲クヘシ
一發明者氏名

右私（私共）所有特許ヲ別紙契約書之通賣與（讓與、共有又ハ書入）候間登錄相成度契約書正副二通竝ニ特許證相添此段請求候也

年　月　日

本籍（及現住所）
身分、職業
特許證主　氏　名　印

本籍（及現住所）
身分、職業
買受（讓受共有 書入受）人　氏　名　印

農商務省特許局長氏名殿

第六號　書入中ノ特許ノ賣與、讓與共有又ハ書入ノ登録ヲ請求スルトキ

特許賣與(讓與、共有又ハ書入)登録請求書　(此處ニ登記印紙ヲ貼用シ消印スヘシ)

一第何號特許證
一何々發明ノ名稱
ヲ揭クヘシ
一發明者氏名

右私(私共)所有特許ハ何年何月何日附ノ契約書ニ依リ何某(本籍ヲモ記スヘシ)ヘ書入致置候處今般別紙契約書ノ通賣與(讓與、共有又ハ書入)候間登録相成度契約書正副二通竝ニ特許證相添此段請求候也

年　月　日

本籍(及現住所)
身分、職業
特許證主　氏　名　印

本籍(及現住所)
身分、職業
買受(讓受、共有書入受)人　氏　名　印

農商務省特許局長氏名殿

第七號　特許證ノ再下付ヲ願出ルトキ

特許證再下付願　(此處ニ登記印紙ヲ貼用シ消印スヘシ)

一第何號特許證

一何々發明ノ名稱
ヲ掲クヘシ
一發明者氏名
右私(私共)所有特許證何々事由ヲ記スヘシニ依リ毀損(亡失)候ニ付特許證再下付相成度此段相願候也

本籍(及現住所)
身分、職業
年　月　日　　　特許證主　氏　　名　印

農商務大臣爵氏名殿

第八號　特許證ノ改訂ヲ願出ルトキ

(此處ニ登記印紙ヲ貼用シ消印スヘシ)

特許證改訂願

一第何號特許證
一何々發明ノ名稱
ヲ掲クヘシ
一發明者氏名
右私(私共)所有特許證附屬ノ明細書(圖面)中何々事由ヲ記スヘシノ爲メ特許ノ効力ヲ全クシ難キニ付別紙之通改訂致度尤之カ爲メ發明ノ要部ニ變更ヲ生スル儀無之候間改訂特許證下付相成度別紙改訂明細書(改訂圖面)並ニ現特許證及ヒ附屬明細書(圖面)相添此段相願候也

本籍(及現住所)
身分、職業
年　月　日　　　特許證主　氏　　名　印

農商務大臣(爵)氏名殿

第九號 改訂特許證書式

第何號

改訂特許證

本籍(及現住所)

身分、職業 氏名

何々(發明ノ名稱)

特許條例ニ據リ(何某ニ)明治何年何月何日何年間特許ヲ與ヘタル特許書ニ對シ本證附屬明細書(圖面)ノ通改訂ヲ許可スルモノ也

年 月 日

農商務大臣(爵) 氏 名 印

農商務省特許局長 氏 名 印

第十號 明細書ノ削除ヲ願出ルトキ

明細書削除願

(此處ニ登記印紙ヲ貼用シ消印スヘシ)

一第何號特許證

一何々發名ノ名稱ヲ掲クヘシ

一發明者ノ名義

右(私)(私共)所有特許證附屬ノ明細書ニ於テ私(私共)(前記發明者)ノ發明ニアラサル事項ヲ誤テ請求區域中ニ記載シタルコトヲ發見候間明細書中特許請求區域第何項(第何頁何行目何ノ字ニ至ル若干字ヲ)削除致度此段相願候也

本籍(及現住所)

身分職業

特許證主　氏　　名　印

年　月　日

農商務大臣（爵）氏名殿

○意匠條例

明治二十一年十二月
勅令第八十五號

第一條　工業上ノ物品ニ應用スヘキ形狀摸樣若クハ色彩ニ係ル新規ノ意匠ヲ按出シタル者ハ此條例ニ依リ其意匠ノ登錄ヲ受ケ之ヲ專用スルコトヲ得

第二條　左ニ掲クル意匠ハ登錄ヲ受クルコトヲ得サルモノトス

一　風俗ヲ害スヘキモノ

二　登錄出願以前公ニ知ラレ又ハ公ニ用ヒラレタルモノ

第三條　意匠ノ登錄ヲ受ケント欲スル者ハ一意匠每ニ明細書及圖面ヲ添ヘ農商務大臣ニ出願スヘシ但其願書明細書及圖面ハ特許局ニ差出スヘシ

第四條　意匠ノ登錄ヲ出願スル者アルトキハ特許局長ハ特許局審査官ヲシテ其意匠ヲ審査セシメ登錄ヲ許スヘシト査定シタルモノハ農商務大臣ノ認可ヲ經テ意匠原簿ニ登錄シ其登錄證下付ノ手續ヲ爲スヘシ

第五條　登錄證ハ農商務大臣之ニ署名シ特許局長之ニ副署シ明細書及圖面ヲ添ヘ之ヲ下付スルモノトス

第六條　意匠專用ノ年限ハ三年五年七年及十年ノ四種ト爲シ原簿登錄ノ日ヨリ起算ス

第七條　意匠ノ專用ハ農商務大臣ノ定ムル物品類別ニ於テ出願人ノ指定シタル物品ニ限ルモノトス

第八條　二人以上同一又ハ類似意匠ノ登錄ヲ出願スル者アルトキハ願書日附ノ先ナルモノ

ヲ登錄ス其日附同キモノハ共ニ之ヲ登錄セサルモノトス但出願人協議ノ上連名ニテ其登錄ヲ出願スルトキ又ハ其出願ヲ取消ス者アリテ出願者一人トナリタルトキハ此限ニ在ラス

第九條　意匠ノ登錄ヲ受ケタル者又ハ之ヲ受ケントスル者死亡シタルトキハ其權利ハ相續者ニ屬スルモノトス

第十條　他人ノ委託又ハ雇主ノ費用ヲ以テ按出シタル意匠ノ登錄出願ノ權利ハ其委託者若クハ雇主ニ屬ス但別ニ契約アル場合ニ於テハ此限ニ在ラス

第十一條　登錄ヲ受ケタル意匠ト雖モ第二條ニ該ルコトヲ發見セラレタルモノ又ハ第八條第十條ニ違ヒ登錄ヲ受ケタルコトヲ發見セラレタルモノハ其登錄ヲ無効トス

第十二條　意匠ノ審査査定審判ニ關スル事項ハ總テ特許條例ヲ適用ス

第十三條　意匠專用權ハ制限ヲ附シ若クハ附セスシテ賣與讓與シ若クハ共有トナシ又ハ書入ト爲スコトヲ得此場合ニ於テハ特許局ニ請求シ契約ノ登錄ヲ受クヘシ登錄ヲ受ケサル契約ハ第三者ニ對シ法律上其効ナキモノトス

第十四條　特許局ノ官吏ハ在職中意匠ノ登錄ヲ出願シ又ハ意匠專用權ヲ新ニ有スルコトヲ得ス但相續ニ由リ意匠專用權ヲ新ニ有スルハ此限ニ在ラス

第十五條　登錄意匠主其登錄證ヲ毀損若クハ亡失シタルトキハ事由ヲ具シ再下付ヲ出願スルコトヲ得

第十六條　登錄意匠主其明細書若クハ圖面ノ不完全ナルコトヲ發見シタルトキハ登錄ノ効力ヲ全クスル爲メ改訂明細書若クハ圖面ヲ添ヘ登錄證ノ改訂ヲ出願スルコトヲ得但其意匠ニ變更ヲ生スルモノハ此限ニ在ラス

第十七條　登錄意匠主ハ其意匠ヲ應用シタル物品ニ農商務大臣ノ定メタル登錄標記ヲ爲スヘシ

第十八條　意匠ニ關シ出願又ハ請求スル者ハ左ノ手數料ヲ納ムヘシ

一　意匠ノ登錄ヲ出願スルトキ
　一意匠ニ付物品一類每ニ　金五十錢

二　登錄意匠ノ賣與讓與共有又ハ書入契約ノ登錄ヲ請求スルトキ
　一意匠ニ付物品一類每ニ　金三圓

三　登錄證ノ再下付ヲ出願スルトキ
　證書一枚每ニ　金一圓

四　登錄證ノ改訂ヲ出願スルトキ
　一意匠ニ付物品一類每ニ　金二圓

五　審判ヲ請求スルトキ
　一事件每ニ　金七圓

第十九條　意匠登錄證又ハ其改訂登錄證ヲ受クル者ハ意匠ヲ應用スル物品一類每ニ左ノ區別ニ從ヒ登錄料ヲ納ムヘシ

一　三年ノ專用　金一圓

二　五年ノ專用　金二圓

三　七年ノ專用　金四圓

四　十年ノ專用　金八圓

第二十條　登錄意匠ニ關スル書類ノ謄本若クハ圖面ノ調製ヲ要スル者ハ特許局ニ之ヲ請求

スルコトヲ得此塲合ニ於テハ相當ノ手數料ヲ納ムヘシ
第二十一條　登錄意匠ノ專用權ヲ侵シタル者ハ其意匠主ニ對シ損害賠償ノ責ニ任スヘシ
第二十二條　前條損害賠償ノ責ハ三年ヲ以テ期滿免除ノ期トス
第二十三條　他人ノ登錄意匠ナルコトヲ知リ之ヲ同一物品ニ應用シテ之ヲ販賣シタル者又ハ情ヲ知リテ其物品ヲ受託販賣シタル者ハ十五日以上六月以下ノ重禁錮又ハ十圓以上百圓以下ノ罰金ニ處ス
登錄意匠主ノ權利ヲ侵スヘキ物品ナルコトヲ知リ之ヲ外國ヨリ輸入シテ販賣シタル者又ハ情ヲ知リ其物品ヲ受託販賣シタル者ハ罰前項ニ同シ
詐欺ノ所爲ヲ以テ登錄證ヲ受ケタル者又ハ登錄ヲ受ケサル意匠ヲ應用シタル物品ニ登錄標記若クハ類似ノ標記ヲ爲シテ販賣シタル者又ハ情ヲ知リ其物品ヲ受託販賣シタル者ハ罰第一項ニ同シ
第二十四條　前條第一項第二項ノ塲合ニ於テハ其犯罪ノ物件ヲ沒收シテ登錄意匠主ニ給付シ其既ニ賣拂キタルモノハ代價ヲ追徵シテ之ヲ給付ス
第二十五條　第二十三條第一項第二項ノ犯罪ハ被害者ノ告訴ヲ待テ其罪ヲ論ス
前項ノ塲合ニ於テ告訴人ノ請求ニ依リ裁判官ハ假ニ其告訴ニ係ル物品ノ販賣ヲ差止ムルコトヲ得
第二十六條　登錄意匠主第十七條ノ登錄標記ヲ爲スコトヲ怠リタルトキハ告訴又ハ要償ノ訴ヲ爲スコトヲ得ス
第二十七條　此條例ヲ犯シタル者ニハ刑法ノ數罪倶發ノ例ヲ用ヒス
第二十八條　此條例施行ノ細則ハ農商務大臣之ヲ定ム

第二十九條　此條例ハ明治二十二年二月一日ヨリ施行ス

○意匠條例施行細則

明治二十五年十一月
農商務省令第十八號

第一章　總則

第一條　特許條例施行細則第一條乃至第十條ハ此細則ニモ之ヲ適用ス

第二條　意匠專用年限ノ變更ハ意匠原簿ニ登錄ノ後ニ於テ之ヲ許サス

第三條　意匠ノ登錄、改訂、取消及ヒ無効其他意匠ニ關スル必要ノ事項ハ特許局長ニ於テ農商務大臣ノ認可ヲ經之ヲ官報及ヒ特許公報ニ公告スヘシ

第二章　登錄出願

第四條　登錄願書ハ第一號乃至第三號書式ニ依リ第三十六條ノ物品類別ニ從ヒ一類每ニ之ヲ作リ意匠條例第十八條第一號ノ手數料金額ニ相當スル登記印紙ヲ貼用スヘシ

第五條　出願人他人ト連名又ハ他人ノ記名ニテ登錄ヲ受ケントスルトキハ登錄願書ニ其旨ヲ附記スヘシ

第六條　登錄願書及ヒ明細書、圖面、見本ヲ受理シタルトキハ特許局長ハ願書ニ順號ヲ附シ其順號ヲ出願人ニ通知スヘシ前項ノ通知ヲ受ケタル後其出願ニ關シ差出ス書類ニハ願書ノ順號ヲ記載スヘシ

第七條　登錄願書ヲ差出シタル後他人ト連名又ハ他人ノ記名ニテ登錄ヲ受ケントスル者ハ意匠原簿登錄以前ニ其旨ヲ記載シタル願書ヲ差出スヘシ若シ其出願原簿登錄ノ後ニ係ルトキハ受理セス

第三章　明細書、圖面、雛形及ヒ見本

第八條　明細書ハ左ニ記載スル項目ノ順序ニ從ヒ之ヲ作リ圖面二通ヲ添フヘシ

一　意匠ノ名稱
意匠ノ性質及ヒ其意匠ヲ應用スル物品ノ種類ニ從ヒ普通ノ名稱ヲ附スルヲ要ス
二　意匠ヲ應用スル物品ノ類別及ヒ名稱
第三十六條ノ物品類別ニ從ヒ其物品ノ名稱ヲ記載スルヲ要ス
三　意匠ノ詳細ナル說明
形狀ノ意匠ニ付テハ全部及ヒ各部ノ形狀、摸樣ノ意匠ニ付テハ全部及ヒ各部ノ圖樣位置、色彩ノ意匠ニ付テハ色彩ヲ施スヘキ圖樣色名及ヒ其配色ノ位置ヲ各々圖面ニ對照シテ說明シ其意匠故實ニ基ケルトキハ故實ノ概要ヲ記述シ併セテ請求區域ニ用ユヘキ文字ノ意義ヲ明確ニスルヲ要ス
四　專用權請求ノ區域
意匠ヲ構成スルニ缺クヘカラサル事項ノミヲ明確ニ記載スルヲ要ス
第九條　明細書中請求區域ヲ數項ニ分載スルハ意匠專用權ノ範圍ヲ明示スル爲メ意匠ヲ構成スル新規ナル部分ヲ各別ニ記載スル場合ニ限ルヘシ
第十條　圖面ニハ意匠ヲ明瞭ナラシムルニ必要ナル部分ヲ示スヘシ
寫眞ニ依テ其意匠ヲ示スコトヲ得ルトキハ臺紙ヲ附セサルモノニ限リ圖面ニ代用スルコトヲ得
第十一條　雛形及ヒ見本ハ意匠ニ必要ナル部分ノミニ付キ之ヲ造リ其長サ幅及ヒ高サハ曲尺一尺以內トシ破損若クハ變化ヲ來スヘキモノハ差出人ニ於テ相當ノ手當ヲナスヘシ
但特許局長ノ認可ヲ經又ハ特ニ徵收シタル場合ハ此限ニアラス
第十二條　登錄意匠主ハ特許局長ノ指圖ニ從ヒ陳列用ノ爲メ其意匠ノ雛形又ハ見本ヲ差出

スヘシ

第十三條　雛形又ハ見本ノ不用ニ屬シタルトキハ特許局長ハ其受取方ヲ差出人ニ通知スヘシ

差出人通知書ノ日附ヨリ九十日以內ニ受取方ヲナサヽルトキハ特許局長ハ適宜之ヲ處分スヘシ

雛形又ハ見本ヲ亡失毀損スルモ特許局ハ辨償ノ責ニ任セス

第四章　審査

第十四條　審査ハ意匠條例第十六條ノ改訂願書ノ外願書ノ日附ヨリ三十日ヲ經過シタル後願書日附ノ順序ニ從ヒ日附相同シキモノハ願書ノ順號ニ從ヒ之ニ著手スヘシ

第十五條　左ニ記載スルモノハ新規ノ意匠トナスコトヲ得ス

一　意匠條例第二條第二號ニ該當スルモノ又ハ之ニ類似スルモノ

二　公ニ知ラレ又ハ公ニ用ヒラレスト雖モ已ニ他人ニ於テ登錄ヲ出願シ其權利ヲ放棄シタル意匠ト同一若クハ之ニ類似スルモノ

第十六條　左ニ記載スル意匠ハ新規ナルモ登錄ヲ許スヘカラサルモノトス

一　皇室ノ御紋章ト同一又ハ之ニ類似スルモノト認ムヘキ圖形ヲ使用シタル意匠

二　意匠條例第二條第一號ニ該當スル意匠

三　意匠條例第八條ニ該當スル登錄出願ノ意匠ニシテ願書日附ノ後ナルモノ又ハ其日附ノ相同シキモノ

四　工業上ノ物品ニ應用セサル意匠

五　形狀摸樣若クハ色彩ヲ主トセサル意匠

六　商品ノ目印タルニ止マル意匠

第十七條　登錄ヲ拒絕スル査定書ハ左ニ記載スル項目ノ順序ニ從ヒ之ヲ作ルヘシ

一　願書ノ順號

二　意匠ノ名稱

三　意匠ヲ應用スル物品ノ類別及ヒ名稱

四　出願人及ヒ其代人ノ氏名、身分、職業及ヒ住所

五　登錄請求ノ要領再査定ニ係ルトキハ不服理由ノ要領

六　拒絕ノ理由

明細書及ヒ雛形見本ニ對照シ適切ニ且明確ニ記載シ若シ第九條ニ依リ請求區域ヲ二項以上ニ分載シタルトキハ各項ニ付キ別々ニ其理由ヲ記載スルヲ要ス

再査定ニ係ルトキハ不服ノ理由ヲ反駁シ初査定ノ理由敷衍辯明スルヲ要ス

七　査定主文

八　査定ヲナシタル審査官ノ官氏名

九　年月日

第十八條　再審査ヲ請求スル者ハ左ニ記載スル項目ノ順序ニ從ヒ不服理由書ヲ作リ査定書ノ日附ヨリ三十日以內ニ差出スヘシ

一　願書ノ順號

二　意匠ノ名稱

三　意匠ヲ應用スル物品ノ類別及ヒ名稱

四　出願人及ヒ其代人ノ氏名、身分、職業及ヒ住所

五　不服ノ要旨
六　事實上ノ辯論
明細書ニ對照シ拒絶ノ理由ヲ反駁スルニ止ムルヲ要ス
七　事實上主張ノ證明
八　出願人又ハ其代人ノ署名及ヒ捺印
九　年月日

第十九條　登錄ヲ許スヘシト認ムル意匠ト同一若クハ之ニ類似スル意匠ノ登錄出願ニ對シ拒絶ノ査定ヲナシタルトキハ其拒絶ノ査定確定スルマテ一方ノ登錄ノ査定ヲ中止スヘシ

第二十條　特許條例施行細則第二十八條第三十二條乃至第三十四條意匠ノ審査ニ關シテモ之ヲ適用ス

第五章　審判

第二十一條　特許條例施行細則第四十四條乃至第五十四條ハ意匠ノ審判ニ關シテモ之ヲ適用ス
但審判請求書ニハ意匠條例第十八條第五號ノ手數料金額ニ相當スル登記印紙ヲ貼用スヘシ

第六章　登錄

第二十二條　意匠條例第四條ニ依リ登錄ヲ許スヘキモノト査定シタルトキハ特許局長ハ農商務大臣ノ認可ヲ經其旨ヲ記載シタル通知書ニ登錄料納付用紙ヲ添ヘ出願人ニ送付スヘシ
出願人前項ノ通知ヲ受ケタルトキハ登錄料納付用紙ニ意匠條例第十九條ノ登錄料金額ニ

相當スル登記印紙ヲ貼用シ明細書及ヒ圖面各二通ヲ添ヘ通知書ノ日附ヨリ六十日以内ニ差出スヘシ

第二十三條　出願人登錄料ヲ納付シタルトキハ特許局長ハ納付ノ日ヲ以テ意匠原簿ニ登錄シ其旨ヲ出願人ニ通知シテ十五日以内ニ意匠登錄證ヲ送付スヘシ

前項登錄料ノ納付執務時間ノ最後一時間若クハ其以後又ハ休日ニ係ルトキハ次ノ執務日ニ納付シタルモノト見做スヘシ

第二十四條　意匠登錄證ハ第四號書式ニ依リ之ヲ調製シ意匠原簿ノ日ヲ以テ其日附トナス

第二十五條　登錄意匠主ハ意匠條例第十七條ニ依リ其意匠ヲ應用シタル物品又ハ其上包等ニ登錄意匠ノ四字意匠登錄證ノ日附及ヒ專用ノ年限ヲ標記スヘシ

第二十六條　登錄意匠主第九條ニ依リ記載シタル部分ニ屬スルモノヲ分離シテ應用シタル物品ヲ販賣シタルトキハ其部分ニ對スル權利ヲ放棄シタルモノト見做スヘシ

第二十七條　意匠ノ專用權ヲ相續シタルトキハ相續人ヨリ登錄意匠主氏名住所ヲ變換シタルトキ及ヒ改印シタルトキハ本人ヨリ速ニ其旨ヲ屆出ツヘシ

第七章　賣與、讓與、共有及ヒ書入

第二十八條　意匠條例第十三條ニ依リ賣與、讓與、共有又ハ書入ノ登錄ヲ受ケントスル者ハ第五號若クハ第六號書式ニ從ヒ請求書ヲ作リ同條例第十八條第二號ノ手數料金額ニ相當スル登記印紙ヲ貼用シ契約書正副二通及ヒ意匠登錄證ヲ添ヘテ差出スヘシ

前項ノ請求アリタルトキハ特許局長ハ其事由ヲ移動原簿ニ登錄シ契約書ニ登錄濟ノ證印ヲ捺シ意匠登錄證ニ裏書ノ上契約書ト共ニ請求人ニ返付スヘシ

第二十九條　賣與、讓與、共有又ハ書入ノ登錄ヲ受ケタル者ニシテ後日其契約ヲ解除シタル

トキハ關係人ノ連署ヲ以テ其旨ヲ記載シタル屆書ニ意匠登錄證ヲ添ヘ差出スヘシ

前項ノ屆出アリタルトキハ特許局長ハ其事由ヲ移動原簿ニ附記シ意匠登錄證ニ裏書ノ上之ヲ登錄意匠主ニ返付スヘシ

第三十條　共有ニ屬スル意匠ノ專用權ヲ賣與、讓與、共有又ハ書入トナサントスルトキハ他ノ共有者ノ承諾ヲ經ルニアラサレハ其登錄ヲナササルヘシ

第八章　再下付願

第三十一條　意匠條例第十五條ニ依ル再下付願書ハ第七號書式ニ從ヒ之ヲ作リ同條例第十八條第三號ノ手數料金額ニ相當スル登記印紙ヲ貼用スヘシ

第三十二條　第三十一條ノ出願アリタルトキハ特許局長ハ其事由及ヒ下付ノ年月日ヲ裏書シタル意匠登錄證ヲ下付スヘシ

第九條　改訂願

第三十三條　意匠條例第十六條ニ依ル意匠登錄證ノ改訂願ハ左ノ場合ニ於テ之ヲナスコトヲ得ルモノトス

一　明細書ノ說明ト圖面ノ符合セサルコトヲ發見シタルトキ

二　請求區域ノ意義ヲ變更スルコトナクシテ之ヲ明確ナラシムヘキ必要アルコトヲ發見シタルトキ

三　過テ自己ノ案出ニ係レル範圍ヲ超過シテ意匠專用權ノ範圍トナシタルコトヲ發見シタルトキ

第三十四條　改訂願書ハ第八號書式ニ從ヒ之ヲ作リ意匠條例第十八條第四號ノ手數料金額ニ相當スル登記印紙ヲ貼用シ改訂明細書一通若クハ改訂圖面二通ヲ添ヘ現意匠登錄證及

ヒ附屬ノ明細書圖面ト共ニ差出スヘシ

前項ノ出願ヲ許可スルトキハ特許局長ハ第二十二條及ヒ第二十三條ノ手續ニ依リ其旨ヲ意匠原簿ニ附記シ改訂意匠登錄證ヲ送付スヘシ

第三十五條　改訂意匠登錄證ハ第九號書式ニ依リ之ヲ調製シ許可ノ日ヲ以テ其日附トナス

第十章　物品類別

第三十六條　意匠條例第七條ノ物品類別ヲ定ムルコト左ノ如シ

第一類　衣服

衣、裳、外套、襯衣、帶、領、領飾、領卷、肩掛等

第二類　頭飾、服飾、帽子

櫛、簪、根掛、胸飾、腕環、指環、釦鈕、帽子等

第三類　時計及ヒ其附屬品

袂時計、置時計、掛時計、鎖、下ケ物等

第四類　傘、杖及ヒ履物類

傘、杖、下駄、草履、靴等

第五類　携帶品

烟具、扇、懷中物、手提等

第六類　家具

棚、簞笥、机、椅子、卓子、寐臺等

第七類　敷物

段通、油團、花莚其他各種ノ敷物

第八類　煖爐及ヒ其附屬品
火鉢、煖爐、烟草盆、炭取、石炭入、火箸等
第九類　點燈器
行燈、燭臺、手燭、燈籠「ランプ」、瓦斯燈、電氣燈等
第十類　建築附屬品
障、戸、扉、柵、欄間、欄干等
第十一類　織物及ヒ他類ニ屬セサル織物製品
絹、綿、麻、毛織物、服紗、手巾、窓掛、卓被等
第十二類　他類ニ屬セサル編物、組物
「レース」、打紐、飾縁等
第十三類　他類ニ屬セサル漆器(假漆《ワニシ》塗、油漆《ペンキ》塗等モ之ニ屬ス)
飲食器、手箱、香合等
第十四類　他類ニ屬セサル陶器(煉火石、瓦等モ之ニ屬ス)
飲食器、花瓶、香爐等
第十五類　他類ニ屬セサル玻璃
飲食器、紋様玻璃等
第十六類　他類ニ屬セサル七寶
花瓶、香爐、手箱、香合等
第十七類　他類ニ屬セサル金屬製品
貴金屬、賤金屬及ヒ合金ノ製品

第十八類　他類ニ屬セサル石材製品

寶石其他石類ノ製品

第十九類　他類ニ屬セサル木、竹、牙、角類製品

盃、箱、花臺、籃、籠、簾、柱聯、茶托、箸、硯屛、墨臺、筆筒等

第二十類　紙及ヒ他類ニ屬セサル紙製品

紋紙、擬革紙、襖紙、壁紙、表紙、色紙、短冊、紙箋、書簡筒、文匣、一閑張等

第二十一類　皮革及ヒ他類ニ屬セサル皮革製品

紋革、文匣、馬具等

第二十二類　他類ニ屬セサル物品

書式用紙美濃十三行二十五字詰

第一號　意匠ノ登錄ヲ願出ルトキ

意匠登錄願　（此處ニ登記印紙ヲ貼用シ消印スヘシ）

一何々意匠ノ名稱ヲ掲クヘシ

右ハ別紙明細書及圖面（寫眞）ノ通ノ意匠ニシテ私（私共）ノ案出候モノニ有之意匠條例ニ觸レサルモノト確信候間何箇年ノ登錄相受度此段相願候也

本籍（及現住所）

身分、職業

年　月　日

案出者　氏　名　印

二人以上ナルトキハ各署名捺印スヘシ以下總テ此例ニ依ル

又ハ所住地

登錄願人　會社(組合)名　社印／組印

社(組)長又ハ重役

氏　名　印

會社又ハ組合ヨリ差出ス書面ノ署名方ハ總テ此例ニ依ル

農商務大臣(爵)氏名殿

第二號相續者ヨリ意匠ノ登錄ヲ願出ルトキ

意匠登錄願　(此處ニ登記印紙ヲ貼用シ消印スヘシ)

一何々意匠ノ名稱ヲ掲クヘシ

右ハ亡何某ノ案出ニ係リ私相續候處別紙明細書及圖面(寫眞)ノ通ノ意匠ニシテ意匠條例ニ觸レサルモノト確信候間何箇年ノ登錄相受度此段相願候也

本籍(及現住所)

案出者亡何某相續者

身分、職業

登錄願人　氏　名　印

年　月　日

農商務大臣(爵)氏名殿

第三號他人ノ案出ニ係ル意匠ノ登錄ヲ願出ルトキ

意匠登錄願　(此處ニ登記印紙ヲ貼用シ消印スヘシ)

一 何々意匠ノ名稱
ヲ掲クヘシ

右ハ別紙明細書及圖面(寫眞)ノ通ノ意匠ニシテ私(私共、當會社、當組合)ヨリ何某ニ託シ案出セシメタルモノニ有之意匠條例ニ觸レサルモノト確信候間何箇年ノ登錄相受度此段相願候也

本籍ヲモ記スヘシ

年 月 日

本籍(及現住所)
身分、職業
登錄願人 氏 名 印

農商務大臣(爵)氏名殿

第四號 意匠登錄證書式

第何號

意匠登錄證

本籍(及現住所)
身分、職業
氏 名

何々(意匠ノ名稱)

意匠條例ニ據リ前記ノ意匠ヲ登錄シ本證附屬明細書ノ請求區域ニ對シ右記名ノ者ニ何年間專用權ヲ與フルモノ也

年 月 日

農商務大臣(爵) 氏 名 印
農商務省
特許局長 氏 名 印

第五號 登錄意匠ノ賣與、讓與共有又ハ書入ノ登錄ヲ請求スルトキ

登錄意匠賣與（讓與、共有又ハ書入）登錄請求書

（此處ニ登記印紙ヲ貼用シ消印スヘシ）

一第何號意匠登錄證
一何々登錄意匠ノ名
稱ヲ揭クヘシ
一案出者氏名

右私（私共）所有登錄意匠ヲ別紙契約書ノ通賣與（讓與、共有又ハ書入）候間登錄相成度契約書正副二通竝ニ意匠登錄證相添此段請求候也

年　月　日

本籍（及現住所）
身分、職業
登錄意匠主　氏　名　印

本籍（及現住所）
身分、職業
買受（讓受、共有、書入受）人　氏　名　印

農商務省特許局長氏名殿

第六號　書入中ノ登錄意匠ノ賣與、讓與、共有又ハ書入ノ登錄ヲ請求スルトキ

登錄意匠賣與（讓與、共有又ハ書入）登錄請求書

（此處ニ登記印紙ヲ貼用シ消印スヘシ）

一第何號意匠登錄證
一何々登錄意匠ノ名
稱ヲ揭クヘシ
一案出者氏名

右私（私共）所有登錄意匠ハ何年何月何日附ノ契約書ニ依リ何某（本籍ヲモ記スヘシ）書入致置候處今

般別紙契約書之通賣與(讓與、共有又ハ書入)候間登錄相成度契約書正副二通並ニ意匠登錄證相添此段請求候也

年　月　日

本籍(及現住所)
身分、職業
登錄意匠主　氏　名　印

本籍(及現住所)
身分、職業
買受(讓受、共有 書入受)人　氏　名　印

農商務省特許局長氏名殿

第七號　意匠登錄證ノ再下付ヲ願出ルトキ

意匠登錄證再下付願　(此處ニ登記印紙ヲ貼用シ消印スヘシ)

一第何號意匠登錄證
一何々登錄意匠ノ名稱ヲ掲クヘシ
一案出者氏名

右私(私共)所有意匠登錄證何々事由ヲ記スヘシニ依リ毀損(亡失)候ニ付意匠登錄證再下付相成度此段相願候也

年　月　日

本籍(及現住所)
身分、職業
登錄證主　氏　名　印

農商務大臣（爵）氏名殿

第八號　意匠登錄證ノ改訂ヲ願出ルトキ

意匠登錄證改訂願　（此處ニ登記印紙ヲ貼用シ消印スヘシ）

一第何號意匠登錄證
一何々意匠ノ名稱ヲ揭クヘシ
一案出者氏名

右私（私共）所有意匠登錄證附屬ノ明細書（圖面又ハ寫眞）中何々事由ヲ記スヘシノ爲メ登錄ノ効力ヲ全クシ難キニ付別紙之通改訂致度尤モ之カ爲メ意匠ノ要部ニ變更ヲ生スル義無之候間改訂意匠登錄證下付相成度別紙改訂明細書（改訂圖面又ハ寫眞）並ニ現意匠登錄證及附屬明細書（圖面又ハ寫眞）相添此段相願候也

本籍（及現住所）
身分、職業

年　月　日　　登錄意匠主　氏　名　印

農商務大臣（爵）氏名殿

第九號　改訂意匠登錄證書式

第何號

改訂意匠登錄證

本籍（及現住所）
身分、職業

氏名

何々（意匠ノ名稱）

意匠條例ニ據リ（何某ニ）明治何年何月何日何年間ノ專用權ヲ與ヘタル登錄意匠ニ對シ本證附屬明細書（圖面）ノ通改訂ヲ許可スルモノ也

年　月　日

農商務大臣（爵）氏　名　印

農商務省

特許局長　氏　名　印

○商標條例

明治二十一年十二月

勅令第八十六號

第一條　自己ノ商品ヲ表彰スル爲メ商標ヲ使用セント欲スル者ハ此條例ニ依リ其商標ノ登錄ヲ受ケ之ヲ專用スルコトヲ得

商標ハ特別著明ナル圖形字體又ハ其結合ヲ以テ要部ト爲スヘシ

第二條　左ニ揭クル商標ハ登錄ヲ受クルコトヲ得サルモノトス

一　風俗ヲ害スヘキモノ

二　商品普通ノ名稱若クハ內外國ノ旗章ノミヲ以テ要部ト爲スモノ

三　他人ノ登錄商標又ハ登錄出願以前ヨリ他人ノ使用スル商標ト同一若クハ類似ニシテ同一商品ニ使用セントスルモノ

第三條　商標ノ登錄ヲ受ケント欲スル者ハ一商標每ニ明細書及見本ヲ添ヘ農商務大臣ニ出願スヘシ但其願書明細書及見本ハ特許局ニ差出スヘシ

第四條　商標ノ登錄ヲ出願スル者アルトキハ特許局長ハ特許局審査官ヲシテ其商標ヲ審査セシメ登錄ヲ許スヘシト查定シタルモノハ農商務大臣ノ認可ヲ經テ商標原簿ニ登錄シ其登錄證下付ノ手續ヲ爲スヘシ

第五條　登錄證ハ農商務大臣之ニ署名シ特許局長之ニ副署シ明細書及見本ヲ添ヘ之ヲ下付スルモノトス
第六條　商標專用ノ年限ハ二十年ト爲シ原簿登錄ノ日ヨリ起算ス
第七條　商標ノ專用ハ農商務大臣ノ定ムル商品類別ニ於テ出願人ノ指定シタル商品ニ限ルモノトス
第八條　二人以上同一又ハ類似ノ商標ヲ同一商品ニ使用セントシテ登錄ヲ出願スル者アルトキハ願書日附ノ先ナルモノヲ登錄ス其日附同キモノハ共ニ之ヲ登錄セサルモノトス但其出願ヲ取消ス者アリテ出願者一人トナリタルトキハ此限ニ在ラス
第九條　商標ノ登錄ヲ受ケタル者又ハ之ヲ受ケントスル者死亡シタルトキハ其權利ハ相續者ニ屬スルモノトス
第十條　登錄ヲ受ケタル商標ト雖モ第二條ニ該ルコトヲ發見セラレタルモノ又ハ第八條ニ違ヒ登錄ヲ受ケタルコトヲ發見セラレタルモノハ其登錄ヲ無効トス
第十一條　商標ノ審査査定審判ニ關スル事項ハ總テ特許條例ヲ適用ス
第十二條　登錄商標主其營業ヲ賣與讓與シ又ハ他人ト其營業ヲ共ニスル塲合ニ限リ其商標專用權ヲ賣與讓與シ若クハ共有トナスコトヲ得此塲合ニ於テハ特許局ニ請求シ契約ノ登錄ヲ受クヘシ登錄ヲ受ケサル契約ハ第三者ニ對シ法律上其効ナキモノトス
第十三條　登錄ヲ受ケタル商標ト雖モ左ノ塲合ニ於テハ登錄ノ効ヲ失フモノトス
一　登錄商標主相當ノ事故ナクシテ商標登錄ノ日附ヨリ六箇月ヲ經テ其商標ヲ使用セサルトキ
二　登錄商標主相當ノ事故ナクシテ其商標ノ使用ヲ一箇年間中止シタルトキ

三　登錄商標主其商標ヲ使用スル營業ヲ廢止シタルトキ

四　登錄商標主其商標ヲ使用スル商品ノ數量產地品質等ニ關シ不實ノ事項ヲ附記シタルトキ

五　登錄商標主磨滅若クハ缺損シタル商標ヲ使用シタルトキ

第十四條　登錄商標主其專用年限滿期ノ後其商標ヲ續用セント欲スル者ハ更ニ其商標ヲ出願スルコトヲ得

第十五條　登錄商標主其登錄證ヲ毀損若クハ亡失シタルトキハ其事由ヲ具シ再下付ヲ出願スルコトヲ得

第十六條　登錄商標主其明細書若クハ見本ノ不完全ナルコトヲ發見シタルトキハ登錄ノ效力ヲ全クスル爲メ改訂明細書若クハ見本ヲ添ヘ登錄證ノ改訂ヲ出願スルコトヲ得但其商標ノ要部ニ變更ヲ生スルモノハ此限ニ在ラス

第十七條　商標ニ關シ出願又ハ請求スル者ハ左ノ手數料ヲ納ムヘシ

一　商標ノ登錄ヲ出願スルトキ

一商標ニ付商品一類每ニ　金一圓

二　登錄商標ノ賣與讓與又ハ共有契約ノ登錄ヲ請求スルトキ

一商標ニ付商品一類每ニ　金三圓

三　登錄證ノ再下付ヲ出願スルトキ

證書一枚每ニ　金一圓

四　登錄證ノ改訂ヲ出願スルトキ

一商標ニ付商品一類每ニ　金二圓

五　審判ヲ請求スルトキ
　一事件毎ニ　　　　　　　　　　　金七圓
第十八條　商標登錄證又ハ其改訂登錄證又ハ其續用登錄證ヲ受クル者ハ其商標ヲ使用スル物品一類毎ニ登錄料金十圓ヲ納ムヘシ
第十九條　特許局ハ時々商標公報ヲ印刷シ衆庶ノ縱覽ニ供スヘシ其請求者アルトキハ相當代價ヲ以テ之ヲ拂下クルコトヲ得
第二十條　登錄商標ニ關スル書類ノ謄本ヲ要スル者ハ特許局ニ之ヲ請求スルコトヲ得此場合ニ於テハ相當ノ手數料ヲ納ムヘシ
第二十一條　登錄商標ノ專用權ヲ侵シタル者ハ其商標主ニ對シ損害賠償ノ責ニ任スヘシ
第二十二條　前條損害賠償ノ責ハ三年ヲ以テ期滿免除ノ期トス
第二十三條　他人ノ登錄商標ナルコトヲ知リ之ト同一又ハ類似ノ商標ヲ同一商品ニ使用シテ之ヲ販賣シタル者又ハ情ヲ知リ其商品ヲ受託販賣シタル者ハ十五日以上六月以下ノ重禁錮又ハ十圓以上百圓以下ノ罰金ニ處ス
詐欺ノ所爲ヲ以テ登錄證ヲ受ケタル者又ハ登錄ヲ受ケサル商標ニ登錄ノ文字ヲ記シタル者又ハ情ヲ知リ其商品ヲ受託販賣シタル者ハ罰前項ニ同シ
第二十四條　前條ノ塲合ニ於テハ違犯ノ商標ヲ沒收ス其商品ト分離スヘカラサルモノハ商品ヲ破毀セシム
第二十五條　第二十三條第一項ノ犯罪ハ被害者ノ告訴ヲ待テ其罪ヲ論ス
前項ノ塲合ニ於テ告訴人ノ請求ニ依リ裁判官ハ假ニ其告訴ニ係ル物品ノ販賣ヲ差止ムルコトヲ得

第二十六條　此條例ヲ犯シタル者ニハ刑法ノ數罪俱發ノ例ヲ用ヒス
第二十七條　此條例施行ノ細則ハ農商務大臣之ヲ定ム
第二十八條　此條例ハ明治二十二年二月一日ヨリ施行ス

明治二十五年十一月
農商務省令第十九號

○商標條例施行細則

第一章　總則

第一條　特許條例施行細則第一條乃至第十條ハ此細則ニモ之ヲ適用ス
第二條　商標ノ登錄、改訂、取消及ヒ無効其他商標ニ關スル必要ノ事項ハ特許局長ニ於テ農商務大臣ノ認可ヲ經之ヲ官報及ヒ商標公報ニ公告スヘシ

第二章　登錄出願

第三條　登錄願書ハ第一號書式ニ依リ第三十四條ノ商品類別ニ從ヒ一類每ニ之ヲ作リ商標條例第十七條第一號ノ手數料金額ニ相當スル登記印紙ヲ貼用スヘシ
第四條　二人已上ノ出願人連名ニテ登錄ヲ受ケントスルトキハ登錄願書ニ營業ヲ共ニスル事實ヲ證スル事由書ヲ添フヘシ
第五條　登錄願書及ヒ明細書見本ヲ受理シタルトキハ特許局長ハ願書ニ順號ヲ附シ其順號ヲ出願人ニ通知スヘシ
前項ノ通知ヲ受ケタル後其出願ニ關シ差出ス書類ニハ願書ノ順號ヲ記載スヘシ
第六條　登錄願書ヲ差出シタル後他人ト連名ニテ登錄ヲ受ケントスル者ハ其旨ヲ記載シタル願書ニ營業ヲ共ニスル事實ヲ證スル事由書ヲ添ヘ商標原簿登錄已前ニ之ヲ差出スヘシ
若シ其出願原簿登錄ノ後ニ係ルトキハ受理セス

第三章　明細書見本ヒ印版

第七條　明細書ハ左ニ記載スル項目ノ順序ニ從ヒ之ヲ作ルヘシ
但明細書ニハ商標ノ見本二箇ヲ添ヘ一箇ハ明細書ノ首部ニ貼付シテ其貼目ニ捺印スヘシ

一　商標全部構造ノ説明

商標ノ見本ニ付圖樣文字ノ形狀、位置、書體、方向、裝飾、附記等ヲ説明スルヲ要ス

二　商標ノ要部

商標ノ見本ニ付キ特別著明ノ外觀アル部分ノミヲ記載スルヲ要ス

三　商標ヲ使用スル商品ノ類別及ヒ名稱

第三十四條ノ商品類別ニ從ヒ其商品ノ名稱ヲ記載スルヲ要ス

四　商標使用ノ方法

商標ヲ實地商品ニ使用スル方法ヲ説明スルヲ要ス

第八條　商標ノ見本ハ實際使用スヘキ商標ヲ用ユヘシ
前項ニ依リ難キトキハ摸寫若クハ縮寫シタルモノヲ以テ見本トナスコトヲ得

第九條　商標ノ印版ハ版面ノ廣サ曲尺方一寸八分以內厚サ曲尺七分六厘トシ木版又ハ鉛版ヲ以テ之ヲ造ルヘシ
前項ノ制限ニ依リ難キトキハ版面ノ廣サニ限リ長サ曲尺七寸以內幅五寸以內ニ於テ之ヲ造ルコトヲ得

第十條　商標ノ印版ハ見本全部ノ構造ヲ悉ク一箇ノ版面ニ彫刻シ彩色等ノ爲メ之ヲ分割セサルヲ要ス時日ヲ經テ版面ニ反リヲ來スヘキモノハ差出人ニ於テ相當ノ手當ヲナスヘシ

第十一條　商標印版ノ不用ニ屬シタルトキハ特許局長ハ其受取方ヲ差出人ニ通知スヘシ差

出人通知書ノ日附ヨリ九十日以內ニ受取方ヲ爲サヽルトキハ特許局長ハ適宜之ヲ處分スヘシ

印版ヲ亡失毀損スルモ特許局ハ辨償ノ責ニ任セス

第四章　審查

第十二條　審查ハ商標條例第十六條ノ改訂願書ノ外願書ノ日附ヨリ三十日ヲ經過シタル後願書日附ノ順序ニ從ヒ日附相同シキモノハ願書ノ順號ニ從ヒ之ニ著手スヘシ

第十三條　左ニ記載スル圖形、字體又ハ其結合ハ商標ノ要部トナスヘキ特別著明ノ外觀ナキモノトス

一　商品ノ品位、品質若クハ効能ヲ指示スルニ止マル記號、圖形ノミヲ以テ成ルモノ

二　商品ノ名稱、形狀又ハ其原料ヲ指示スルニ止マル記號、圖形ノミヲ以テ成ルモノ

三　普通ニ使用セラルヽ地名、姓氏、人名、家號、會社名ノミヲ普通ノ書體ニ依リ記セルモノ

四　地紋樣ノ圖形ノミヲ以テ成ルモノ

五　現ニ同業者間ニ普通ニ用ヒラレ又ハ商業上慣用セラルヽ目印記號ノミヲ以テ成ルモノ

第十四條　左ニ記載スル商標ハ特別著明ノ要部ヲ具フルモ登錄ヲ許スヘカラサルモノトス

一　皇室ノ御紋章ト同一又ハ之ニ類似スルモノト認ムル商標

二　商標條例第二條第一號、第二號又ハ第三號ニ該當スル商標

三　商標條例第八條ニ該當スル登錄出願ノ商標ニシテ願書日附ノ後ナルモノ又ハ其日附ノ相同シキモノ

第十五條　同一商品ニ使用セントスル二箇以上ノ商標ニシテ左ニ記載スル場合ノ一ニ該當

（參照）之部參觀

スルトキハ互ニ類似シタルモノトス

一　隔離上ノ觀察ニ於テ差異ナキトキ

二　商標上ヨリ生スヘキ自然ノ稱呼同一ナルカ又ハ相紛ハシキトキ

第十六條　登錄ヲ拒絕スル査定書ハ左ニ記載スル項目ノ順序ニ從ヒ之ヲ作ルヘシ

一　願書ノ順號

二　商標ヲ使用スル商品ノ類別及ヒ名稱

三　出願人及ヒ其代人ノ氏名、身分、職業及ヒ住所

四　商標全體ノ關係、再査定ニ係ルトキハ不服理由ノ要領

五　拒絕ノ理由

明細書及ヒ見本ニ對照シ適切ニ且明確ニ記載シ再査定ニ係ルトキハ不服ノ理由ヲ反駁シ初査定ノ理由ヲ敷衍辯明スルヲ要ス

六　査定主文

七　査定ヲナシタル審査官ノ官氏名

八　年月日

第十七條　再審査ヲ請求スル者ハ左ニ記載スル項目ノ順序ニ從ヒ不服理由書ヲ作リ査定書ノ日附ヨリ三十日以內ニ差出スヘシ

一　願書ノ順號

二　商標ヲ使用スル商品ノ類別及ヒ名稱

三　出願人及ヒ其代人ノ氏名、身分、職業及ヒ住所

四　不服ノ要旨

五　事實上ノ辯論

明細書及ヒ見本ニ對照シ拒絶ノ理由ヲ反駁スルニ止ムルヲ要ス

六　事實上主張ノ證明

七　出願人又ハ其代人ノ署名及ヒ捺印

八　年月日

第十八條　登錄ヲ許スヘシト認ムル商標ト同一若クハ之ニ類似スル商標ノ登錄出願ニ對シ拒絶ノ査定ヲナシタルトキハ其拒絶ノ査定確定スルマテ一方ノ登錄ノ査定ヲ中止スヘシ

第十九條　特許條例施行細則第三十二條乃至第三十四條ハ商標ノ審査ニ關シテモ之ヲ適用ス

第五章　審判

第二十條　特許條例施行細則第四十四條乃至第五十四條ハ商標ノ審判ニ關シテモ之ヲ適用ス

但審判請求書ニハ商標條例第十七條第五號ノ手數料金額ニ相當スル登記印紙ヲ貼用スヘシ

第六章　登錄

第二十一條　商標條例第四條ニ依リ登錄ヲ許スヘキモノト査定シタルトキハ特許局長ハ農商務大臣ノ認可ヲ經其旨ヲ記載シタル通知書ニ登錄料納付用紙ヲ添ヘ出願人ニ送付スヘシ

出願人前項ノ通知ヲ受ケタルトキハ登錄料納付用紙ニ商標條例第十八條ノ登錄料金額ニ相當スル登記印紙ヲ貼用シ明細書二通及ヒ商標ノ印版一箇ヲ添ヘ通知書ノ日附ヨリ六十

日以内ニ差出スヘシ
第二十二條　出願人登錄料ヲ納付シタルトキハ特許局長ハ納付ノ日ヲ以テ商標原簿ニ登錄シ其旨ヲ出願人ニ通知シテ十五日以內ニ商標登錄證ヲ送付スヘシ
前項登錄料ノ納付執務時間ノ最後一時間若クハ其巳後又ハ休日ニ係ルトキハ次ノ執務日ニ納付シタルモノト見做スヘシ
第二十三條　商標登錄證ハ第二號書式ニ依リ之ヲ調製シ商標原簿登錄ノ日ヲ以テ其日附トナス
第二十四條　商標ノ專用權ヲ相續シタルトキハ其相續人ヨリ登錄商標主其商標ノ使用ヲ廢止シタルトキ氏名住所ヲ變換シタルトキ及ヒ改印シタルトキハ本人ヨリ速カニ其旨ヲ屆出ツヘシ

第七章　賣與、讓與及ヒ共有

第二十五條　商標條例第十二條ニ依リ賣與、讓與又ハ共有ノ登錄ヲ受ケントスル者ハ第三號書式ニ從ヒ請求書ヲ作リ同條例第十七條第二號ノ手數料金額ニ相當スル登記印紙ヲ貼用シ契約書正副二通及ヒ商標登錄證ヲ添ヘテ差出スヘシ
前項ノ請求アリタルトキハ特許局長ハ其事由ヲ移動原簿ニ登錄シ契約書ニ登錄濟ノ證印ヲ捺シ商標登錄證ニ裏書ノ上契約書ト共ニ請求人ニ返付スヘシ
第二十六條　共有ノ登錄ヲ受ケタル者ニシテ後日其契約ヲ解除シタルトキハ關係人ノ連署ヲ以テ其旨ヲ記載シタル屆書ニ商標登錄證ヲ添ヘテ差出スヘシ
前項ノ屆出アリタルトキハ特許局長ハ其事由ヲ移動原簿ニ附記シ商標登錄證ニ裏書ノ上之ヲ登錄商標主ニ返付スヘシ

第二十七條　共有者中ノ一人若クハ數人其商標ノ專用權ヲ他ノ共有者ニ讓與又ハ讓與セントスルトキハ第二十五條第一項ノ手續ニ從ヒ之ヲ請求スヘシ
前項ノ請求アリタルトキハ特許局長ハ第二十五條第二項ノ手續ニ依リ之ヲ處分スヘシ

第八章　續用登錄願及ヒ再下付願

第二十八條　商標條例第十四條ニ依ル續用登錄願書ハ第四號式書ニ從ヒ之ヲ作リ同條例第十七條第一號ノ手數料金額ニ相當スル登記印紙ヲ貼用シ登錄有効期限內ニ差出スヘシ
第二十九條　商標條例第十五條ニ依ル再下付願書ハ第五號書式ニ從ヒ之ヲ作リ同條例第十七條第三號ノ手數料金額ニ相當スル登記印紙ヲ貼用スヘシ
第三十條　第二十九條ノ出願アリタルトキハ特許局長ハ其事由及ヒ下付ノ年月日ヲ裏書シタル商標登錄證ヲ下付スヘシ

第九章　改訂願

第三十一條　商標條例第十六條ニ依ル商標登錄證ノ改訂願ハ左ノ場合ニ於テ之ヲナスコトヲ得ルモノトス
一　明細書ノ說明ト商標見本ト符合セサルコトヲ發見シタルトキ
二　明細書ニ揭ケタル商標見本ノ構造ヲ變更セスシテ商標要部ノ範圍ヲ擴メ若クハ刪減シ又ハ他ノ部分ト交換スルノ必要アルコトヲ發見シタルトキ
三　商品ノ指定第三十四條ノ商品類別ニ違ヒタルコトヲ發見シタルトキ
第三十二條　改訂願書ハ第六號書式ニ從ヒテ之ヲ作リ商標條例第十七條第四號ノ手數料金額ニ相當スル登記印紙ヲ貼用シテ改訂明細書一通若クハ改訂見本二箇ヲ添ヘ現商標登錄證及ヒ附屬ノ明細書ト共ニ差出スヘシ

前項ノ出願ヲ許可スルトキハ特許局長ハ第二十一條及ヒ第二十二條ノ手續ニ依リ其旨ヲ商標原簿ニ附記シ改訂商標登錄證ヲ送付スヘシ

第三十三條　改訂商標登錄證ハ第七號書式ニ依リ之ヲ調製シ許可ノ日ヲ以テ其日附トナス

第十章　商品類別

第三十四條　商標條例第七條ノ商標類別ヲ定ムルコト左ノ如シ

第一類　化學品及ヒ藥劑

酸類、鹽類、「アルカリ」、漂白粉、護謨、膠、燐寸、石鹼、酒精、「グリセリン」「キナエン」「モルヒチ」、丁幾劑、舍利別、煎劑、丸藥、膏藥、藥油、麝香、丁子、食鹽、石灰、艾等

第二類　染料及ヒ顏料

藍玉、藍靛、紫根、紅、朱、丹、紺青、燒青、洋靛、白粉、胡粉、藤黃等

第三類　塗料

漆、假漆《ワニシ》、油漆《ペンキ》、澁、靴墨等

第四類　香料及ヒ燻料

香油、髮膏、香袋、香水、炷香、線香、煉香等

第五類　金屬及ヒ其半加工品

銑鐵、鍛鐵、鋼鐵、條鐵、鐵葉、鐵板、鐵線、銅、銅板、銅線、鉛、鉛板、亞鉛、亞鉛板、錫、合金等

第六類　金屬ノ製品

鑄物、打物、彫鏤品、編物等

第七類　利器及尖刃器

鎌、鋸、鑿、錐、鏨、針、釘、剪刀、小刀、剃刀、庖丁、鳶嘴等

第八類　貴金屬及ヒ其製品（「アルミニウム」金、「ニッケル」銀ノ製品モ之ニ屬ス）
黄金、銀、四分一、紫銅其他貴金屬ノ合金鍍品、彫鏤品、「モール」等
第九類　珠玉及ヒ其彫鏤品
珊瑚珠、眞珠、瑪瑙、水晶、黄玉、碧玉及ヒ其模造品等
第十類　鑛物類（但石炭ハ第五十一類ニ屬ス）
第十一類　石材及ヒ其製品並彫鏤品
版石、大理石、砥石、石器及ヒ其模造品等
第十二類　漆喰類
漆喰、「セメント」、石膏等
第十三類　陶磁器類
陶磁器、土器、坩堝、瓦、煉化石等
第十四類　七寶燒
第十五類　玻璃及ヒ其製品
玻璃壜、玻璃管、彩色玻璃等
第十六類　機械類
紡績機、裁縫機、製糖機、印刷機、其他諸製造機械、滊機、滊罐等
第十七類　農工器具
犂、鋤、鍬、唐箕、耙、釘拔、鐵槌、繩墨等
第十八類　學術上ノ器械
理化學、醫術及ヒ測量等ノ器械

第十九類　度、量、權衡
第二十類　運送用ノ車類
　荷車、馬車、人力車、自轉車等
第二十一類　樂器
　琴、三味線、胡弓、笛等
第二十二類　時計及ヒ其附屬品
第二十三類　銃砲、彈丸、火藥、烟火等
第二十四類　蠶種紙、繭
第二十五類　眞綿及ヒ木棉綿
第二十六類　生絲、絹絲及ヒ天蠶絲(琴絲、金絲、銀絲モ之ニ屬ス)
第二十七類　綿絲
第二十八類　毛絲
第二十九類　痲絲
第三十類　絹織物
第三十一類　木綿織物
第三十二類　毛織物
第三十三類　痲織物
第三十四類　絹、綿、痲、毛外ノ織物及ヒ交織物
第三十五類　絲類ノ編物及ヒ組物
　「レース」、打紐、網等

第三十六類　被服

衣服、織物製帽子、手套、足袋、織物製雨衣、袴、目判安等

第三十七類　醸造物及ヒ飲料

酒、酢、醤油、密柑水、曹達水、氷等

第三十八類　砂糖類

砂糖、糖蜜、蜂蜜等

第三十九類　菓子及ヒ麺包類

干菓子、蒸菓子、掛ケ物、西洋菓子、飴、砂糖漬等

第四十類　茶及ヒ珈琲類

第四十一類　烟草類

第四十二類　穀、菜、種子及ヒ菓物類

五穀、蔬菜、蕈、菓實、種子、根球、麹種モヤシ等

第四十三類　挽粉、澱粉及ヒ其製品

挽粉、澱粉、麪類、湯波、蒟蒻、凍豆腐、凍蒟蒻等

第四十四類　味噌、醤物及ヒ漬物類

第四十五類　貯蔵食品

鰹節、鰑、乾鮑、海苔、昆布、佃煮、罐詰、雲丹、鹹製品等

第四十六類　牛乳製品

凝乳《コンデンスミルク》、乳油《バタ》、乳餅《チーズ》、乳粉等

第四十七類　烟具及ヒ袋物

烟管、烟袋、烟管筒、懷中物等
第四十八類　紙及ヒ其製品
紙、色紙、短冊、擬革紙、壁紙、油紙、澁紙、書簡筒、張文庫、一閑張、元結等
第四十九類　筆、墨類
筆、墨、朱墨、印肉、墨汁、石筆、鉛筆「ペン」等
第五十類　皮革及ヒ其製品
馬具、革包《カバン》、文庫、革帶、靴、唐弓弦等
第五十一類　燃料類
炭、附木、摺附木、燈心等
第五十二類　油、蠟類
油、蠟、蠟燭、脂肪等
第五十三類　肥料
干鰯、鯡粕、油粕、骨粉等
第五十四類　木竹材
第五十五類　木、竹、籐製品及ヒ其漆塗、蒔繪品類
指物、挽物、曲物、桶類、編物、組物等
第五十六類　角、甲、牙類ノ製品
第五十七類　藁及ヒ草ノ製品
疊表、莚、編笠、繩、麥藁細工等
第五十八類　傘、杖及ヒ履物

傘、杖、下駄、草履、鼻緒等
第五十九類　扇子及ヒ團扇
第六十類　提燈及ヒ「ランプ」類
第六十一類　齒磨及ヒ洗粉
第六十二類　刷子及ヒ髢類
第六十三類　玩具類
花簪、鞠、碁、將棊、人形、獨樂、楊弓、押繪、造花、骨牌等
第六十四類　錦繪及ヒ寫眞類
第六十五類　書籍、新聞紙、雜誌類
第六十六類　他類ニ屬セサル商品

書式用紙美濃十三行二十五字詰

第一號商標ノ登錄ヲ願出ルトキ

商標登錄願　（此處ニ登記印紙ヲ貼用シ消印スヘシ）

別紙明細書ニ記載ノ商標ハ商標條例ニ觸レサルモノト確信候間登錄相受度此段相願候也

本籍（及現住所）
營業名　出願商標ヲ使用スル業名以下此例ニ依ル
身分

年月日

登錄願人　氏　名　印
又ハ所在地

營業名

登錄願人　會社(組合)名　社印
社(組)長又ハ重役　組印

氏　名　印

會社又ハ組合ヨリ差出ス書面ノ署名方ハ總テ此例ニ依ル

農商務大臣(爵)氏名殿

第二號商標登錄證書式

第何號

商標登錄證

本籍(及現住所)

營業名

身分　氏　名

商標條例ニ據リ本證附屬明細書ニ記載ノ商標ヲ登錄シ右記ノ名者ニ二十年間專用權ヲ與フルモノ也

年　月　日

農商務大臣(爵)　氏　名　印

農商務省特許局長　氏　名　印

第三號　登錄商標ノ賣與、讓與又ハ共有ノ登錄ヲ請求スルトキ

登錄商標賣與(讓與又ハ共有)登錄請求書

(此處ニ登記印紙ヲ貼用シ消印スヘシ)

一第何號商標登錄證

右私所有登錄商標ヲ別紙契約書之通營業ト共ニ賣與（讓與又ハ共有）候間登錄相成度契約書正副二通竝ニ商標登錄證相添此段請求候也

年　月　日

本籍（及現住所）
身分、職業
登錄商標主　氏　名　印

本籍（及現住所）
身分、職業
買受（讓受共有）人　氏　名　印

農商務省特許局長氏名殿

第四號　登錄商標ノ續用ヲ願出ルトキ

登錄商標續用登錄願

（此處ニ登記印紙ヲ貼用シ消印スヘシ）

一第何號商標登錄證

右私所有登錄商標來ル明治何年何月何日ニテ專用年限滿期之處尙ホ引續キ專用致度ニ付更ニ登錄相受度此段相願候也

年　月　日

本籍（及現住所）
身分職業
登錄商標主　氏　名　印

農商務大臣（爵）氏名殿

第五號　商標登錄證ノ再下付ヲ願出ルトキ

商標登錄證再下付願

（此處ニ登記印紙ヲ貼用シ消印スヘシ）

一第何號商標登錄證

右私所有商標登錄證何々事由ヲ記スヘシニ依リ毀損（亡失）候ニ付商標登錄證再下付相成度此段相願候也

年　月　日

本籍（及現住所）

身分、職業

登錄商標主　氏　名　印

農商務大臣（爵）氏名殿

第六號　商標登錄證ノ改訂ヲ願出ルトキ

商標登錄證改訂願

（此處ニ登記印紙ヲ貼用シ消印スヘシ）

一第何號商標登錄證

右私所有商標登錄證附屬ノ明細書（見本）中何々事由ヲ記スヘシノ爲メ登錄ノ効力ヲ全クシ難キニ付別紙之通改訂致度尤之カ爲メ商標ノ要部ニ變更ヲ生スル儀無之候間改訂商標登錄證下付相成度別紙改訂明細書（改訂見本）並ニ現商標登錄證及ヒ附屬明細書（見本）相添此段相願候也

年　月　日

本籍（及現住所）

身分、職業

登錄商標主　氏　名　印

農商務大臣（爵）氏名殿

第七號改訂商標登錄證書式
第何號

改訂商標登錄證

本籍(及現住所)
營業名
身分　氏　名

商標條例ニ據リ(何某ニ)明治何年何月何日登錄ヲ許可シタル商標ニ對シ本證附屬明細書(見本)ノ通改訂ヲ許可スルモノ也

年　月　日

農商務大臣(爵)　氏　名　印
農商務省
特許局長　氏　名　印

○第九類　郵便電信

○郵便條例　明治十五年十二月布告第五十九號

第一章　郵便物

第一條　凡郵便物別テ四種ト爲ス

一　書狀
二　郵便葉書及往復葉書(十七年第三十三號布告ヲ以テ(及)以下五字ヲ追加ス)
三　每月一回以上發行スル定時印刷物及其附錄
四　書籍、帳簿、各種ノ印刷物、寫眞、書畫、繪圖、罫紙營業品ノ見本及雛形、農產物種子(二十二年八月七日法律第二十一號ヲ以テ本條中追加)

第二條　何品ヲ問ハス此條例ニ牴觸セサルモノハ第一種郵便物トナスヲ得

第三條　封緘シタル郵便物ハ第一種郵便物トナスヘシ
第四條　第二種郵便物ヲ他種ノ郵便物ト合裝スルトキハ總テ第一種郵便物トナスヘシ
第五條　第二種郵便物左ニ記載シタル所爲アルトキハ第一種郵便物トナスヘシ
一截斷又ハ破抑シタルモノ
一税額印面ニ文字ヲ書シタルモノ
一税額印面ニ郵便切手ヲ貼付シタルモノ
一紙配達又ハ返戻ノ爲其他ノ品ヲ貼付シタルモノ
ニスルモノヲ除ク
一一葉ヲ折リ之ヲ全ク糊着シ又ハ數葉ヲ合セ之ヲ全ク糊着シタルモノ
一表面ニ音信文ヲ記載シタルモノ
第六條　第三種郵便物ハ其發行人ヨリ定時印刷物タルヲ證シテ遞信省ノ認可ヲ受ケ遞信省認可ノ文字ヲ印刷スヘシ但其文字標題番號及發行ノ年月日ヲ見易カラシムヘシ其附錄ハ其本紙ノ標題番號及發行ノ年月日ヲ印刷シ冊子トナサスシテ本紙ニ添付シ且本紙ノ重量ニ超過セサルモノニ限ルヘシ
第七條　第三種第四種郵便物ハ封緘セサルモノトス
第八條　第三種第四種郵便物ニ音信文又ハ暗號隱語ヲ筆書スルトキハ第一種郵便物トナスヘシ
第九條　營業品ノ見本及雛形ハ雙方又ハ一方營業者ト往復スルモノニ限ルヘシ
第十條　營業者ニアラサルモノヽ間ニ往復スル見本及雛形ハ第一種郵便物トナスヘシ
第十一條　異種ノ郵便物ヲ合裝スルトキハ總テ其種類中高額税ヲ課スヘキ郵便物トナスヘシ但第四條ニ記載シタルモノハ此限ニアラス

第十二條　郵便物ノ重量ハ郵便切手封皮帶紙ノ重量ヲ合算スルモノトス

第十三條　第三種第四種郵便物（營業者ノ見本及雛形ヲ除ク）ハ一個ノ重量三百目ニ超過スヘカラス

第十四條　營業品ノ見本及雛形ハ一個ノ重量百匁ニ超過スヘカラス（二十二年八月七日法律第二十一號ヲ以テ本條中追加）

第十五條　郵便物ノ大サハ曲尺ニテ長一尺二寸幅八寸厚五寸ニ超過スヘカラス

第十六條　左ニ記載シタルモノハ郵便物トナスヘカラス

一毒藥劇藥、爆發燃燒シ易キ物品（十九年二月十二日第四號布告ヲ以テ第一項ヲ改メテ本項及次ノ一項ト爲ス）

一流動物、流動腐敗シ易キ物、孵化スヘキ物、動物、植物、鋒刃器、硝子器、陶器等他ノ郵便物ヲ傷害スヘキ物品但十分ノ豫防ヲ爲シ郵便電信局郵便局若クハ郵便受取所ノ承認ヲ受ケタル後郵便ニ差出スモノハ此限ニアラス

一風俗ヲ害スヘキ文書、書圖、寫眞及物品

一金銀、寶玉

一貨幣但第十章ノ規則ニ從フモノハ此限ニアラス

第二章　郵便稅

第十七條　郵便稅ハ郵便物ノ種類ニ從ヒ其額ヲ定ム

第一種郵便物　重量二匁毎ニ（二匁未滿亦同シ）　二錢

第二種郵便物
- 葉書一葉　一錢
- 往復葉書一葉　二錢

（十七年第三十三號布告ヲ以テ葉書一葉一錢トアルヲ葉書一葉一錢往復葉書一葉二錢ト改ム）

第三種郵便物
一號一箇重量十六匁毎ニ十六匁未満亦同シ　五厘
二號又ハ二箇以上一束重量十六匁毎ニ十六匁未満亦同シ　一錢

第四種郵便物　重量三十匁毎ニ三十匁未満亦同シ　二錢

（二十二年八月七日法律第二十一號ヲ以テ改正）

第十八條　郵便税ハ郵便切手ヲ其郵便物ニ貼付シタルヲ以テ之ヲ納メタルモノトス郵便封皮葉書往復葉書帯紙ハ切手ヲ貼付シタルト同般ナリトス但内信局長ト約定アルモノハ此限ニアラス（十七年第三十三號布告ヲ以テ（葉書）ノ下（往復葉書）ノ四字ヲ加フ）

第十九條　納税ニ用ヒタル郵便切手並封皮葉書往復葉書帯紙ノ税額印面ハ郵便電信局郵便局ニ於テ消印スヘシ（同上）

第二十條　郵便税ニ過納アルモ已ニ其税額印面ニ消印シタル後ハ之ヲ還付セス

第二十一條　未納税又ハ不足税ノ郵便物ハ受取人ヨリ其額ノ二倍ヲ徴收スヘシ
受取人其郵便物ヲ受取タルトキハ其納税ヲ拒ムヘカラス
受取人其郵便物ヲ受取ラスシテ差出人ニ還付スルトキハ其差出人ヨリ其額ノ三倍ヲ徴收スヘシ

第二十二條　未納税又ハ不足税ノ郵便物配達シ能ハス差出人ニ還付スルトキハ其額ノ二倍ヲ徴收スヘシ差立前ニ係ル未納税又ハ不足税ノ郵便物ヲ差出人ニ還付スルトキ亦同シ

第二十三條　第十三條第十四條第十五條ニ背戻スル郵便物ヲ差出人ニ還付スルトキハ未納税又ハ不足税ノ二倍ヲ徴收スヘシ

第二十四條　人民ヨリ官廳ニ差出ス郵便物ハ郵便税完納ニ限ルヘシ未納税又ハ不足税モノ

ノハ差出人ニ還付シ其額ノ二倍ヲ徴收スヘシ

第二十五條　未納税又ハ不足税ヲ徴收スルトキハ郵便電信局郵便局ニ於テ郵便切手ヲ郵便物ニ貼付シ其切手ニ未納又ハ不足ノ印ヲ捺シ其證トナスヘシ

第三章　郵便切手封皮葉書往復葉書帶紙

第二十六條　郵便切手封皮郵便葉書往復葉書郵便帶紙ハ日本政府ニ於テ發行セシモノタルヘシ（同上）

第二十七條　郵便切手封皮葉書往復葉書帶紙ハ郵便税納ノ證トナシ又郵便切手ハ書留手數料並別配達料納濟ノ證トナスモノトス（同上）

第二十八條　郵便封皮ヲ用ユルトキ其郵便物ノ重量ニ因テ税額ニ不足ヲ生スルトキハ郵便切手ヲ以テ之ヲ補フヘシ

第二十九條　郵便封皮ノ價位ハ其印面ノ税額ニ製造費ヲ加ヘタル額ヲ以テ遞信大臣之ヲ定ムヘシ

第三十條　郵便帶紙ハ第三種郵便物一號一箇ヲ以テ達スルモノニ用ユヘシ但重量十六匁以下ノモノニ限ルヘシ

第三十一條　郵便帶紙ハ第三種郵便物發行人若クハ賣捌人ノ請求ニ依リ遞信管理局ニテ賣下クヘシ

第三十二條　郵便切手封皮葉書往復葉書ヲ賣ルモノハ一等郵便電信局長一等郵便局長ノ免許ヲ受ケ郵便切手賣下所ノ標板ヲ揭クヘシ（同上）

第三十三條　郵便切手封皮葉書往復葉書ハ郵便電信局郵便局郵便受取所郵便切手賣下所ノ外ニ於テ賣買スヘカラス（同上）

第三十四條　郵便電信局郵便局郵便受取所郵便切手賣下所ハ郵便切手封皮葉書往復葉書ノ印面税額ヨリ低價ヲ以テ賣ルヘカラス（同上）

第三十五條　郵便封皮葉書往復葉書帶紙ノ税額印面ヲ切取リ郵便切手ニ代用スルモ其効用ヲ有セス（同上）

第三十六條　郵便切手並封皮葉書往復葉書帶紙ノ汚斑毀損捺印アルモノ及税額印面不明瞭ナルモノハ其効用ヲ失フ然レトモ其未タ使用セサルモノニ限リ二人以上ノ證人ヲ立テ其原由ヲ明瞭ナラシムルトキハ一等郵便電信局一等郵便局ニ於テ定價十分二減ニテ買戻スヘシ（同上）

第三十七條　遞信管理局及一等郵便電信局郵便局ニ於テハ四枚以上聯續シタル便便切手並封皮葉書往復葉書帶紙ヲ其所持人ノ請求ニ依リ定價十分一減ニテ買戻スヘシ（同上）

第四章　免税郵便

第三十八條　郵便、郵便爲替及貯金ノ事務ニ關スル郵便物ハ其税ヲ免除ス

第三十九條　免税郵便物ハ遞信省遞信管理局郵便電信局郵便局府縣廳府縣所屬廳郡區役所並以上各廳派出官吏相互ノ間又ハ之ト往復スルモノニ限ルヘシ

第四十條　免税郵便物ハ表面ニ郵便事務爲替事務貯金事務ノ文字ヲ記載スヘシ

第四十一條　官廳ニ宛テ又ハ官廳ヨリ差出ス免税郵便物ハ官氏名若クハ廳名課名ヲ記載シ派出官吏ニ宛テ又ハ派出官吏ヨリ差出ス免税郵便物ハ官氏名ヲ記載スヘシ

第四十二條　人民ヨリ差出ス免税郵便物ハ宿所氏名ヲ記載スヘシ

第四十三條　免税郵便物ニ他ノ音信文或ハ暗號隱語ヲ記載シ又ハ有税郵便物ヲ附シタルモノハ相當種類ノ郵便税ヲ徵收スヘシ

第五章　書留郵便

第四十四條　書留郵便物ハ郵便電信局郵便局ノ帳簿ニ登記シ遞送配達ノ受授ヲ證スルモノトス

第四十五條　書留手數料ハ郵便物ノ何種ニ拘ハラス六錢トス

第四十六條　書留郵便物ハ郵便税手數料共前納ニ限ルヘシ

第四十七條　書留手數料ハ郵便切手ヲ其郵便物ニ貼付シタルヲ以テ之ヲ納メタルモノトス

第四十八條　書留郵便物ヲ差出ストキハ其表面ニ書留ト記載シ郵便電信局郵便局若クハ郵便受取所ニ於テ之ヲ主務者ニ交付シ印刷シタル式紙ニ郵便電信局郵便局若クハ郵便受取所ノ印及主務者ノ印ヲ捺セル受取證書ヲ受領スヘシ

第四十九條　書留郵便物ノ配達ヲ受ケタルモノハ其差出人及受取人ノ氏名配達ノ年月日ヲ記シタル受取證書ニ調印スヘシ本人不在ナルトキハ其代人記名調印スヘシ

第五十條　免税郵便物ハ書留手數料ヲ納ムルニ及ハス

第六章　郵便物遞送配達

第五十一條　郵便物遞送配達ハ郵便電信局郵便局ニ於テ之ヲ管スルモノトス

第五十二條　郵便物ノ廢置ハ遞信大臣新聞紙ヲ以テ之ヲ公告スヘシ

第五十三條　郵便物ハ其宛名ノ家ニ配達シ二名以上ニ宛テタルモノハ其内ノ一名ニ配達スヘシ肩書寄宿所ノ類以下之ニ倣フアルモノハ其肩書ノ家ニ配達スヘシ

第五十四條　完納税郵便物宛名ノ家ニ於テハ其配達ヲ拒ムヘカラス免税郵便物亦同シ但市外別配達料艀船料貨幣遞送配達賃ニ追納アルモノハ此限ニアラス

第五十五條　未納税又ハ不足税ノ郵便物受取人ニ於テ其税ヲ納メサルトキハ之ヲ受取ルヲ

得ス
第五十六條　郵便物ヲ開封シ又ハ其帶紙或ハ結束ヲ脱シ或ハ音信又ヲ讀過スルトキハ之ヲ受取リタルモノトナスヘシ但第百十五條ノ郵便物ハ此限ニアラス
第五十七條　郵便物配達ヲ受ケタル肩書ノ家ニ於テ其受取人移轉シタルトキハ直ニ之ヲ其配達人ニ還付スルカ或ハ其郵便物ニ加記又ハ附箋シ再ヒ郵便ニ差出スヘシ但受取人ニ達スル爲メ其家ニ留メ置クモ日數三十日ニ過クヘカラス
第五十八條　其家ニ屬セサル郵便物ノ配達ヲ受ケタルトキハ其由ヲ附箋シ速ニ之ヲ郵便ニ出スヘシ
其郵便物ヲ誤テ開封シタルトキハ更ニ封緘シ其事由ヲ副書シ速ニ之ヲ郵便ニ出スヘシ
第五十九條　配達シ能ハス或ハ未納税又ハ不足税ヲ受取人ニ於テ納メサル郵便物ハ之ヲ其差出人ニ還付スヘシ但二名以上ヨリ差出シタルモノハ之ヲ其内ノ一名ニ還付スヘシ
第六十條　第十三條第十四條第十五條ニ背戾スル郵便物ハ之ヲ差出人ニ還付スヘシ
第六十一條　差立前ニ係ル郵便物ハ差出人ノ請求ニ依リ之ヲ還付スルコトアルヘシ
第六十二條　第四種郵便物ハ次便ヲ以テ遞送スルコトアルヘシ
第六十三條　遞送及集配ノ途中ニ係ル郵便物ハ其郵便物ノ受取人タリトモ受授スヘカラス
第六十四條　郵便電信局郵便局所在地ニ於テハ集配人ニ郵便物ノ差出方ヲ委托スヘカラス
又集配人ハ其委托ヲ受クヘカラス
第六十五條　郵便物ハ差出人ノ爲メ郵便電信局郵便局ニ於テ之カ秤量ヲナサス
第六十六條　郵便物ノ損害紛失及其損害紛失又ハ漏達ヨリ生シタル損失ハ遞信省之ヲ償フノ責ニ任セス

第六十七條　書狀ハ郵便電信局郵便局ヲ經由セサレハ之ヲ送達シ又ハ送達セシムヘカラス
但左ニ記載シタルモノハ此限ニアラス
一送達料ヲ拂ハス臨時ニ親族朋友雇人ノ類ヲ以テ其發信者ヨリ受信者ニ直ニ達スルモノ
一郵便ニ依ル能ハサル事故アリテ臨時ニ特使ヲ以テ其發信者ヨリ受信者ニ直ニ達スルモノ
一貨物ト共ニ發スル無封ノ添狀送狀
第六十八條　軍艦及海軍所屬ノ船舶ヲ除キ凡内國各地ニ往復スル船車ノ所有主若クハ其代理者ハ遞信省遞信管理局又ハ郵便電信局郵便局ヨリ左ニ記載シタル運送賃額ヲ以テ郵便物ノ運送ヲ托スルトキハ之ヲ拒ムヘカラス但別段ノ定約アルモノハ此限ニアラス
一第一種郵便物ハ一個一錢ニ超過セサル額
一第二種以下ノ郵便物ハ一個五厘ニ超過セサル額
第六十九條　郵便物運送ノ約定ヲ爲シタルモノ或ハ運送ノ托ヲ受ケタルモノ其出發ノ日時ヲ定メ若クハ既定ノ日時ヲ變更スルトキハ速ニ之ヲ其地ノ郵便電信局郵便局ニ屆出ツヘシ
第七十條　時期ヲ定メテ郵便物運送ノ命ヲ受ケタルモノハ期ヲ變更スヘカラス
第七十一條　郵便物ノ運送ヲ爲スモノハ其郵便物ヲ安全ニ保護スヘシ
第七十二條　郵便物ヲ積載セル船舶ハ到達地ニ於テ其郵便物ヲ陸揚セシ後ニアラサレハ他ノ積載セル貨物ヲ陸揚スヘカラス
第七十三條　郵便物配達又ハ還付ヲ受ケタルモノ郵便電信局郵便局ニ於テ調査ノ爲メ其郵便物ノ封皮帶紙又ハ葉書往復葉書ノ交付ヲ求メヲルヽトキハ之ヲ拒ムヘカラス但郵便切

手貼付アルモノハ其儘交付スヘシ

第七章　別配達郵便

第七十四條　別配達郵便物ハ書留郵便ニ限ルモノニシテ通常配達ノ例ニ拘ハラス別ニ急速ノ配達ヲナスモノトス

第七十五條　別配達別テ二種ト爲ス

一市內郵便電信局郵便局所在地別配達

一市外郵便電信局郵便局未設地別配達

第七十六條　市內別配達料ハ東京京都及大阪ハ十錢其他ノ市內ハ六錢トス

第七十七條　市外別配達料ハ配達ノ郵便電信局郵便局ヨリ受取人ノ住所ニ至ル路程ニ應シ十八町每ニ六錢トス八十町未滿亦同シ

第七十八條　配別達ハ郵便稅並別配達料共前納ニ限ルヘシ

第七十九條　別配達料ハ郵便切手ヲ其郵便物ニ貼付シタルヲ以テ之ヲ納メタルモノトス

第八十條　市外別配達ハ配達地ニ到リ路程ノ差違ニ因テ其料ニ不足ヲ生スルモ其料六錢以上納濟ノモノハ仍ホ別配達トシテ取扱ヒ受取人ヨリ其不足額ヲ徵收スヘシ

第八十一條　市外別配達料不足額ヲ徵收スルトキハ郵便電信局郵便局ニ於テ郵便切手ヲ郵便物ニ貼付シ其切手ニ不足ノ印ヲ捺シ其證トナスヘシ

第八十二條　船舶ニ達スル別配達ハ其船舶ノ碇泊所ニ從ヒ別配達料ノ外相當ノ艀船料ヲ受取人ヨリ徵收スヘシ

第八十三條　市外別配達料不足額又ハ艀船料ヲ受取人ニ於テ納メサルトキハ其郵便物ヲ受取ルヲ得ス

其郵便物ハ差出人ニ還付シ其額ヲ徵收スヘシ

第八十四條　別配達郵便物ヲ受取リタルモノハ市外別配達料不足額又ハ艀船料ノ納付ヲ拒ムヘカラス

第八十五條　別配達ハ各郵便電信局郵便局ノ配達區域ニ拘ハラサルモノトス

第八十六條　甲郵便電信局郵便局所在地ニ達スルモノヲ乙郵便電信局郵便局ヨリ配達スルトキハ市外別配達トナスヘシ

第八十七條　市內別配達ハ其郵便物ノ表面ニ別配達ト記載スヘシ

第八十八條　市外別配達ハ其郵便物ノ表面ニ何地郵便電信局郵便局ヨリ別配達ト記載スヘシ若シ其郵便電信局郵便局ヲ定メ難キトキハ單ニ別配達トノミニ記載スヘシ

第八十九條　別配達トノミ記載セルモノハ各郵便電信局郵便局ノ配達區域ニ從ヒ其他ノ郵便電信局郵便局ヨリ配達スヘシ

第九十條　別配達郵便物受取人移轉シ其移轉先ニ達スルトキハ別配達トセスシテ配達スヘシ

第九十一條　免稅郵便物ハ別配達料艀船料ヲ納ムルニ及ハス

第八章　郵便私書函

第九十二條　郵便私書函ハ郵便電信局郵便局ニ設置シ其開閉ニ供スル適當ノ鍵ヲ渡シ貸與スルモノトス

第九十三條　私書函ノ借受人ニ宛テタル郵便物ハ其住所ニ配達セス私書函ニ入置クヘシ

第九十四條　私書函貸與料ハ一ケ月金三圓以下ヲ以テ遞信大臣之ヲ定ムヘシ

第九十五條　私書函貸與期限ハ一ケ月以上トシ其貸與料ヲ前納スヘシ

第九十六條　私書函借受人ニ宛テタル別配達書留及未納稅不足稅ノ郵便物ハ私書函ニ入レ

スシテ其住所ニ配達スヘシ
第九十七條　私書函ハ二人以上又ハ二會社以上ノ名ヲ以テ其一箇ヲ借受クルヲ得ス
第九十八條　私書函貸與ノ滿期ニ至ルトキハ速ニ其鍵ヲ郵便電信局郵便局ニ返納スヘシ之ヲ返納セサルトキハ前期ヲ繼テ借受ケタルモノトナスヘシ

第九章　留置郵便

第九十九條　留置郵便物ハ表記地名ノ郵便電信局郵便局ニ留置キ受取人ヲ待テ交付スルモノトス
第百條　留置郵便物ハ其表面ニ何地郵便電信局郵便局留置ト記載スヘシ
第百一條　留置郵便物ヲ受取ルモノハ其受取人タルヲ書面或ハ口頭ヲ以テ證スヘシ
第百二條　留置郵便物ハ郵便稅完納ニ限ルヘシ
第百三條　未納稅又ハ不足稅ノ郵便物ヲ留置トナストキハ之ヲ差出人ニ還付シ其額ノ二倍ヲ徵收スヘシ
第百四條　留置期限ハ九十日ニ限ルヘシ
留置期限內ニ郵便物ヲ受取ラサルトキハ之ヲ差出人ニ還付スヘシ

第十章　貨幣封入郵便

第百五條　貨幣封入郵便物ハ內信局長ト約定アルモノヲシテ特別ノ方法ニ依リ之ヲ遞送配達セシムルモノトス
第百六條　貨幣封入郵便物ハ其重量ニ從ヒ第一種郵便物ノ稅ヲ前納シ別ニ封入ノ金額送達ノ路程ニ從ヒ貨幣遞送賃及配達賃ヲ通貨ニテ納ムヘシ但貨幣遞送費ハ差出人ニ於テ前納シ配達賃ハ受取人ヨリ納ムヘシ

第百七條　貨幣遞送賃及配達賃額ハ遞信大臣各郵便電信局郵便局ニ掲示スヘシ
第百八條　封入ノ金額ハ三十圓ニ超過スヘカラス
第百九條　封入ノ金額ハ其郵便物ノ表面ニ明記スヘシ
第百十條　貨幣封入郵便物ハ差出人ニ於テ同一ノ印判ヲ以テ四所以上封印ヲ捺スヘシ
第百十一條　同一ノ差出人ヨリ同一ノ受取人ニ差出ス貨幣封入郵便物ハ一日一個ニ限ルヘシ
第百十二條　貨幣封入郵便物ハ其表記ノ金額及封印ヲ證トシテ受授スヘシ
第百十三條　貨幣封入郵便物ヲ差出ストキハ郵便電信局郵便局ニ設ケアル員數證書用紙ニ式ノ如ク記載シ其郵便物ノ封印ニ用ヒタル印判ヲ捺シ郵便物及貨幣遞送賃ト共ニ之ヲ主務者ニ交付シ印刷シタル式紙ニ郵便電信局郵便局ノ印ヲ捺シ且主務者記名調印セル受取證書ヲ受領スヘシ
第百十四條　本人ノ封印ヲナシタル貨幣封入郵便物ヲ代人ヲ以テ差出シ員數證書ニ其代人ノ印ヲ捺ストキハ之ト同一ノ印ヲ其郵便物ニ四所以上添捺スヘシ
第百十五條　貨幣封入郵便ニアラサル郵便物中貨幣封入アルヲ郵便電信局郵便局ニテ見出シ又ハ推察スルトキハ之ヲ貨幣封入郵便トシテ取扱ヒ到達地ノ郵便電信局郵便局ニテ其受取人ヲ召喚シ或ハ遞送約定アルモノヲ以テ配達シ受取人ニ開封セシメ封入ノ金額ニ從ヒ差立地ヨリノ路程ニ應シタル貨幣遞送賃及ヒ配達賃ヲ受取人ヨリ徴收スヘシ
第百十六條　貨幣遞送賃又ハ配達賃ヲ受取人ニ於テ納メサルトキハ其郵便物ヲ受取ヲ得ス其郵便物ハ差出人ニ還付シ其額並還付ノ貨幣遞送賃及配達賃ヲ徴收スヘシ
第百十七條　貨幣封入郵便物配達シ能ハス之ヲ差出人ニ還付スルトキハ更ニ相當ノ貨幣遞

送賃及前後ノ配達賃ヲ徴收スヘシ

第百十八條　貨幣封入郵便物ノ受渡ニ屬スル證書ハ證券印税ヲ納ムルニ及ハス

第百十九條　貨幣封入郵便物ヲ受取リタルモノハ其貨幣遞送賃又ハ配達賃ノ納付ヲ拒ムヘカラス

第百二十條　貨幣封入郵便物ニ事故ヲ生シ損失ヲ受クルモノアルモ遞信省ハ之ヲ償フノ責ニ任セス

第百二十一條　郵便電信局郵便局主務者ノ疏虞懈怠ニ因リ貨幣封入郵便物ヲ失ヒタルトキハ主務者ヲシテ其貨幣ヲ償ハシムヘシ

第百二十二條　貨幣封入郵便物ヲ遞送配達中失ヒタルトキハ强盜難其他災變ニ罹リ看守者保護シ能ハサル實證アルモノヽ外約定人ヲシテ其貨幣ヲ償ハシムヘシ

第十一章　郵便沒書

第百二十三條　郵便沒書ハ配達シ能ハス又還付シ能ハサル郵便物ヲ遞信省ニ沒入スルモノトス

第百二十四條　遞信大臣ハ沒書ヲ開封シ其文書ニ就テ更ニ其配達又ハ還付ヲ試マシメ倘ホ配達又ハ還付シ能ハサルモノハ新聞紙ヲ以テ之ヲ公告スヘシ

第百二十五條　沒書ハ公告ノ日ヨリ一ケ年間遞信省ニ保存スヘシ

沒書中貨幣或ハ諸證書又ハ有價ノ物品アルトキハ遞信省ノ帳簿ニ登記シ三ケ年間其沒書ヲ保存スヘシ但保存シ難キ物品ハ之ヲ賣却シ其代金ヲ領置スヘシ

第百二十六條　沒書ヲ一ケ年內ニ請求スルモノナキトキ及沒書中ノ貨幣諸證書有價ノ物品又ハ其賣却代金ヲ三ケ年內ニ請求スルモノナキトキハ之ヲ沒入スヘシ

第百二十七條　沒書中ノ貨幣諸證書有價ノ物品又ハ其賣却代金ヲ三ケ年内ニ請求スルモノアルトキハ之ヲ還付シ諸證書ハ手數料ヲ徵收セスト雖トモ貨幣或ハ有價ノ物品ハ其價額十分一ヲ手數料トシテ徵收スヘシ但其額ハ五圓ニ超過スルヲ得ス

第百二十八條　沒書ノ受取方ヲ請求スルモノハ其受取人又ハ差出人タルヲ書面或ハ口頭ヲ以テ證トスヘシ但遞信省ニ於テ證人ヲ要スルトキハ之ヲ拒ムヘカラス

第十二章　郵便爲替

第百二十九條　郵便爲替ハ遞信大臣ノ指定スル郵便電信局郵便局ニ於テ取扱フモノトス

第百三十條　爲替ヲ取扱フ郵便電信局郵便局ハ遞信大臣新聞紙ヲ以テ公告スヘシ

第百三十一條　爲替證書一枚ノ金額ハ三十圓以下トシ端數ハ厘位ヲ限リトス

第百三十二條　爲替料ハ遞信大臣之ヲ定メ新聞紙ヲ以テ公告シ及爲替ヲ取扱フ郵便電信局郵便局ニ掲示スヘシ

第百三十三條　同一ノ差出人ヨリ同一ノ受取人ニ宛テ同一ノ郵便電信局郵便局ニ於テ拂渡スヘキ爲替ノ振出ハ一日金額三十圓ニ超過スヘカラス

第百三十四條　爲替差出人ハ郵便電信局郵便局ニ設ケアル爲替願書用紙ニ式ノ如ク記載調印シ爲替金及爲替料ト共ニ先ツ之ヲ主務者ニ交付シ後ニ爲替證書ヲ受領スヘシ

第百三十五條　爲替證書ハ其差出人ヨリ受取人ニ送付スヘシ

第百三十六條　爲替差出人ハ其振出局ニ爲替金ノ返戻ヲ請求スルヲ得但爲替料ヲ返付セス

第百三十七條　爲替受取人其爲替證書ニ記載シタル拂渡局ニテ爲替金ヲ受取ルニ不便ナルトキ及爲替差出人其振出局ニ爲替金ノ返戻ヲ請求スルニ不便ナルトキハ爲替貯金局ニ其證書ヲ納付シテ書換ヲ請求シ更ニ爲替金ヲ受取ルニ便ナル局ニ宛テタル證書ヲ受クルヲ

得

第百三十八條　爲替金ノ拂渡及返戻ハ其爲替證書ト引替ニ限ルヘシ但郵便電信局郵便局ニ於テ證人ヲ要スルトキハ之ヲ拒ムヘカラス

第百三十九條　爲替受取人ハ其爲替證書ニ式ノ如ク記名調印スヘシ爲替差出人爲替金ノ返戻ヲ受ルトキ亦同シ

第百四十條　爲替報知書ニ記載セル諸件ヲ明瞭ニ答ヘ能ハサルモノハ其爲替金ヲ受取ルヲ得ス

第百四十一條　代人ヲ以テ爲替金ヲ受取ル者ハ其爲替證書ノ裏面ニ委任文ヲ記載シ記名調印シ且代人ハ第百三十九條ノ手續ヲナスヘシ

第百四十二條　官衙社寺會社ニ宛テタル爲替金ヲ受取ルトキハ其爲替證書ノ裏面ニ官衙社寺會社ノ名稱ヲ記シ其印ヲ捺シ且之ヲ受取ル所屬人ハ第百三十九條ノ手續ヲナスヘシ

第百四十三條　官衙社寺會社ノ受取ルヘキ爲替金ニシテ其官衙社寺會社ノ名稱ヲ附記シ其所屬人ニ宛テタルトキ宛名人自ラ受取ル能ハス及第百四十一條ニ依ル能ハサルトキハ第百四十二條ニ依ルヲ得

第百四十四條　官衙社寺會社若クハ其所屬人ノ名ヲ以テ差出シタル爲替金ノ返戻ヲ受クルトキモ第百四十二條第百四十三條ノ手續ニ依ルヘシ

第百四十五條　爲替證書ノ效用ハ其證書ノ日附ヨリ百二十日ヲ限リトス

第百四十六條　效用ヲ失ヒタル爲替證書ハ差出人又ハ受取人ヨリ爲替貯金局ニ納付シ其書換ヲ請求スヘシ

第百四十七條　爲替證書ノ效用ヲ失ヒタル日ヨリ二ケ年以内ニ其書換ヲ請求セサルトキハ

爲替貯金局長新聞紙ヲ以テ公告スヘシ

其公告ノ日ヨリ三ケ年内ニ爲替證書ノ書換ヲ請求スルトキハ其爲替金十分ノ一ヲ手數料

トシテ徴收スヘシ

其公告ノ日ヨリ三ケ年ヲ過ルモ尚ホ其爲替證書ノ書換ヲ請求セサルトキハ其爲替金ヲ沒

入スヘシ

第百四十八條　爲替證書ヲ失ヒタルトキ又ハ汚斑毀損シ判明ナラサルトキハ差出人ニ於テ

證人ヲ立テ爲替貯金局ニ其事由ヲ證明シ更ニ再度ノ證書ヲ請求スヘシ

第百四十九條　爲替金ヲ返戻シ又ハ證書ヲ書換ヘ或ハ再度ノ證書ヲ交付スルハ其原證書ニ

對スル報知書ヲ取戻シタル後ニ限ルヘシ

第百五十條　爲替證書ノ書換又ハ再度ノ證書ヲ請求スルトキハ更ニ相當ノ爲替料ヲ納ム

シ但郵便遞送中ニ生シタル事故ニ因ルモノハ更ニ爲替料ヲ納ムルニ及ハ

爲替證書ノ書換及再度ノ證書ヲ同時ニ請求スルモ兩樣ノ爲替料ヲ納ムルニ及ハス

第百五十一條　再度ノ爲替證書ヲ受領セシ後前キニ失ヒタル爲替證書ヲ見出シタルトキハ

之ヲ爲替貯金局ニ納付スヘシ

第百五十二條　爲替貯金ノ都合ニ因リ爲替金ノ渡方順延スルコトアルヘシ

第百五十三條　爲替證書又ハ報知書ニ失誤アルカ或ハ其報知書未達ノトキハ爲替金ノ拂渡

ヲ延引スヘシ

第百五十四條　爲替金ノ受渡ニ屬スル證書ハ證劵印稅ヲ納ムルニ及ハス

第百五十五條　郵便爲替ニ專故ヲ生シ損失ヲ受クルモノアルモ遞信省ハ之ヲ償フノ責ニ任

セス

第百五十六條　此章ノ規則ニ從ヒ爲替金ヲ渡シタル後ハ其渡方ニ就キ異議ヲ唱フルモ遞信省ハ其責ニ任セス
第十三章（第百五十七條ヨリ第二百二條迄ハ二十三年八月十二日法律第六十三號郵便貯金條例公布ニ依リ廢止ス）
第十四章　外國郵便
第二百三條　凡外國ニ差立ル郵便物別テ五項ト爲ス
一　書狀
二　郵便葉書及往復葉書
三　書籍、各種ノ印刷物、寫眞、畫圖
四　詞訟上及商用上ノ書類
五　商品ノ見本
第二百四條　何品ヲ問ハス此章ノ規則ニ牴觸セサルモノハ第一項郵便物トナスヲ得
第二百五條　第三項第四項第五項郵便物ハ封緘セサルモノトス之ヲ封緘スルトキハ第一項郵便物トナスヘシ
第二百六條　第三項第四項第五項郵便物ニ音信文又ハ暗號隱語ヲ筆記スルトキハ第一項郵便物トナスヘシ
第二百七條　第三項第四項第五項郵便物ヲ第一項郵便物ト合裝スルトキハ總テ第一項郵便物トナスヘシ
第二百八條　第三項第四項郵便物ハ一個ノ重量二「キログラム」（凡五百三十二匁四分零六毛）ニ超過スヘカラス
第二百九條　第五項郵便物ノ大サハ長二十「サンチメートル」（凡曲尺六寸六分六厘）幅十「サンチメー

トル」凡三寸三分三厘厚五「サンチメートル」凡一寸六分六厘又其重量ハ二百五十「グラム」凡六十六匁五分五厘ニ超過スヘカラス

第二百十條　第三項第四項第五項郵便物ヲ合裝スルトキ其重量ハ第二百八條ノ制限ニ超過スヘカラス但第五項郵便物ノ大サ及重量ハ第二百九條ニ據ルヘシ

第二百十一條　第二項郵便物ハ萬國郵便聯合葉書往復葉書ヲ用ユヘシ

第二百十二條　第二項郵便物第五條ニ記載シタル所爲アルトキハ之ヲ差出人ニ還付スヘシ

第二百十三條　第五項郵便物ハ賣價ヲ付セサルモノニ限ルヘシ

第二百十四條　左ニ記載スルモノハ外國ニ差立ル郵便物トナスヘカラス

一貨幣又ハ高價ノ物品

一關稅ヲ拂フヘキ物品

一流動物、流動腐敗シ易キ物、孵化スヘキ物、動物、植物、鋒刄器、硝子器、陶器等他ノ郵便物ヲ傷害スヘキ物品（十九年二月第四號布告ヲ以テ第三項ヲ改メテ本項及次ノ一項ト爲ス）

一第十六條第一項第三項及第四項ニ記載シタル物品

第二百十五條　郵便聯約國ニ差立ル第三項第四項第五項郵便物ハ少クモ其郵便稅ノ一部分ヲ前納シタルモノニ限ルヘシ

第二百十六條　郵便聯約國外ニ差立ル郵便物ハ總テ郵便稅完納ニ限ルヘシ但到達地ニ於テ課スヘキ郵便稅ハ此限ニアラス

第二百十七條　第二百八條第二百九條第二百十條第二百十三條第二百十五條第二百十六條ニ背戾スル郵便物ハ差出人ニ還付シ未納稅又ハ不足稅ハ第十七條ノ割合ニ從ヒ其額ノ二倍ヲ徵收スヘシ

第二百十八條　書留郵便物ハ郵便税書留手數料トモ前納ニ限ルヘシ

第二百十九條　郵便聯約國ニ差立ル書留郵便物ハ受取人ノ受取證書返送ヲ望ムヲ得之ヲ望ムトキハ郵便税書留手數料ノ外増手數料ヲ前納スヘシ

第二百二十條　郵便税書留手數料及増手數料ハ日本國郵便切手ヲ其郵便物ニ貼付シタルヲ以テ之ヲ納メタルモノトス

第二百二十一條　郵便税書留手數料増手數料ノ割合郵便物ヲ差立テ得ヘキ國名及郵便爲替小包郵便ニ關スル事項ハ遞信大臣公告スヘシ

第二百二十二條　書留郵便物紛失ノ償金ヲ拂フヘキ約定アル國ニ差立ル書留郵便物ヲ内國又ハ同上約定アル外國ニテ遞送中紛失シタルトキハ天災ニ因ルモノヽ外之ヲ紛失シタル國ノ主管廳ニ於テ差出人又ハ差出人ノ望ニ依リ受取人ニ五十「フランク」一「フランク」ハ凡金貨二十錢若クハ他ノ貨幣ニテ同額ノ償金ヲ拂フヘシ

書留郵便物紛失ノ償金ヲ拂フヘキ約定アル外國ヨリ内國ニ到達スル書留郵便物ヲ内國遞送中紛失シタルトキ亦同シ

第二百二十三條　軍艦及海軍所屬ノ船舶ヲ除キ凡内國ヲ發シ外國ニ航スル船舶ノ所有主若クハ其代理者ハ遞信省遞信管理局又ハ郵便電信局郵便局ヨリ左ニ記載シタル運送賃額ヲ以テ郵便物ノ運送ヲ托スルトキハ之ヲ拒ムヘカラス但別段ノ約定アルモノハ此限ニアラス

一第一項郵便物ハ一個二錢ニ超過セサル額

一第二項以下ノ郵便物ハ一個一錢ニ超過セサル額

第二百二十四條　第二十六條第三十二條第三十三條第三十四條第三十五條第三十六條第三

十七條ノ規則ハ此章ノ郵便葉書往復葉書ニ亦適用スヘシ

第二百二十五條　第十二條第十九條第二十條第二十一條第一項第三項第二十二條第二十五條第四十四條第四十八條第五十一條第五十九條第六十一條第六十三條第六十四條第六十六條第二百二十二條ノ償金ヲ除ク第六十九條第七十條第七十一條第七十二條第七十三條第百條及第十一章ノ規則ハ内國ヨリ外國ニ差立ル郵便物ニ亦適用スヘシ

第二百二十六條　第二十一條第一項第二項第二十五條第四十四條第四十九條第五十一條第五十三條第五十四條第五十五條第五十六條第五十七條第五十八條第六十三條第六十六條第二百二十二條ノ償金ヲ除ク第七十三條第九十九條第百條第百一條第百四條第一項及第八章ノ規則ハ外國ヨリ内國ニ到達スル郵便物ニ亦適用スヘシ

第十五章　罰則

第二百二十七條　第十六條第三十三條第三十四條第六十九條第七十條第二百十四條ヲ犯シタルモノハ二圓以上五十圓以下ノ罰金ニ處ス（刑法第百六十三條參看）

第二百二十八條　第五十四條第六十三條第六十四條ヲ犯シタルモノハ五錢以上一圓九十五錢以下ノ科料ニ處ス

第二百二十九條　第五十七條第五十八條ヲ犯シタルモノハ二圓以上二十圓以下ノ罰金ニ處ス

第二百三十條　第六十七條ヲ犯シタルモノハ二圓以上百圓以下ノ罰金ニ處ス

遞送配達ヲ以テ營業トナスモノハ二月以上二年以下ノ重禁錮ニ處シ五圓以上百圓以下ノ罰金ヲ附加ス

第二百三十一條　第六十八條第二百二十三條ヲ犯シタルモノハ二圓以上百圓以下ノ罰金ニ

處ス

第二百三十二條　懈怠故意ヲ問ハス第七十一條第七十二條ヲ犯シタルモノハ二圓以上百圓以下ノ罰金ニ處ス

第二百三十三條　郵便封皮葉書往復葉書帶紙ヲ僞造變造シ又ハ其情ヲ知テ之ヲ使用シタルモノハ一年以上五年以下ノ重禁錮ニ處シ五圓以上五十圓以下ノ罰金ヲ附加ス

第二百三十四條　己レニ關セサル郵便物ヲ開封シ又ハ毀損汚穢シ或ハ私用賣却抑留隱匿拋棄シ若クハ之ヲ受取人ニアラサルモノニ交付シ及其情ヲ知テ之ヲ受ケ又ハ寄藏故買シ若クハ牙保ヲナシタルモノハ一月以上二年以下ノ重禁錮ニ處シ二圓以上二十圓以下ノ罰金ヲ附加ス

郵便事務ヲ奉スルモノ自ラ犯シタルトキハ官吏傭人約定人ヲ論セス本刑ニ一等ヲ加フ

第二百三十五條　郵便事務ヲ奉スルモノ自己若クハ他人ノ爲メニスルヲ問ハス郵便物ヲ不當ノ方位ニ遞送シタルトキハ第二百三十四條第一項ノ刑ニ一等ヲ加フ

第二百三十六條　疎虞懈怠ニ因テ郵便物ヲ失ヒタルモノハ五錢以上一圓九十五錢以下ノ科料ニ處ス

書留郵便ニ係ルトキハ二圓以上五圓以下ノ罰金ニ處ス

第二百三十七條　有税ヲ以テ免税トシ其他詐僞ヲ以テ郵便税ヲ免レタルモノハ二月以上二年以下ノ重禁錮ニ處シ五圓以上五十圓以下ノ罰金ヲ附加ス

郵便事務ヲ奉スルモノ自ヲ犯シ又ハ情ヲ知テ其郵便物ヲ遞送配達シ或ハ自己ノ受ケタル郵便物ノ未納税又ハ不足税ヲ免レタルトキハ本刑ニ一等ヲ加フ

第二百三十八條　不良ノ事ヲ行ハンカ爲メ郵便ヲ用ヒタルモノハ十一日以上一年以下ノ重

禁錮ニ處シ二圓以上二十圓以下ノ罰金ヲ附加ス

行フ處不良ノ罪重キモノハ重キニ從テ論ス

第二百三十九條　遞信省ノ認可ヲ得スシテ郵便物ニ遞信省認可ノ文字ヲ用ヒタルモノハ五圓以上五十圓以下ノ罰金ニ處ス

郵便物運送ニ使用セサル船車ニ郵便ノ記章又ハ郵便ノ文字ヲ用ヒタルモノ亦同シ

第二百四十條　未納税又ハ不足税及ヒ別配達料艀船料貨幣遞送配達賃私書函貸與料ヲ五日內ニ納メサルモノハ二圓以上二十圓以下ノ罰金ニ處ス

郵便事務ヲ奉スルモノ徵收スヘキ郵便税別配達料艀船料貨幣遞送配達賃私書函貸與料ヲ徵收セサルトキ亦同シ

第二百四十一條　郵便事務ヲ奉スルモノ郵便物ニ貼用セル郵便切手ヲ剝取ルトキハ一月以上一年以下ノ重禁錮ニ處シ三圓以上三十圓以下ノ罰金ヲ附加ス

其未タ消印ヲナサヽル切手ヲ剝取ルモノハ刑法竊盜ノ本條ニ照シテ處斷ス

第二百四十二條　郵便爲替事務ヲ奉スルモノ郵便爲替金及爲替料ヲ領收セスシテ爲替證書ヲ振出シ又ハ爲替證書ヲ受取ラスシテ爲替金ヲ渡シタルトキハ二月以上四年以下ノ重禁錮ニ處シ五圓以上五十圓以下ノ罰金ヲ附加ス（本條第二項ハ二十三年八月法律第六十三號郵便貯金條例公布ニ付廢止ス）

第二百四十三條　郵便事務ヲ奉スルモノ諸般ノ計數ヲ僞ルトキハ二月以上二年以下ノ重禁錮ニ處シ五圓以上五十圓以下ノ罰金ヲ附加ス

第二百四十四條　郵便物ニ押用セル印面ヲ變換シタルモノハ二圓以上五十圓以下ノ罰金ニ處ス

第二百四十五條　郵便配達人配達先ニ於テ謝儀ヲ要求シタルトキハ五十錢以上一圓九十五

錢以下ノ科料ニ處ス

第二百四十六條　郵便函郵便行嚢其他郵便ノ器械ヲ毀損汚穢シタルモノハ一月以上六月以下ノ重禁錮ニ處シ二圓以上二十圓以下ノ罰金ヲ附加ス

第二百四十七條　渡船人郵便物ノ渡津ヲ怠慢遲緩シタルトキハ五十錢以上一圓九十五錢以下ノ科料ニ處ス

第二百四十八條　第二百三十三條第二百三十七條ニ記載シタル罪ヲ犯サントシテ未タ遂ケサルモノハ未遂犯罪ノ例ニ照シテ處斷ス

第二百四十九條　第二百三十條第二百三十三條第二百三十七條第二百四十一條第二百四十二條第二百四十三條ニ記載シタル罪ヲ犯シ輕罪ノ刑ニ處スルモノハ六月以上二年以下ノ監視ニ付ス

第二百五十條　本章罰則ノ外刑法ニ正條アル者ハ刑法ニ據テ處斷ス

○第三種郵便物認可規則

明治二十五年二月
遞信省令第四號

第一條　第三種郵便物ノ認可ヲ受ケントスル定時印刷物ノ發行人ハ全部印刷シタル見本一部ヲ添ヘ願書ニ左記ノ事項ヲ記載スヘシ

一　題號
二　記載事項ノ性質種類
三　發行ノ定日
四　發行所
五　發行人（官廳會社學校協會等ハ其代表人）ノ居所氏名

本條ノ規定ニ遵由セサル願書ハ之ヲ受理セス

第二條　前條ノ發行人ハ其印刷物ニ付文書ヲ以テ左記ノ諸件ヲ證明スヘシ

一　毎月一回以上逐號定期發行スルコト

二　記載事項ノ性質終始ヲ豫定ス可ラサルコト

三　書籍ノ性質ヲ有セサルコト

四　發行ノ目的政事時事學術商事工藝其他公共ノ性質アル事項ヲ報道論議スルニ在ルコト及廣ク之ヲ公衆ニ發賣スルコト

本條ノ證明ヲ爲サヽル印刷物ハ第三種郵便物トシテ之ヲ認可セス

第三條　認可ヲ受ケタル定時印刷物ニハ其題號番號認可及發行ノ年月日遞信省認可ノ文字ヲ見易キ場所ニ印刷スヘシ

第四條　認可ヲ受ケタル定時印刷物ニ左記ノ異動ヲ生スルトキハ發行人（代表人）ヨリ七日以内ニ届出ツヘシ

一　題號紙面ノ體裁記載事項ノ性質類發行所又ハ發行定日ヲ變更シタルトキ但紙面ノ体裁記載事項ノ性質種類ヲ變更シタルトキハ見本一部ヲ差出ス可シ又發行所ヲ變更シタルトキハ舊發行所ヲ記載スヘシ

二　發行人轉居又ハ變更ノトキ

但變更ノトキハ舊發行人ノ氏名ヲモ記載スヘシ

三　廢刊休刊又ハ發行禁止若クハ停止ノトキ　二十五年十月遞信省令第十五號ヲ以テ改正

第五條　認可ヲ受ケタル印刷物ニシテ前條届出ノ有無ニ拘ハラス其二條ニ記載シタル條件ノ一ヲ欠クニ至リタルト認ムルトキハ其認可ヲ取消スヘシ認可ノ取消ハ其達書ヲ發行人ノ住所ニ送達シタル翌日ヨリ効力ヲ生スルモノトス認可ノ取消ヲ受ケタル印刷物ハ認可

ヲ得サルモノト見做ス　同上ヲ以テ改正

第六條　第四條ノ届出ヲ期限内ニ爲サヽル者ハ二圓以上二十圓以下ノ罰金ニ處ス

附　則

第七條　本令發布ノ日以前ニ第三種郵便物トシテ認可ヲ受ケタル定時印刷物發行人（代表人）ハ本令第一條及第二條ニ依リ明治二十五年三月三十一日迄ニ更ニ出願シテ認可ヲ受クヘシ從前ノ認可ハ該日限ヲ以テ其効ヲ失フ

○小包郵便法　明治二十五年六月法律第二號

第一條　何等ノ物品ヲ問ハス左ニ記載スルモノヲ除ク外ハ小包郵便物トシテ之ヲ郵便ニ差出スコトヲ得

第一　郵便條例第十六條第一項乃至第三項ノ物品但第二項ノ物品ハ郵便局ノ承認ヲ受ケテ郵便ニ差出スコトヲ得

第二　信書又ハ信書ノ性質ヲ有スルモノ若クハ音信文記入ノ物品

第二條　小包郵便物ハ郵便料ノ外ニ保險料ヲ納付シテ之ヲ價額登記ノ小包郵便物ト爲スコトヲ得但シ其價額ヲ超過スルコトヲ得ス

第三條　小包郵便物ヲ其受取人ニ交付セス又ハ差出人ニ還付セサル前ニ生シタル損害ニ付テハ政府其賠償ノ責ニ任ス

第四條　小包郵便料保險料賠償金額並ニ小包郵便物ノ容積重量及價額登記ノ制限ハ勅令ヲ以テ之ヲ定ム

第五條　左ノ場合ニ係ル損害ハ政府其賠償ノ責ニ任セス

第一　天災其他避クヘカラサル事變ニ因ルトキ

第二　物品自己ノ性質ニ因ルトキ
第三　差出人ノ過誤怠慢ニ因ルトキ
第四　本法郵便條例及其施行ニ關スル命令ヲ遵守セスシテ郵便ニ差出シタルトキ
第六條　小包郵便物配達ノ際其外部ニ破損ノ痕迹ナク且重量ニ變異ナキトキハ政府損害賠償ノ責ニ任セス受取人若クハ差出人ニ於テ異議ナク該郵便物ヲ受領シタルトキ亦同シ
第七條　小包郵便物損害ニ對スル賠償ノ請求ハ其郵便物ノ差出人ヨリ遞信大臣ノ指定スル郵便局ニ之ヲ爲スヘシ此塲合ニ於テハ郵便料ノ返付ヲ請求スルコトヲ得但シ其請求期限ハ郵便物差出ノ日ヨリ三箇月トス此期限ヲ經過スルトキハ政府其責ヲ免ル
第八條　賠償又ハ郵便料ノ返付ニ關シ郵便局ノ通知ヲ受ケ之ニ不服アル者ハ其通知ヲ受ケタル日ヨリ二箇月以内ニ裁判所ニ出訴スルコトヲ得
第九條　政府賠償ヲ爲シタルトキハ其郵便物若クハ損害ニ付賠償受領者ノ有スル所有權若クハ第三者ニ對スル請求權ヲ當然承繼ス但シ亡失シタル郵便物ヲ發見シタル塲合ニ於テ差出人ハ受領シタル賠償金及郵便料ヲ返納シテ其物品ノ還付ヲ請求スルコトヲ得其請求期限ハ亡失郵便物發見ノ通知ヲ受ケタル日ヨリ二箇月トス
第十條　郵便事務ニ關シ郵便官署ノ間相互遞送スル小包郵便物ハ郵便料ヲ免除ス
第十一條　小包郵便物ノ轉送又ハ還付ニ對スル郵便料ヲ納メサル者及之ヲ徵收セサル者ハ郵便條例第二百四十條ノ例ニ據リ之ヲ處斷シ小包送票ニ貼用セル郵便切手ヲ剝取ル者ハ同條例第二百四十一條ノ例ニ據リ之ヲ處斷ス
第十二條　第一條第二ニ揭クルモノヲ小包郵便物トシテ差出シタル者ハ二圓以上二十圓以下ノ罰金ニ處ス

第十三條　本法ノ施行細則ハ遞信大臣之ヲ定ム
第十四條　本法及其施行ニ關スル命令ニ明文ナキ事項ハ郵便條例ヲ準用ス

附　則

第十五條　此法律ハ明治二十五年十月一日ヨリ施行ス

○小包郵便法施行細則

明治二十五年九月
遞信省令第十三號

第一章　總則

第一條　小包郵便物ノ取扱ハ特ニ指定シタル郵便局郵便受取所ニ限ルヘシ
第二條　小包郵便物ハ差出人ノ望ニ依リ配達證明又ハ別配達又ハ留置トナスコトヲ得
但小包郵便ヲ取扱ハサル郵便局ノ區內ニ向テ別配達ヲ請求スルコトヲ得ス
配達證明又ハ別配達ハ一般ノ規則ニ依リ別ニ相當ノ手數料ヲ徵收ス
第三條　小包郵便物ヲ取扱ハサル郵便局ノ區內ニ向テ小包郵便物ヲ送ラントスルトキハ最寄取扱局特別留置トナシテ之ヲ差立ルコトヲ得

第二章　差出

第四條　小包郵便物ハ表面ニ小包ト記載シ小包郵便取扱局所ニ差出シ其受取證書ヲ受クヘシ
郵便函ニ投入シタルモノハ小包ノ文字ヲ記シタルモノト雖モ之ヲ小包郵便物ト爲サス總テ通常郵便物トシテ取扱フヘシ
第五條　小包郵便物ハ送票(甲號)ニ式ノ如ク記入シ其郵便料並ニ手數料ニ對スル相當郵便切手ヲ貼付シ之ヲ添フヘシ其送票ニハ定式外ノ事項ヲ記載スルコトヲ得ス
但送票紙ハ郵便局所ヨリ之ヲ交付ス

第六條　小包郵便物ハ其品質形狀ニ應シ適當ニ包裝封緘シ外包ヲ破却スルニアラサレハ內品ニ損傷ヲ被ラシムルコト無キ樣充分ノ手當ヲ爲スヘシ
價額登記ノ小包郵便物ハ其外部ヨリ容易ニ內品ヲ察知シ能ハサル樣堅固ニ包裝シ之ニ三箇所以上封印ヲ施スヘシ
第七條　貨幣舊貨幣古錢金銀地金金銀細工物及寶玉寶玉細工物ノ類ハ蓋付ノ鑵又ハ堅固ナル蓋付ノ箱類ニ納メ內品ノ動搖セサル樣詰込ミ其蓋ノ合セ目ニ錫鑞等ヲ注キ若クハ蓋ヲ釘著トナシ麻繩若クハ絲等ニテ嚴重ニ之ヲ縛リ更ニ之ヲ封緘スヘシ
郵便切手葉書封皮帶紙其他諸印紙類及有價證劵手形類モ亦前項同樣ニ包裝封緘スヘシ郵便局ノ承認ヲ經テ差出スヘキモノ又ハ惡臭ヲ發スヘキモノハ其品質ニ應シ鑵又ハ箱其他適當ノ包裝ニ依リ充分ニ自他ノ損害ヲ防キ得ヘキ樣手當ヲナシ其品名ヲ表面ニ明記スヘシ
第八條　小包郵便物ノ包裝不充分ナリト認ムルモノハ差出人ヲシテ更ニ之ヲ改裝セシムヘシ
第九條　小包郵便物ノ表書ハ明瞭正確ニ記載スヘシ
但包裝ノ都合ニ依リ直ニ其郵便物ニ記載シ難キモノハ厚紙若クハ木札等ヲ附著シテ之ニ記載スヘシ
第十條　小包郵便物ノ表書ハ差出人受取人ノ宿所氏名職業家號符號商標及年月日ニ限ルヘシ
但特ニ表書スヘキ規定アルモノハ此限ニアラス
第十一條　郵便局所ニ於テ小包郵便物ニ郵送禁止ノ物件ヲ包入シタリト思料スルトキ又ハ

表記品名ト包中物品ト相違セリト思料スルトキハ何時ニテモ其差出人又ハ受取人ヲ立會ハシメ之ヲ開封檢査スルコトヲ得

第十二條　小包郵便物差出人其差出ノ際ニ於テ受取人ノ宿所ニ關シ或ハ異動ヲ差立局所ニ請取シ置クコトヲ得

第三章　料金

第十三條　小包郵便料及保險料ハ之ヲ前納スヘシ

但差出人ニ還付ノ塲合ハ此限ニアラス

第十四條　小包郵便料ニ關スル里程ハ遞信省ニ於テ定メタル里程表ニ依ル

差立配達トモ郵便局ヲ同シクスルモノハ最近里程ノ率ニ依ル

第十五條　小包郵便物ノ重量ハ總テ郵便局所ノ秤量ニ依ルヘシ

第十六條　小包郵便物ヲ轉送又ハ還付スルトキハ其轉送又ハ還付ノ里程ニ從ヒ更ニ郵便料ヲ徵收ス

但其轉送若クハ還付ニシテ同一郵便區內ニ止リ其料金ニ異動ヲ生セサルモノハ此限ニアラス

第十七條　轉送又ハ還付ノ郵便料ハ之ヲ差出人ヨリ徵收ス

第二十七條ニ依リ受取人ヨリ配達又ハ轉送ヲ請求シタルモノハ之ヲ受取人ヨリ徵收ス

第十八條　小包郵便物ノ受取人別配達料若クハ艀船料ノ納付ヲ拒ムトキハ該小包郵便物ハ差出人ニ還付シ本條ノ料金ヲ併徵スヘシ

但留置小包郵便物ノ受取人自ラ其轉送又ハ配達ヲ請求シタル塲合ニ於テハ本條料金ノ納付ヲ拒ムコトヲ得ス若シ其郵便物ノ受取ヲ拒ムトキハ更ニ原留置局マテ回送スル郵

便料及本條ノ料金ヲ併納スヘシ
第十九條　未納料金又ハ不足料金ヲ徴收スルトキハ郵便局ニ於テ郵便切手ヲ送票ニ加貼シ未納又ハ不足ノ印ヲ捺スヘシ
第二十條　價額登記小包郵便物ノ轉送還付ニ對シテハ別ニ其保險料ヲ徴收セス

第四章　留置

第二十一條　小包郵便物ヲ留置トナサントスルトキハ差出人之ヲ差立局ニ請求シ其留置證ヲ申受クヘシ
小包留置證ハ差出人ヨリ之ヲ受取人ニ送付スヘシ
第二十二條　留置小包郵便物到着シタルトキハ其留置局ヨリ直ニ其通知書ヲ受取人ニ發スヘシ
但受取人ノ宿所ヲ記載セサルモノハ此限ニアラス
第二十三條　小包郵便物ノ留置期限ハ其到達ノ日ヨリ起算シテ十五日以內トス
其期限ヲ經過シタルトキハ直ニ之ヲ差出人ニ還付ス
第二十四條　留置小包郵便物ヲ受取ラントスルトキハ小包留置證ニ記名調印シテ之ヲ差出シ受取人タルコトヲ證スヘシ
第二十五條　留置小包郵便物ノ受取人其留置證ヲ失ヒタルトキ又ハ通知書到達ノ後尙留置證ノ送達ヲ受ケサルトキハ其旨ヲ差出人ニ報スヘシ
差出人前項ノ報知ヲ受ケタルトキ又ハ自ラ留置證ヲ失ヒタルトキハ最初小包郵便物ヲ差出シタル局所ニ就キ其受取證書ヲ證トシテ留置證ノ謄本ヲ申受ケ之ヲ受取人ニ送付スヘシ

本條ノ場合ニ於テハ留置期限ノ相當猶豫ヲ留置局ニ請フコトヲ得

第二十六條　留置小包郵便物ノ受取人其代人ヲ以テ該小包ヲ受取ラントスルトキハ其留置證ノ裏面ニ代人ノ氏名及之ニ委任スル旨ヲ記シテ署名捺印スヘシ其代人該小包ヲ受取ル手續ハ第二十四條ニ依ル

第二十七條　留置小包郵便物ノ差出人又ハ受取人ハ其小包郵便物ノ配達還付若クハ轉送ヲ其留置局ニ請求スルコトヲ得此場合ニ於テ轉送ノ上更ニ留置ヲ請求スルモノヽ外其留置證ハ總テ無効トス

第二十八條　此章ノ規程ハ總テ特別留置ノ小包郵便物ニ適用ス

第五章　送達

第二十九條　郵便局ニ於テ小包郵便物取扱中包裝損傷シタルトキハ相當ノ手當ヲ施シ其旨ヲ記シ取扱者ノ檢印ヲ捺スヘシ

第三十條　小包郵便物ノ配達又ハ還付ヲ受クルモノハ其ノ配達證書ニ調印シ之ヲ受取ルヘシ

同居ノ家族雇人之ヲ受取ルトキハ其旨ヲ記載シ本人ニ代リテ記名調印スヘシ

肩書ノ家ニ於テ之ヲ受取ルトキハ其家主記名調印スヘシ

官衙、公署、社寺、學校、病院、會社、協會、船舶等ニ於テ之ヲ受取ルトキハ相當ノ資格アルモノ其配達證書ニ記名調印スヘシ

第二項第三項及第四項ノ場合ハ之ヲ正當受取人ニ交付シタルモノトス

第三十一條　小包郵便物ノ配達又ハ還付ヲ受クルモノ未タ配達證書ニ調印セサル前ニ於テ其小包郵便物ヲ開封スルコトヲ得ス

若シ之ヲ開封シタルトキハ異議ナク其郵便物ヲ受取リタルモノトスヘシ
第三十二條　小包郵便物受取人不在等ノ事故ニ依リ初度配達ノ際之カ配達ヲ遂クル能ハサルトキハ一週間内便宜配達ヲ試ミ尙之ヲ配達シ能ハサルトキハ差出人ニ還付スヘシ
但別配達ノモノト雖モ尙後ノ試配達ハ總テ通常配達便ニ依ル
第三十三條　小包郵便物ノ受取人移轉シタルトキハ郵便局ハ速ニ差出人ニ向ケ送票（乙號）ヲ發シ之ヲ轉送スヘキカ又ハ之ヲ還付スヘキカヲ問合スヘシ差出人此問合ヲ受ケタルトキハ送票（乙號）中希望ノ欄ヲ存シ不用ノ欄ハ總テ之ヲ塗抹シ相當郵便切手ヲ貼付シ速ニ之ヲ該郵便局ニ回送スヘシ
但第十二條ニ依リ豫メ還付ヲ請求シタルモノハ直ニ之ヲ還付ス
其轉送スヘキ地同一郵便區内ニシテ轉送料ヲ増徵スルコトヲ要セサルモノハ直ニ之ヲ配達スヘシ
第三十四條　前條ニ依リ差出人ニ問合セタル後普通郵便往復日限ヲ經過スルコト五日ニ至ルモ尙何等ノ申出ヲナサヽルトキハ轉送ヲ希望セサルモノト看做シテ還付ノ取扱ヲナスヘシ
第三十五條　小包郵便配達ノ際其外部ニ破損ノ痕迹ナク且重量ニ變異ナキトキハ受取人之カ受取方ヲ拒ムコトヲ得ス
但破損ノ痕迹トハ之ニ依リテ其內品ヲ損傷シタルヘシト認ムル程ノ著大ナルモノニ限ル又遞送中ニ於ケル普通ノ磨擦若クハ濕濕乾燥等ノ故ニ依リテ増減シタル重量ノ異動ハ本條ノ限ニアラス
前項ニ依リ小包郵便物ノ受取ヲ拒ムトキハ其事由書ヲ認メ之ヲ配達人ニ交付スヘシ

第三十六條　受取人前條ニ依リ小包郵便物ノ受取方ヲ拒ミタルトキハ郵便局ニ於テ之ヲ調査シ相當理由アリト認ムルモノハ直ニ之ヲ差出人ニ還付スヘシ
若シ郵便局ニ於テ相當理由ナキモノト認ムルトキハ受取人ヲ召喚シ立會ノ上之ヲ調査スヘシ
受取人召喚ニ應セサルトキ又ハ立會調査ノ上之ヲ拒ムヘキ理由ナキコトヲ示シタルトキハ再ヒ之カ受取方ヲ拒ムコトヲ得ス
第三十七條　小包郵便物ヲ差出人ニ還付スヘキ場合ニ於テ其差出人小包郵便取扱局ノ郵便區外ニ在ルトキハ最寄小包郵便取扱局ニ留置キ其旨ヲ通知スヘシ
差出人其通知ヲ受ケタルトキハ最初受領シタル受取證書ヲ差出シ其差出人タルコトヲ證シテ之ヲ受取ルヘシ
代人ヲ以テ該小包ヲ受取ラントスルトキハ代人某ニ受取方ヲ委任スル旨ヲ記載シタル書面ヲ差出スヘシ
第三十八條　通知書ヲ發シテ十五日以内ニ尙其受取方ヲ請求セサルトキハ配達還付シ能ハサル郵便物トシテ處分スヘシ
第三十九條　第三十五條及第三十六條ノ規定ハ差出人カ其小包郵便物ノ還付ヲ受ル場合ニモ亦之ヲ適用ス
但受取人カ第三十五條第二項ニ依リ事由書ヲ附シタル小包郵便物ニ對シテモ差出人ハ更ニ還付ヲ受ケサル事由書ヲ配達人ニ交付スルヲ要ス
第四十條　差出人前條ノ事由書ヲ郵便物配達人ニ交付シタルトキハ速ニ郵便局ニ出頭シ若クハ相當代人ヲ差出シ尙其事由ヲ陳述スヘシ

第四十一條　差出人前條ノ手續ヲナストキハ郵便局ハ其出頭人ヲ立會ハシメ郵便物ヲ開封シテ損害ノ有無ヲ檢査シ果シテ損害アルコトヲ認ムルトキハ損害證明書二通ヲ作リ其一通ヲ出頭人ニ交附スヘシ

第四十二條　差出人還付ヲ受ケサル事由書ヲ郵便物配達人ニ交付シタルノミニテ第四十條ノ手續ヲ爲サヽルトキハ郵便局ヨリ其差出人ヲ召喚スヘシ若シ其召喚ニ應セサルトキハ異議ヲ取消シタルモノト看做シ其郵便物ハ之ヲ還付スヘシ此塲合ニ於テ差出人ハ之カ受取ヲ拒ムコトヲ得ス

第四十三條　第四十一條ニ依リ損害證明書ヲ作リタル小包郵便物ハ其賠償處分ノ結了ニ至ル迄之ヲ郵便局ニ留置クヘシ其賠償ヲ請求セサルモノハ速ニ之ヲ差出人ニ還付スヘシ

第四十四條　配達還付シ能ハサル小包郵便物ハ郵便沒書取扱ノ例ニ準ス

前項ノ取扱ニ附シタル小包郵便物ヲ更ニ送達スルトキハ第十六條ニ依リ科金ヲ徵收ス

第六章　賠償

第四十五條　小包郵便物損害ノ賠償ハ其差立局所ヲ管スル一等郵便局ニ之ヲ請求スヘシ

損害賠償ヲ請求スルニハ其品名箇數實價請求金額並ニ之ヲ請求スル事由ヲ記載シタル請求書ヲ作リ差立ノ際受取リタル受取證書ヲ添ヘ之ヲ差出スヘシ其損害證明書ヲ受取リタルモノハ尙之ヲ添フヘシ

郵便料ノ返付ヲモ請求スルトキハ前項請求書ニ其旨ヲ記載スヘシ

第四十六條　小包郵便物受取證書若クハ損害證明書ヲ失ヒ之ヲ前條請求書ニ添コルコト能ハサルモノハ當該郵便局ニ就テ其謄本ヲ申受クルコトヲ得

第四十七條　價額登記小包郵便物損害ノ賠償ハ左ノ區別ニ依リ之ヲ定ム

第一　全部ヲ亡失又ハ毀損シタルトキ　登記金額
第二　幾部ヲ亡失又ハ毀損シタルトキ　殘存ノ價額ト登記金額トノ差
但登記ノ價額實價ニ超過スルモノハ總テ之カ賠償ヲナサス

第四十八條　通常小包郵便物損害ノ賠償ハ左ノ區別ニ依リ之ヲ定ム
第一　全部ヲ亡失又ハ毀損シタルトキ　重量百匁ニ付金十錢ノ割合
第二　幾部ヲ亡失又ハ毀損シタルトキ　損害部分ニ對シ重量百匁ニ付金十錢ノ割合

第四十九條　損害ノ賠償ヲ爲スヘキ場合ニ於テ郵便料返付ノ請求アルトキハ左ノ區別ニ依リ之ヲ返付ス
第一　全部ヲ亡失又ハ毀損シタルトキ　料金ノ全部
第二　幾部ヲ亡失又ハ毀損シタルトキ　（亡失毀損セル部分ノ重量ニ對スル料金）但料金算出方ハ已納料金ノ比例ニ依ル

第五十條　損害賠償ノ請求ヲ受ケタル一等郵便局ニ於テハ其請求ノ當否ヲ審査シ賠償ヲ要セサルモノト認ムルトキハ其旨ヲ請求人ニ通知シ其賠償ヲ要スルモノト認ムルトキハ第四十七條及第四十八條ニ依リ賠償金額ヲ定メ之ヲ請求人ニ通知スヘシ
郵便料ノ返付ヲモ請求スル場合ニ於テハ其返付ニ關スル決定ヲ其通知書中ニ記載スヘシ

第五十一條　賠償請求人前條ノ通知ヲ受ケ之ニ不服アルトキハ其通知ヲ受ケタル日ヨリ五日以内ニ該郵便局ニ不服ノ申立ヲ爲スヘシ
前項ノ期限内ニ不服ノ申立ヲ爲サヽルモノハ不服ナキモノト看做シ假ニ之カ處分ヲ爲スヘシ

第五十二條　小包郵便物毀損ニ對スル損害賠償ノ請求ハ其處分結了ニ至ル迄何時タリトモ差出人ノ隨意ニ之ヲ取消シ其郵便物ノ交付ヲ請求スルコトヲ得
第五十三條　亡失小包郵便物ノ賠償ヲ爲シタル後該郵便物ヲ發見シタルトキハ郵便局ハ之ヲ差出人ニ通知スヘシ
第五十四條　亡失小包郵便物發見ノ通知ヲ受ケタルモノ其物品ノ還付ヲ請求スルトキハ其請求書ヲ作リ該通知書ヲ添ヘテ之ヲ差出シ同時ニ曩ニ受取リタル賠償金及郵便料ヲ返納スヘシ

（小包送票用紙雛形略ス）

○電信條例　明治十八年五月
布告第八號

第一章　電報

第一條　凡電報別テ三種ト爲ス
一　官報
二　局報
三　私報
第二條　官報局報私報各別テ七類ト爲ス
一　通常電報
二　至急電報
三　追尾電報
四　同文電報
五　照校電報

六　受信電報
七　返信料前納電報
第三條　電報ヲ傳送スルノ順序ハ官報ヲ先トシ局報之ニ次キ私報又之ニ次クモノトス
第四條　遞信大臣ニ於テ法律規則ニ違背シ又ハ治安ヲ妨害シ風俗ヲ壞亂スルモノト認ムル私報ハ其傳送ヲ止ムヘシ
第五條　政府ハ時機ニ依リ線路又ハ地方又ハ語辞ヲ限リ私報ヲ停止スルコトアルヘシ

第二章　電報書法

第六條　凡電報ヲ書載スルニハ普通辭又ハ秘辭隱語ヲ問ハス和文ハ片假名及數字ヲ用ヒ歐文ハ羅馬字及亞刺比亞數字ヲ用フヘシ
第七條　郵便電信局長電信局長ニ於テ私報ニ用フル秘辭隱語ノ解譯又ハ其合符原本ヲ要スルトキハ之ヲ差出スヘシ

第三章　電報料

第八條　凡電報料ハ國内ヲ通シテ同一ト爲ス但一市内及壹岐對馬ニ發着スルモノハ此限ニアラス
第九條　電報料及手數料ノ金額ハ別ニ布達ヲ以テ之ヲ定ム
第十條　電報料及手數料ハ電信切手ヲ以テ納ムルモノトス其切手ハ頼信紙ニ貼付スヘシ但シ返信電報料ノ前納及尋問電報料ノ假納ハ貼付スルノ限ニアラス
第十一條　郵便電信局電信局並電信切手賣下所ノ設ケアラサル地ヨリ郵便ニ付シテ電報ヲ發出スルトキハ郵便切手ヲ以テ電信切手ニ代用スルコトヲ得其郵便切手ハ頼信紙ニ貼付セサルモノトス

第十二條　電報料及手數料ニ用ヒタル電信切手ハ郵便電信局電信局ニ於テ消印スヘシ
第十三條　電報料及手數料ハ過納アルモ巳ニ電信切手ニ消印シタル後ハ之ヲ還付セス未タ傳送セサル電報ヲ返還アルトキ巳ニ消印シタルモノ亦同シ
第十四條　第四條ニ據リ私報ノ傳送ヲ止ムルトキハ其既ニ納メタル料金ヲ還付セス
第十五條　電報取扱ノ過失ニ因テ甚シク遲延シ若クハ到達セサルモノハ其料金ヲ還付ス照校電報ニシテ傳送ノ際誤謬ヲ生シテ其用辨ヲ闕キタルコト判然タルモノ亦同シ
第十六條　料金還付ノ請求ハ發信ノ日附ヨリ六十日以内ニ遞信省ニ申出ヘシ此期限ヲ過クルトキハ一切之ヲ受理セス
第十七條　電報料及手數料ニ不足アルトキハ郵便電信局電信局ニ於テ其電報ヲ傳送スルモ其不足ノ料金二倍ヲ發信人ヨリ追納セシムヘシ
第十八條　發信人又ハ受信人ヨリ納ムヘキ料金ヲ七日以内ニ徵收シ難キトキハ發信人ノ納メサルモノハ受信人ヨリ受信人ノ納メサルモノハ發信人ヨリ徵收スヘシ

第四章　電信切手

第十九條　電信切手ハ日本政府ニ於テ發行セシモノタルヘシ
第二十條　電信切手ハ電報料及手數料納濟ノ證トナスモノトス
第二十一條　電信切手ヲ賣ル者ハ遞信管理局長ノ免許ヲ受ケ電信切手賣下所ノ標札ヲ掲クヘシ
第二十二條　電信切手ハ郵便電信局電信局並電信切手賣下所ノ外ニ於テ賣買スヘカラス
第二十三條　電信切手ハ其額面ヨリ低價ヲ以テ賣ルヘカラス
第二十四條　返信電報料ノ前納及尋問電報料ノ假納ニ充ツル電信切手並電信切手ニ代用ス

ル郵便切手ヲ頼信紙ニ貼付シタルモノハ各其効用ヲ失フ

第二十五條　電信切手ノ汚班毀損又ハ不明瞭ナルモノハ其効用ヲ失フ但其未タ使用セサルモノニ限リ二人以上ノ證人ヲ立テ其原由ヲ證明シタルトキハ遞信管理局ニ於テ定價十分ニ減ニテ買戻スヘシ

第二十六條　遞信管理局又ハ一等郵便電信局一等電信局ニ於テハ四枚以上連續シタル電信切手ヲ其所持人ノ請求ニ依リ定價十分一減ニテ買戻スヘシ

第五章　電報發送

第二十七條　電報ノ傳送ハ郵便電信局電信局ニ於テ之ヲ管スルモノトス

第二十八條　郵便電信局郵便局ノ廢置並開局時間ハ遞信大臣之ヲ告示スヘシ

第二十九條　電報ヲ依托スル時間ハ開局時間ニ限ルヘシ但至急官報ハ此限ニアラス

第三十條　發信人ノ請求アルニ非サレハ電報ノ受取證書ヲ交付セス之ヲ請求スルトキハ其手數料ヲ納ムヘシ

第三十一條　官報ハ官廳又ハ官吏ノ印ヲ押捺スヘキモノトス但官報タルノ確證アルトキハ此限ニアラス

第三十二條　官報ノ原信ヲ證據トシテ差出ストキハ其返信ヲ官報トシテ發送スルコトヲ得

第三十三條　郵便電信局電信局ニ於テ私報ノ發信人タルノ證據ヲ要スルトキ其發信人ハ頼信紙ノ端末ニ署名捺印スヘシ

第三十四條　電報ハ其宛名ノ家又ハ本人ニ之ヲ配達スヘシ但受取ルヘキ人名ノ指名アルモノハ此限ニアラス

第三十五條　電報ヲ受取タル者ハ電報受取紙ニ時刻ヲ記入シ記名ノ下ニ捺印シ直ニ之ヲ配

達人ニ交付スヘシ
第三十六條　宛名ノ家又ハ本人ニ屬セサル電報ノ配達ヲ受取タル者ハ其由ヲ附箋シ直ニ之ヲ著信局ニ返付スヘシ
其電報ヲ誤テ開封シタル者ハ更ニ封緘シ其事由ヲ副書スヘシ
第三十七條　郵便電信局電信局ヨリ一里ヲ超ヘサル地ニ配達スル電報ハ手數料ヲ要セス但別便配達島嶼配達艀船配達ハ此限ニアラス
第三十八條　郵便電信局電信局ヨリ一里ヲ超ヘタル地ニ配達スル電報ニシテ發信人ヨリ其配送方ヲ指定セサルモノハ先拂郵便ヲ以テ遞送スヘシ
第三十九條　郵便ニテ遞送スル電報ハ其郵便税ヲ納ムヘシ
別便又ハ艀船ヲ以テ配達スル電報ハ手數料ヲ納メ島嶼ニ配達スル電報ハ實費ヲ納ムヘシ
第四十條　受信人ニ配達シ能ハサル電報ハ著信局ニ留置キ本人或ハ其委任ヲ受ケタル代人ヨリ請求スルトキハ之ヲ交付スヘシ若シ著信ノ日ヨリ六十日以内ニ請求スル者アラサルトキハ之ヲ沒書トナスヘシ
第四十一條　未タ傳送セサル電報ハ其發信人タルノ證據ヲ以テ返還ヲ請求スルトキハ之ヲ還付スルコトアルヘシ
第四十二條　電報ノ傳送ヨリ生シタル損失又ハ異議アルモ遞信省ハ一切其責ニ任セス
第六章　尋問改正
第四十三條　受信人電報ノ字句ニ疑惑アリテ尋問ヲ要スルトキハ其電報ヲ受取リタル時ヨリ二十四時以內ニ之ヲ請求スルコトヲ得但其料金ヲ假納スヘシ
郵便電信局電信局ニ於テハ其請求ニ應シ電報ヲ校正シ通信上ニ誤謬ナキトキハ假納ノ料

金ヲ收入シ若シ誤謬アルトキハ之ヲ還付スヘシ

第四十四條　發信人電報ノ字句ニ改正ヲ要スルトキハ其電報ヲ依托シタル時ヨリ七十二時以内ニ之ヲ請求スルコトヲ得但發信人タルノ證據ヲ差出スヘシ

第七章　閲覽正寫

第四十五條　發信人又ハ受信人ハ電報發著ノ日ヨリ三十日以內ニ本人又ハ其代人タルノ證據ヲ以テ發著局ニアル原信ノ閲覽ヲ請求スルコトヲ得又其原信ニ相違ナキノ證印アル正寫ヲ請求スルコトヲ得其期限ヲ過キタルトキハ更ニ六十日以內ニ之ヲ遞信省ニ請求スルコトヲ得此期限ヲ過クルトキハ一切之ヲ許サス原信ノ正寫ヲ請求スルトキハ其手數料ヲ納ムヘシ

第八章　電機私設

第四十六條　凡電氣ノ機器ヲ以テ通信傳話及號報ヲナサントスル者ハ遞信大臣ニ願出ヘシ

第四十七條　私設ノ電線ハ官設ノ電線アラサル地ニ於テ一人又ハ両人ノ用ニ供スルモノニ限リ許可スルモノトス但傳話又ハ鐵道ノ用ニ供スルモノハ官設ノ電線アル地ニ於テモ許可スルコトアルヘシ

第四十八條　電線私設ノ許可ヲ得タル者ハ遞信省ニ於テ定メタル規約ニ從フヘシ

第四十九條　私設ノ電線ハ最寄電信分局ニ連續設置スヘシ但傳話又ハ鐵道ノ用ニ供スルモノハ此限ニアラス

第五十條　私設ノ電線ハ他人ノ電報ヲ傳送スルコトヲ許サス

第九章　海外電報

第五十一條　海外電報ハ同盟諸國ノ會議ヲ以テ定ムル所ノ萬國條約書ニ據リテ取扱フヘシ

第十章　罰則

第五十二條　第七條ヲ犯シタル者ハ五圓以上五十圓以下ノ罰金ニ處ス
第五十三條　第二十二條第二十三條ヲ犯シタル者ハ二圓以上五十圓以下ノ罰金ニ處ス
第五十四條　第三十五條第三十六條ヲ犯シタル者ハ二圓以上二十圓以下ノ罰金ニ處ス
第五十五條　第四十六條ヲ犯シタル者ハ二圓以上百圓以下ノ罰金ニ處シ其機器ヲ沒收ス
第五十六條　第四十八條第四十九條ヲ犯シタル者ハ二圓以上百圓以下ノ罰金ニ處シ其情狀ニ依リ電線私設ヲ禁止ス
第五十七條　第五十條ヲ犯シタル者ハ二月以上二年以下ノ重禁錮ニ處シ五圓以上百圓以下ノ罰金ヲ附加シ其機器ヲ沒收ス
第五十八條　電線ヲ切斷セスト雖モ電氣ヲ吸引シ易キ物ヲ纒繞シテ不通ニ致シ若クハ其効力ヲ妨害シタルモノハ三月以上三年以下ノ重禁錮ニ處シ五圓以上五十圓以下ノ罰金ヲ附加ス
第五十九條　疎虞懈怠ニ因リ電信ノ器械柱木條線ヲ損壞切斷シテ電氣ヲ不通ニ致シ或ハ其効力ヲ妨害シタル者ハ二圓以上十圓以下ノ罰金ニ處ス
其水底電信線ニ係ルトキハ五圓以上五十圓以下ノ罰金ニ處ス
第六十條　電信ノ柱木條線ニ紙鳶ヲ懸ケ若クハ瓦礫其他ノ雜物ヲ擲チ又ハ柱木及測量標木ニ獸畜ヲ繫キ若クハ貼紙シ戲書シ又ハ柱木ノ記號及測量標木ヲ毀棄汚穢シタル者ハ五錢以上一圓九十五錢以下ノ科料ニ處ス
第六十一條　政府ノ指定シタル水底電信線路内ニ於テ艦舷ヲ繫泊シ又ハ漁業採藻ヲ爲シ土砂ヲ堀鑿シ又ハ電信線ノ號標ニ舟筏ヲ繫キ又ハ其號標ヲ毀棄シタル者ハ五圓以上百圓以

下ノ罰金ニ處ス
政府ノ指定シタル電信船ノ號標距離内ニ於テ前項ノ所爲ヲ行ヒ又ハ施行シタル者亦同シ
第六十二條　僞計又ハ威力ヲ以テ電報ノ傳送配達及架線其他ノ工事ヲ妨害シ若クハ之ヲ阻止シタル者ハ二月以上二年以下ノ重禁錮ニ處シ二圓以上二十圓以下ノ罰金ヲ附加ス
第六十三條　己レニ屬セサル電報ヲ開封シ若クハ私用シ或ハ毀棄汚穢抑留隱匿シ若クハ受取人ニ非サル者ニ交付シ及其情ヲ知テ之ヲ收受シタル者ハ一月以上二年以下ノ重禁錮ニ處シ二圓以上二十圓以下ノ罰金ヲ附加ス
第六十四條　電信切手ヲ僞造變造シ又ハ其情ヲ知テ之ヲ使用シタル者ハ一年以上五年以下ノ重禁錮ニ處シ五圓以上五十圓以下ノ罰金ヲ附加ス
第六十五條　已ニ貼用シタル電信切手ヲ再ヒ貼用シタル者ハ二圓以上二十圓以下ノ罰金ニ處ス
第六十六條　電信事務ヲ奉スル者前數條ノ罪ヲ犯シタルトキハ各本刑ニ照シ一等ヲ加フ
第六十七條　遞信大臣ノ許可ヲ得スシテ通信室ニ入リタル者ハ二圓以上二十圓以下ノ罰金ニ處ス之ヲ入レタル者ハ一等ヲ加フ
第六十八條　電信事務ヲ奉スル者私報ノ旨意ヲ漏泄シタルトキハ三月以上三年以下ノ重禁錮ニ處シ五圓以上五十圓以下ノ罰金ヲ附加ス但法律規則ニ從ヒ開披説明スルハ此限ニアラス
官報及局報ノ旨意ヲ漏泄シタル者ハ一等ヲ加フ
第六十九條　電信事務ヲ奉スル者頼信紙ニ貼用シタル切手ヲ剝取タルトキハ一月以上一年以下ノ重禁錮ニ處シ三圓以上三十圓以下ノ罰金ヲ附加ス

其未タ消印ヲ爲サヽル切手ヲ剝取タル者ハ刑法竊盜ノ本條ニ照シテ處斷ス
第七十條　電信事務ヲ奉スル者故ナクシテ通信ノ依托ヲ拒ミタルトキハ四圓以上四十圓以下ノ罰金ニ處ス
第七十一條　疎虞懈怠ニ因リ電信ヲ遺失シ又ハ傳送配達ヲ延滯シタル者ハ一圓以上一圓九十五錢以下ノ科料ニ處ス
第七十二條　配達人謝儀若クハ不當ノ賃錢ヲ要求シタルトキハ五十錢以上一圓九十五錢以下ノ科料ニ處ス
第七十三條　第五十八條第六十二條第六十四條第六十五條ニ記載シタル罪ヲ犯サントシテ未タ遂ケサル者ハ刑法未遂犯罪ノ例ニ照シテ處斷ス
第七十四條　第六十四條第六十九條ニ記載シタル罪ヲ犯シ輕罪ノ刑ニ處シタル者ハ六月以上二年以下ノ監視ニ附ス

○海底電信線保護萬國聯合條約罰則　明治十八年七月布告第十八號

第一條　條約第二條ヲ犯シタルモノハ刑法第百六十四條ノ例ニ照シテ處斷シ其未タ遂ケサルモノハ刑法未遂犯罪ノ例ニ照シテ處斷ス
其疎虞懈怠ニ因ル者ハ電信條例第五十九條第二項ニ照シテ處斷ス
第二條　疎虞懈怠ニ因リ海底電信線ヲ切斷損壞シタル者ハ其船舶ノ初テ到著シタル地ノ管轄廳（外國ニ於テハ其地駐在ノ領事館）ニ二十四時以內ニ屆出ヘシ之ヲ屆出サル者ハ十圓以上百圓以下ノ罰金ニ處ス
第三條　自己ノ生命或ハ船舶ヲ保護スル爲メ已ムヲ得スシテ海底電信線ヲ切斷損壞シタル者亦前條ニ依テ屆出ヘシ之ヲ屆出サル者ハ二圓以上十圓以下ノ罰金ニ處ス

第四條　條約第五條第一項第二項第三項及第六條ヲ犯シタル者ハ五圓以上百圓以下ノ罰金ニ處ス

條約第五條第一項ヲ犯シ因テ他ノ船舶ヲシテ海底電信線ヲ切斷損壞ニ至ラシメタル電信船ノ船長ハ一等ヲ加フ

第五條　條約第十條ニ依リ書類ヲ見ント要求スルトキ之ヲ示スコトヲ拒ミタル者ハ四圓以上四十圓以下ノ罰金ニ處ス

前項ノ場合ニ於テ暴行脅迫ヲ以テ拒ミタルモノハ刑法第百三十九條ニ照シテ處斷ス

第六條　此罰則ニ掲ケタル罪ヲ犯シタル者ハ犯人所屬ノ船舶定繫港又ハ其船舶所在地ノ輕罪裁判所ニ於テ之ヲ審判ス

○第十類　鐵道

○鐵道略則

明治五年五月
太政官第百四十六號布告

第一條　賃金ノ事

何人ニ不限鉄道ノ列車ニテ旅行セント欲スル者ハ先賃金ヲ拂ヒ手形ヲ受取ル可シ然ラサレハ決シテ列車ニ乘ル可カラス

第二條　手形檢査及ヒ渡方ノ事

手形檢査ノ節ハ改テ受取集ノ節ハ渡ス可シ若シ檢査ノ節手形ヲ出サス或ハ取集ノ節手形ヲ渡サヽル者ハ更ニ發車ノ「ステーシヨン」ヨリノ賃金ヲ拂ハシムヘシ尤途中ヨリ乘來リシ者ニテ其確證判然タル片ハ其乘リタル場所ヨリノ賃金ヲ拂ハシムヘシ

第三條　途中「ステーシヨン」ニテ乘組幷ニ手形ノ事

途中「ステーシヨン」ニ於テ列車中餘地ノ有無ニ應シテ乘リ組ムコヲ得ヘシ若シ其手形ヲ

買取リシ總人數ヲ容ルヘキ餘地ナキ時ハ其中ニテ最遠キ地ニ赴ク手形所持ノ人丈ケ乘組ムヿヲ得ヘシ若シ又同里程ノ地ニ赴ク客數人アル𪜈ハ其手形ノ番號ノ順序ヲ以テ乘ルヿヲ得ヘシ

第四條　僞欺ノ者扱方ノ事

何人ニ限ラス賃金ヲ拂ハス列車ニテ旅行セント計リ或ハ遂ニ旅行シ又ハ其拂ヒシ賃金高相當ノ車ニ乘ラスシテ更ニ上等ノ車ニ乘リ組ミ又ハ既ニ車ヨリ下ルヘキ場所ヲ過キ增賃金ヲ拂ハスシテ遠キ場所ニ至リ遂ニ其賃金ヲ免レント計リ又ハ既ニ拂ヒタル賃金ニテ到ルヘキ場所ニ至リナカラ車ヨリ下リ去ルヿヲ肯ンセス其外如何ナル仕方ニテモ賃金拂方ヲ逃ントスル者ハ夫々法ニ隨テ罰スヘシ

第五條　列車運轉中出入禁止ノ事

總シテ列車ノ運轉中ニ出入スルヿ又ハ車內旅客ノ居ルヘキ場所ノ外ニ乘ルヿヲ禁ス

第六條　疱瘡等ノ病人ヲ禁止スル事

疱瘡及ヒ諸傳染病ヲ煩フ者ハ乘車ヲ禁ス若シ此等ノ病人車中ニ在ヲハ見當リ次第鉄道掛リノ者ヨリ車外幷ニ鉄道構外ヘ退去セシムヘシ

第七條　吸烟幷ニ婦人部屋男子出入禁止ノ事

何人ニ限ラス「ステーション」構內吸烟ヲ禁セシ場所幷ニ吸烟ヲ禁セシ車內ニテ吸烟スルヿヲ許サス且婦人ノ爲メニ設アル車及ヒ部屋等ニ男子妄リニ立入ルヲ許サス若シ右等ノ禁ヲ犯シ掛リノ者ノ戒メヲ用ヒサル者ハ車外幷ニ鉄道構外ニ直ニ退去セシムヘシ

第八條　醉人及不行狀人扱方ノ事

何人ニ限ラス總テ列車乘組中又ハ「ステーション」幷ニ鉄道構內ニテ醉ニ乘シ妄狀ヲ現ハ

ス者又ハ不良ノ行狀ヲ爲ス者ハ鉄道掛リノ者ヨリ車外及ヒ鉄道構外ヘ直ニ退去セシムヘシ

第九條　鉄道ニ屬スル物品ヲ毀損スル時ノ事

何人ニ限ラス猥リニ「ステーション」其他鉄道構内ニ標識掲示セル書附等ヲ剝シ或ハ破リ又ハ列車ノ番號札ヲ取除キ或ハ車燈ヲ消シ又ハ各車ノ諸器械倉庫建家牆柵其他鉄道一切ノ附屬品ヲ毀損スル者ヲ都テ法ニ隨テ所置スヘシ

第十條　機關車等ヘ乘込ヲ禁スル事

機關方幷ニ火夫ノ外ハ其筋ノ許シヲ得スシテ機關車又ハ炭水車ニ乘リ或ハ乘ラント爲ス可カラス且ツ車長及ヒ車掛リノ者ノ外其筋ノ許ヲ得スシテハ荷物車又ハ旅客ノ爲メニ設ケサル車ニ乘リ又ハ乘ラント爲スヘカラス此禁ヲ犯シ鉄道掛リノ者ノ制止ヲ用ヒサル者ハ直チニ其場ヨリ退去セシムヘシ

第十一條　鉄道地所ヘ妄リニ立入者取扱方ノ事

何人ニ限ラス「ステーション」又ハ鉄道構内ヘ妄リニ立入者ハ鉄道掛ノ者ヨリ即刻構外ヘ立去ラシムヘシ

第十二條　旅客ノ荷物紛失毀損取扱方ノ事

旅客手廻リ荷物其外所持ノ品タリトモ總テ之カ爲メニ別段ニ賃金ヲ拂ヒ其請取證書ヲ取置カサレハ若シ紛失毀損等アルトモ政府ニ於テ關係セサルヘシタトヒ賃金ヲ拂ヒ證書ヲ取置トモ其毀損紛失等ヲ償フハ只旅客自用衣服ノミニ止リ且償金モ五十圓ニ過ルコトナシ

第十三條　高金及大切ノ物品紛失毀損ニ關不關アル事

金銀紙貨幣郵便切手爲替會社通用券爲替手形約定證書金銀請拂證書地所建家沽券諸繪圖書畫古器金銀玉石鍍金及諸彫鐫細工物時計類其餘衣類或ハ玩佩物ノ粧飾ニ混作ノ品類及硝子器類陶器漆器酒類蠶種繭絹布生熟糸等ノ品物運送方ニ付テハ其品柄並價高等ヲ明白ニ其掛ヘ申立テ増賃金ヲ拂ヒ紛失毀損等請合シ分ノ外ハ總テ政府ニ於テ之ヲ償ハス

第十四條　牛馬獸類運送ノ事

牛馬及其他ノ獸類ヲ運送スルニ其持主或ハ送リ人ヨリ其獸類ノ價ヲ運送掛ヘ申出相當ノ増賃金ヲ拂ヒ請合證書ヲ取置クヘシ若シ増賃金ヲ拂ハス請合ヲ爲サヽル分ハ如何程高價ノ獸類紛失損害アルトモ牛一疋金二十圓以上馬一疋或ハ乳牛一疋ニ金五十圓以上羊或ハ豚一疋ニ金五圓以上ヲ政府ニ於テ償フコトナシ

第十五條　砲發ヲ禁スル事

何人ニ不限車內ハ勿論鉄道線及其他構內ニ砲發スルヲ禁ス

第十六條　爆發質アル危害物運輸ヲ禁スル事

鉄道寮ヨリ追テ公告スルマテハ火藥及ヒ「ピトローリヤム」「ケロシン、ナイル」「トルペンタイ」石炭油等ヲ云硝性並ニ爆發質燃焼質等ノ物品ハ運輸セサルヘシ

第十七條　荷物目録ヲ渡スヘキ事

運送ノ諸荷物ヲ鉄道掛ノ者ヘ引渡シ又ハ請取ノ度毎ニハ右荷主或ハ宰領人ヨリ其品柄數量及姓名ヲ記シテ掛リノ者ヘ差出スヘシ

第十八條　物品并畜類損害償方定限ノ事

鉄道ニテ運送スル物品並畜類紛失損害アリトモ鉄道掛リノ怠惰疏漏ヨリ起リシニ非レハ政府ニ於テ之ヲ償フコトナシ

第十九條　荷物運送賃金ノ事
何人ニ不限荷物運賃ノ催促ヲ受ケテ尙拂ハサル時ハ其荷物ノ全部又ハ部分ヲ留置キ若又其荷物既ニ他所ニ運送セシ時ハ其後同人附屬ノ荷物鉄道掛リヘ送來ルコトアル時ハ之ヲ留置キ同人ヘ告知ラセタル上ニテ滯金高程ノ品ヲ入札公賣シ其滯金ト諸入費トヲ引取殘金殘品ヲ同人ヘ返スヘシ又時宜ニヨリ右ノ取計ヒヲ爲サス法官ニ訴ヘテ賃金並入費等ヲ取立ルコトアルヘシ
第二十條　規則ニ隨ハサル者ノ事
何人ニ不限諸事前條ノ規則ニ隨ハスンハ乘車及荷物ノ運送ヲ許サヽルヘシ
第二十一條　規則等ノ變革布達ノ事
此規則中變革及加除アルトキハ遍ク告達スヘシ
第二十二條　荷物運送引請方ノ事
諸荷物ノ運送ヲ引請ルコトハ列車中餘地ノ有無ニ應スヘシ
第二十三條　此規則ヲ施行スルカ爲メニ夫々法官ニ訴ヘ犯罪人罰シ方等ノ裁判ヲ乞フ手順ハ鉄道頭或ハ鉄道支配人ノ間ニテ其取扱アルヘシ
第二十四條　旅客並荷物ノ運賃ハ時宜ニ隨ヒ變革アルト雖モ其變革毎ニハ二週日前ニ告達スヘシ尤鉄道頭鉄道支配方及運輸頭取ノ間ニ於テ前條ノ如キ告達ナク臨時ニ常例ヨリ下等ノ運賃ヲ以テ別ニ列車ヲ仕立ルコトモアルヘシ
第二十五條　此規則來ル五月七日ヨリ施行スヘシ

○鐵道犯罪罰則

明治六年三月
布告第百一號

第一條　鐵道掛ノ者總テ鉄道上ニ關カル事務取扱中醉ニ乘シ無狀ヲ現ハスニ於テハ二十五

圓以内ノ罰金ニ處ス若シ其職掌怠惰輕忽ニヨリ鉄道旅客ノ危難トモナルヘキ取扱アルトキハ其事情ニ依リ五百圓以内ノ罰金又ハ三月以内ノ懲役或ハ禁獄ニ處ス（十二年第十二號布告ヲ以テ（禁錮）ヲ（禁獄）ニ改ム以下皆同）

第二條　規則第四條ニ記スル處ノ不法ヲ為ス者ハ二十五圓以内ノ罰金或ハ三十日以内ノ禁獄ニ處ス（十二年第十二號布告ヲ以テ全條改正）

第三條　規則第五條ノ禁ヲ犯ス者ハ十圓以内ノ罰金ニ處ス

第四條　規則第六條ノ禁ヲ犯ス者ハ拂タル賃金ヲ沒シ二十五圓以内ノ罰金ニ處ス

第五條　規則第七條ノ禁ヲ犯ス者ハ拂タル賃金ヲ沒シ十圓以内ノ罰金ニ處ス

第六條　規則第八條ニ記セル所行ヲ為ス者ハ拂タル賃金ヲ沒シ二十五圓以内ノ罰金或ハ三十日以内ノ禁獄ニ處ス

第七條　規則第九條ニ記スル所ノ不法ヲ為ス者ハ五十圓以内ノ罰金又ハ六週間以内ノ懲役或ハ禁獄ニ處ス

第八條　規則第十條ノ禁ヲ犯ス者ハ二十五圓以内ノ罰金ニ處ス

第九條　規則第十一條ノ禁ヲ犯ス者ハ二十五圓以内ノ罰金或ハ三十日以内ノ禁獄ニ處ス

第十條（同上）規則第十五條ノ禁ヲ犯ス者ハ二十五圓以内ノ罰金ニ處ス

第十一條　規則第十七條ニ記スル處ノ諸荷物品書其外ヲ故ラニ出サス或ハ故ラニ欺僞ノ品物書ヲ出ス者ハ三箇月以内ノ懲役又ハ禁獄或ハ其品物一噸千七百斤ヲ云每ニ二十五圓以内ノ罰金ニ處ス一噸以下ハ十圓以内尤一罰ノ贖金高五百圓ニ過キス（同上）

第十二條　鉄道附屬品ヲ毀損スル者ハ第七條ニ照シ罰ヲ科スルノ外其毀損物ノ代價ヲ償ハ

シムルコトアルヘシ但シ其償金ノ追徵モ鉄道寮ヨリ法官ヘ乞フトキハ法官ニ於テ追徵スヘシ

○第十一類　各種稅

○地租條例　明治十七年三月　布告第七號

地租條例別冊ノ通制定シ明治六年(七月)第二百七十二號布告地租改正條例及地租改正ニ關スル條規其他本條例ニ牴觸スルモノハ廢止ス

但東京府管轄伊豆七島小笠原島函館縣沖繩縣札幌縣根室縣ハ當分從前ノ通タルヘシ(十九年布告第一號ヲ以テ函館札幌、根室ノ三縣ヲ廢シ北海道廳ヲ置ク)

地租條例(別冊)

第一條　地租ハ地價百分ノ二箇半ヲ以テ一年ノ定率トス

但本條例ニ地價ト稱スルハ土地臺帳ニ揭ケタル價額ヲ謂フ(廿二年十一月廿九日法律第三十號ヲ以テ但書改正)

第二條　地租ハ年ノ豐凶ニヨリテ增減セス

第三條　有租地ヲ區別シテ二種トス

第一類　田、畑、郡村宅地、市街宅地、鹽田、鑛泉田

第二類　池沼、山林、牧塲、原野、雜種地(同上本項改正)

第一類中又ハ第二類中ノ各地目變換スルモノヲ地目變換ト謂フ

第二類地ニ勞費ヲ加ヘ第一類地ト爲スモノヲ開墾ト謂フ

第一類地又ハ第二類地ノ山崩川欠、押堀、石砂入、川成海成、湖水成等ノ如キ天災ニ罹リ地形ヲ變シタルモノヲ荒地ト謂フ

第四條　公立學校地、郷村社地、墳墓地、用惡水路、溜池、隄塘、井溝鐵道用地、禁伐林及公衆ノ用

司法警察官必携　罰則大全　〔第一分冊〕
日本立法資料全集　別巻 1177

平成30年1月20日　　復刻版第1刷発行

編述者　福　田　正　已

発行者　今　井　　　貴
　　　　渡　辺　左　近

発行所　信　山　社　出　版
〒113-0033　東京都文京区本郷6-2-9-102
モンテベルデ第2東大正門前
電　話　03（3818）1019
FAX　03（3818）0344
郵便振替　00140-2-367777（信山社販売）
Printed in Japan.

制作／(株)信山社，印刷・製本／松澤印刷・日進堂

ISBN 978-4-7972-7291-8 C3332

別巻　巻数順一覧【950 ～ 981 巻】

巻数	書　名	編・著者	ISBN	本体価格
950	実地応用町村制質疑録	野田藤吉郎、國吉拓郎	ISBN978-4-7972-6656-6	22,000 円
951	市町村議員必携	川瀬周次、田中迪三	ISBN978-4-7972-6657-3	40,000 円
952	増補 町村制執務備考 全	増澤鐵、飯島篤雄	ISBN978-4-7972-6658-0	46,000 円
953	郡区町村編制法 府県会規則 地方税規則 三法綱論	小笠原美治	ISBN978-4-7972-6659-7	28,000 円
954	郡区町村編制 府県会規則 地方税規則 新法例纂 追加地方諸要則	柳澤武運三	ISBN978-4-7972-6660-3	21,000 円
955	地方革新講話	西内天行	ISBN978-4-7972-6921-5	40,000 円
956	市町村名辞典	杉野耕三郎	ISBN978-4-7972-6922-2	38,000 円
957	市町村吏員提要〔第三版〕	田邊好一	ISBN978-4-7972-6923-9	60,000 円
958	帝国市町村便覧	大西林五郎	ISBN978-4-7972-6924-6	57,000 円
959	最近検定 市町村名鑑 附 官国幣社 及 諸学校所在地一覧	藤澤衛彦、伊東順彦、増田穆、関惣右衛門	ISBN978-4-7972-6925-3	64,000 円
960	鼇頭対照 市町村制解釈 附 理由書 及 参考諸布達	伊藤寿	ISBN978-4-7972-6926-0	40,000 円
961	市町村制釈義 完　附 市町村制理由	水越成章	ISBN978-4-7972-6927-7	36,000 円
962	府県郡市町村 模範治績　附 耕地整理法 産業組合法 附属法令	荻野千之助	ISBN978-4-7972-6928-4	74,000 円
963	市町村大字読方名彙〔大正十四年度版〕	小川琢治	ISBN978-4-7972-6929-1	60,000 円
964	町村会議員選挙要覧	津田東璋	ISBN978-4-7972-6930-7	34,000 円
965	市制町村制 及 府県制　附 普通選挙法	法律研究会	ISBN978-4-7972-6931-4	30,000 円
966	市制町村制註釈 完　附 市制町村制理由〔明治21年初版〕	角田真平、山田正賢	ISBN978-4-7972-6932-1	46,000 円
967	市町村制詳解 全　附 市町村制理由	元田肇、加藤政之助、日鼻豊作	ISBN978-4-7972-6933-8	47,000 円
968	区町村会議要覧 全	阪田辨之助	ISBN978-4-7972-6934-5	28,000 円
969	実用 町村制市制事務提要	河邨貞山、島村文耕	ISBN978-4-7972-6935-2	46,000 円
970	新旧対照 市制町村制正文〔第三版〕	自治館編輯局	ISBN978-4-7972-6936-9	28,000 円
971	細密調査 市町村便覧(三府 四十三県 北海道 樺太 台湾 朝鮮 関東州)　附 分類官公衙公私学校銀行所在地一覧表	白山榮一郎、森田公美	ISBN978-4-7972-6937-6	88,000 円
972	正文 市制町村制 並 附属法規	法曹閣	ISBN978-4-7972-6938-3	21,000 円
973	台湾朝鮮関東州 全国市町村便覧 各学校所在地〔第一分冊〕	長谷川好太郎	ISBN978-4-7972-6939-0	58,000 円
974	台湾朝鮮関東州 全国市町村便覧 各学校所在地〔第二分冊〕	長谷川好太郎	ISBN978-4-7972-6940-6	58,000 円
975	合巻 佛蘭西邑法・和蘭邑法・皇国郡区町村編成法	箕作麟祥、大井憲太郎、神田孝平	ISBN978-4-7972-6941-3	28,000 円
976	自治之模範	江木翼	ISBN978-4-7972-6942-0	60,000 円
977	地方制度実例総覧〔明治36年初版〕	金田謙	ISBN978-4-7972-6943-7	48,000 円
978	市町村民 自治読本	武藤榮治郎	ISBN978-4-7972-6944-4	22,000 円
979	町村制詳解　附 市制及町村制理由	相澤富蔵	ISBN978-4-7972-6945-1	28,000 円
980	改正 市町村制 並 附属法規	楠綾雄	ISBN978-4-7972-6946-8	28,000 円
981	改正 市制 及 町村制〔訂正10版〕	山野金蔵	ISBN978-4-7972-6947-5	28,000 円

巻数	書　名	編・著者	ISBN	本体価格
915	改正 新旧対照市町村一覧	鍾美堂	ISBN978-4-7972-6621-4	78,000円
916	東京市会先例彙輯	後藤新平、桐島像一、八田五三	ISBN978-4-7972-6622-1	65,000円
917	改正 地方制度解説〔第六版〕	狭間茂	ISBN978-4-7972-6623-8	67,000円
918	改正 地方制度通義	荒川五郎	ISBN978-4-7972-6624-5	75,000円
919	町村制市制全書 完	中嶋廣蔵	ISBN978-4-7972-6625-2	80,000円
920	自治新制 市町村会法要談 全	田中重策	ISBN978-4-7972-6626-9	22,000円
921	郡市町村吏員 収税実務要書	荻野千之助	ISBN978-4-7972-6627-6	21,000円
922	町村至宝	桂虎次郎	ISBN978-4-7972-6628-3	36,000円
923	地方制度通 全	上山満之進	ISBN978-4-7972-6629-0	60,000円
924	帝国議会府県会郡会市町村会議員必携 附関係法規 第1分冊	太田峯三郎、林田亀太郎、小原新三	ISBN978-4-7972-6630-6	46,000円
925	帝国議会府県会郡会市町村会議員必携 附関係法規 第2分冊	太田峯三郎、林田亀太郎、小原新三	ISBN978-4-7972-6631-3	62,000円
926	市町村是	野田千太郎	ISBN978-4-7972-6632-0	21,000円
927	市町村執務要覧 全 第1分冊	大成館編輯局	ISBN978-4-7972-6633-7	60,000円
928	市町村執務要覧 全 第2分冊	大成館編輯局	ISBN978-4-7972-6634-4	58,000円
929	府県会規則大全 附 裁定録	朝倉達三、若林友之	ISBN978-4-7972-6635-1	28,000円
930	地方自治の手引	前田宇治郎	ISBN978-4-7972-6636-8	28,000円
931	改正 市制町村制と衆議院議員選挙法	服部喜太郎	ISBN978-4-7972-6637-5	28,000円
932	市町村国税事務取扱手続	広島財務研究会	ISBN978-4-7972-6638-2	34,000円
933	地方自治制要義 全	末松偕一郎	ISBN978-4-7972-6639-9	57,000円
934	市町村特別税之栞	三邊長治、水谷平吉	ISBN978-4-7972-6640-5	24,000円
935	英国地方制度 及 税法	良保両氏、水野遵	ISBN978-4-7972-6641-2	34,000円
936	英国地方制度 及 税法	髙橋達	ISBN978-4-7972-6642-9	20,000円
937	日本法典全書 第一編 府県制郡制註釈	上條慎蔵、坪谷善四郎	ISBN978-4-7972-6643-6	58,000円
938	判例挿入 自治法規全集 全	池田繁太郎	ISBN978-4-7972-6644-3	82,000円
939	比較研究 自治之精髄	水野錬太郎	ISBN978-4-7972-6645-0	22,000円
940	傍訓註釈 市制町村制 並ニ 理由書〔第三版〕	筒井時治	ISBN978-4-7972-6646-7	46,000円
941	以呂波引町村便覧	田山宗堯	ISBN978-4-7972-6647-4	37,000円
942	町村制執務要録 全	鷹巣清二郎	ISBN978-4-7972-6648-1	46,000円
943	地方自治 及 振興策	床次竹二郎	ISBN978-4-7972-6649-8	30,000円
944	地方自治講話	田中四郎左衛門	ISBN978-4-7972-6650-4	36,000円
945	地方施設改良 訓諭演説集〔第六版〕	鹽川玉江	ISBN978-4-7972-6651-1	40,000円
946	帝国地方自治団体発達史〔第三版〕	佐藤亀齡	ISBN978-4-7972-6652-8	48,000円
947	農村自治	小橋一太	ISBN978-4-7972-6653-5	34,000円
948	国税 地方税 市町村税 滞納処分法問答	竹尾高堅	ISBN978-4-7972-6654-2	28,000円
949	市町村役場実用 完	福井淳	ISBN978-4-7972-6655-9	40,000円

別巻　巻数順一覧【878～914巻】

巻数	書　名	編・著者	ISBN	本体価格
878	明治史第六編 政黨史	博文館編輯局	ISBN978-4-7972-7180-5	42,000円
879	日本政黨發達史 全〔第一分冊〕	上野熊藏	ISBN978-4-7972-7181-2	50,000円
880	日本政黨發達史 全〔第二分冊〕	上野熊藏	ISBN978-4-7972-7182-9	50,000円
881	政党論	梶原保人	ISBN978-4-7972-7184-3	30,000円
882	獨逸新民法商法正文	古川五郎、山口弘一	ISBN978-4-7972-7185-0	90,000円
883	日本民法鼇頭對比獨逸民法	荒波正隆	ISBN978-4-7972-7186-7	40,000円
884	泰西立憲國政治攬要	荒井泰治	ISBN978-4-7972-7187-4	30,000円
885	改正衆議院議員選擧法釋義 全	福岡伯、横田左仲	ISBN978-4-7972-7188-1	42,000円
886	改正衆議院議員選擧法釋義 附 改正貴族院令,治安維持法	犀川長作、犀川久平	ISBN978-4-7972-7189-8	33,000円
887	公民必携 選擧法規ト判決例	大浦兼武、平沼騏一郎、木下友三郎、清水澄、三浦數平	ISBN978-4-7972-7190-4	96,000円
888	衆議院議員選擧法輯覽	司法省刑事局	ISBN978-4-7972-7191-1	53,000円
889	行政司法選擧判例總覽―行政救濟と其手續―	澤田竹治郎・川崎秀男	ISBN978-4-7972-7192-8	72,000円
890	日本親族相續法義解 全	髙橋捨六・堀田馬三	ISBN978-4-7972-7193-5	45,000円
891	普通選擧文書集成	山中秀男・岩本溫良	ISBN978-4-7972-7194-2	85,000円
892	普選の勝者 代議士月旦	大石末吉	ISBN978-4-7972-7195-9	60,000円
893	刑法註釋 卷一～卷四(上卷)	村田保	ISBN978-4-7972-7196-6	58,000円
894	刑法註釋 卷五～卷八(下卷)	村田保	ISBN978-4-7972-7197-3	50,000円
895	治罪法註釋 卷一～卷四(上卷)	村田保	ISBN978-4-7972-7198-0	50,000円
896	治罪法註釋 卷五～卷八(下卷)	村田保	ISBN978-4-7972-7198-0	50,000円
897	議會選擧法	カール・ブラウニアス、國政研究科會	ISBN978-4-7972-7201-7	42,000円
901	鼇頭註釈 町村制 附 理由 全	八乙女盛次、片野続	ISBN978-4-7972-6607-8	28,000円
902	改正 市制町村制 附 改正要義	田山宗堯	ISBN978-4-7972-6608-5	28,000円
903	増補訂正 町村制詳解〔第十五版〕	長峰安三郎、三浦通太、野田千太郎	ISBN978-4-7972-6609-2	52,000円
904	市制町村制 並 理由書 附 直接間接税類別及実施手続	高崎修助	ISBN978-4-7972-6610-8	20,000円
905	町村制要義	河野正義	ISBN978-4-7972-6611-5	28,000円
906	改正 市制町村制義解〔帝國地方行政学会〕	川村芳次	ISBN978-4-7972-6612-2	60,000円
907	市制町村制 及 関係法令〔第三版〕	野田千太郎	ISBN978-4-7972-6613-9	35,000円
908	市町村新旧対照一覧	中村芳松	ISBN978-4-7972-6614-6	38,000円
909	改正 府県郡制問答講義	木内英雄	ISBN978-4-7972-6615-3	28,000円
910	地方自治提要 全 附 諸届願書式 日用規則抄録	木村時義、吉武則久	ISBN978-4-7972-6616-0	56,000円
911	訂正増補 市町村制問答詳解 附 理由及追輯	福井淳	ISBN978-4-7972-6617-7	70,000円
912	改正 府県制郡制註釈〔第三版〕	福井淳	ISBN978-4-7972-6618-4	34,000円
913	地方制度実例総覧〔第七版〕	自治館編輯局	ISBN978-4-7972-6619-1	78,000円
914	英国地方政治論	ジョージ・チャールズ・ブロドリック、久米金彌	ISBN978-4-7972-6620-7	30,000円

別巻　巻数順一覧【843 ～ 877 巻】

巻数	書　名	編・著者	ISBN	本体価格
843	法律汎論	熊谷直太	ISBN978-4-7972-7141-6	40,000 円
844	英國國會選擧訴願判決例 全	オマリー、ハードカッスル、サンタース	ISBN978-4-7972-7142-3	80,000 円
845	衆議院議員選擧法改正理由書 完	内務省	ISBN978-4-7972-7143-0	40,000 円
846	戇齋法律論文集	森作太郎	ISBN978-4-7972-7144-7	45,000 円
847	雨山遺藁	渡邉輝之助	ISBN978-4-7972-7145-4	70,000 円
848	法曹紙屑籠	鷺城逸史	ISBN978-4-7972-7146-1	54,000 円
849	法例彙纂 民法之部 第一篇	史官	ISBN978-4-7972-7147-8	66,000 円
850	法例彙纂 民法之部 第二篇〔第一分冊〕	史官	ISBN978-4-7972-7148-5	55,000 円
851	法例彙纂 民法之部 第二篇〔第二分冊〕	史官	ISBN978-4-7972-7149-2	75,000 円
852	法例彙纂 商法之部〔第一分冊〕	史官	ISBN978-4-7972-7150-8	70,000 円
853	法例彙纂 商法之部〔第二分冊〕	史官	ISBN978-4-7972-7151-5	75,000 円
854	法例彙纂 訴訟法之部〔第一分冊〕	史官	ISBN978-4-7972-7152-2	60,000 円
855	法例彙纂 訴訟法之部〔第二分冊〕	史官	ISBN978-4-7972-7153-9	48,000 円
856	法例彙纂 懲罰則之部	史官	ISBN978-4-7972-7154-6	58,000 円
857	法例彙纂 第二版 民法之部〔第一分冊〕	史官	ISBN978-4-7972-7155-3	70,000 円
858	法例彙纂 第二版 民法之部〔第二分冊〕	史官	ISBN978-4-7972-7156-0	70,000 円
859	法例彙纂 第二版 商法之部・訴訟法之部〔第一分冊〕	太政官記録掛	ISBN978-4-7972-7157-7	72,000 円
860	法例彙纂 第二版 商法之部・訴訟法之部〔第二分冊〕	太政官記録掛	ISBN978-4-7972-7158-4	40,000 円
861	法令彙纂 第三版 民法之部〔第一分冊〕	太政官記録掛	ISBN978-4-7972-7159-1	54,000 円
862	法令彙纂 第三版 民法之部〔第ニ分冊〕	太政官記録掛	ISBN978-4-7972-7160-7	54,000 円
863	現行法律規則全書（上）	小笠原美治、井田鐘次郎	ISBN978-4-7972-7162-1	50,000 円
864	現行法律規則全書（下）	小笠原美治、井田鐘次郎	ISBN978-4-7972-7163-8	53,000 円
865	國民法制通論 上卷・下卷	仁保龜松	ISBN978-4-7972-7165-2	56,000 円
866	刑法註釋	磯部四郎、小笠原美治	ISBN978-4-7972-7166-9	85,000 円
867	治罪法註釋	磯部四郎、小笠原美治	ISBN978-4-7972-7167-6	70,000 円
868	政法哲學 前編	ハーバート・スペンサー、濱野定四郎、渡邊治	ISBN978-4-7972-7168-3	45,000 円
869	政法哲學 後編	ハーバート・スペンサー、濱野定四郎、渡邊治	ISBN978-4-7972-7169-0	45,000 円
870	佛國商法復説 第壹篇自第壹卷至第七卷	リウヒエール、商法編纂局	ISBN978-4-7972-7171-3	75,000 円
871	佛國商法復説 第壹篇第八卷	リウヒエール、商法編纂局	ISBN978-4-7972-7172-0	45,000 円
872	佛國商法復説 自第二篇至第四篇	リウヒエール、商法編纂局	ISBN978-4-7972-7173-7	70,000 円
873	佛國商法復説 書式之部	リウヒエール、商法編纂局	ISBN978-4-7972-7174-4	40,000 円
874	代言試驗問題擬判録 全 附録明治法律學校民刑問題及答案	熊野敏三、宮城浩蔵 河野和三郎、岡義男	ISBN978-4-7972-7176-8	35,000 円
875	各國官吏試驗法類集 上・下	内閣	ISBN978-4-7972-7177-5	54,000 円
876	商業規篇	矢野亨	ISBN978-4-7972-7178-2	53,000 円
877	民法実用法典 全	福田一覺	ISBN978-4-7972-7179-9	45,000 円

別巻　巻数順一覧【810～842巻】

巻数	書名	編・著者	ISBN	本体価格
810	訓點法國律例 民律 上卷	鄭永寧	ISBN978-4-7972-7105-8	50,000円
811	訓點法國律例 民律 中卷	鄭永寧	ISBN978-4-7972-7106-5	50,000円
812	訓點法國律例 民律 下卷	鄭永寧	ISBN978-4-7972-7107-2	60,000円
813	訓點法國律例 民律指掌	鄭永寧	ISBN978-4-7972-7108-9	58,000円
814	訓點法國律例 貿易定律・園林則律	鄭永寧	ISBN978-4-7972-7109-6	60,000円
815	民事訴訟法 完	本多康直	ISBN978-4-7972-7111-9	65,000円
816	物権法(第一部)完	西川一男	ISBN978-4-7972-7112-6	45,000円
817	物権法(第二部)完	馬場愿治	ISBN978-4-7972-7113-3	35,000円
818	商法五十課 全	アーサー・B・クラーク、本多孫四郎	ISBN978-4-7972-7115-7	38,000円
819	英米商法律原論 契約之部及流通券之部	岡山兼吉、淺井勝	ISBN978-4-7972-7116-4	38,000円
820	英國組合法 完	サー・フレデリック・ポロック、榊原幾久若	ISBN978-4-7972-7117-1	30,000円
821	自治論 一名人民ノ自由 卷之上・卷之下	リーバー、林董	ISBN978-4-7972-7118-8	55,000円
822	自治論纂 全一册	獨逸學協會	ISBN978-4-7972-7119-5	50,000円
823	憲法彙纂	古屋宗作、鹿島秀麿	ISBN978-4-7972-7120-1	35,000円
824	國會汎論	ブルンチュリー、石津可輔、讃井逸三	ISBN978-4-7972-7121-8	30,000円
825	威氏法學通論	エスクバック、渡邊輝之助、神山亨太郎	ISBN978-4-7972-7122-5	35,000円
826	萬國憲法 全	高田早苗、坪谷善四郎	ISBN978-4-7972-7123-2	50,000円
827	綱目代議政體	J・S・ミル、上田充	ISBN978-4-7972-7124-9	40,000円
828	法學通論	山田喜之助	ISBN978-4-7972-7125-6	30,000円
829	法學通論 完	島田俊雄、溝上與三郎	ISBN978-4-7972-7126-3	35,000円
830	自由之權利 一名自由之理 全	J・S・ミル、高橋正次郎	ISBN978-4-7972-7127-0	38,000円
831	歐洲代議政體起原史 第一册・第二册／代議政體原論 完	ギゾー、漆間眞學、藤田四郎、アンドリー、山口松五郎	ISBN978-4-7972-7128-7	100,000円
832	代議政體 全	J・S・ミル、前橋孝義	ISBN978-4-7972-7129-4	55,000円
833	民約論	J・J・ルソー、田中弘義、服部德	ISBN978-4-7972-7130-0	40,000円
834	歐米政黨沿革史總論	藤田四郎	ISBN978-4-7972-7131-7	30,000円
835	内外政黨事情・日本政黨事情 完	中村義三、大久保常吉	ISBN978-4-7972-7132-4	35,000円
836	議會及政黨論	菊池學而	ISBN978-4-7972-7133-1	35,000円
837	各國之政黨 全〔第1分册〕	外務省政務局	ISBN978-4-7972-7134-8	70,000円
838	各國之政黨 全〔第2分册〕	外務省政務局	ISBN978-4-7972-7135-5	60,000円
839	大日本政黨史 全	若林淸、尾崎行雄、箕浦勝人、加藤恒忠	ISBN978-4-7972-7137-9	63,000円
840	民約論	ルソー、藤田浪人	ISBN978-4-7972-7138-6	30,000円
841	人權宣告辯妄・政治眞論一名主權辯妄	ベンサム、草野宣隆、藤田四郎	ISBN978-4-7972-7139-3	40,000円
842	法制講義 全	赤司鷹一郎	ISBN978-4-7972-7140-9	30,000円